중국사회와 서양의 물결

서정희 · 조윤수 공역

전통중국사회에서 현대중국사회로

신아사

역자 서문

≪중국사회와 서양의 물결≫, 이 책의 원래 書名은《西潮》이며 저자는 북경대학 총장을 역임한 장몽린(蔣夢麟)(1886-1964)이다. 이 책은 장몽린이 태어난 이후부터 1940년대 후반에 이르는 기간 동안 자신이 직접 보고 듣고 느낀 것을 서술한 내용으로 그의 회고록이라고 보아도 무방할 것이다. 이 책은 대만에서 출판된 후 중고등학교 학생 및 대학생에게 즐겨 읽힌 애독서로 그 중 일부 내용은 교과서에 실려 소개되기도 하였다. 그리고 최근 몇 년 사이 중국 대륙에서도 출판되어 널리 읽히고 있다.

장몽린은 어린 시절, 서당에서 전통적인 중국교육을 받은 뒤 과거에 합격하여 수재(秀才)가 되었다. 그 후 그는 다시 신식교육을 받은 뒤 미국에 유학하여 캘리포니아 대학교 버클리 분교에서 교육학을 전공하였다. 졸업 후 뉴욕에 있는 컬럼비아대학교 대학원에서 호적(胡適)과 함께 당대 세계적인 석학인 존 듀이(John Dewey) 교수 밑에서 철학과 교육학 박사학위를 받았다. 귀국 후 1919년부터 1947년까지 북경대학 교육학 교수로 봉직하며 후학을 지도하였다. 채원배(蔡元培)가 총장으로 있던 기간, 그는 오랜 기간 총무처장직을 맡았으며 세 번이나 총장 대리직을 수행하였다. 1928년 국민 정부가 수립 된 후 잠시 교육부 장관직을 맡았으며 1930년부터 1947년까지 최장기간 동안 북경대학 총장직을 역임하였다.

그가 살던 시대는 격동의 시대였다. 1840년 아편전쟁 후 서양의 물결이 중국에 도래하면서 중국 사회는 전통사회에서 현대사회로의 급격한 변화를 맞이하게 된다. 그는 서양문화의 충격이 야기한 중국 전통사회의 해체를 직접 경험하면서 받은 깊은 인상을 이 책을 통하여 생생하게 묘사하고 있다. 장몽린이 이 책의 제목을 《西潮》라고 명명(命名)한 것은 바로 이와 같은 이유 때문일 것이다.

장몽린은 우리에게 전통 중국사회의 모습과 함께 서양문화의 영향으로 급격하게 변모해 가는 중국사회의 모습을 세밀화를 그리듯 생생하게 보여주고 있다. 그가 살았던 시기는 청일전쟁, 노일전쟁, 무술정변, 의화단 사건, 신해혁명, 5.4운동, 군벌의 할거, 북벌, 국공투쟁, 서안사변, 중일전쟁 등 격동의 현대사가 전개된 시대였다. 이처럼 전통사회에서 현대사회로 이행하는 격동의 현대사 속에서 중국인이 겪었던 역사적 사건들을 친히 자신이 경험한 사실에 근거하여 기록한 내용이 바로 이 책이다. 그러므로 이 책을 통하여 생생한 중국 역사의 현장을 볼 수 있으며 아울러 중국사회와 중국인의 삶을 그려볼 수 있다. 뿐만 아니라 당시 일본 식민지 치하에 있던 우리나라(조선)를 방문하여 보고 느낀 점을 기록한 내용을 통하여 중국인의 눈에 비친 우리나라의 면면을 살펴볼 수 있는데 이는 우리에게 시사하는 바가 적지 않다고 생각된다. 특히 중국의 전통교육과 10년간의 미국 유학으로 동서 문화를 꿰뚫는 혜안을 가지게 된 그가 중국문화를 서양문화와 비교 서술하고 있기 때문에 이 책은 중국문화는 물론 서양문화를 이해하는 면에서도 많은 도움을 주리라고 생각된다.

게다가 이 책의 우아하고 서정적인 문체는 독자들에게 아름다운 중국어 문장을 감상할 수 있는 또 다른 즐거움을 선사하고 있다.

끝으로, 《중국사회와 서양의 물결》은 2015년도 고급중국어 능력 배양과 중국사회에 대한 이해도를 높인다는 두 가지 취지 아래 출간된 《西潮》(신아사)의 번역서로 고급중국어 실력을 향상시키고자 하는 학습자들에게 유용한 학습서가 될 수 있을 것이다. 이러한 목적에 부응하기 위해 역자는 학습자 혼자서도 정확한 독해를 할 수 있도록 최대한 원문에 충실한 직역을 하고자 노력하였다.

중국인의 삶과 문화에 관심이 많은 독자들은 이 책을 통하여 중국과 관련된 다양한 사실과 재미를 발견할 수 있으며 중국어 실력을 향상시키고자 하는 학습자들은 고급중국어 능력을 배양할 수 있는 계기가 되기를 기대해 본다.

2016년 8월

역자 서정희

중국 사회와
서양의 물결

차례

제1부
청조 말년

제2부
미국 유학시기

제3부
민국 초기

제4부
국가 통일

제5부
중국 생활 보기

제6부
항일전쟁 시기

제7부
현대 세계 속의 중국

중국 사회와 서양의 물결

제1부

청조 말년

제1장 서양세력의 동방진입

약 2천 년 전에 몇 명의 동방 현인들이 하늘에 떠 있는 큰 별의 지시를 따라서 가다가 새 종교의 탄생지를 추적해 내었다. 이 종교가 바로 기독교이다. 기독교는 후에 이르러 오늘날까지 서양 국가들의 생활에서 매우 중요한 지위를 차지하고 있다.

평화와 인애(仁愛)를 주지로 하는 기독교는 신도들에게 "어떤 사람이 당신의 오른뺨을 때리거든 왼뺨도 내밀어라."고 요구했다. 기독교도들은 끊임없는 고난과 좌절을 거치고 로마의 사나운 사자의 위협과 이교도로부터의 심한 피해와 박해를 무릅쓰고 역경을 극복하여 결국 로마제국의 각 민족들 사이에 전파되게 되었다. 수백 년 후에 기독교는 동일한 견인불발의 정신으로 서서히 중국에 전래되었다.

경교도(景教徒)들은 당 왕조(서기 618-907)시대에 중국에 왔는데 당나라 군주는 그들을 위해 경교사(景教寺)를 지어주었지만 그들의 포교 성과는 매우 제한적이었으며 그 후 또 수백 년이 지나 17세기 중엽에 예수회 선교사들이 서양의 천문학을 가지고 중국에 들어와서 마침내 명 왕조(서기 1368-1644) 황제의 애호를 받게 되었다.

이와 동시에 활력이 왕성한 서양민족들은 신흥 기독교를 받아들였을 뿐만 아니라 과학을 발전시키고 수많은 발명을 이룩하여 근대산업혁명을 위한 기초를 확립해 놓았다. 과학과 발명이 서서히 동방으로 전래되었는데 처음에는 한 방울 한 방울씩 흘러들어 오다가 이것들이 모여서 냇물과 강물로 되었다가 결국에는 산을 밀어치우고 바다를 뒤엎을 기세를 지닌 세찬 조수와 거대한 파도가 되어 동방 전체에 범람했을 뿐만 아니라, 중국을 거의 붕괴시킬 지경에 이르렀다.

중국인은 종래에는 기독교 또는 어떤 종교와도 분쟁을 일으킨 적이 없었는데 19세기 중엽에 이르러 기독교가 군함의 지원을 받는 상업행위와 결탁했기 때문에 중국인의 눈에는 다른 사람을 자기처럼 사랑하라고 선전하는 이 종교도 침략자의 도구가 된 것으로 보였다.

사람들은 어느 한 종교가 무력과 불가분의 관계를 갖게 될 때, 이 종교에 대한 인상이 자연히 달라진다는 사실을 발견했다. 뿐만 아니라 중국인들은 참으로 기독교를 무력위협과 동일시하지 않을 수 없었다. 사람들에게는 서서히 일종의 인상이 생기게 되었는데 석가여래불은 흰 코끼리를 타고 중국에 왔지만, 기독교는 포탄을 타고 날라 왔다고 여기게 되었다는 것이다.

우리는 포탄으로 인한 고통을 당한 적이 있기 때문에 포탄에 대해 흥미를 갖게 되었다. 일단 우리가 포탄제조방법을 배우게 되자, 우리에게 원수를 갚고 치욕을 씻을 기회가 도래했다. 우리는 잠시 이 포탄들이 어떻게 왔는지 상관하지 않기로 한다. 그 이유는 우리 같은 평범한 사람들에게 있어서는 결국 목숨을 보전하는 것이 영혼을 구원하는 것 보다 중요하기 때문이다.

역사의 발전은 정말로 불가사의하여 헤아릴 수 없다. 우리는 포탄을 연구하는 것에서부터 시작하여 기계발명까지 이르게 되었고 기계발명을 하다가 정치개혁을 초래하게 되었다. 정치개혁의 필요 때문에 우리는 정치이론을 연구하기 시작했으며 정치이론은 또 우리로 하여금 다시 서양철학을 접촉하게 하였다.

또 한편으로 우리는 기계발명에서 과학을 발견하게 되었고 과학에서 나아가 과학적 방법과 과학사상을 알게 되었다. 차츰차츰 우리는 포탄으로부터 더욱더 멀어졌지만 다른 각도에서 보면 포탄과 더욱더 가까워졌다고 말할 수 있다.

이야기가 매우 길어졌지만 이것들은 모두 100년이라는 아주 짧은 기간 동안에 발생했을 뿐만 아니라 긴장되고 열렬한 부분은 50년에 불과한 것 같다. 내가 100년이라고 말했는데 그 이유는 홍콩이 본래 1942년 영국 영토의 일부분이 된 100주년 기념을 축하할 수 있었는데 그러나 이것도 역사상의 우연한 일로서 영국의 구 맹방인 일본이 그 전해에 전격적인 방식으로 홍콩을 빼앗아 가버렸기 때문이다.

내가 홍콩을 언급하는 것은 결코 옛 상처 자국을 건드리려는 의도가 있는 것이 아니라 홍콩이 중국의 서구화 초기 역사에 있어서 현재 남아 있는 이정표적인 사건이기 때문이다. 누구나 아는 바와 같이 홍콩 및 그 부속도서들은 중국이 이른바 아편전쟁에서 패배한 후 1842년에 영국에게 할양한 것이다. 이 전쟁의 원인은 중국이 아편수입을 금지한 후, 또 광주에서 대량의 아편을 불태워버렸기 때문에 일어난 것이다. 아편은 영국이 인도에서 수출하는 주요물품이며 그래서 영국이 포탄으로 중국에 답례함으로써 중국이 패배를 당한 것이다.

1842년의 중영조약은 동시에 중국의 5개 연해도시를 개방하여 통상항구로 할 것을 규정하였다. 이것이 바로 이른바 '5개 통상항'이다. 대량의 서양 상품이 뒤따라 물밀듯이 세차게 몰려들어왔다. 이 5개 통상항은 거의 비슷한 거리를 두고 비교적 번성한 중국남부에 흩어져서 중국이 외래세력과 접촉을 하는 새로운 변방지역이 되었다.

과거에 중국은 오직 북방과 서북방과 같은 내륙변경만 있었는데, 현재 중국의 지도에는 변화가 생겼으며 이러한 전환은 바로 중국 역사의 전환점이다.

이 5개 통상항은 광주, 하문, 복주, 영파, 상해로서 남북으로 서로 연결되어 서양물품의 집산지가 되었고, 외래품은 이 5개 통상항을 통해서 중국에서 가장 부유한 주강 유역과 양자강 유역 각지로 전매되었다.

서양 상인들은 군함의 후원 하에서 문어처럼 이들 항구에 웅거하면서 동시에 촉수를 내지의 풍요로운 성으로 뻗치고 있었다. 그런데 중국 자신은 이러한 침투에 대해 전혀 자각하지 못하고 있었으며 필연적으로 생겨날 결과에 대해 아무것도 모르고 있었다.

수많은 인민들은 여전히 유유자적하게 살아갔으며, 과거와 마찬가지로 요람에서 무덤까지의 생활을 하면서 현대적인 일에 힘쓰는 것을 생각해 본 적이 없었다. 일부분 사람들은 조금도 거리낌 없이 외국 물건을 사용하기 시작하였는데 어떤 사람들은 실용적이기 때문에, 어떤 사람들은 즐기기 위해서 또 일부 사람들은 순전히 호기심 때문이었다.

그러나 서양 열강의 군함정책은 물품과 아편을 가져왔을 뿐만 아니라 동시에 서양 과학문화의 종자를 가져왔다. 이것은 당시에는 알 수 없었지만 후에 이 종자들은 결국 싹이 트고 자라나 중국은 그 혜택을 크게 입었는데 이것도 역사상의 일대 아이러니이다.

이 시기에 일본도 일사천리의 빠른 속도로 서구화의 길로 매진하고 있었지만 중국은 이에 대해 전혀 자각하지 못하고 있었다. 반세기 후 이 작은 섬나라가 동해에서 갑자기 변신하여 매우 큰 괴물로 변했을 뿐만 아니라 1894년에 불의에 동아시아의 잠자는 사자를 크게 물어뜯어 버렸다.

중국은 홍콩을 잃은 후에 또 대만을 잃었다. 이 동아시아의 잠자는 사자는 이 때 약간 아픔을 느끼고 멍청하게 게슴츠레한 눈을 비비면서 도대체 무엇이 그의 미몽을 방해했는지 몰랐다.

나의 원래 계획은 오직 내가 조국에 대해서 보고 느낀 것을 기술하려는 것이었지만 내가 이들 마음속에 그려져 있는 것들을 하나하나 지면에 펼쳐놓으니, 내가 쓴 것은 정말 약간 자서전 같기도 하고 약간 회고록 같기도 하고 약간 근대사 같기도 하다.

그것이 어떤 모습을 띠고 있든 간에 그것은 나의 마음속에 있는 지워버릴 수 없는 모습들을 기록한 것이며 이러한 모습들이 마치 어제 발생한 일처럼 생생하게 그림처럼 또렷이 나의 머릿속에 떠오르고 있다. 급속하게 변화하는 역사 속에서 나 자신은 시대라고 하는 하나의 거대한 바퀴에 달린 작은 톱니에 불과할 뿐이라고 느껴진다.

제2장 향촌생활

나는 한 조그만 마을의 중류 가정에서 태어났다. 형제자매는 5명으로 내가 막내이고 세 분의 형님과 누님 한 분이 계신다. 내가 태어나기 전날 밤에 나의 아버님께서 곰 한 마리가 집으로 들어오는 꿈을 꾸셨는데 그것은 남자아이를 볼 징조라고 했다. 이튿날 이 길조는 그대로 들어맞아 하늘에 계신 조상님의 덕으로 우리 집안에는 아들이 하나 더 생겼다.

나의 큰 형님이 태어나셨을 때 아버지께서는 난초를 한 다발 받는 꿈을 꾸셨기 때문에 큰 형님의 이름을 몽란(夢蘭)이라고 지으셨다. 둘째 형님도 같은 이유로 몽도(夢桃)라는 이름을 갖게 되었다. 나도 자연히 몽웅(夢熊)이라는 이름을 갖게 되었음은 말할 필요도 없을 것이다. 그러나 누님과 셋째 형님이 태어나셨을 때는 아무 꿈도 꾸지 않으셨다. 후에 내가 절강 고등학당에 들어갔을 때, 이전의 학교에서 말썽을 일으킨 것 때문에 몽웅이란 이름이 블랙리스트에 올라가서 몽린(夢麟)으로 개명하였다.

나는 전란이 빈번한 시대에 태어났다. 내가 출생한 그 해에 영국은 중국으로부터 버마에 대한 종주권을 빼앗아 갔으며, 출생하기 전 해는 바로 중국과 프랑스와의 전쟁이 끝난 해로 중국은 그 해에 베트남에 대한 종주권을 프랑스에 넘겨주었다.

중국이 종주권을 누차 할양한 것은 바로 외국열강이 더 한층 중국 본토를 침략한 서막이었으며 중국이 속국을 보유한 것은 완전히 그들을 완충지대로 삼은 것이지 그들을 착취하기 위한 것은 아니었다. 중국은 종래에 이들 변방 국가들의 내정에 간섭한 적이 없었다.

이 상황은 마치 한 알의 귤처럼 귤껍질이 벗겨진 후에야 미생물이 내부로 침식하기 시작하는 것과 같았다. 그러나 중국 백성들은 서남변방 지역에서의 전쟁은 너무나 멀리서 벌어지고 있었으며 그것들은 드넓은 해양에 있는 하나의 거품에 불과했기 때문에 전혀 알아차리지 못하고 있었다.

향촌사람들은 줄곧 외부와 차단되어 있었기 때문에 더욱 더 전혀 관심이 없었으며 여우와 귀신이야기가 이들 군사 및 국정에 관한 대사(大事)보다 더욱 그들의 흥미를 불러일으켰다. 그러나 중국의 국방과 군사력의 일부분은 전쟁에 대해 아무런 관심도 가지고 있지 않은 향촌에서의 징집을 통해 이루어진 것이다.

나는 서서히 세상물정을 좀 알게 된 후, 마을 사람들이 태평천국혁명 이야기를 할 때, 지금의 국가대사보다 훨씬 흥이 나서 이야기한다는 것에 주의를 기울이게 되었다. 우리 마을에서는 태평군을 장모(長

毛)라고 불렀다. 그 이유는 그들이 머리를 기르고 깍지 않았기 때문이다. 무릇 반란이 일어났다는 말을 들으면 모두 장모가 반란을 일으킨 것이라고 했다.

내가 출생하기 대략 30년 전에 우리 마을의 한 부분이 태평군에 의해 파괴되었다. 목공출신의 장씨(蔣氏) 족장이 태평군에 참가한 적이 있었다. 사람들은 그가 머리를 길게 기른 태평군 출신이라고 말했으며 그 자신도 그 사실을 거리낌 없이 솔직히 인정하였다. 그는 우리들에게 태평군이 노략질하고 살육을 하고 사람고기를 삶아먹은 이야기를 매우 많이 해 주었으며 그 중 수많은 부분은 또한 자신이 직접 참가하여 겪은 것이라고 했다.

내가 보기에 그의 두 눈은 일종의 이상한 빛을 발하고 있었는데, 그것은 사람고기를 먹었기 때문이라고 나의 아버님께서 말씀하셨다. 나는 이 무시무시한 이야기들을 들으면 언제나 소름이 끼쳤다. 이 족장은 태평군은 매일 천부(天父)와 천형(天兄)(하나님과 예수)에게 감사의 기도를 드린다고 했다.

어느 날 기도를 드린 후 고참 장모의 환심을 사고자 "천부와 천형이시어, 장모가 함풍(咸豊)을 몰아낼 것입니다."라고 덕담을 하였더니 고참 장모가 고개를 끄덕이며 그를 칭찬했다는 것이다. 그리고는 몸을 떨면서 계속해서 "천하가 열리지 않고 아직도 함풍세상이구나." 하고 말하더니 "제기랄"하는 소리와 함께 칼 빛이 번뜩이더니 그의 머리 위를 스쳐 지나갔다는 것이다.

그래서 이후부터는 다시는 감히 고참 장모와 농담을 하지 못했다고 한다. 이러한 장모에 대해 사람들은 이야기하기를 좋아하였으며 듣기도 좋아했다. 그러나 마을 사람들은 어쩌다가 근년에 일어난 국제전쟁을 언급할 뿐, 이에 대해 전혀 관심이 없었다. 그 사이에 또한 약간의 근거 없는 황당무계한 승리 소식이 있었지만 후에 생각해보니 가련하고 또 가소로웠다. 사실상 중국군은 물론 몇몇 전투에서 아주 잘 싸웠다고 하지만 결과는 언제나 참패였다. 현대발명의 영향력이 아직 촌에는 이르지 못했기 때문에 이들 촌들은 500년 전과 마찬가지로 보수적이고 원시적이고 평온하였다. 그러나 촌사람들은 한가하지는 않았는데, 농부들은 땅을 갈고 김을 매고, 파종하고 수확을 하기에 바빴으며, 어민들은 운하에서 그물을 쳐서 물고기를 잡아야 했고, 여자들은 방직을 하고 바느질이나 수선을 해야 했으며, 상인들은 장사에 바빴고, 공인(工人)들은 정교한 제품을 만들기에 바빴으며, 지식인들은 큰소리로 4서 5경을 독송(讀誦)하고 암기한 후 과거시험에 응시했다.

중국에는 수천수만 개의 이러한 촌락들이 있는데 지형이나 기후 때문에 촌락의 크기와 생활습관은 약간 다를 수도 있었지만 그들을 함께 모여 살게 한 전통과 가족관계와 업종은 대체로 같았다.

공통된 문자와 공통된 생활이상, 공통된 문화와 공통된 과거제도로 인해 국가 전체가 일체화되어, 주지하는 바와 같은 중화제국(우리는 지금 중화민국이라 부르고 있지만 신해혁명 이전에 구미인(歐美人)들은 우리를 중화제국이라 불렀다)이 되었다.

이상에서 언급한 수천수만 개의 촌락과 거기에 대 도시와 상업중심지가 가세하여 전국이 필요로 하는 양식, 물품, 학자, 사병 및 정부의 대소 관리들이 부족함이 없이 공급되었다. 이들 촌과 도시들이 현대문명과 접촉하지만 않으면 중국은 줄곧 원래의 모습을 그대로 유지할 수 있고 중국이 개항장 주위에 높은 담을 쌓을 수 있으면 또 수백 년이 지나도 변하지 않을 수 있었다.

그러나 서양의 조류는 몇몇 개항장에 머무르려고 하지 않았다. 이 조류는 먼저 부근 지역에 충격을 가하고 그리고 나서 수로(水路)와 도로를 따라 외부로 뻗어나갔다. 5개 개항장 부근과 교통선 부근의 촌락과 소도시들이 먼저 휩쓸려버렸다. 현대문명은 마치 이식해온 수목 같이 매우 신속하게 비옥한 중국의 토양 위에서 무성하게 자라서 50년이라는 아주 짧은 기간 동안에 중국 내지로 깊숙이 뚫고 들어갔다.

장씨 촌(蔣氏村)은 전당강(錢塘江) 연안의 충적평야에 산재되어 있는 수많은 촌락 들 중의 하나로서 촌과 촌 사이는 흔히 길이가 1리나 2리까지 뻗쳐 있는 기름진 논이었다. 전당강은 풍경이 아름답기로 유명하며 상류에는 부춘강(富春江)의 아름다운 경치가 있고 강 입구에는 유명한 전당강의 대조(大潮)가 있다.

수백 년 동안 강 연안에 비옥한 토양이 쌓여서 양안(兩岸)이 점차 항주만 쪽으로 확장되었다. 주민들은 강변의 새 땅에, 사방에 제방을 쌓아 해수를 가두어 천일염을 제조하였다. 매해의 소금 생산량은 상당히 많아서 수백만 명의 사람들의 수요를 공급하기에 충분했다.

약간의 세월이 지난 후 강 기슭이 재차 앞으로 확장되어 원래 천일염을 제조하던 곳의 염분이 점차 완전히 사라지게 되어 주민들은 강에서 상당히 멀리 떨어진 곳에 제방을 쌓아, 점차 건조해지는 토지를 보호하려고 그 위에 풀과 나뭇가지를 쌓아놓으려고 했다. 다시 오랜 세월이 지난 후에야 이 땅에 목화나 뽕나무를 심을 수 있게 되었다.

이 땅을 논으로 개조하려면 아마도 50년이 지나야 할 것이다. 왜냐하면 벼를 심으려면 대량의 물이 필요하고 못을 파서 도랑을 만들어 논에 물을 대는 데는 상당한 시간이 필요하며 동시에 토지 자체도 상당한 기간이 지나야 서서히 옥토로 바뀔 수 있기 때문이다.

내 어린 시절의 장씨 촌은 항주 만에서 약 20리 떨어진 곳에 있었다. 그곳을 둘러싸고 또 무수한 촌락이 있었다. 큰 것도 있고, 작은 것도 있고, 사면팔방에 모두 있으며, 남쪽으로는 산기슭에 이르기까지, 북쪽으로는 해변에 이르기까지, 그리고 동쪽과 서쪽으로 비교적 큰 도시와 읍이 있으며 그 중간에는 육로나 강의 지류들이 서로 통해 있었다.

장씨 집 족보에 의하면 우리 선조는 휘주(徽州)에서 봉화(奉化)로 거주지를 옮겨서 잠시 머물다가 또 봉화에서 여요(余姚)로 거주지를 옮겼다고 한다. 휘주는 전당강의 발원지이며 우리 선조들이 먼저 여요로 온 것은 아마도 강변의 신생지를 개척하기 위해서였을 것이다.

내가 어렸을 때 우리 장씨 집안의 사당 앞쪽에는 또 옛 제방의 유적이 있었으며 그 사당을 '사물사(四勿祠)'라고 불렀는데 송대에 어사를 지낸 한 조상의 제사를 받들고 있었다. 그는 봉화사람으로 이름은 장함(蔣艦)이었다. 그러나 일반사람들은 습관적으로 그곳을 두당묘(陡塘廟)라고 불렀는데 그 이유는 사당 앞에 제방이 하나 가로 놓여 있었기 때문이다.

독자들은 아마 "사물(四勿)이 무엇인가?" 하고 물을 것이다. 그것은 바로 ≪논어(論語)≫에 나오는 예가 아니면 보지 말고, 예가 아니면 듣지 말고, 예가 아니면 말하지 말고, "예가 아니면 행하지 말라. (非禮勿視, 非禮勿聽, 非禮勿言, 非禮勿動)"의 4구절이다. 우리 마을의 완구점에서 눈에 띠는 3마리의 원숭이가 눈과 귀와 입을 가리고 있는 것은 바로 이것을 가리키는 것이다.

무엇 때문에 네 번째 원숭이는 없는가 하면 그 이유는 세 마리의 원숭이가 앉아서 움직이지 않는 것으로 행동하지 않는 것(不動)을 나타낼 수 있기 때문이다. 그러나 우리의 바로 그 어사님은 이 사물(四勿)을 물기심(勿欺心-마음을 속이지 마라), 물부주(勿負主-주인을 배반하지 마라), 물구전(勿求田-전답을 추구하지마라), 물문사(勿問舍-가옥을 사려고 묻지 마라)로 바꾸어서 사람들은 그를 사물선생(四勿先生)이라고 불렀다. 이러한 옛날부터 전해 내려오는 처세격언들은 매우 많다.

우리들은 가능한 모든 방법들, 예컨대 사원(寺院), 극장, 가정, 완구, 격언, 학교, 역사, 이야기 등등을 이용하여 도덕관념을 주입함으로써 이러한 관념들이 일상생활 속에서의 습관이 되었다. 도덕규범으로 사람들의 생활을 제약한 것은 중국사회가 안정될 수 있었던 이유 중의 하나이다.

수천 년 동안 중국의 인구는 북방에서 점점 남방으로 확장되었는데 우선 장강 유역으로 확장되었고, 이어서 주강(珠江)유역으로 확장되었으며 마지막에는 서남산간지구로 확장되었다. 중화민족이 누차 남방으로 이동하게 된 원인은 매우 많은데, 남방의 토지의 비옥함, 만리장성 밖 변방지역의 호전적인 부락민들의 침입, 인구의 자연번식 등과 관련이 있다.

뿐만 아니라 송 왕조 이후 황하가 여러 차례 범람함으로써 사람들은 더 한 층 강남의 낙토를 생각하게 되었다. 나의 조상은 초기에 북쪽에서 남쪽으로 왔으며 다시 남쪽에서 동쪽으로 옮겨와서 결국 드디어 항주만 연안에 정착했다.

장씨의 시조는 3000여 년 전에 봉작을 받은 귀족의 자제이다. 그의 이름은 백령(百齡)이라 했으며 주 성왕(周成王)을 대신하여 섭정을 했던 주공(周公)의 셋째 아들이다. 그는 서기전 20세기 말기에 황하유역 하류에 있는 작은 땅에 봉해졌는데, 그의 봉지(封地)가 '장(蔣)'이라고 불리었기 때문에 그의 자손도 장(蔣)을 성씨(姓氏)로 하였다. 장은 교백(茭

白)의 옛 이름이다. 그 봉지의 명칭이 장(蔣)으로 정해진 것은 아마도 그 일대에 교백(茭白)이 특히 무성하게 자랐던 이유일 것이다.

삼국시대에, 다시 말하면 서기 3세기에, 우리 조상 중의 한분이 역사상에 얼굴을 내밀었다. 그의 이름은 장완(蔣碗)으로서 장강 유역 남부에 위치한 상향(湘鄉)에 살다가 촉(蜀)의 선주(先主)인 유비를 따라 촉으로 들어갔다. 제갈량은 그를 국가의 안위를 책임질 수 있는 능력을 지닌 신하(社稷之臣)라고 하였다. 이러한 사실은 장강 이남에 거주하고 있는 장씨 자손이 서기 3세기 이전에 황하유역에서 남쪽으로 이동했음을 증명해 주고 있다.

우리 시조로부터 현재에 이르기까지, 모든 직계 자손들의 이름은 족보에 고증할 수 있는 기록이 있다. 그런데 어느 정도로 확실한지는 감히 말할 수 없는데 그 이유는 그들의 생평과 사적(事迹)을 알고 있는 사람들이 매우 적어서 고증하기가 매우 곤란하기 때문이다.

전해 오는 말에 의하면 강남에는 두 장씨가 없다고 하므로 우리는 최소한 다음과 같이 말할 수 있을 것이다. 즉 장강 이남에 거주하고 있는 장씨 성(姓)을 가진 사람은 모두가 동성동본이며 파(派)도 같다. 도대체 정확하게 어느 정도 멀리까지 거슬러 올라갈 수 있는지 우리는 모른다. 그러나 우리가 확실히 알고 있는 것은 절강성(浙江省) 지역에 거주하고 있는 장씨 성을 가진 자제들은 모두 휘주에서 공통된 종맥을 찾아낸다는 것이다. 동족의 계보를 통해서 보면 여요로 옮긴 시조로부터 나에게 이른 것이 15대이다. 장씨가 최초로 우리 마을에 정착한 것은 500년 전인데 그것은 원 왕조 말년의 일이었다.

이 오백년 동안에 두 왕조는 외래 민족이 세운 것이고 하나는 한족 자신의 왕조였는데, 장씨 일족은 원 왕조의 몰락과 명 왕조와 만주족이 세운 청 왕조의 성쇠와 만주족의 청 왕조를 거의 전복시킬 뻔 했던 태평천국을 목격했다. 왕조는 바뀌었지만 장씨 촌은 여전히 예전 그대로였다. 사람들은 평소대로 살면서 일을 하다가 결국에는 죽어서 땅에 묻혔다.

태평군이 마을로 들어와서 마을에 있는 집들이 몇 채 불타 없어졌으며 마을 안에 남아 있던 노약자들이 산채로 불타 죽었다. 한 대문 입구에 남아 있는 돌계단에는 붉은 반점이 남아 있는데 전해 내려오는 말에 의하면 어느 노파가 이곳에서 불타 죽을 때 흘린 피라고 한다.

대다수의 백성들은 산 속으로 도망가서 숨었지만, 전쟁이 끝나고 정세가 안정되자 모두들 또 마치 벌들이 제집으로 돌아오듯 우르르 떼를 지어 마을로 돌아왔다. 내가 어렸을 적에는 전화를 겪은 후에 남겨진 무너진 담벽들을 볼 수 있었다.

마을 사람들이 나에게 알려준 바에 의하면 만주인들이 명 왕조를 전복한 소식은 새 조정의 성지(聖旨)가 마을에 이르고 나서야 비로소 모두들 알게 되었다는 것이다. 청 황제의 성지가 마을에 도착했을 때 이웃 마을에서는 아직도 사희(社戲)를 공연하고 있었다고 한다. 세상이 바뀐 후 일족 사람들의 유일한 변화는 억지로 변발을 하게 되었다는 것이며 성지를 보내 남자들이 명 왕조식의 복장을 하는 것을 엄금했다고 한다.

모든 사람들은 격분했지만 감히 말은 못하고 있었는데 그러나 죽고 나서 염을 할 때, 남자들은 여전히 명 왕조 하에서의 의관을 착용하였다. 그래서 우리 일족 사이에서는 다음과 같은 말이 유행하고 있었다고 한다. 즉 "男投(降)女不投, 活投死不投"인데, 다시 말하면 "남자들은 투항했는데 여자들은 투항하지 않았고, 산 사람은 투항했지만 죽은 사람은 투항하지 않았다."는 뜻이다. 일부 사람들은 이 방법을 1911년 청조가 멸망하고 민국이 건립될 때까지 유지함으로써 250년 동안을 그렇게 보냈다.

우리 마을은 인가(人家)가 60여 채만 있고 인구가 약 300명인 아주 작은 마을이다. 마을의 삼면은 큰 강의 지류로 둘러 싸여있고 남쪽은 자갈길로서 인근의 마을과 도시로 통한다. 작은 지류는 큰 강으로 통하고, 다시 큰 강을 통해 항주, 소주, 상해 등 대도시에 도달할 수 있다.

장씨 촌은 비록 작지만 수륙교통이 매우 편리하다. 강의 지류에는 도처에 돌다리가 있으며 강의 양쪽 기슭은 온통 초록 수양버들이다. 강에서는 물고기, 새우, 드렁허리, 뱀장어, 거북, 자라 등이 많이 생산되고 있었다. 버드나무 그늘 밑에서는 언제나 사람들이 한가로이 낚시를 하고 있었다. 밭갈이 소는 천천히 발을 떼어 주위를 돌면서 달구지를 움직여 강물을 길어다가 물탱크에 넣었다가 다시 밭으로 보냈다.

겨울에는 가로 세로로 난 논밭 길이 온통 밀 보리 이삭이고, 여름에는 온통 벼로 뒤덮여서 사람들은 사계절이 항상 푸르다는 느낌을 가졌으며, 밀 보리 이삭과 벼 이삭은 미풍이 불 때마다 잔잔한 물결을 일으키고, 제비는 푸른 파도 위에 있는 푸른 하늘을 빙빙 돌면서 날고 있었다. 솔개는 갑자기 고도를 높이기도 하고 낮추기도 하면서 마을 주위를 빙빙 선회하면서 늙은 암탉의 방비가 허술한 틈을 타서 급강하하여 병아리를 채어가 버렸다.

이것이 바로 내 어린 시절의 상황이고 또한 내 가족의 환경이기도 하다. 그들은 그곳에서 안정되게 500여 년을 살아왔고 그 동안에 수재와 한재를 당한 적은 매우 적었으며, 길고 긴 이 수백 년 동안 한 두 차례의 변란과 전쟁을 겪었을 뿐이었다. 그들은 그들 자신의 세계 속에서 평화롭고 만족스럽게 생활을 했으며 빈부차이도 그다지 크지 않았다. 풍족한 쌀, 면화, 누에고치, 물고기와 새우, 닭과 오리, 채소로 인해 사람들은 의식이 매우 풍족했다.

수백 년 동안 왕조가 어떻게 바뀌든지 간에 태평성세이든 전화(戰禍)가 빈발하든 중국 향촌의 도덕과 신앙과 풍속 습관은 언제나 변함이 없었다. 향촌사람들은 이 세계가 이미 아주 좋으니까, 더 이상 진보를 추구할 필요가 없다고 여겼다. 인간의 생명자체는 어쩌면 짧을는지 모르지만 다시 환생할 때는 아마도 더욱 큰 행복이 있을 수도 있다는 것이었다.

사람이 죽은 후에는 영혼이 육체를 떠나서 처음으로 태어나는 영아의 몸으로 들어간다는 것이었다. 나는 결박을 당한 채 형장으로 가서 처형을 당할 죄수가 빙 둘러싸고 구경하고 있는 군중들에게 "18년 이후 또 다시 한 사람의 사내대장부일 것이다."라고 고함치는 것을 직접 본 일이 있다. 이것은 얼마나 달관된 태도인가?

우리 마을 사람들의 말에 의하면 나쁜 사람이나 죄가 많은 사람들은 죽은 후에 가난뱅이로 환생하거나 또는 말, 돼지로 변하거나 심지어는 영혼이 갈기갈기 찢어져 모기와 파리 같은 작은 벌레로 변한다고 한다. 그리고 선량한 사람과 훌륭한 사람의 영혼은 환생할 때 더욱 높은 복록을 누릴 수 있다는 것이다. 이런 것들은 모두 불교를 따라 들어온 인도전설로서 중국의 도교에 의해 채용된 것이다. 불교 자체는 이런 일에 별로 상관하지 않는다.

선악에는 물론 공인된 표준이 있다. "모든 죄악 중 음란함이 으뜸이고, 온갖 종류의 선(善) 중에 효(孝)가 제일이다.(萬惡淫爲首, 百善孝爲先)"라고 하는데 효도로 인해 중국의 가정 제도는 무너지지 않고 유지되었으며 정조(貞操)는 중국의 종족이 청정함을 유지하도록 했다. 노인을 공경하고 가난한 사람을 측은히 여기고, 성실하고 신용이 있으며 독실하고 신중한 것은 훌륭한 행위로 간주되었다. 고리로 착취하고, 간사하고 기만하는 행위는 범죄행위로 간주되었다. 악행을 질책할 때에는 언제나 내생에는 돼지와 개로 환생한다고 욕을 했다.

상업상의 거래는 한번 한 약속은 반드시 지키는 것을 강조했다. 일반적으로 말하면 모든 사람이 다 충직하고 성실하며 믿음직하였다. 남을 속이는 사람은 필연적으로 친척과 친구들 모두에게 버림을 받았다.

혼인은 중매인의 소개말과 부모의 명으로 결정되었다. 통상적인 관례는 남자는 20세에 아내를 맞이하고 여자는 18세에 시집가는 것이다. 아내가 죽으면 남편은 대개 재취를 하게 되며 일반가정의 여인들은 남편이 죽으면 관례대로 수절해야 했다. 수절하는 가엾은 여인은 절개를 가장 잘 지키는 여인으로 간주되어 죽은 후에는 황제가 또한 그들에게 열녀문을 세워주게 된다. 이런 열녀문은 시골 마을에서는 도처에서 볼 수 있다.

마을의 일은 전적으로 족장이 처리하며 외부의 간섭을 받지 않는다. 사당은 바로 관아이다. 족장은 반드시 노인일 필요는 없으며 일족 중에서 항렬이 가장 높은 세대를 대표하는 젊은이일 수도 있다. 족장들은 조상을 공경하고 제사지내는 예의가 어김없이 받들어 지켜지고 있는가를 감독하는 책임이 있으며 일족 사람들 사이에서 분쟁이 일어나면 책임지고 시비를 가려 판단을 내려야 한다.

족장이 시비를 가리기 전에는 어느 누구도 소송을 할 수가 없다. 족장이 개정하여 심판하는 것을 '사당문을 연다(開祠堂門)'고 한다. 온 마을 사람들이 다 와서 참관할 수 있다. 조상의 위패 앞에서 향촉을 켜서 모든 사람들로 하여금 하늘에 계신 조상의 영혼이 눈에 띠지 않는 곳에서 감시하고 있는 같이 느끼게 하여 조상 앞에서 양쪽 당사자들이 거짓말을 전혀 할 수 없게 하는 것이다. 일반적으로 말하면 정직하게 말하는 사람들이 대부분이었다.

중재자는 공평하게 하려고 애쓴다. 물론 마을의 여론도 중요한 요소이다. 그리고 이웃 마을의 여론도 고려해야 한다. 족장들이 시비를 공정하게 가리지 못하면 사당의 명예를 더럽히게 되는 것이다. 그러므로 분쟁은 대부분 사당에서 공평하게 해결되어 모든 사람이 관아에 가서 소송을 할 필요가 없게 된다.

실제로 정말로 '사당문을 연다'를 통해 해결하는 일은 별로 많지 않다. 그 이유는 모든 사람이 '사당문을 연다'를 중대한 일로 여기어서 오로지 특별히 중대한 사건이라야 이렇게 하기 때문이다. 일반적인 분쟁은 시비를 가리는 것만으로 해결된다. 지방에서의 지식인과 신사(紳士)의 권위는 매우 크다. 그들은 분쟁해결에 참가하고, 마을의 규범을 제정하는데도 참가하며 이웃 마을의 사신(士紳)들과 조직을 만들어서 공동으로 분쟁을 해결하고 인근 마을의 공동복지를 보살핀다.

토지세는 지주가 마을에서 약 20리 떨어진 현 창고(縣庫)로 가져갔으며, 양곡 담당 관리는 종래에 마을에 올 필요가 없었다. 일반 백성들은 관아(官衙)의 존재를 전혀 느끼지 못했는데, 이것이 이른 바 "하늘은 높고 황제는 먼 곳에 계시다.(天高皇帝遠)"는 현상이다. 조상을 숭배하는 것 이외에 모든 사람은 믿고 싶은 대로 다 믿었다. 절에 가거나, 신선을 숭배하거나, 관공(關公)을 섬기거나, 토지에 제사를 지내는 등 자기

편한 대로 믿었다. 종교상의 제한도 없었고, 종교상의 박해도 없었다. 모두가 저마다 자기의 신이나 부처를 믿으면서 서로 상관하지 않으면서 각양각색의 신을 한데 모아 모든 사람이 함께 받들어 믿었다.

이것이 바로 일반적으로 말하는 도교이다. 기독교도들이 예수가 중국의 신들과 함께 중국의 사원에서 모셔지도록 했다면 마을 사람들은 반드시 다른 신과 마찬가지로 예수를 경건하게 숭배했으리라고 믿는다.

일반 백성들은 매우 순진하였다. 그들은 사람들이 말하는 것을 그대로 믿었다. 미신은 바로 이러한 배경 하에서 생겨난 것이며, 뿐만 아니라 눈덩이처럼 날이 갈수록 불어나서 수백 년 동안 쌓인 미신은 그 수효가 실로 엄청나게 많았다.

나는 마을 사람들이 영혼의 윤회설을 믿고 있다는 것을 언급한 적이 있다. 이것은 유령과 영혼이 흩어져서 떠돌아다닌다는 설과 서로 모순되는 것 같다. 그러나 무릇 귀신에 관한 것에 대해 우리는 본래 그다지 깊이 연구해 보지 않아서 몇 가지 서로 모순된 견해가 동시에 유행할 수 있다. 전해지는 말에 의하면 영혼과 귀신은 전혀 별개의 것이라고 한다. 영혼은 사람으로 윤회하며 유령은 우주 사이를 떠돌아다닌다고 한다.

위인과 성현의 유령은 신(神)이 되어 영원히 눈에 띠지 않게 존재하지만, 평범한 사람의 유령은 점차 사방으로 흩어져 모습을 감추었다가 결국에는 없어져 버린다고 한다. 유령은 자기 마음대로 언제 어디서나 모습을 드러낼 수 있다고 한다. 유령은 사당에 거주할 수도 있고 묘지에 거주할 수도 있으며 자기 기분 나는 대로 행동한다고 한다.

우리나라에서 거액을 아끼지 않고 화려하고 웅장한 묘지와 궁전과 같은 사당을 건조한 것은 아마도 이러한 신앙들과 관계가 없지 않을 것이다. 이러한 귀신 이야기는 각지에 다 있으며 비록 개별적으로는 같지 않지만 대체로 일치한다. 중국인의 모든 사물에 대한 견해는 인본위(人本位)의 색채를 벗어나지 못하고 있다.

만일 귀신과 산 사람 사이에 전혀 아무런 관계가 없거나 전혀 아무런 접촉이 없다면 사람들은 귀신은 아무 쓸모가 없다고 여기거나 아예 그들의 존재를 믿지 않을 것이다. 사원과 사당 안에는 물론 신불(神佛)의 소상(塑像)이 있고 조상의 위패가 있으며 이들 우상들이나 위패들은 비록 사람들로 하여금 바라보기만 해도 두려움이 생기게 하지만 꿈에 나타나는 것을 제외하고는 스스로 감실(龕室)을 떠나 산 사람과 이야기를 나눌 수는 없다.

사람들은 이들이 더욱 구체적이고 실제적으로 모습을 드러내도록 하는 것이 필요했기 때문에 무당과 부계(扶乩)와 해몽(解夢)이 있게 되었다.

만일 어떤 사람이 고인이 된 친구나 친척을 그리워하면 그는 무녀를 모셔다가 죽은 사람의 영혼을 불러오게 할 수 있다. 무녀는 대부분 먼 곳에서 온 여인이다. 부름을 받은 영혼이 오면 무녀의 귀가 3번 연속해서 실룩거리게 된다.

보통 사람은 귀의 근육을 통제할 수 없지만 무녀의 귀는 스스로 움직일 수 있어서 모든 사람들로 하여금 그녀의 귀에 확실히 귀신이 붙었다는 것을 믿게 할 수 있다. 그녀는 이야기할 때, 마치 고양이가 우는 것처럼 목청을 낮추기 때문에 그녀가 하는 말은 듣는 사람들이 자기들 멋대로 해석할 수 있다. 만일 무당이 이야기하는 중에 상대방의 의사를 분명히 파악하면 그녀의 말은 더욱 명확해져서 흔히 듣는 사람들은 진심으로 신복한다.

사실이든 거짓이든 이 방법은 살아있는 친척과 친구들에게 심리적으로 약간의 위안을 얻게 해 준다. 50년 전, 나 자신도 무당을 통해서 돌아가신 어머님과 이야기를 한 적이 있었는데, 그때 그렇게 놀랐던 마음은 지금까지도 잊을 수가 없다.

부계는 비교적 고급인데 부계를 하는 사람은 대부분 지식이 있는 사람이다. 두 사람이 각각 가로 놓인 나무막대기의 양쪽 끝을 잡고서 막대기의 중앙에 나무 몽둥이를 붙이면 나무 몽둥이가 모래판 위에다 글자를 쓴다. 신불이나 유명인의 혼령이 초청을 받아 단위에 내려와서 글자를 써서 가르침을 내려준다.

부계는 미래를 미리 알려줄 수 있고, 내년의 작황을 예언해줄 수 있으며 또 기근을 예고해 줄 수 있으며 심지어 평화나 전란도 예고해 줄 수 있기도 하여 거의 모든 문제를 물어볼 수 있다. 시를 전혀 지을 줄 모르는 사람도 시를 쓸 수가 있다. 쓰는 사람은 전혀 안면이 없는 사람의 이름도 써낼 수 있다. 심리학을 조금 아는 사람은 아마도 이것은 잠재의식의 작용이라고 해석할 수 있을 것이다.

그러나 외국에서 유학한 수많은 박사와 학사들이 지금까지도 부계를 믿고 있다. 한 하버드 대학교 졸업생은 항일전쟁시기에 염무(鹽務)에 관한 한 요직을 맡고 있었는데 부계를 통해 예언을 하고, 전세(戰勢)를 추측하다가 결국 정부에 의해 해직을 당했다.

무녀는 오직 세상을 떠난 친척과 친구의 혼령만을 불러올 수 있지만 부계는 신불을 부를 수 있다. 꿈을 꿀 때, 혼령과 신불이 현몽(現夢)할 수 있다. 나는 꿈이 들어맞은 것에 대한 수많은 사례를 들은 적이 있지만 대부분은 기억하지 못한다. 내가 기억하고 있는 해몽에 대한 사례로 다음과 같은 것이 있다. 즉 나의 작은 증조할아버지가 항주에 가서 속칭 '거인(擧人)'이라는 과거 시험에 응시했는데 시험장에서 이를 데 없이 큰 손 하나가 창문으로 들어오는 꿈을 꾸셨다고 한다.

그분은 지금까지 이렇게 큰 손을 본 적이 없었기 때문에 이 꿈은 그분이 장차 장원급제할 징조로 해석되었다. 합격자 명단이 발표되었을 때, 나의 작은 증조할아버지는 수석으로 합격하셨으며 이를 속칭 '해원(解元)'이라고 한다.

신불과 사망한 친척과 친구 또는 정령과 유령은 꿈에 모습을 드러내어 희망을 제시하거나 요구를 하거나 경고를 할 수 있다. 돌아가신 어머니는 자기 아들에게 무덤을 보수해 주도록 요구할 수 있다. 돌아가신 아버지는 아들에게 지전(紙錢)을 요구할 수 있다. 죽은 사람을 매장할 때에는 지전을 좀 태워서 저승에서 사용할 수 있도록 해야 한다.

우리 마을에서 일어난 일이 하나 있는데 여러 해가 지난 후에도 여전히 모두들 흥미진진하게 이야기하고 있다. 아의(阿義)라고 하는 한 젊은 농부가 배에 곡식을 싣고 성안으로 들어갈 준비를 하였다. 그날 아침 그는 집안에 멍하니 앉아 있어서 다른 사람이 왜 그러느냐고 묻자, 그는 말하기를 전 날 밤에 그의 돌아가신 어머니가 꿈에 나타나서 그에게 물가에 가까이 가지 말라고 경고했다는 것이다. 그는 그의 수영기술이 매우 뛰어났기 때문에 이 꿈이 도대체 무슨 의미인지 몰랐다.

황혼이 되었을 때, 배를 저어 집으로 돌아와서 대나무 상앗대로 배를 기슭에 대고, 마음 놓고 기슭에 서 있는 친구에게 농담으로 그 자신의 위험은 드디어 지나갔다고 말했다. 말을 끝내고는 하하하 하고 크게 웃었다. 그런데 갑자기 그의 발밑이 미끄러지더니 강물 속으로 떨어져 버렸다. 한동안 발버둥치다가 물밑으로 가라앉아 버렸다.

친구들이 급히 잠수하여 구하려고 했지만 어디에서도 찾을 수가 없었다. 반시간 후에, 그는 끌려 올라왔다. 그러나 이미 손발이 차가워져 죽은 상태였다. 나중에 알고 보니 그는 구멍 속으로 떨어진 후 손과 발이 여러 해 묵은 늙은 버드나무의 밑뿌리에 휘감기어 버린 것이었다.

모두들 그가 물귀신에게 잡혀 들어간 것이며 그것은 어쩌면 버드나무 뿌리에 둥지를 튼 물 원숭이일 것이라고 말했다. 수영기술이 매우 좋은 사람들이 많이 그곳에서 익사했다. 마을 사람들은 그 물귀신이 달빛 아래에서 부근에 있는 다리 위에 앉아 달구경하는 것을 보았다는 것이다. 그 물 귀신은 사람이 접근하면 풍덩 소리를 내며 물속으로 잠수해 버린다는 것이다.

해석이 불가능한 각양각색의 현상들이 미신이라는 눈덩이를 더욱더 크게 불어나도록 했는데 착각, 환상, 악몽, 상상, 우연의 일치, 뜬소문과 같은 것들이 원인제공을 했으며, 시간이 가면 갈수록 미신은 더욱더 많아졌다.

마을 안의 의료와 약은 물론 매우 원시적이었다. 우리는 거리가 한참되는 길을 가야만 비로소 큰 읍에서 속칭 '草頭郎中'이라는 민간의사를 찾을 수가 있었다. 일반적인 잔병이나 일부 특수한 질병에 대해서 중국 약은 매우 효험이 있었다. 그러나 수많은 심각한 질병에 있어서는 약초는 효험이 없을 뿐만 아니라 위험하기도 했다.

내 자신도 일찍이 두 번이나 숨이 거의 넘어갈 정도로 병세가 심각한 적이 있었는데, 결국 약초로 생명을 구하게 되었다. 한번은 여러 달동안 병을 앓아 뼈와 가죽만 남을 정도로 수척했는데 소아과를 전문으로 하는 민간의사가 내 생명을 구해 주었다. 또 한 번은 디프테리아에 걸렸었는데 인후과 전문의를 모셔 와서 치료했다.

그는 가느다란 침 하나로 후두 부근을 한번 찌른 후 그곳에 하얀 가루를 발랐다. 나는 그것이 무엇인지 모르는데 후두가 시원하고 상쾌하고 편안했는데 마치 한 개비의 박하담배 맛 같았다.

후두가 좀 편안해지자, 증상에 변화가 생겼다. 내 편도선이 거위 알만큼 크게 부어올라서 양 볼이 마치 고무풍선처럼 부풀어 올랐다. 나는 심지어 유동식의 음식 조차도 삼킬 수 없었다. 코에서는 피가 그치지 않고 흘러나와 호흡하기조차 곤란했다. 숨을 헐떡이고 있을 때, 나의 아버님이 가망성이 없지만 그래도 최선을 다하는 수밖에 없다고 생각했다.

그래서 그는 오래된 의학 서적을 넘기며 비방을 찾았는데 드디어 정말로 이 병증과 유사한 질병을 주로 치료하는 처방전을 찾아냈다. 나는 그 처방전으로 지은 약을 몇 첩 먹었다. 첫 번째 약을 먹은 후 효과가 났는데 한 두 시간 후 병세가 놀랍게도 크게 호전되었다. 이튿날 아침에는 내 편도선의 부기가 많이 사라졌고 한두 주일 이후에는 먹고 마시는 것도 정상을 회복했다.

나는 일찍이 넘어져서 부러진 다리가 전통적인 방법으로 완치되는 것을 직접 본 일이 있으며, 감기, 기침과 류머티즘, 눈이 빨갛게 붓는 증상이 약초로 완치되는 사례는 더욱 헤아릴 수 없을 정도로 많았다.

한의사들은 아주 오래 전에 인체에서 천연두를 예방하는 일종의 천연두 왁친을 채취할 수 있다는 사실을 발견하였다. 그들이 일종의 약초를 병든 갓난아이의 코 속으로 집어넣고 나서 다시 이 약초를 정상 아동의 콧구멍 속에 넣으면 일종의 비교적 온화한 병 증세를 일으킬 수 있었다.

이렇게 하여 우두를 맞은 아이는 물론 죽음을 면하게 된다. 그래서 내 아버님은 차라리 자식들로 하여금 현대적인 방법으로 우두를 맞게 했다. 우리 형제자매와 친척들의 자제들은 현대적인 방법으로 우두를 맞았는데 여태까지 사고가 생긴 적이 없었다. 우리 마을사람들은 학질을 어떻게 치료하는지를 몰랐다.

그래서 우리들은 그 병이 생기면 수주일 동안 심지어는 여러 달 동안 유행하다가 자동으로 없어지도록 내버려두는 수밖에 없었다. 우리 마을 부근에서는 악성질병이 발생하지 않았으며 병에 걸린 사람들은 비록 원기가 손상되기는 했으나 이로 인해 목숨을 잃은 사람은 아직 없었다. 후에 선교사들과 상인들이 키니네를 가져왔는데 이를 '금계랍'이라고 불렀는데 먹으면 효과가 매우 좋아서 모든 사람이 양약의 효능이 대단하다는 사실을 발견했다. 일부 마을 사람들은 신의 힘으로 병을 치료할 수 있다고 믿었다. 그래서 그들은 사원에 가서 향을 피우고 기도를 한 다음 향로에서 향의 재를 한줌 집어서 이를 모든 병을 치료하는 만병통치약으로 삼았다. 이것은 일종의 심리적인 치료로서 심리학이 응용될 경우, 확실히 일부 병들을 치료할 수 있었다.

우리 집 화원에는 매월 그달에 맞는 꽃이 피는데, 음력 정월에는 동백꽃, 2월은 살구꽃, 3월은 복숭아꽃, 4월은 장미꽃, 5월은 석류, 6월은 연꽃, 7월은 봉선화, 8월은 계수나무 꽃, 9월은 국화, 10월은 목부용, 11월은 수선화, 12월은 새앙나무 꽃이다. 모든 종류의 꽃에는 각각 그 꽃을 대표하는 특별한 화선(花仙)이 있다.

가장 인기가 있는 계절화(季節花)는 봄의 복숭아꽃, 여름의 연꽃, 가을의 계수나무 꽃과 국화이며, 매 계절이 오면 마을 사람들은 무리를 지어 나와서 꽃구경을 하였다.

설과 명절을 쇨 때는 남녀노소를 막론하고 모두 한동안 즐거운 시간을 보낼 수 있다. 가장 중요한 설 명절은 일반적으로 12월 23일부터 시작된다. 조왕신(竈王神)이 이날 이 가정에서 일 년 동안에 일어난 자질구레한 일들을 보고한다.

중국인들은 다신주의(多神主義)를 믿는데 도교에서 모든 신의 우두머리는 옥황상제이다. 전해오는 말에 의하면 옥황상제에게도 공경대신(公卿大臣)과 주(州)의 관리와 이졸(吏卒)이 있는 것이 중국의 황제와 완전히 같다고 한다. 옥황상제는 조왕신을 파견하여 각 가정의 일을 감시하게 하므로 조왕신은 연말에 반드시 옥황상제에게 보고를 해야 한다는 것이다.

조왕신은 채식을 하므로 그가 하늘로 올라 갈 때에는 모든 사람이 소식(素食)을 준비해 놓고 제사를 지내어 환송한다는 것이다. 조왕신은 좋은 일과 나쁜 일을 모두 보고해야 하기 때문에 모든 사람은 일 년 내내 언행을 매우 신중히 해야만 한다. 조왕신을 환송하고 환영할 때에는 집안에서 연회를 베풀고 종이돈을 태우고 폭죽을 터뜨려야 한다. 섣달그믐에는 집집마다 닭고기와 육류를 잔뜩 차려놓고 경축하는데 이것을 '니엔예판(年夜飯)'을 먹는다고 한다. 이때에 집 식구들이 모두 참석해야 한다. 만일 먼 곳으로 가 돌아오지 못하는 사람이 있으면 그를 위해 빈자리를 남겨두어야 한다. 붉은 초가 날이 밝을 때까지 타고 있으면 다수의 어른들은 까치설날을 쇠어야 한다. 그리고 자시(子時) 이후까지 앉아 있다가 비로소 잠자리에 든다. 이튿날 아침은 바로 정월 초하루 아침으로서 식구들이 모두 하늘과 땅에 참배하는데 참석해야 한다. 제사를 지낼 때에는 자연히 향촉을 키고, 종이돈을 태우고 폭죽을 터뜨려야 한다.

신년 경축 목록 중의 하나는 원소절(元宵節)로서 정월 13일부터 정월 18일까지이며 18일 이후에는 설 명절도 끝나는 것으로 여겨진다. 원소절에는 집집마다 그리고 거리 도처에 등롱을 걸고 오색 천으로 장식한다. 꽃등의 모양은 말, 토끼, 나비, 왕잠자리, 사마귀, 매미, 연꽃 등 없는 것이 없다. 우리들은 자주 대도시로 가서 영신새회(迎神賽會)를 구경했는데 거리는 언제나 인산인해(人山人海)를 이루었다. 5월의 단오절과 8월의 추석도 중요한 명절이다. 단오절에는 용주(龍舟)시합이 있다. 추석에 대한 경축은 비교적 조용하고, 또한 시적인 정취가 풍부한데 즉 저녁을 먹은 후에 달 아래서 산보를 하며 둥근 달 속에 있는 옥토끼가 월계수 밑에서 방망이로 약을 찧는 것을 감상한다.

영신새회는 보편적인 행사로서 보통 수백 명이 참가하며 연도에서 구경하는 사람도 수천 명이다. 이런 경우는 일반적으로 어느 정도 종교적 색채를 띠는데 어느 때는 한 신불이 바깥으로 나와 각 마을을 순시한다. 신상(神像)은 나무로 조각된 장식이 화려한 가마에 앉아 있으며 앞에는 깃발로 일산을 치고, 사나운 용과 괴상한 짐승으로 분장하고 악기를 불면서 죽마를 탄 사람들이 길을 열며 안내한다.

영신행렬(迎神行列)이 지나갈 때에는 사자춤과 용춤이 각 마을의 광장에서 행해진다. 죽마를 타는 사람들은 길거리에서 극에 나오는 각종 인물의 역할을 맡는다. 그리고 깃발마다 용과 호랑이와 사자를 수놓은 큰 깃발을 10여 명이 들고서 이리저리 행진하는데 앞뒤에는 밧줄이 둘러쳐져 있다.

이러한 행렬이 광활한 대로 위에서 움직일 때, 보기에 정말로 대단히 위풍이 있었다. 이러한 큰 깃발을 들고 행진하며 다니게 된 기원은 전해 내려오는 말에 의하면 명대(明代)에 왜구가 침입했을 때, 백성들이 그것으로 그들에게 시위한 것이라고 한다.

설과 명절이 되거나 혹은 신불의 생일을 경축하거나 기타 중요한 시기에는 이리저리 돌아다니며 활동하는 연극단이 마을로 와서 공연한다. 연극은 보통 오후 3시경에 시작되어 이튿날 아침까지 계속되는데, 모든 사람이 저녁을 먹도록 하기 위해 중간에 한동안의 휴식시간이 있다.

연극이 시작될 때에는 언제나 징소리와 북소리가 하늘을 진동시켰다. 공연되는 극은 대개 역사이야기에 근거하여 만든 것이어서 백성들은 극을 통해서 역사를 배운다. 연극마다 모두 도덕적인 교훈이 약간 포함되어 있기 때문에 연극공연은 동시에 3중 목표를 달성할 수 있었다. 즉 역사를 가르치고, 도덕을 주입시키고 오락을 제공하였다.

여자 역은 남자가 맡는데 이것은 셰익스피어 시대의 영국과 같다. 배우는 형형색색의 얼굴분장을 하여 충직하고 간사하고 선하고 악함을 상징하였다. 흰 코는 간사함, 교활함, 비열함 또는 소인배를 대표한다. 일상생활에서도 이런 종류의 사람들을 가리켜서 흰 코라고 한다.

붉은 얼굴은 정직, 충직 등등을 대표하며 붉은 얼굴의 사람은 언제나 마음씨가 매우 너그럽고 관대하다. 검은 얼굴은 사사로움이 없이 공정함을 상징한다. 이러한 상징성을 띤 얼굴분장은 현재까지 각지의 국극(國劇)에서 채용되고 있다.

이상에서 언급한 것이 나의 어린 시절의 환경이었다. 이러한 환경은 이미 매우 신속히 역사상의 유적이 되어 버렸다. 이러한 전환은 처음에는 외국물품의 수입으로 그 시작을 열었고 뒤이어 서양사상과 군함의 침입이 그 진행을 가속화시켰으며 최후에는 현대과학, 발명 및 공업화가 그 전 과정을 완결시켰다.

제3장 어린 시절 교육

나의 어린 시절에는 학교가 없었고 단지 서당만이 있었다. 남자 아이는 서당에서 과거 시험에 대비하는 공부를 하거나 혹은 장사를 하기 위한 실용적인 지식을 배웠고, 여자아이는 남자아이와 함께 학교를 다닐 수 없었기 때문에 공부를 하려면 따로 선생님을 청해서 해야 했다. 가난한 집의 아이들은 선생님을 청할 수 없었기 때문에 운명적으로 문맹이 되는 수밖에 없었다.

한 분의 선생님은 보통 수십 명의 학생을 가르치는데 모두 개별적으로 지도하셨다. 서당에는 칠판이 없고 학년과 학급의 구분도 없었다. 선생님은 새벽녘부터 저녁 무렵까지 똑바로 그곳에 앉아계셨다. 학생들은 물론 감히 함부로 마구 뛰어다니지 못했다. 그 당시에는 시계는 매우 보기 힘들었다.

그래서 서당에 시계가 없는 것은 당연하였다. 겨울의 낮은 비교적 짧았다. 날이 어두워진 후에는 등잔불을 켰다. 어두운 불빛 아래에서 책을 읽었다. 시간은 해시계로 계산했다. 흐린 날이나 비가 내릴 때는 단지 멋대로 추측하는 수밖에 없었다. 한 두 시간 정도 틀리는 것은 자주 있는 일이었다. 다행히도 공부하는 책은 개별적으로 지도했기 때문에, 한 두 시간 잘못 추측해도 상관없었다.

나는 여섯 살에 서당에 들어갔다. 일반적으로 어린아이들은 거의 이 나이에 글을 배우기 시작했다. 사실상 나는 그때 겨우 5살하고 한 달이 지났던 것 같았는데 그 이유는 우리 고향의 계산방식에 따르면, 한 사람이 태어나면 곧 한 살로 여겼기 때문이다. 서당의 책상이 매우 높아서 내 의자 아래에 나무받침을 깔아야만 책상 높이에 맞았다. 그러므로 의자에 앉았을 때 두 다리는 항상 공중에 떠 있었다.

내가 가장 먼저 공부한 책은《삼자경(三字經)》이었다. 매 구절이 모두 세 글자이고, 압운하여서 어린아이가 기억하기 비교적 쉬웠다. 그때로부터 60여 년이 지났지만, 나는 지금도 아직 그 대부분을 외울 수 있는데 첫머리 몇 구절은 다음과 같다. 즉 "사람이 처음 태어날 때 타고난 성품은 본래 선량한 것이다. 사람의 이런 선량한 본성은 애초에는 큰 차이가 없지만 성장하는 과정에서 매 사람의 생활환경이나 교육의 차이에 의해 습성이 각기 다른 방향으로 발전하여 생활습관과 개성의 차이가 점차적으로 더욱 커진다.(人之初, 性本善. 習相遠, 苟不教, 性乃遷)"이다.

성선론은 유가의 철학과 교육원리의 출발점이다. 이런 관점은 일찍이 18세기의 계몽시대의 프랑스학파에게 중대한 영향을 준 적이 있다.

비록 내가 지금은 '본성이 선하다는 것'이 무엇인지를 알고 있지만, 당시에는 정말 무슨 뜻이지 몰랐다. 나는 서당에서의 생활을 몹시 혐오했다. 어느 날 나는 선생님이 내게 주의하지 않는 때를 틈타 몰래 의자에서 내려와 마치 쇠사슬에서 벗어난 한 마리의 강아지처럼 슬그머니 재빨리 빠져나와 집으로 돌아와 엄마의 품속으로 숨어 버렸다.

어머니는 물론 의외라고 생각하셨지만 그분은 자상하게 나에게 물었다.

"너는 어째서 집으로 도망쳐왔니, 얘야?" 나는 대답하기를 "서당은 좋지 않고, 선생님도 좋지 않고, 책도 좋지 않아요."라고 하니, 어머니께서 웃으시며 "너는 선생님이 무섭지 않니? 그분은 어쩌면 집으로 너를 찾으러 올지도 몰라!" 하고 말씀하셨다. 나는 화를 내며 "선생님, 나는 그를 죽여 버릴 거예요! 서당은 내가 불태워 버릴 거예요!" 하고 말했다.

어머니는 결코 나를 서당으로 돌려보내지 않았다. 그 선생님도 집에 찾아오지 않았다. 다음 날 아침에 유모는 나를 불러 깨워서 많은 좋은 말로 결국 나를 설득하여 서당으로 돌아가도록 했다. 어린 시절부터 누가 나에게 부드럽게 말하면 받아들였지만 강압적으로 나오면 반발을 했다. 즉 나를 잘 타일러서 내게 무슨 일을 하게 하면 되었지만, 강압적인 방식으로 나오면 전혀 소용이 없었다. 유모의 한 번의 완곡한 충고로 나는 결국 스스로 다시 공부하러 갔다.

나는 스스로 준비한 대나무 의자를 가지고 다녔는데, 집에 있는 하인이 나를 따라 서당에 가서 대나무 의자를 나무받침 위에 놓아 내가 책상 높이에 맞게 앉을 수 있게 했다. 선생님은 아무 소리도 하지 않았고, 내가 수업을 빼먹은 것을 모르는 척 했다. 그러나 나는 몇 명의 친구가 나에게 익살스런 표정을 짓는 것에 신경이 쓰였다. 나는 그들이 싫었지만 못 본 척 했다.

나는 의자에 올라가 그곳에 앉았다. 두 다리는 허공에 떠 있어서 휴식할 수 있는 곳도 없었다. 나의 수업도 시작됐다. 책은 여전히 《삼자경》이었다. 나는 무슨 말인지도 모르는 이 교과서의 본문을 큰소리로 낭송했다. 한 번 한 번 반복하여 익숙해질 때까지 읽었다.

태양이 똑바로 우리의 머리를 비출 때, 우리는 그때가 정오라는 것을 알았다. 선생님은 우리에게 집에 돌아가 점심을 먹게 했다. 나는 점심을 먹고 곧 서당으로 돌아와 계속 그 똑같은 책을 읽었다. 해가 서쪽으로 질 때야 비로소 수업을 마쳤다.

하루하루가 지나갔지만 수업과정은 변함이 없었다. 한 권의 책을 다 배우고 난 후에, 이어서 배운 것은 또 한 권의 무슨 뜻인지 모르는 책이었다. 훈련을 받은 것은 단지 기억력과 인내심뿐이었다. 책을 읽을 때, 선생님은 다음 세 가지 경지에 도달하도록 요구했다. 그것은 마음으로, 눈으로, 입으로 읽는 것이었다.

이른바 마음으로 읽는다는 것은 주의력을 집중하는 것인데 이것은 공부하는 데 있어서도 이러해야 할 뿐만 아니라 어떤 일을 하던지 모두 이렇게 해야 한다는 것이다. 눈으로 읽는 것은 중국문자를 공부하는데 있어서 특별히 중요하다. 왜냐하면 중국글자의 필획은 대단히 복잡하여, 조금만 조심하지 않으면 다른 글자로 읽어 버리기 때문이다. 입으로 읽는다는 것은 책 한 부분을 큰 소리로 수백 번 낭송함으로써 문장이 입에서 저절로 나오게 하는 것이다. 이렇게 하면 기억력의 부담을 줄일 수 있다는 것이다.

선생님은 우리에게 경고하기를 책을 읽을 때 요령을 부려 억지로 외워서는 안 되는데, 그 이유는 억지로 기억한 문장은 쉽게 잊어 버리기 때문이라는 것이었다. 만약에 우리가 암송할 때 막히는 곳이 있으면 선생님은 곧 여러 번 다시 읽게 했으며, 심지어 백번, 이백 번까지 읽게 했다.

선생님은 어쩌다가 기분이 좋지 않으면, 머리에 꿀밤을 주었다. 날이 어두워지고 수업이 끝날 때, 자주 몇몇 학생들은 머리에 몇 개의 큰 혹을 달고 집으로 돌아갔다. 원하던 원하지 않던 학생들은 반드시 규칙을 지켜야 했을 뿐만 아니라 절대적으로 복종해야 했다.

우리는 일요일 같은 것은 아예 몰랐다. 매번 음력 초하루와 15일이 되면 우리에게는 반나절 휴가가 있었다. 명절이 되면 하루 종일 쉬었다. 예를 들면 단오와 추석이다. 새해의 휴가 기간은 비교적 길어서 12월 21일부터 정월 20일까지이다.

서당에서 몇 년 공부한 후에 나는 점점 성장했고 많은 글자를 기억하게 되었다. 이때서야 선생님께서는 비로소 교과서 문장의 의미를 우리에게 설명해 들려주기 시작했기 때문에 공부하기가 더 이상 예전처럼 그렇게 힘들지 않았다.

사서오경을 통해서 나는 사람이 되는 도리를 서서히 이해하게 되었다. 유가의 이념에 따르면 사람이 되는 것은 먼저 몸을 닦는데서 시작하여(修身) 그 다음에 집을 다스리고(齊家) 난 후 나라를 다스리고(治國) 천하를 다스린다는 것이다. 그 속에 들어 있는 깊은 뜻은 후에 가서야 비로소 완전히 터득하게 되었다.

처음 몇 년의 서당생활은 나에게 있어서는 줄곧 마치 감옥과 같았다. 유일한 차이점은 진짜 감옥의 죄수에게는 희망이 없지만, 서당의 학생들에게는 모두 동경할만한 미래가 끝없이 있다는 것이다. 모든 학자, 유명인사, 고관대작들은 모두 고생을 하면서 공부하지 않았는가?

"고생 중의 고생을 해야 비로소 사람 위의 사람이 된다.(吃得苦中苦, 方爲人上人)" "천자는 영웅호걸을 중시한다.(天子重英豪)" "문장은 당신들에게 가르침을 준다. 모든 것이 다 하찮은 것이고, 단지 공부하는 것이 고상하다.(文章教爾亩. 萬般皆下品, 惟有讀書高)" "다른 사람은 가슴에 보검을 품고 있지만 나는 칼과 같은 붓을 가지고 있다.(別人怀寶劍, 我有筆如刀)" 이 성어들은 나를 공부하게 만들고 학문의 길로 매진하도록 채찍질했는데 마치 초봄 공기 중의 향기가 게으른 말을 매료시켜 짙푸른 초원으로 달려가게 하는 것과 같았다.

그렇지 않았으면 나는 일찌감치 학업을 포기하고 상해에 가서 장사를 했을 것이다. 이상, 희망, 의지는 일생의 영고성쇠를 결정하는가장 중요한 요인이라고 말할 수 있다. 교육이 만약 한사람의 이상, 희망과 의지를 계몽시킬 수 없고 단지 학생의 흥미만을 강조한다면, 그것은 근본을 버리고 지엽적인 것을 추구하는 것이다.

단지 이상 계발을 위주로 하고 흥미배양을 보조로 삼아야, 비로소 흥미는 교육상의 중요한 하나의 요인이 될 수 있다. 구식 글방에서 고서를 무조건 외우는 것은 무미건조하고, 어리석은 일이지만 고서를 외우는 것은 고서를 외우는 대로의 좋은 점이 있기도 하다. 한 사람이 성년이 되었을 때, 외운 고서 속에서 자주 세상살이에 대한 지침을 찾을 수 있는 것이다.

하나의 안정된 사회에서는, 모든 것이 옛 것을 유지하면서 풍조로 굳어지게 되며, 행위의 규범도 변하는 경우가 매우 드물다. 그래서 나는 우리나라의 구식 교육방법이 당시의 실제 수요에 충분히 대처한 것 같다고 생각한다. 물론, 나의 고향의 그 글방은 극단적인 사례인 것이 분명하며, 그것은 오직 아이들에게 무의미한 고초만을 더해 줄 뿐이었다.

나는 앞날이 유망한 수많은 아이들이 학문의 중요성을 발견하기 전에 놀라서 달아나버릴까 하여 몹시 걱정이 된다. 나의 서당에는 교육과정에 운동과 체육종목이 전혀 없었다. 어린아이들은 쏜살같이 뛰어다니는 것이 금지되었으며, 그들은 반드시 체통을 지켜 한 걸음 한 걸음 천천히 걸어야 했다. 점심을 먹은 이후에도 우리들은 곧바로 글씨 공부를 해야 했다. 우리는 그야말로 생기를 전혀 찾아볼 수 없을 정도로 괴롭힘을 당했다. 말은 비록 이렇게 하지만, 어린아이들은 그래도 그들의 놀고 싶어 하는 본능을 충족시키기 위해 스스로 방법을 강구하였다. 만약 선생님이 안계시면, 글방은 곧 우리들의 세상이 되었다. 우리들은 책상을 한군데로 옮기고, 합쳐서 하나의 연극무대를 꾸며서 그 위에서 연극을 했다.

의자와 걸상은 무대 위에서 사용하는 도구가 되었다. 이따금 우리들은 숨바꼭질을 하면서 놀았다. 어느 때인가 한번, 내가 눈을 가리고 술래가 되었는데, 때마침 선생님께서 돌아오셨고, 나머지 아이들은 모두 슬그머니 사라졌다. 나는 손쉽게 한 명을 잡았는데 그 한 명이 바로 나의 선생님이었다.

내가 화를 자초했음을 알았을 때, 나는 그야말로 너무 놀라 기절할 뻔했다. 지금까지도 이 일을 생각하면 여전히 무섭게 느껴진다. 봄이 오면 방과 후에 우리는 연을 날리러 갔고, 연은 모두 우리 스스로가 만들었다. 연의 형태는 한 종류가 아니었는데, 어떤 것은 지네모양이었고 어떤 것은 나비모양이었다.

밤이 되면, 우리는 초롱꿰미를 연에 딸려 하늘로 올려 보냈는데, 초롱의 수는 일반적으로 5개, 7개 혹은 9개였다. 비교적 어린 아이들은 작은 연을 가지고 놀았고, 연의 모양은 왕잠자리, 제비, 혹은 새매였다.

제비 연은 설계가 가장 뛰어났는데, 일반적으로 짝을 이루었으며, 가는 대나무 조각의 양끝에는 각각 한 마리의 제비를 묶었으며 그런 후에 대나무 조각을 연의 줄 위에 가지런히 놓았다.

하늘로 올려 보낸 이후에, 한 쌍의 제비는 바람 부는 대로 흔들리고, 암수가 날개를 나란히 하고 나는 모습이 진짜 제비와 똑같았다. 언젠가 한번 나는 여러 마리의 진짜 제비가 제비 연 근처에서 빙빙 돌고 있는 모습을 보았는데, 아마도 짝을 찾는 듯 했다. 온 하늘이 별로 가득 찬 여름밤에, 마을의 어린아이들은 개똥벌레를 잡으면서 놀았다.

어떤 아이들은 오히려 어른들의 옛날이야기를 듣고 싶어 했다. 이야기를 해 주는 어른은 손에 늘 한 개의 큰 부들부채를 흔들고 있었는데, 한편으론 더위를 쫓아내고 한편으론 몹시 귀찮게 달라붙는 모기를 쫓아내기 위함이었다. 입에는 잎 담뱃대를 물고, 옆에는 작은 차 주전자를 놓고, 역사적인 인물의 이야기, 왕조가 바뀌게 된 상황 및 마을의 연혁을 침착하게 설명해 주었다.

어른들이 우리에게 알려준 바에 의하면, 대략 250년 전에 청 병사들이 중국관내로 들어와 명나라를 전복시키고 도적들이 봉기함으로써, 세상이 온통 대단히 어지러웠지만 우리 마을은 다른 때와 다름없이 평온하였다고 한다. 그 후에 성지가 마을에 이르러 모든 남자들에게 만주 몽고인의 머리 모양을 따라 머리 꼭대기 앞쪽의 머리칼을 깎아버리고, 뒤통수에만 변발을 하도록 명령했다고 한다.

남자들은 이 명령을 듣고 마치 마른 하늘에 날벼락을 맞은 것 같았고, 여자들은 애태우면서 눈물을 흘렸는데 명령을 받들어 마을로 파견된 이발사는 강제로 집행했다고 한다. 그들은 황제의 명을 받들어 행했기 때문에 만약 어떤 사람이 황제의 명령에 저항하여 머리를 깎으려 하지 않을 경우 참수당할 위험이 있었다고 한다.

머리(목숨)를 보존하는 것이 결국 머리를 기르는 것보다 중요했으며 양자를 동시에 겸할 수 없자, 모든 사람은 꼼짝없이 목을 내밀어, 이발사의 마음대로 머리를 깎아 변발을 땋도록 내버려두는 수밖에 없었다고 한다. 물론, 후에 사람들은 익숙해져, 아무렇지 않게 생각하게 되었다고 한다. 하지만 처음에 머리를 깎아 변발을 했을 땐, 그 모습이 보기에 매우 우스꽝스러웠다고 한다.

이야기를 해 주시는 이 어른의 입을 통해서, 우리들은 결국 역사를 조금 배운 셈이었고, 그것은 서당에서는 배울 수 없는 것이었다. 이밖에, 우리들은 또 인류학에 관한 전설을 조금 배우게 되었다. 이야기는 이렇다. 즉 수만 년 전에, 우리 조상들은 원숭이 같이 꼬리가 자라고 있었다고 한다.

그 당시의 사람은 사람과 원숭이 사이에 있었다고 말할 수 있다. 유인원이 성장한 후에 그의 꼬리는 점차 노란색으로 변한다고 한다. 유인원의 꼬리는 모두 10마디이고, 10마디 중 9개가 노란색으로 변하면 그는 자신이 곧 죽을 것을 안다고 한다. 그래서 그는 동굴 속으로 기어 들어가서 틀어박혀 좀처럼 밖에 나오지 않고, 결국 동굴 안에서 죽는다고 한다.

다시 수천 년이 지난 후 사람들의 꼬리는 떨어져서, 그래서 오늘날의 사람들은 모두 꼬리는 없지만, 꼬리의 흔적은 변함없이 존재하고 있다고 한다. 믿지 못하겠으면, 등뼈의 아래를 따라 내려가면서 짚어보면 꼬리의 뿌리를 짚어 볼 수 있다는 것이다.

아래는 무술에 관한 이야기이다.

한 도제가 가게 앞에서 쌀을 팔았다. 장사가 되지 않을 때는, 그 도제는 쌀알을 가지고 놀았고, 그는 쌀을 한 줌 한 줌 쥐었다가 또 쌀을 한 줌 한 줌 쌀 뒤주 안에 넣었다. 어느 날, 한 승려가 쌀을 보시해줄 것을 청하러 왔는데, 그 도제는 그 승려에게 쌀을 주지 않았을 뿐만 아니라, 몇 개의 쌀알을 승려의 얼굴에 던졌다. 그런데 예상치 않게 그 몇 알의 쌀알들이 살 속으로 깊숙이 들어가 버렸다. 승려는 화가 나지 않은 것처럼 보였으며 도리어 도제에게 허리를 깊숙이 굽혀 절을 하고 두 손으로 합장하고는 '나무아미타불' 하며 가버렸다. 7일 후에, 한 권술을 하는 사람이 마을을 지나다가 쌀가게 도제의 얼굴색이 창백한 것을 보고, 곧바로 도제에게 도대체 어찌된 일인지를 물었다.

도제는 승려가 보시를 청했던 일을 말해 주었다. 권술을 하는 사람은 듣고 고개를 가로저으며 탄식을 금치 못하며 말하길 "아이고, 어떻게 그에게 그리 무례한 짓을 하였는가? 그는 지금 무림계에서 으뜸인 인물이다! 그가 당신에게 허리를 굽혀 절을 했을 때, 당신은 이미 치명적인 내상을 입었을 것이다. 49일 이내에 당신은 죽게 될 것이다. 다행히 나에게 약이 있어 당신을 치료해 줄 수 있다. 하지만 급히 숨어야 한다. 영원히 이 승려를 다시 마주쳐서는 안 된다. 49일 후에 그가 또 다시 올 것이다. 빨리 나무 관을 하나 준비해 그 속에 몇 개의 벽돌조각을 넣어라. 당신은 이미 죽어서 입관하여 장사지내기를 기다리고 있는 것처럼 가장하면 된다." 49일 후에 승려는 과연 다시 와서 도제를 찾았다. 사람들은 그 도제가 이미 죽었다고 알려주었다.

승려는 탄식하며 말하기를, "가련하도다, 가련하도다!" 하고 말하고는 관을 보려고 해서 사람들이 그를 데리고 보러 갔는데 그는 손으로 가볍게 관 뚜껑을 위에서 아래까지 한번 어루만지며, '나무아미타불'을 외우고는 가버렸다. 승려가 가고 난 뒤, 모두들 관 뚜껑을 열어 봤는데, 안의 벽돌조각이 모두 가루로 변해 있었다.

아이들은 모두 귀를 쫑긋 세우고 이 이야기들을 들었는데 이 이야기들은 우리가 수업 이외의 것에서 얻는 지식의 주요한 원천 중의 하나였다. 우리 서당의 선생님은 모두 합쳐보면 많은 분이 바뀌었다. 그 중의 한분은 마음씨가 어질고 너그럽지만 촌티가 물씬 풍기는 늙은 서생이었다.

그의 운명은 기구하여, 여러 차례 부시(府試)에 응시했으나 모두 수재(秀才)에 합격하지 못하여 결국엔 어쩔 수 없이 단념하고 서당에서 아이들을 가르치는 수밖에 없었다. 그의 얼굴은 둥글기가 보름달과 같고, 키는 작고 뚱뚱했으며, 구리 테로 된 안경을 썼는데 늘 낮게 콧등 위로 흘러내려와 있어서, 안경 위의 두 눈으로 사람을 내려다보았다.

그는 수염을 기르지는 않았지만, 코 아래에 텁수룩한 회색의 수염을 기르고 있었다. 계란 국을 먹는 날이면, 그의 수염에는 항상 노란 계란 조각이 몇 개 묻어 있었다. 그의 이야기는 이루다 말할 수 없을 정도로 많다. 정말로 한 편의 살아있는 백과사전이다. 하지만 그의 글재주는 아주 형편없었다. 내 생각으론, 아마도 그것이 그가 누차 시험에 합격하지 못한 원인인 것 같았다.

하지만 사람은 매우 재미있고, 우스개 소리와 농담을 잘했다. 그는 어떤 일들은 매우 잘 잊어버렸다. 친구를 만나고 서당으로 돌아올 때, 우산을 잊고 들고 오지 않으면, 부채를 잃어 버리고 돌아왔다. 늘 이렇게 이것저것 잘 잊어 버리는 것을 그냥 두면 안 되겠기에 그래서 그는 그가 외출할 때 반드시 휴대한 물품의 목록을 작성했는데, 즉 담뱃대, 우산, 수건, 부채였다.

매일 그는 수업이 끝나고 헤어져 집으로 돌아갈 때 '담뱃대, 우산, 수건, 부채' 하고 한번 읽어 보았다. 부채를 휴대하지 않아도 될 겨울에도, 그는 여전히 목록대로 부채를 읽었다. 어떤 때는 아예 부채를 지니지 않고 외출했다는 것을 기억했지만, 어떤 때는 변함없이 가는 곳마다 부채를 찾아서 그의 친구와 학생들은 은밀히 몰래 그를 비웃었다.

내 어린 시절의 지식 범위는 오직 사서오경과 서당 선생님과 마을의 연장자들이 나에게 이야기해 준 것들에 국한되었다고 말할 수 있다. 나는 적지 않은 고서를 외웠고, 아주 많은 이야기들을 기억하고 있다. 이 때문에 내 어린 시절 교육은 기억하는 일이 대부분이었다고 말할 수 있다. 다행히 나는 시골 마을에서 자라서 대자연으로부터 적지 않은 지식과 깨우침을 얻을 수 있었다.

한 번은, 내가 쥐엄나무 위에서 자라고 있는 딱정벌레 머리 위에 사슴뿔과 비슷한 뿔이 자라고 있는 것을 주의 깊게 보았는데, 이 뿔과 나뭇가지 위의 가시는 생긴 게 똑같았다. 사람들이 알려주기를 이 딱정벌레들은 나무에서 자라나서 이 때문에 모체와 생긴 게 아주 닮았다고 했다. 하지만 난 늘 믿어지지 않았다.

나는 마음속으로 생각하길, 만약 한 그루의 나무가 정말 딱정벌레를 낳을 수 있다면 딱정벌레가 낳은 알도 역시 마땅히 쥐엄나무의 종자가 될 수 있어야 한다고 생각했다. 딱정벌레 알이 쥐엄나무를 길러낼 수 없는 이상, 분명 딱정벌레의 뿔과 쥐엄나무의 가시가 이렇게 서로 닮은 건 반드시 다른 요인이 있을 것으로 보았다.

후에 나는, 한 마리의 새가 쥐엄나무 위의 벌레를 부리로 쪼아 먹는 것을 보았다. 하지만 이 새는 몸 곁에 자라고 있는 사슴뿔을 가진 딱정벌레에 대해서는 보고도 못 본체했다. 그래서 나는 문득 깨닫게 되었다. 알고 보니 딱정벌레의 뿔은 가시를 모방해서 생긴 것이며, 목적은 자신을 보호하여 새에게 쪼아 먹혀 죽지 않도록 하는 것이었다.

강 지류의 연안에는 많은 오구목이 자라고 있었다. 오구목 열매는 그 기름을 짜서 양초를 제조할 수 있다. 이 때문에 오구목의 속명은 양초나무이다. 겨울에 농부들은 볏짚을 이용해 나무줄기를 싸며, 봄이 되면 볏짚을 빼내어 태워버린다.

일반 사람들은 이 방법이 기생충을 죽이는 신비한 힘을 발휘할 수 있다고 믿는다. 사실상 이것은 조금도 신기할 것이 없다. 만약 우리들이 나무줄기에다가 충분한 볏짚을 묶어놓기만 하면, 기생충은 부득이 볏짚에다 알을 낳는 수밖에 없으며, 볏짚을 태우는 것은 벌레의 알을 소멸시켜 버리는 것과 같아서 기생충이 번식할 수가 없다.

동년 시기, 이런 대자연에 대한 초보적인 연구의 사례가 매우 많았는데, 앞에 제시한 두 가지 예를 든 것만으로도 내 생각에는 충분한 것 같다. 이상의 것으로부터 알 수 있는 것은 내 어렸을 적의 교육은 모두 3개의 공급처가 있었다는 것이다. 그중 첫 번째 것은 서당에서 공부한 고서이다. 고서에서 나온 지식은 한편으론 사회생활의 지침서와도 같았고 또 한편으론 후에 현대사회과학연구의 기초가 되었다.

두 번째 지식의 공급처는 이야기를 들은 것인데, 이것은 나로 하여금 현대 문학을 감상하는 데 있어 기초를 다지게 하였다. 세 번째 지식의 공급처는 대자연에 관한 초보적인 연구였다. 하지만 이 초보적인 연구의 토대가 현대과학의 기초를 접목시켜 줄 수 있었다.

만약 내가 초목이 드문 대도시에서 자랐더라면 나는 확실히 대단히 중요한 자연훈련의 기회를 잃어 버렸을 것이다. 나의 일생도 아마 완전히 바뀌었을 것이다. 모든 아이들이 지니고 있는 감수성, 관찰력, 호기심, 이해력 등의 타고난 자질은 아마도 내가 어린 시절 받았던 모든 것을 기억력에 의지하는 전통훈련에 의해 전부 질식되어 버렸을 것이다.

나는 내가 몇몇 학생들처럼 공부에 그다지 힘쓰지 않았다는 것을 인정한다. 그 이유는 나는 무조건 외우는 것을 좋아하지 않고, 관찰하고 만지고 이해하길 원했기 때문이다. 나의 선생님들은 이것이 나의 불행이며, 나의 성격상의 화근이라 여겼다.

나는 노는 것을 좋아하고, 이야기를 듣는 것을 좋아했다. 나는 끝까지 캐묻는 것을 좋아하여 어른들로 하여금 싫어하게 만들었다. 나는 논에서 청개구리가 메뚜기를 잡거나 거위와 오리가 강물에서 놀고 있는 것을 보는 것을 좋아했다. 나는 새로운 대나무 숲에서 죽순 껍질을 분리하는 것을 좋아했다. 선생님은 이러한 취미를 모두 화근이라 여겼다.

나 스스로도 장래성이 없다고 믿었다. 하지만 운명은 헤아릴 수 없는 것이어서 나의 이러한 화근들이 후에 결국 행복을 가져오는 요인이 되었는데, 그렇지만 선생님이 인정한 몇몇 학생들의 행복을 가져오는 요인은 결국에는 모두 화근임이 증명되었다. 그들 훌륭한 학생들 중 어떤 학생은 후에 폐결핵으로 죽었고, 어떤 학생은 책벌레가 되었으며, 어떤 학생은 서구화의 조류가 중국을 휩쓸 때, 나날이 달라지는 환경에 적응할 수 없어서 낙오자가 되었다.

제4장 가정의 영향

유년기와 청소년기는 적응력이 가장 발달한 시기이므로, 가정의 영향이 흔히 결정적인 작용을 한다. 이 시기에 길러진 습관은 좋고 나쁘고를 떠나 앞으로도 뿌리 뽑기가 매우 어렵다. 대체적으로 말하면, 내가 받은 가정의 영향은 모두 양호하고 건전하였다.

나의 아버지는 소지주이셨고, 게다가 상해 지역 몇몇 전장의 주주였다. 할아버지가 아버지에게 남긴 유산은 상당히 많았다. 게다가 아버지는 생활이 검소하여 식구들은 내내 돈에 대해서 별로 걱정할 필요가 없었다.

아버지는 사람 됨됨이가 충실하고 너그러우며 기개가 있어, 마을사람들은 아버지를 매우 존중하였고 동시에 이웃 마을의 인사들로부터도 널리 존경을 받으셨다. 아버지 스스로의 생활은 검소하였지만, 공익사업에는 아낌이 없으셔서 자주 자선단체에 많은 돈을 기부하셨다.

아버지는 이제까지 의도적으로 남에게 거짓말을 한 적이 없으셨고,

이 때문에 아버지와 교제하던 사람들은 모두 그의 말을 신임했다. 아버지는 풍수와 점치는 것을 믿었다. 게다가 선행을 하여 덕을 쌓으면 천지신명의 감화를 받을 수 있고, 선행을 하는 자로 하여금 복이 더해지고 수명이 늘어, 그 때문에 전생에서 정해진 운명도 선행으로 바꿀 수 있다고 믿으셨다.

아버지의 도덕적인 인품이 나에게 끼친 영향은 아주 컸다. 단 하나의 유감은 아버지의 귀감을 열심히 배우지 못한 것이다. 내 어머니는 아주 교양 있고 아름다운 미모의 여인이었다. 어렸을 때의 어머니에 대한 인상은 이미 흐릿해졌다. 내 기억에 어머니는 칠현고금을 탈 줄 알았으며 그것으로 그윽한 음악을 연주할 수도 있었다.

어머니가 가장 즐겨 부르시던 곡이 있는데, '고금인(古琴人)'이란 노래였다. 가사를 보면, "음음음, 나를 떠나가나요, 진정 떠나가나요. 여태까지 나를 저버렸네요. 그 때 낮은 소리로 노래하던 것을 기억해요, 무수하게 많은 것을 헤아렸죠, 한 곡조가 천금이라 할만 했어요. 지금 나를 담 그늘 아래에 버려 두네요. 가을바람과 향기로운 풀, 흰 구름, 가을이 깊어지네요. 다리는 끊어지고 물은 흘러가는데, 옛 사람이 떠나가네요. 처량하고 슬프네요, 쓸쓸하고 적막하네요, 처량하고 슬프네요, 쓸쓸하고 적막하네요."

어떤 사람이 말하기를 내 어머니 같이 젊고 아름다운 여인이 이런 구슬픈 노래를 부르는 것은 불길한 것이라고 했다. 어머니께서 거문고를 켜시던 서재의 방 뒤에는, 높이가 수십 척인 큰 녹나무가 한 그루 자라고 있었다. 녹나무에서 멀지 않은 곳에 대나무가 한 줄 심어져 있는데, 이 대나무들은 우리 집 울타리가 되었다. 대나무 숲의 외부는 한 작은 강으로 둘러싸여 있었다. 큰 녹나무의 그늘 아래에는 박태기나무 꽃 한 그루와 향단나무 한 그루가 자라고 있었다. 그러나 이 두 그루의 나무는 단지 큰 녹나무의 무성하게 나 있는 잎과 가지 사이에서 약간의 햇빛을 얻을 뿐이었다. 어머니는 객실에 앉아서, 작은 새가 지저귀며 우는 소리를 자세히 들을 수 있었고, 또한 물고기가 물가에서 놀고 있는 소리도 들을 수 있었다.

해가 저물 때, 평평히 내리 쬐는 석양은 대나무 숲 사이를 지나 대나무 그림자를 커튼 위에 비치게 하고, 바람을 따라 나부끼게 했다. 서재의 벽은 명가(名家)의 서화로 가득했다. 어머니의 흰 옥이 박혀 있는 칠현금은 기다란 홍목(紅木)으로 만든 칠현금 상자에 가지런히 놓여 있었고 칠현금 상자의 네 발에는 봉황이 새겨져 있었다.

어머니께서 돌아가신 후에, 객실의 장식은 꽤 오랫동안 이동 없이 줄곧 보존되어 있었다. 어머님의 초상화는 벽 중앙에 높이 걸려 있었다. 그러나 이미 어머니는 안계시다! 어머니께서 사용하시던 칠현금은 부드러운 비단으로 덮여 있었으며 여전히 홍목으로 만든 칠현금 상자에 놓여 있었다. 나는 때때로, 나 자신이 바로 고독한 무덤앞에서 흐느껴 울면서 희미하게 작은 소리로 하소연 하는 칠현금이란 생각을 떨쳐버릴 수 없었다.

나의 어머님은 꽤 젊은 나이에 돌아가셨다. 나는 어머니께서 화려하게 수를 놓은 치마와 저고리를 입고 관에 누워 계신 것을 보았다. 치마, 저고리 바깥 면은 붉은 명주로 된 긴 외투로 덮여 있었는데, 발의 복사뼈까지 덮여 있었다. 외투에는 진홍색의 두건이 달려 있었는데, 단지 어머님의 얼굴만이 밖으로 드러나 있었으며 매우 큰 진주가 붉은 머리 두건에 장식되어 그분의 앞머리에서 더욱 더 반짝반짝 광택을 내고 있었다.

나의 계모는 가정살림에 능통한 주부셨고 사람을 대하는 것 또한 매우 상냥하셨다. 그러나 얼마 안 가서 돌아가셨고, 이후에 아버지께서는 다시 후처를 들이지 않으셨다. 나의 할아버지는 상해에 있는 어느 은장(銀莊)의 지배인을 지내신 적이 있었다.

태평천국 시기(1851~1864)에, 할아버지는 상해의 구 시가에 작은 환전상을 차리셨는데, 후에 환전상은 발전하여 작은 전장(錢莊)이 되었고, 더 나아가 최고의 전장이 되었다. 이런 전장은 무한 책임을 지닌 기관이었고, 신용대출 사업을 했다. 멕시코 은화가 중국에 전래되어 중국의 보조화폐가 된 이후, 멕시코 은화는 서서히 국민들의 환영을 받았다.

후에 은화유통이 점차 확대된 이후, 위조화폐도 그것에 비례하여 증가하였다. 그러나 전장의 사람들은 오직 손가락 끝으로 두 개의 일원짜리 은화를 가볍게 두드리기만 해도, 어떤 것이 진짜이고, 어떤 것이 가짜인지 분별해 낼 수 있었다. 나의 할아버지의 능력은 더욱 일반 전장의 주인들을 탄복하게 만들었다. 그는 한 눈에 어떤 것이 진짜인지 어떤 것이 가짜인지 구별해 낼 수 있었다.

불행하게도 할아버지는 한창 나이에 한쪽 다리를 다치셨는데, 후에 심각해져 잘라내야만 했으며, 혈액 중독으로 돌아가셨다. 아버지께서는 당시 고작 12살 정도셨는데, 할아버지께서는 아버지에게 7천 냥의 은화를 남겨 주셨다. 당시로 말하면 이것은 이미 상당히 큰 유산이었다. 아버지는 의지할 곳 없는 고아가 되셔서 미래의 장인으로부터 보살핌을 받았다.

투자가 올바르게 이루어졌고, 신중하게 관리를 하셨기 때문에, 재산이 점차 증가하여 30년 후에는 이미 모두 합쳐 은화 7만 냥이 되었다.

위의 이러한 가정사를 통해서 독자는 우리 가정이 일찍이 서양의 영향을 받은 것이 분명하다는 것을 어렵지 않게 상상할 수 있을 것이다.

아버지께서는 발명의 재능이 아주 뛰어나셨다. 아버지는 스스로 설계하시거나 혹은 도면을 그려낸 후 목수, 철공, 동기제작인, 농부 그리고 죽공에게 치수에 따라 그대로 만들라고 지시하는 것을 좋아하셨다.

그는 스스로 집을 짓는 것을 설계하신 적이 있고, 또한 양잠과 뽕나무를 심는 것과 건물을 짓는 것을 실험하였으며(일종의 유행이 지난 서양식으로), 그의 생각에 따라 수많은 물건을 만들었다. 최후에 그는 증기선을 만드는 현명한 방법을 생각해 냈다. 그러나 그의 증기선은 증기를 이용하는 것이 아니었다.

아버지는 업무를 시찰하기 위해 자주 상해에 가야 했다. 그는 먼저 노 젓는 나무배에 올라 영파(寧波)로 간 후 영파에서부터 증기선을 타고 상해까지 갔다. 그는 항상 이렇게 말씀하셨다. "목선을 타고 장씨촌에서 영파까지 2박 3일이 걸린다. 하지만 증기선을 타면 영파에서 상해까지의 길은 비록 10배나 멀지만 하룻밤 사이에 도달한다."

그래서 그는 곧 하나의 청사진을 그려, 한 척의 규모는 작지만 모든 것이 다 갖추어 있는 증기선을 건조할 준비를 하셨다. 목공과 배를 만드는 목수를 모두 구했다. 목공은 명령을 받들어 수력 터빈을 제작하였고, 조선공도 곧 아버지의 조선 계획에 따라 배를 만들어 1개월 만에 배가 이미 거의 완성되었다.

작은 증기선이 진수(進水)되던 날, 많은 사람들이 달려와 구경을 했다. 모두들 이 새롭고 신기한 증기선을 보고 다들 칭찬이 입에서 그치지 않았다. 증기선은 우리 집 부근의 작은 강에 정박했고, 아버지는 체격이 건장하고 늠름한 사나이를 두 명 고용해서 나무로 된 손잡이의 양 끝을 나누어 잡고 수력터빈을 돌렸다.

증기선이 천천히 물에서 이동하기 시작했을 때, 언덕 위에서 둘러싸고 구경하던 사람들은 자기도 모르게 환호를 했다. 얼마 지나지 않아 이 배의 속도는 점점 증가했다. 그러나 속도가 거의 노 젓는 배와 같아졌을 때, 선원들이 다시 아무리 힘을 써도 배의 속도는 증가하지 않았다.

승객들은 함부로 이래라저래라 하고 시키면서 배가 더 빨리 달리기를 간절히 바랐고, 몇 명은 심지어 직접 손을 움직여 수력터빈을 회전시키는 것을 도왔다. 그러나 이 배는 아주 고집스럽게 시종 원래의 속도를 유지하며 빨라지지 않았다. 아버지는 속도를 증가시키고자, 수력터빈을 여러 번 고치셨다. 그러나 모든 노력은 결국 헛수고였다.

더욱 나쁜 것은 배가 상당히 먼 거리까지 간 이후에, 물풀이 차츰 수력터빈에 뒤엉키었고, 게다가 이것이 쌓이는 게 점점 많아져 결국 회전하는 것조차 멈추었다. 아버지는 한숨을 쉬며 "아, 도대체 증기선을 만든 서양인들에게만 방법이 있는 건가?" 하고 말씀하셨다. 그 증기선은 결국 보통의 노를 젓는 배로 바뀌었다. 그러나 선체가 너무 무거워서 노를 저을래야 저을 수도 없었다.

몇 년이 지난 후에, 우리는 그 배가 언덕 위에 방치되어 썩어 문드러졌고, 배 밑바닥에는 이끼가 아주 두껍게 자라있는 것을 발견했다. 물론 이번 실험은 실패였지만, 아버지는 계속 시도를 하고 싶어 하셨는데 후에 어떤 사람이 아버지에게 와트와 증기기관의 얘기를 해 주고 나서야 비로소 아버지는 배를 만들려는 웅지를 버리셨다.

아버지는 증기선에 외관 이외에, 더욱더 심오한 원리가 존재하고 있음을 아셨다. 이때부터, 아버지는 전심으로 그의 자식들이 현대교육을 받게 하려고 하셨고, 자식들이 훗날 언젠가 서양인들의 신기한 물건을 만드는 비결을 터득하기를 바라셨다.

이 배를 만드는 이야기도 바로 중국이 어떠한 방법으로 서구화의 길을 탐색하고 그곳으로 나아갔는지의 실제 사례인 것이다. 그러나 윤리도덕상에 있어서 아버지는 결코 외국인의 방법에는 그다지 찬성하지 않으셨다. 물론 "외국인도 중국인과 같이 충실하고, 도리를 중시하며, 근면하다."고 여기셨지만 이 이외에는 절대 외국인에게 어떤 배울만한 점이 있다고 생각하지는 않으셨다.

비록 말은 이러했지만, 아버지는 자식들이 외국인의 생활방식과 습관을 배우는 것에 대해 반대하지는 않으셨다. 그러나 나의 선생님은 아버지의 견해에 반대하셨다. 선생님이 말씀하시길: "'올바르지 않은 기교나 수식(奇技淫巧)'은 풍속을 문란하게 하는 것이다. 옛 성현이 이렇게 말씀하시지 않았는가?"라고 하셨다. 선생님은 오직 소박한 생활만이 고도의 도덕수준을 유지할 수 있다고 여기셨다.

나의 외삼촌도 똑같은 견해셨다. 외삼촌은 붉은 종이에다 그의 인생관을 적으셨고, 또 이 붉은 종이를 책상 근처 벽에다 붙이셨다. "매일 새벽녘의 향기로움, 하늘과 땅, 해, 달, 별에 감사한다. 나라에는 사직을 보호하는 충신이 있고, 가정에는 부모에게 소란을 피우는 불효자가 없다. 어디에서든 농사가 잘 되기를 바란다. 그렇게 되면 내가 설사 가난하더라도 무방하다."

나의 외삼촌은 수재셨다. 그분은 항상 아주 긴 잎 담뱃대를 휴대하셨는데, 그것은 보통의 지팡이보다도 길었다. 외삼촌은 자주 담뱃대의 구리로 된 머리 부분을 벽돌바닥에 두드리셨다. 노년에 외삼촌의 이마에 주름살이 뚜렷하게 보이지 않은 것에서 마음이 평온하고 신체도 건강하며 게다가 매우 만족하고 계셨음을 충분히 알 수 있다. 외삼촌은 점잖고, 예의가 바르셔서, 나는 이제껏 외삼촌이 화를 내는 것을 본 적이 없다. 말은 아주 느리지만, 매우 분명했고, 여태까지 사람에게 욕을 한 적이 없으셨다.

제5장 격동 전야의 심상치 않은 분위기

신년에는 언제나 마을에 와서 그림을 파는 행상인들이 있었는데, 어떤 그림은 국가 대사를 그린 것이고, 어떤 것은 극의 상황을 그린 것이었다. 어느 해의 신년 휴가 기간에는, 한 세트의 신선한 그림이 아이들의 깊은 흥미를 불러 일으켰다. 이 오색으로 그린 그림은 1894년(갑오년)의 중일전쟁에 대한 이야기였다.

그 중 한 장에 그려져 있는 것은 발해 상에서의 해전장면이었는데, 일본군 함대중의 군함 한 척이 화약으로 가득한 몇 개의 큰항아리에 명중되어 불이 나서, 밑으로 가라앉고 있는 것이었다. 중국은 또 이와 똑같은 해상에 떠 있는 큰 항아리를 수백 개 그렸다. 이런 항아리는 바로 당시 민간에서 통용되고 있는 남자용 요강으로서, 밤에 소변을 볼 때 사용하는 것이었다.

또 한 폭의 그림은 즉, 쇠고랑을 채운 한 무리의 일본군 포로들을 그린 것인데 어떤 포로는 우리 안에 갇혀 있었다. 중국이 전쟁에서 크게 이긴 것이다. 물론 그것은 단지 지면(紙面)상의 승전이었지만, 우리 아이들은 굳게 믿어 의심치 않았다. 후에 나이가 좀 든 후에, 나는 비로소 우리나라가 실제로는 일본에게 패배한 것을 알게 되었다.

게다가 대만을 할양하였고, 우리의 해군이 일본군에게 전멸되었으며, 조선도 일본에게 빼앗겼다. 9년이란 아주 짧은 기간 내에, 중국은 이미 연이어 중국의 종주권을 인정한 3개의 외곽 국가를 상실했다. 가장 먼저 잃은 것은 베트남이고, 그 다음은 버마이고, 지금은 또 고려(조선)를 잃었다.

어느 해 여름 해 질 무렵에, 임시로 고용된 한 노동자가 소처럼 숨을 헐떡거리며 내 부친의 서재에서 뛰쳐나왔다. 그가 말하길, 서재에서 딩당 하는 소리를 들었으나, 서재에는 사람의 그림자를 찾아볼 수 없다는 것이었다. 그는 분명히 귀신이 장난을 치고 있는 것이라고 말했다. 후에 자세히 조사해 보니 그것은 시계가 시간을 알린 소리로 판명되었다.

고증도 할 수 없는 먼 옛날부터, 시골 사람들은 줄곧 절삭공구의 날로 부싯돌을 쳐서 불을 만들어냈는데, 지금 어떤 사람들이 돌연 상해에서 성냥 몇 갑을 가지고 왔다. 어른들은 이런 간편한 불 얻는 방법에 대해 매우 기뻐했다. 아이들도 아주 즐거워했고, 어두운 구석진 곳에서, 손안에 있는 성냥 한 가치를 그으면, 개똥벌레 같은 밝은 빛을 낼 수 있었다. 성냥은 당시에 '自來火(성냥)'라고 불렀는데, 한번 그으면 바로 불이 생겨나기 때문이었으며, 또 '洋火(서양불)'라고도 불렀는데, 그 이유는 외국에서 들여온 것이기 때문이었다.

시계는 사실상 그다지 필요가 없었는데, 그 이유는 시골에서는 시간 계산이 아무리 정확해도 쓸모가 없었기 때문이었다. 2, 3시간 빠르든 2, 3시간 늦든 무슨 상관이 있겠는가? 시골 사람들은 시간을 날과 달을 단위로 했지, 분이나 시간으로 계산하지는 않았다.

성냥도 사실상 사치품이었다. 부싯돌을 사용하는 것으로도 아주 잘 지내지 않았던가? 석유의 경우는 별도로 논할 수 있는데 석유램프는 어두운 밤을 대낮같이 밝게 비추어 주기 때문에, 이것은 유채기름 등의 어두운 불빛과 비교하면 천양지차(天壤之差)였다.

메이푸 양행은 중국을 '암흑시대'에서 현대문명으로 이끈 주역이었다. 모든 사람이 성냥과 시계를 산 것은 호기심에서였고, 석유를 산 것은 생활상 필요했기 때문이었다. 그러나 일이 이것으로 끝난 것이 아니었다. 석유가 이미 필수품이 된 이상, 우편배달부를 대체한 전보와, 삼판선과 범선을 대체한 기선은 또 어찌 필수품이 아니겠는가? 이것으로 유추해 보면, 필수품 역시 갈수록 많아지게 되었던 것이다.

이러한 사소하고 지엽적인 것의 중요성을 전반적으로 인식할 수 있었던 사람들은 극히 적었다. 우리들이 아무 생각 없이 성냥을 가지고 장난하거나 석유램프을 향유하고 있을 때, 불장난을 하는, 이 아주 작은 불씨가 결국 맹렬히 타오르는 불꽃이 되어 중국의 하늘을 환하게 비춰 주게 될지 어느 누가 생각했겠는가? 성냥과 석유는 화산폭발 전의 조짐이었으며, 이 '화산'이 폭발한 뒤, 먼저 장씨 촌과, 다른 촌락의 평온과 안녕을 파괴하였고, 마침내 결국에는 전 중국을 뒤흔들어 놓았다.

기독교 선교사들은 일찍이 무심코 외국물품을 중국 내륙에 소개했다. 선교사들은 곤란과 험준함과, 말라리아 따위의 전염병과 급성 전염병, 심지어는 생명의 위험을 무릅쓰고, 외진 산간벽지 곳곳을 돌아다니며, 하나님을 믿지 않는 중국인의 영혼을 구제하고자 했다. 그들의 발자취가 닿는 곳마다 그들이 몸에 휴대한 석유, 캘리코, 시계, 비누 등등이 중국 내지에 이르렀다.

일반 사람들은 복음보다는 이런 물건들에 대해 더 흥미를 느꼈던 것 같다. 이런 수입품들은 중국 백성들의 시야를 넓혀 주었고, 동시에 중국 사람들의 물질문명에 대한 동경을 불러일으켰다. 선교사들의 원래 목적은 예수 그리스도의 복음을 전파하는 것이었는데, 결국은 생각지도 않게 외래품을 위해 시장을 개척시켜준 셈이 되었다.

나는 선교사가 중국 현대 상업의 성장에 중요한 책임을 져야 한다고 말하는 것이 아니다. 그러나 그들은 적어도 이 방면에서 하나의 역할을 맡았을 뿐만 아니라, 그들의 역할은 중요한 역할이었는데 그 이유는 그들이 중국 내지의 구석구석까지 깊이 파고 들어갔기 때문이다. 주역은 물론 서양열강의 상선과 군함이었다. 기독교 선교사들과 군함의 합동으로, 마침내 문약하고, 농업을 근본으로 하는 오랜 역사를 지닌 중국은 현대 상공업의 길로 나아가게 되었다.

나는 일찍이 매판 계급의 성장과 사대부 계급의 몰락을 직접 목격했다. 나 자신도 거의 사대부의 대열에 참가할 뻔했으나, 결국은 그 대열에서 몰래 빠져버린 셈이 되었다. 소위 매판 계급이라는 것은, 본국상인과 외국상인 사이에 있는 중국인이다.

외국상인은 물품을 상해, 천진 등 통상항구로 운반했는데, 이 물품들은 다시 매판을 거쳐서, 큰 상업도시에서부터 각 도시와 읍, 촌락으로 전매되었다. 매판들은 물품이 그들의 손을 거치는 사이에 큰돈을 벌 수 있었고, 이런 이유로 이 직종으로 벌어 먹고 사는 사람이 갈수록 많아졌다.

사업심이 비교적 강하고, 운이 비교적 좋은 사람들은 계속해서 직접 간접으로 외국물품을 사고파는 신종 직업에 뛰어들었다. 어떤 사람은 큰 돈을 벌어 부자가 되었고, 어떤 사람은 생활이 풍족했다. 운이 비교적 나쁜 사람들은 그 대오에서 낙오되었는데, 어떤 사람은 여전히 밭을 갈며 농사를 지었고, 어떤 이는 옛 직종을 지키면서 생계를 이어나갔다.

논밭을 가는 일은 장래성에 한계가 있었고, 옛 직종은 외국과의 경쟁 하에서 순식간에 몰락해 버렸다. 그래서 기존의 경제제도는 아주 빠르게 붕괴되기 시작했다. 그 결과 수많은 사람들이 간신히 생계를 이어나갈 기회를 상실할 수밖에 없었다.

이 불행한 사람들은, 한편으로는 신흥벼락부자를 질투하기도 하고, 한편으로는 옛 직종에 대해 불만을 가지기도 하고, 혹은 과거의 직업을 완전히 상실하여, 결국은 위험한 길을 걷게 되었다. 조아강(曹娥江)의 대 조류는 수문을 세차게 치고 있었는데, 이는 머지않아, 장씨 촌의 안녕을 파괴할 동란이 맹렬하게 전개되리라는 것을 상징하고 있었다.

어느 가을 날 오후에, 나는 들판에서 뛰놀고 있었는데, 갑자기 다급하게 마구 두드리는 징소리를 들었다. 징을 치는 사람은 한편으론 이리저리 마구 뛰어다니면서, 한편으론 제방이 이미 무너져서, 홍수가 마을로 밀려 들어온다고 큰소리로 외쳤다. 나는 필사적으로 뛰어 집으로 돌아왔는데, 이 소식을 길에서 만나는 사람들 모두에게 알려주었다.

모든 사람들은 바삐 서두르느라 야단법석이었다. 우리는 급히 배와, 나무 욕조와, 물에 뜰 수 있는 모든 물건들을 준비해서, 곧 불어 닥칠 재난에 대응하려 했다. 어떤 사람은 나무 위로 기어 올라가 잠시 피하기로 결정했다. 이튿날 이른 아침, 홍수는 이미 우리 집 대문까지 밀려 들어 왔는데, 마치 거대한 이무기와 같은 세찬 기세로 정원으로 쏜살같이 밀려 들어왔다. 정오가 되었을 때, 아이들은 이미 욕조에 앉아서, 대청에서 이리저리 노를 젓고 있었다.

제방의 갈라진 틈은 결국 모래주머니로 막았고, 조아강도 다시는 범람하지 않았다. 홍수는 우리 마을과 이웃 마을에서 약 1주일 정도 머문 후, 천천히 저지대로 빠져 나가고, 결국에는 하천을 따라 바다로 흘러들어 갔는데 이와 동시에 모든 벼농사를 휩쓸어가 버렸다.

약 일주일 후, 해가 질 무렵 한 척의 큰 배가 수많은 사람들을 태우고 우리 마을로 왔다. 이 배는 우리 집 근처에서 멈추었고, 배 위의 사람들이 연이어 상륙했다. 우리는 의외의 사태를 막기 위해, 얼른 대문을 닫아버렸다. 그들은 큰 돌로 대문을 쳐댔고, 마침내 결국 문을 열어젖히고 들어왔다.

선두에 선 사람은 체구가 크고 우람했으며, 용감하고 힘이 세 보였고, 길게 땋은 머리는 머리 꼭대기에 둘둘 감겨 있었다. 그는 한 무리의 사람들을 데리고 뜰로 들어와서는, 큰 소리로 "우리는 배가 고프다. 식량을 빌려 달라."고 말했다. 다른 사람들도 그를 따라 큰소리로 외치며 기세를 북돋았다.

그들은 곡식창고를 뒤졌지만, 즉시 곡식을 옮기지는 않고 "곡식을 빌려 달라."고 했다. 결국 이웃의 한 농부의 중재를 거쳐, 그들은 곡식을 몇 단(担) 메고, 배로 돌아가 떠났다. 이것은 뒤이어 발생할 일련의 변란을 알리는 첫 번째 경보신호였다.

이와 성격이 비슷하지만 비교적 심각한 사건이 연이어 이웃마을에서 발생했다. 처음에는 '빌린다'고 했지만, 그 뒤에는 재물을 약탈해 가는 것으로 바뀌었다. 약탈사건은 마치 들판을 태우는 불처럼, 도처에 만연했고, 향촌에 주둔하고 있는 미약한 병력으로는 근본적으로 막을 방법이 없었다. 게다가 식량을 약탈하는 것은 극형에 처할 수는 없었지만 그러한 상황에서, 아마도 오직 극형으로만 겨우 이를 막을 수 있을 것인데 그렇게 하면 적어도 잠시 동안은 이렇게 창궐하는 상황까지 이르지는 않았을 것이었다.

'곡식 빌리기' 사건은 계속해서 그해 겨울까지 이어졌다. 머지않아, 살인과 약탈의 폭행이 마침내 손 씨 마을에서 처음으로 발생했다. 살해당한 손 군은 상해에서 장사가 번창했던 목재상이었다. 손 군의 부친은 일찍이 상해에서 외국상점의 건축을 청부 맡아서 큰 돈을 벌었다.

그때는 매섭게 추운 겨울밤이어서, 손 씨 마을의 사람들은 매우 일찍 이부자리에 들었다. 어떤 사람이 창문을 통해 어둠 속에서 한 무리의 횃불이 마침 큰 도로에서 손 씨 마을로 이동하는 것을 발견했다. 불이 손 씨 마을 가까이 이르렀을 때, 모든 사람은 한차례 총성을 들었다. 강도가 온 것이었다. 강도들은 손 씨 집의 대문을 부수어 열고, 손 씨 집의 모든 금은과 재화를 강탈해 갔는데, 진귀한 반 가죽 옷, 금은 식기, 진주보석 등 요행히 강탈을 모면한 것은 하나도 없었다.

그들은 또한 손 군을 잡아갔는데, 그를 긴 대나무 장대 끝에 묶어, 강 밑바닥으로 처박아버렸다. 다음 날 손 씨 집의 사람들은 대나무 장대를 끌어내고 나서야 비로소 그의 시체를 발견했다.

약탈의 풍조가 신속하게 각 촌락으로 만연되었다. 수백 년 동안, 향촌 사람들이 누렸던 평화와 안녕은 하룻밤 사이에 거의 완전히 사라져 버렸다. 우리는 하룻밤도 편안하게 잠을 잘 수 없었다. 나의 아버지는 상해에서 권총과 구식 장총을 사오셨다. 모두가 총 쏘기를 연습하기 시작했으며, 어린아이들도 예외는 아니었다.

우리는 새를 살아있는 표적으로 삼았는데, 이 때문에 새들 조차도 재난을 만나게 되었다. 우리는 교대로 잠을 잤는데, 당번이 된 사람은 밤을 지키는 책임을 지게 되었다. 개가 짖는 소리가 들리면 우리는 즉각 허공을 향해 총을 쏘아 도적에게 경고했는데, 물론 어떤 때는 괜히 놀라기도 했고, 어떤 때는 분명히 진짜 도둑을 놀라 달아나게 하기도 했다.

탄약을 절약하기 위해서, 우리는 자주 총성에 폭죽을 섞기도 했다. 영원히 이렇게 계속 긴장하면서 지내는 것은 결국 옳은 방법이 아니다 싶어, 아버지는 결국 어쩔 수 없이 집안의 어른과 아이 모두를 데리고 상해로 이사하여 그곳에서 거주하였다.

우리들이 이사하기 전 2년 동안, 나는 소흥(紹興)에서 학업을 계속했다. 내가 아직 서당에서 공부하고 있을 때, 아버지께서 나보고 장래에 장사를 할 것인지 아니면 벼슬을 할 것인지를 물으신 적이 있었다. 나의 두 분 형님은 모두 이미 벼슬길로 들어서기로 결정했다. 아버지는 내가 결정을 내리기 전에 신중히 한 번 잘 생각해 보라고 하셨다.

벼슬하는 것은 가문을 빛낼 수 있어서, 수백 년 동안, 젊은이들 중 그것을 동경하지 않은 사람이 없었다. 물론 나도 장래에 벼슬을 할 수 있기를 매우 희망했다. 다른 한편으로는, 최근 돈을 많이 번 사람들은 새롭고 정교한 외국상품을 즐기고 있었는데, 이러한 사람들의 생활도 또한 일종의 강렬한 유혹이었다. 명예와 이익 사이의 선택은 그 사람의 사상 속에 주입되어 있는 관념 그리고 이상과 어느 정도 관련이 있다.

내가 들은 바에 의하면, 우리 중국인은 사, 농, 공, 상이라는 4가지 계급으로 구분되어 있다고 한다. 어떠한 계급이든 각각 전체사회에서 특정한 임무를 지니고 있는데, 사대부는 지배계급으로, 이 때문에 또한 가장 존귀하고 영예스러운 계급으로, 아리스토텔레스의 주장에 의하면, 철학자가 국왕이 되어야 한다고 했다. 그래서 우리가 말할 수 있는 것은, 철학자가 만약 군주가 되지 못한다면, 적어도 공경(公卿)과 재상이라도 되어야 한다는 것이다.

중국의 귀족계급은 소수의 예외를 제외하면 모두 세습된 것이 아니라, 자기 자신의 노력으로 이룩한 것이다. 속어에 의하면 수재는 재상의 근원이라고 한다. 만약 내가 장사를 한다면, 장래에 공명(功名)과 인연이 없어질 것이 아닌가?

이 때문에 나는 학문탐구를 계속하기로 결심했다. 물론 나는 당시에 학문의 의미에 대해 그다지 잘 알지 못했으며, 다만 그것은 상류사회로 올라가는 사다리라고 생각했다. 우리 마을에서 농, 공, 상 등 세 부류의 사람들은 모두 드물지 않았다. 농사꾼은 말할 필요도 없고, 상인도 적지 않았다.

매우 많은 사람들이 상해에서 장사를 하여, 상해에서 재미있는 물건들을 아주 많이 가지고 돌아왔는데, 작은 서양 칼, 호루라기, 고무공, 서양인형, 공기총, 손목시계 등등 너무 많아서 다 열거할 수 없을 정도이다. 기술자에 대해서 말하면, 우리의 족장 한 분은 바로 목수였고, 그의 아들들도 그러했다. 먼 친척 숙부 한 분은 은세공 기술자이신데, 시골 부녀자들의 장신구인 반지, 팔찌, 비녀 등의 종류를 전문적으로 만드셨다. 글 공부를 하는 사람의 경우는 아주 달랐다.

대체로 족인 중에 공명을 이룬 사람이 있으면, 집안의 사당 가운데에는 금빛과 푸른빛이 휘황찬란한 편액이 하나 자리하고 있으며, 거인(擧人) 이상의 집안 사당의 앞면에는 또한 매우 높은 깃대가 있는데, 그들의 깃발을 매달았다. 내가 아직도 기억하고 있는 바로는, 하루는 현령이 이웃 마을에 와서 살인사건을 조사하여 처리했는데, 그는 네 사람이 들어 올리는 초록빛 나사(모직물)로 만든 가마를 탔으며, 붉은 색술이 달린 모자 윗부분에는 금방울이 하나 달려 있었고, 가슴 앞쪽에는 고급관원의 목걸이를 걸고 있었다.

네 명의 교군꾼은 각각 뾰족한 송곳모양의 검은색 모자를 쓰고 있었는데, 모자 꼭대기에 거위 깃털을 하나 꽂고 있었다. 가마의 앞쪽에는 길을 선도하는 한 쌍의 징이 있었으며, 현령이 가는 곳마다 백성들은 조용히 피해야만 했다. 그는 본 현의 부모관(父母官)으로서, 우리 백성들의 생명재산은 모두 그의 처분에 달려 있었다. 그의 권세는 어떻게 온 것인가? 글공부였던 것이다.

이 때문에 나는 글공부하는 사람의 지위를 알게 되었고, 또한 글공부하는 사람이 되는 것의 장점을 알게 되었다. 그는 한 등급 한 등급씩 위로 올라갈 수 있는데, 심지어 어느 날 대관(大官)이 되면, 또한 북경 황궁 안에서 황제가 하사하는 고급 차를 마실 수도 있었다. 나와 같은 시골아이는 걸어서 인근의 시골과 읍을 넘어간 적이 없었으니, 글공부하여 관리가 되기를 바라는 것은 매우 자연스런 일이었다.

어린 마음에 나는 스스로 날이 갈수록 의기양양해져서, 공명이 한 걸음 한 걸음 높이 올라가, 수재에 합격하고 수재에서 다시 거인에 합격하고, 거인에서 다시 진사(進士)에 합격하여, 결국엔 어느 날 매우 높고 높은 관리가 되어, 그 현령보다 훨씬 높아져서, 몸에는 망포를 입고, 허리에는 옥대를 달고, 붉은 술을 단 모자 위에는 큰 붉은 산호 구슬을 달고, 가슴 앞쪽에는 길고 긴 목걸이를 걸고서, 찬란한 모습으로 고향으로 돌아와 마을 사람들이 놀라서 어안이 벙벙해 하는 것을 상상해 보고 있었다. 이러한 아름다운 동경들이, 내 눈 앞에서 하나씩 하나씩 전개되면, 내 앞날은 얼마나 밝을 것인가! 오로지 경서를 열심히 숙독하기만 하면 되는 것이었다.

나의 어릴 때의 교육은 비록 무미건조 했지만, 나의 생각 속에 학문이 그 어느 것보다도 중요하다는 인상을 모호하게 남겨주었다. 정부 관리는 모두 과거를 통해서 선발되었다. 학문을 하는 사람들이라야 비로소 과거시험에 합격되기를 바랄 수 있었다. 관리가 사람들의 존경을 받는 것은 학문 자체가 중국에서는 보편적으로 사람들의 존중을 받기 때문이었다.

이 때문에 나는 결국 열심히 학문을 하기로 결정했다. 과거시험 참가를 준비하는 것을 아버지는 물론 흔쾌히 허락하셨고, 서당에서의 교육만으로는 불충분하여, 이 때문에 아버지는 나를 마을에서 약 40리 정도 떨어진 소흥부(紹興府)로 보내서 중서학당(中西學堂)에 들어가게 해 주셨는데 나의 두 분 형님은 이미 나보다 1년 먼저 그 학당에 입학했다. 우리는 크기가 작고 폭이 좁은 배를 타고 갔다. 작은 배의 한 쪽은 긴 노인데, 다리 힘을 이용하여 저으며, 다른 한 쪽은 손으로 조종하는 짧은 노인데, 이것은 배의 키 작용을 했다. 연안에서 우리는 열녀를 기념하는 매우 많은 패방(牌坊)을 보았다. 연안에서 상당히 떨어진 곳에 비교적 번화한 마을이 있었다. 우리는 아침 일찍 출발하여, 중도에 큰 읍에서 하룻밤을 보내고, 다음날 오후에 부성(府城)에 도착했다.

글자 그대로 중서학당에서 가르치는 것은, 우리나라의 구학문뿐만 아니라 서양의 교과목도 있었다. 이것은 또한 중국 교육사에서 일종의 새로운 시도였다. 비록 선생님들의 설명은 매우 초보적이었지만, 나는 결국 서양지식을 접촉하기 시작하게 되었다. 이 이전에, 나의 서양에 대한 인식은 다만 수입한 서양물건에 한정되어 있었다. 현재 신선과 여우 귀신으로 가득 찬 내 머리가 사상 면에서의 수입품과 접촉하기 시작한 것이다.

내가 중서학당에서 제일 먼저 배운 한 가지 불가사의한 것은 지구가 둥글다는 학설이었다. 나는 지금까지 지구가 평평하다고 생각했다. 후에 선생님께서 또 나에게 번개는 음전기와 양전기가 부딪쳐서 생긴 결과이지, 결코 전기 신의 거울에서 발생해 나오는 섬광이 아니며, 천둥의 생성 원인도 마찬가지로서, 결코 천둥 신이 북을 쳐서 생긴 것이 아니라고 가르쳐주셨다.

이것은 그야말로 나를 어안이 벙벙하게 만들었다. 기본 물리학을 통해 나는 또한 비가 어떻게 형성되는지를 배웠다. 큰 용이 구름 속에서 입을 열고 물을 뿜어 비가 된다는 관념은 포기하는 수밖에 없었다. 연소의 원리를 이해하고 난 후, 나는 더욱 불의 신에 대한 관념을 포기했다. 과거에 우리가 숭배하던 신불은 마치 강하게 내리쬐는 태양 아래 있는 눈사람처럼 하나하나 녹아 없어졌다. 이것이 바로 내가 과학을 약간 이해하게 된 시발점이며, 또한 내 사상 속에서 불가사의한 힘에 대한 믿음이 종결되는 것이기도 했다.

나는 일찍이 향촌에서 자연을 연구하는 습관을 길렀는데, 나는 관찰하는 것을 좋아하고, 이치를 말하는 것을 좋아했지만, 어떤 때에는 내 자신이 그 속에 들어 있는 깊은 뜻을 전혀 알지 못했다. 이러한 습관은 중서학당에서 계속 발전할 기회를 얻었다. 나는 여전히 과거처럼 이해력은 뛰어났지만, 기억하는 것은 잘하지 못했는데 나는 합리적인 관념은 모두 기꺼이 받아들이고, 기억 속에 있는 낡은 관념은 헌신짝처럼 내버렸다.

중서학당의 교과과정은 대부분이 문과방면에 속했는데, 즉 국문, 경서와 역사였다. 기억해야 하는 것이 상당히 많았는데, 기억하는 것이 나의 장점이 아닌 이상, 나의 시험성적도 항상 중등 이하였다. 나는 학교에서 평범한 아이였는데, 당시 두각을 나타내고 있는 뛰어난 학생들과 비교해 보면 상당히 뒤떨어졌다. 선생님들의 나에 대한 평가는 이러했고, 내 스스로도 그렇게 생각했다.

이 학교에서는 외국어를 영어, 일어, 프랑스어 세 그룹으로 나눴다. 나는 우선 영어를 선택했고, 후에 또 일본어를 이수했다. 나의 일본어 선생님은 나까가와(中川) 선생이었는데, 나는 그에게서 정확한 일본어 발음을 배웠다. 영어는 중국 선생님이 가르치셨는데, 그의 영어 발음은 형편없이 나빠서, 후에 나는 천신만고 끝에 비로소 바르게 고쳤다. 그는 시작하자마자 우리를 잘못된 길로 이끌었는데, 자모 발음 조차도 정확하게 읽지 못했다. 가장 웃기는 것은 자음 Z를 '우차이(烏才)'로 읽는 것이었다.

1898년, 나는 학교에서 한 가지 소식을 들었는데 광서황제(光緒皇帝)가 강유위(康有爲)와 양계초(梁啓超)의 말을 받아들여 과거를 폐지하고 학교를 세우기로 결정했다는 것이었다. 이것은 구세대의 학자들을 대경실색케 했다. 그러나 강, 양의 유신운동은 곧 사라져 버리고, 얼마 되지 않아 자희태후(慈禧太后, 西太后)가 재차 수렴청정하고 강유위와 양계초는 일본으로 망명했다.

중국은 또다시 옛날로 되돌아갔으며, 내가 방학이 되어 향촌으로 돌아왔을 때, 큰길의 담 벽에 마분지에 필사한 성지가 붙어 있었는데 한쪽은 중국어로, 또 한쪽은 만주어로 쓰여 있었는데 내용은 강(康)과 양(梁)의 지명수배명령이었다. 보아하니 유신운동은 이것으로 막을 내린 것 같았다. 이 유신운동은 이후에 무술정변이라고 불렸다.

이것은 근대 중국 역사의 한 전환점이었다. 이 운동은 비록 혁명당 사람들에 의해서는 비록 좋게 평가받지 못했지만, 정견이 다르다고 하여 역사적 사실을 말살할 수는 없다. 내 기억에 의하면 양씨가 세상을 떠났다는 소식이 남경에 전해진 후 채원배(蔡元培) 선생과 나 두 사람은 중앙정치회의에서 국민정부가 법령을 통해 그의 공훈과 업적을 표창하도록 요청했었다. 그때 마침 호한민(胡漢民) 선생이 그 회의의 의장이었는데 그 제안을 보자마자 얼굴이 새빨갛게 상기되면서 심한 욕설을 퍼부었다. 그리하여 우리는 자동으로 그 제안을 취소시켜 버리고 말았다.

소흥에는 명승고적이 많다. 그곳은 원래 고대 월나라(越國)의 수도였다. 월왕 구천(勾踐)은 기원전 494년 소주(蘇洲)를 수도로 하는 오왕(吳王) 부차(夫差)에게 패배를 당했다. 구천은 20년 계획을 세우고 와신상담하여 인구를 늘리고 물자를 모으며 백성들을 가르치고 군사를 훈련시켜 나라를 부강하게 하여, 마침내 기원전 473년 교만하고 사치스럽고 방종한 오왕 부차를 쳐부수고 월나라를 부흥시켰다.

구천이 와신상담하여, 치욕을 씻은 이야기는 거의 이미 모든 사람이 다 알고 있는 역사 고사가 되었다. 이 역사의 교훈은 공적인 일과 사적인 일에서 좌절을 당한 모든 사람의 희망을 다시 불타오르게 했는데, 이것은 인내, 용기, 검소, 상세한 계획의 중요성을 말해 주고 있다. 구천이 와신상담한 옛 장소에서 받은 이 역사의 교훈은 자연히 내게 특별히 깊은 인상을 주었다.

남송(南宋)(서기1127~1276)의 고종(高宗)도 일찍이 소흥에 고위관리를 주둔시켜 공무를 처리시켰다. 당시 금나라 군사가 남침하여, 송의 강왕(康王)은 강을 건너 남쪽으로 옮겨갔으며 수도도 개봉(開封)에서 항주(杭州)로 옮겼다. 소흥부성에서 멀지 않은 곳에 또 남송 황제의 황릉이 있다.

소흥사야(紹興師爺)는 전국이 다 알고 있다. 전국의 크고 작은 관아의 거의 모든 곳을 소흥사야가 관여하고 있었다. 오래된 소흥주(紹興酒)는 더욱이 원근에 명성을 떨치고 있었다. 소흥부는 역사상 유명한 학자, 철학자, 시인과 서예가를 배출했다. 소흥부는 8개의 현으로 구성되어 있는데, 나의 고향인 여요도 그중의 한 현이다.

소흥의 풍경도 매우 유명한데 이곳에는 구불구불한 시내가 있고, 교량이 빽빽하게 들어차 있는 작은 강과, 물살이 세차게 흐르는 큰 강과 평평하고 매끄럽기가 거울 같은 호수와 구불구불하고 기복이 있는 구릉이 있다. 아름다운 산천경개는 학자와 철인들을 심취하게 하여 돌아가는 것을 잊게 할 정도이다.

나는 소흥에서 2년 동안 공부하였는데 지식이 크게 증가했다. 나는 1894년에 발생한 중일전쟁의 의의를 알게 되었는데, 즉 일본이 우리나라와 싸워 승리를 거둔 것은 서양학술을 받아들인 결과였다. 광서(淸 덕종의 연호) 황제의 유신운동은 이 패배에 자극받은 것이었다. 중국은 적의 모범적 사례를 배우고자 하였는데, 학교에 일어 교과과정이 생긴 것은 바로 이 때문이었다.

소흥에서 2년 동안 학교생활을 마친 후, 농촌에서 도적 출몰이 빈발하자, 우리는 계속 편안히 살 수가 없었다. 그래서 아버지는 우리 가족을 데리고 상해로 이사하셨다. 나의 큰형은 이미 이사 가기 전해에 사망하였다. 상해에 온 이후, 나는 잠시 한 천주교 학교에 들어가 계속 영어를 공부하였는데, 우리에게 영어를 가르쳐 준 사람은 프랑스 신부였다.

나는 마음속으로 이 영어 선생님은 외국 사람이어서 발음이 분명 매우 정확하리라고 생각했다. 그의 발음은 나의 과거의 중국 선생과 현저히 달랐다. 과거의 그 선생님은 '형제'를 '부랑더'라고 읽는데, 지금의 프랑스 선생은 우리에게 '부라다(bu la da)'라고 읽으라고 가르쳐 주었다. 그 후 나는 그것은 영국식 발음도 미국식 발음도 아니고 프랑스어 발음이라는 사실을 발견하였다.

그러나 내가 이 천주교 학교에서 머무른 기간은 길지 않았다. 왜냐하면 잠시 적당한 학교를 찾지 못하자, 아버지는 나의 둘째 형으로 하여금 한 미국부인에게 가서 영어를 배우게 하고, 또 배운 영어를 나에게 가르쳐 주게 하여 둘째 형이 내게 영어를 가르치는 중개인이 되었기 때문이다. 나는 이 방법이 불만스러웠지만, 아버지는 이렇게 하면 돈을 절약할 수 있기 때문에, 이것이 현명한 조치라고 여기셨다.

상해는 1899년 전후에는 여전히 작은 도시였으며 거류하는 외국인도 3~4천 명에 불과했다. 그러나 이들 서양인들은 득의양양했고 자신들을 아주 대단한 존재로 여겼다. 도시행정은 잘 이루어지고 있었으며 거리는 넓고 깨끗하고 전등도 있고 가스등도 있었다. 나는 서양인은 정말로 훌륭하여 그들은 확실히 전기의 비밀을 알고 있다고 생각했다.

그들은 증기기관을 발명하였고, 또 증기선도 건조할 수 있었다. 그들은 내 마음속에 이미 새로운 신이 되었다. 원래 마음속의 신불은 내가 과학의 새로운 지식을 받아들인 후 이미 완전히 사라지고 없었다. 그러나 어떤 때는 그들은 또 마귀 같았는데 그 이유는 그들의 안하무인격인 태도와 경찰의 손에 쥐어진 곤봉이 나를 두려워하게 했기 때문이다. 외탄공원(外灘公園) 입구에는 "개와 중국인은 안에 들어가서는 안 된다."고 쓰여 있는 팻말이 걸려 있었다. 개가 중국인 보다 위에 있으니 정말로 참을 수 없는 일이었다.

나의 마음속에는 외국인은 반은 신이고 반은 악마인 괴물로서 마치 머리 세 개와 팔이 여섯 개 달린 천수관음과 같아서 세 손에는 각각 전등과 증기선, 서양 인형을 들고 있고, 다른 세 손에는 각각 경찰 곤봉과, 권총과 아편을 들고 있었다. 어느 면에서 보면, 그는 천사이고 또 다른 면에서 보면 그는 마귀였다.

중국인의 서양문명에 대한 견해는 언제나 이 두 가지 극단을 벗어나지 못하고 있었는데, 인상은 사람에 따라 다르고, 또 때에 따라 달랐다. 이홍장은 서양문명의 추악하고 흉악한 면을 보았기 때문에, 해군을 설립하여, 마귀의 창으로 마귀의 방패를 공격하기로 결정했다. 광서황제는 서양문명의 밝고 선한 면을 보았기 때문에 신식의 학교제도를 건립하려고 생각했다.

자희태후와 의화단은 가증스러운 면을 보았기 때문에 중국의 낡은 무기로 마귀를 몰아내려고 했다. 곤란한 것은 이 괴물의 어두운 면과 밝은 면은 나눌 수 없다는 것이었다. 그것은 때로는 법력이 무한한 신과도 같았고, 때로는 또 흉악하고 잔인한 마귀와도 같았는데, 그러나 그것이 의지하는 힘은 동일하였다.

그래서 우리는 서양문명을 받아들이지 않거나 받아들이려면 좋고 나쁜 것을 모두 받아들여야 했다. 일본은 바로 우리의 좋은 모범이었다. 어쩔 수 없이 우리는 우리의 과거의 적에게 배우지 않을 수 없었다.

우리는 상해에서 거의 2년 가까이 살았다. 어느 날 저녁, 우리는 자희태후가 각 성 총독에게 모든 외국인을 일제히 몰살시키라고 명령하였다는 말을 들었다. 그래서 밤새 우리 가족은 모두 상해를 떠났다. 그것이 1900년의 일이다. 즉 의화단(義和團)전쟁의 시작이었다.

의화단 사람들은 스스로 주술을 사용하여 칼과 창과 총알을 막을 수 있다고 말했으며, 권술도 그들의 훈련종목 중 하나였다. 그래서 의

화단은 권비(拳匪)라고 불리었다. 그들은 외국이 제조한 물건을 모두 파괴하고 동시에 외국제품을 사용하는 사람들을 모두 죽여 버리려고 하였다. 그들은 이러한 가증스런 물건들을 들여와 그들의 살 길을 단절시킨 서양인들을 모두 몰살시키려고 했다.

사람을 해치는 이러한 외국 물건들을 중국에 들여와 소개한 교회, 학교, 선교사와 기독교도들은 모두 그들의 죄를 면할 수 없었다. 칼과 법술로 이들을 모두 죽여 버리자! 방화를 하여 외국인의 재산을 모두 불태워버리자! 하는 식이었다.

조정 자신도 강유위와 양계초가 들여와 소개한 외국사상을 완전히 없애버려, 다시는 무슨 유신운동을 하는 사람이 없게 하려고 했다. 의화단은 물질상의 외국 것을 없애버리고 자희태후는 정신상의 외국 것을 없애버리려고 하였다. 물질상의 것이든 정신상의 것이든 여하튼 모두 외국 것이고 모두 외국인이 만든 것이다.

그래서 죽이자! 외국인을 몰살시키자! 하는 식이었다. 산업혁명이 시작되었을 때, 영국인은 일찍이 그들의 생활을 위협하는 기계를 파괴했다. 의화단은 더욱 철저하게 파괴했는데, 그들은 이와 동시에 피와 살로 이루어진 '기계'를 파괴하려고 하였다.

남방 사람들의 외국인을 보는 견해는 약간 달랐는데, 그들은 외국제 물건을 환영했다. 그들은 도적 발생의 원인이 외국물건이라고 생각하지 않았으며, 문제는 청 왕실의 과중하고 잡다한 세금과 관리의 부패무능에 있다고 여겼다. 그래서 그들은 혁명을 하려고 했다.

북방의 백성들과 조정은 외국인들이 그들의 살길을 단절시켰다고 생각했는데 그것은 맞는 말이다. 그러나 그들이 피와 살로 이루어진 '기계'를 파괴함으로써 문제를 해결하려고 한 것은 잘못된 것이었다.

남방 사람들은 조정 자신의 부패가 고난의 유일한 원인이고 더욱 큰 원인은 서양물건의 수입 때문이라는 것을 미처 생각하지 못했다.

그들의 판단은 잘못된 것이었지만 혁명을 전개한 행위는 옳았다. 역사는 일련의 의외의 사건과 논리에 맞지 않는 추리와 예상치 못한 결과로 이루어지는 것 같다. 역사상의 풍운아는 마치 운명의 신이 조종하는 도구에 불과할 뿐인 것이다.

외국인은 중국의 도적들을 맹렬하게 비난했지만 그들은 그 도적들이 바로 그들 자신의 상품이 야기시킨 것이라는 것을 전혀 몰랐다. 내 어린 시절에는 모든 사람이 호랑이와 요괴와 강도를 무서워했다. 그러나 실제로는 진짜 호랑이와 요괴나 강도는 없었다. 우리는 오직 그림책 속에서만 이러한 것들을 보았다. 그런데 갑자기 강도가 실제 생활에 모습을 드러냈다. 마치 호랑이가 사람들의 거실에 들어온 것 같았고, 마치 요괴가 사람들의 뒤쪽에서 바싹 쫓아오는 것 같기도 하였다. 결국 우리가 두려워한 것은 강도이며 호랑이와 요괴는 잊혀졌다.

제6장 공부를 계속하다

내가 열다섯 살 때, 아버지는 또 나를 데리고 고향으로 돌아오셨다. 우리는 의화단의 난이 상해에까지 만연될까봐 두려웠다. 그래서 우리는 고향으로 돌아와 지내게 되었다. 장씨 촌에 머문 지 얼마 되지 않아 시골 마을의 도적떼들이 날이 갈수록 더욱 흉악하게 소란을 피워서 다시 여요 시내로 이사를 했다. 나는 여요현의 한 학교에서 영어와 산수를 공부하였고, 그 외에 따로 가정교사를 한 분 모셔서 중국어를 배웠다.

대략 일 년 후 나는 항주로 갔다. 항주는 절강의 성도이고, 우리나라의 잠사공업의 중심지이며 오대 차 도시 중의 하나이다. 항주의 견직물과 용정 차는 전국적으로 유명한 것이다.

'하늘에는 천당이 있고, 지상에는 소주와 항주가 있다.(上有天堂, 下有蘇杭)'는 말이 있듯이 항주의 풍경은 더욱이나 모든 사람이 다 알고 있다. 성 동남쪽에는 항주만의 전당(錢塘)으로 불리는 큰 호수가 있고 성 서쪽에는 거울처럼 매끄러운 서호(西湖)가 있고, 호숫가 산기슭 곳곳에는 오래된 사찰과 별장이 있다. 《마르코 폴로의 여행기》에서 일찍이 항주의 풍경을 매우 칭송한 바 있다.

항주는 오나라, 월나라와 남송의 옛 수도였는데, 남송은 일찍이 이곳을 150년 동안 수도로 정하였다. 그래서 명승고적이 매우 많다. 문인과 시인들이 세대가 바뀔 때마다 많이 배출되었다. 호숫가의 문란각(文瀾閣)에는 사고전서와 기타 중요한 서적들이 소장되어 있기에, 많은 학자들이 연구에 몰두하기에 아주 좋은 장소이다.

나는 이 문화도시에서 마구 이리저리 돌아다니다가 매우 수준이 떨어지는 학교에 들어갔다. 학교 교장은 목공 출신의 미국 선교사였다. 나는 이 교회 학교에서 최소한 영어는 잘 배울 수 있을 거라 생각했다. 그러나 사실은 전혀 그렇지 않았다. 이 선교사는 종교적인 열정을 품고 중국에 왔는데 이 교회 학교를 주관하기 전에 일찍이 나의 고향인 소흥부에서 선교한 적이 있었다. 그는 단지 '성경'만을 가르쳤기 때문에, 나도 그의 뱃속에 도대체 얼마나 많은 학문이 들어 있는지 알 수가 없었다.

우리 학생들의 마음속에는, 사, 농, 공, 상 중 사가 으뜸이라는 관념이 박혀 있었다. 그래서 목공 출신인 사람에 대해 약간 얕보는 경향이 있었다. 나의 영어 선생님은 더욱이 저속하기 그지없는 인물이었다. 그는 기독교에 입교한지 얼마 되지 않은 사람으로 어쩌면 영혼은 이미 구원을 받았는지 모르지만, 그의 가벼운 입은 그를 혀를 뽑아버리는 지옥으로 밀어 넣었을 가능성이 매우 높았다. 나는 좋은 영어 선생님을 만나기 위해 일찍이 몇 번이나 전학을 하였다. 하지만 결과는 언제나 나를 크게 실망시켰다.

이 교회 학교 안에서 학생들은 매일 새벽 반드시 예배에 참가해야 했다. 우리가 부르는 것은 중국어로 된 찬송가였다. 어떤 개구쟁이 학생들은 찬송가를 해학 시로 개편하였으며, 결국 이 해학 시들은 학교 안에서 한동안 널리 불려졌다. 비록 나도 주일학교와 새벽 예배에 매일 참가하였지만 나의 마음은 입을 굳게 닫은 조개처럼 모든 정신적인 외래품(외국의 종교와 사상)을 단호히 거부했다. 이미 신선과 요괴 같은 그러한 것들을 벗어난 이상, 자연히 다시는 이와 유사한 것들을 받아들이는 것을 나는 원하지 않았다.

게다가 그때부터 나는 종교적인 면에서 계속 '불가지론자'였다. 나는 사후의 영혼불멸을 추구하기 보다는, 현세에서 불후의 토대를 다지는 것이 차라리 낫다고 여겼다. 이것은 유가의 기본관념과 서로 잘 부합된다.

교정 안에서 유일한 건물다운 건물은 예배당과 교장의 관사였다. 학생들은 비둘기장과 같은 토담집에서 거주하였으며, 수업은 가끔은 이 기숙사에서, 가끔은 아주 형편없이 낡은 식당에서 이루어졌다.

아마 호기심에서 그랬겠지만 학생들은 자주 교장 관사 근처에 가서 산보하는 것을 좋아했다. 교장은 학생들이 자신의 집에 들어오는 것을 매우 싫어하여 불청객인 학생들은 자주 내쫓겼다. 한 번은 무슨 말을 해도 물러서려고 하지 않는 용감한 학생이 결국 길을 지나가던 교사와 충돌하였다.

구경하는 사람들이 점점 많이 모여들었다. 그 학생은 선생님이 자신의 따귀를 때렸다고 말하며 대성통곡을 하면서 관중의 동정을 불러일으키길 바랐다. 이 분란은 마침내 들불처럼 급속히 학교 전체로 파급되었다. 학생회는 다수의 결의로 교장에게 사람을 때린 그 교사를 즉시 해고시킬 것을 요구했다.

그러나 교장은 학생들의 요구를 단호히 거절하였고 군중들의 감정은 더욱더 격앙되었다. 교장은 갑자기 학생들에게 만약 그들이 이 학교가 싫다면 학교를 그만두라고 말했다. 두 시간도 채 되지 않아 학생들이 전부 떠나버렸다.

내가 받던 교회 학교의 교육은 이것으로 끝나버렸다. 그러나 나는 하루 빨리 이 학교를 떠나길 간절히 바랐기 때문에 전혀 후회하지 않았다. 혹시 사람들은 왜 이런 일이 갑자기 발생하게 되었나? 라고 물을 것이다. 사실 이것은 단지 학생의 오만불손함을 표시하는 것에 그치는 것이 아니었으며, 그 따귀 사건은 도화선에 불과했다. 이러한 종류의 사건은 결코 이 조그만 교회 학교에만 국한된 것이 아니었으니, 학생들이 학교 당국에 반항하는 것은 이미 전국적으로 보편적인 풍조가 되어 있었다.

일 년 전, 상해 남양공학(南洋公學)에서 먼저 학생소요가 발생했다. 한 학생이 잉크 병을 교수가 앉는 의자 위에 놓았는데, 교수가 주의하지 않고, 그 위에 털썩 주저앉아, 전신이 잉크 투성이가 되었다. 그 교수는 몹시 화가 나 교장에게 보고했고, 이어서 혐의가 비교적 큰 몇몇 학생들이 제적을 당했다. 이것이 학생회와 학교 당국 간의 충돌을 야기시켰는데, 학생회 측에는 학생회를 지지하는 교수들이 매우 많았다. 결국, 전체 학생들이 모두 학교를 떠나버렸다.

젊은 세대는 변하고 있었는데, 순종에서 반항으로 변해 가고 있었다. 일반 백성들은 중국이 열강의 침략을 받는 것을 보고 청나라 조정의 어리석고 무능함을 비난했으며, 국부인 손문의 혁명이론의 영향과 격려를 받은 학생들은 뜨거운 피가 끓어올라서 언제 어디에서나 이를 발산할 준비가 되어 있었다. 맨 먼저 걸려 든 것이 바로 학교당국이었다.

이어서 절강성 성립고등학당에서 학생소요가 일어났다. 이유는 한 학생과 학교에 와 시찰하던 순무(巡撫)의 교군꾼 사이에 시비가 벌어졌기 때문이고, 결국 학교 전체가 수업을 거부했고, 학생들은 집단적으로 학교를 떠났다. 이와 유사한 사건이 연이어 다른 학교에서도 발생함으로써, 마침내 많은 학부들이 교육을 중단하게 되었다. 학생운동은 신속하게 전국으로 퍼져나갔다.

비교적 새로운 사상을 지닌 사람들은 수업거부를 하는 학생들을 동정하여, 학교 당국이 지나치게 독재적이라고 질책했다. 사상이 보수적인 사람들은 학교 당국에 동조하여, 학생을 심하게 질책했다. 학생을 동정하는 사람이든 학교 당국을 동정하는 사람이든 간에 이것이 바로 혁명의 전야라는 것을 인식한 사람은 아무도 없는 것 같았다. 학생들이 처음으로 학생운동을 일으키기 시작하고부터 1911년 신해혁명이 성공하고, 중화민국이 탄생하기까지의 기간은 8년이라는 아주 짧은 시간에 불과했다.

이 반항운동은 여태까지 중국을 장악해 온 사대부 계급에 대한 신

홍지식분자들의 반항이라고 할 수 있는데, 지식상의 반항일 뿐 아니라 사회와 정치상의 반항이기도 하였다. 생존경쟁과 자연도태 및 적자생존의 진화론과 기타 과학 관념이 중국에 들어온 이후부터 젊은 세대의 사상은 이미 급격한 변화를 일으켰다.

18세기의 개인주의 관념과 19세기의 산업혁명이 함께 들어왔는데 개인의 자유는 구제도에 대한 반항으로 표현되었고, 산업혁명은 중국의 구업종을 나날이 쇠퇴시키는 외래품을 통해 표현되었다. 중국의 구제도는 마침내 붕괴되고 있었으며, 새로운 제도는 아직 건립되지 못했다.

전국은 보편적으로 소란스럽고 불안했다. 가난, 기근, 전염병, 독직, 국제정세에 대한 지식의 결핍 및 외국침략의 압력 등이 모두 그 원인이었고, 청년학생들은 이 전란 중의 선봉장에 불과했을 뿐이다. 전국의 학부로 하여금 널리 횃불을 들게 한 것은 보잘 것 없는 한 개의 잉크병이 아니었고, 교회 학교에서 따귀를 맞은 학생도 아니었으며, 학생과 교군꾼 사이의 한 차례의 시비충돌도 아니었다.

우리가 그 교회학교를 떠난 이후, 우리 학생회는 자체적으로 학교를 하나 세워서 '개진학사(改進學社)'라고 이름을 지었다. 이 이름은 당대의 대학자인 장병린(章炳麟)이 우리에게 지어준 것이다. 이 대학자는 일본식 복장에 나막신을 신었는데, 뚜벅 뚜벅 거리는 발걸음 소리가 주위에 크게 들렸다. 그는 개선의 뜻은 개량과 진보라고 말했다.

이것은 물론 우리가 듣고 싶어 하는 말이었다. 우리의 망상은, 이 학교를 잘 운영하여 옥스퍼드 대학이나 캠브리지 대학교처럼 세계 최고의 대학으로 만드는 것이었는데 이것은 정말 유치하기 이를 데 없는 생각이었다. 그러나 얼마 지나지 않아 우리는 환멸을 맛보게 되었다.

반년도 되지 않아 학생들은 점점 흩어졌다. 결국 선출되어 직무를 맡은 몇몇 학생들만 남게 되었다. 이 몇 명의 직원들은 그들을 선출해 줄 사람들이 없다는 것을 발견하고는, 그들 역시 따로 공부할 곳을 찾아 떠나버렸다.

나는 절강고등학당에 들어갔다. 나의 원래 이름인 '몽웅(夢熊)'은 이미 소란을 일으킨 학생 블랙리스트에 들어 있어서 '몽린(夢麟)'으로 개명하여 등록했다. 나는 입학시험에 참가하여, 다행히 합격하였다. 당시의 고등학당은 수업을 거부하는 학생시위운동 이후에 새로이 개편되었는데 이 학교는 '학자의 성'이라고 불리는 절강 성의 최고학부였다.

이 학교의 전신은 구시서원(求是書院)이다. '구시(求是)'는 선배학자들이 학문을 하는데 있어서의 일관된 태도였다. 구시서원과 소흥의 중서학당은 서로 비슷한 데가 상당히 많았는데, 교과과정 안에 외국어와 과학과목들이 포함되어 있었다. 후에 새로운 과목들이 갈수록 중요해지고 차지하는 시간도 갈수록 많아졌다. 구시서원은 결국 신식학교로 발전하였고, 동시에 절강고등학당으로 개명하였다.

이 학당은 성도(省都)에 세워져서 운영되었으며, 동시에 정부에서 경비를 부담하고 있었기 때문에 이 학당은 자연히 성 전역의 문화운동의 중심지가 되었다. 그곳의 교과과정은 중서학당과 아주 비슷했지만 공부가 비교적 어려웠고, 교과목은 비교적 많았으며, 선생님은 비교적 잘 가르치고, 전적으로 기억에만 의존하는 일은 비교적 적었다. 이 학교는 이미 현대학교의 규모를 대충 갖추었다.

나는 소흥의 중서학당에 들어간 이후부터 어둠 속에서 계속 해매고 있었다. 동쪽에서 잠깐 반짝거리는 한 줄기의 빛을 보고서 나는 더듬

거리며 동쪽으로 갔고, 동쪽에서 반짝거리는 빛이 사라진 이후, 나는 또 급히 몸을 돌려 서쪽으로 달려갔다. 지금 절강고등학당에 들어오고 나서 눈앞이 환해지면서 모든 것을 비교적 뚜렷하게 볼 수 있게 되었다.

나는 영어 원서로 된 세계사를 읽기 시작했다. 시작할 때 외국 사람들이 하는 모든 행위를 이해하기가 매우 어려운 것 같았는데, 마치 한 사람이 군중의 행동을 이해하려고 시도할 때와 같이 어려웠다. 후에야 나는 비로소 서양문화의 발전을 서서히 이해하게 되었다. 물론 그것은 단지 수박 겉핥기식의 애매모호한 이해였다. 그러나 이 조금의 이해가 이미 나로 하여금 서양사에 대한 흥미를 일으키게 하였고, 동시에 더 한층 심도 있는 연구를 하기 위한 기초를 닦게 하였다.

절강고등학당에서 섭렵한 지식은 매우 광범위하였다. 교재를 통해서, 교재 이외의 독서, 그리고 선생님과 친구들과의 대화를 통해서, 중국 그리고 전 세계에 대한 나의 지식은 나날이 증가했다. 나는 차츰 4천 년에 가까운 중국 역사에 대해 상세히 알게 되었고, 동시에 역대의 흥망성쇠의 원인에 대해서도 상당히 많이 알게 되었다. 이것은 내가 이후 서양사에 대한 비교연구를 하는데 있어 하나의 기초가 되었다.

근대사에는 연구할 만한 문제들이 더욱 많았는데, 즉 첫 번째 것은 대만을 일본에 할양한 1894년의 중일전쟁인데 어린 시절에 본 채색그림은 나로 하여금 중일전쟁에 대해 잘못된 인상을 갖게 했다. 그 다음은 1898년에 일어난 강유위와 양계초의 유신운동인데, 그것은 내가 중서학당에서 공부를 하고 있을 당시에 발생한 것이다. 또 그 다음은 1900년의 의화단전쟁인데 나는 상해에 있을 때 일찍이 의화단에 대한 소식을 많이 들었다. 그리고 그 다음이 1904년의 러일전쟁인데, 내가 항주에서 공부하고 있을 때 벌어지고 있었다. 이 모든 사건들 하나하나에는 연구용으로 제공할만한 그리고 사람들로 하여금 깊이 생각해 보게 하기에 충분한 풍부한 자료들이 있었다.

우리도 연대를 거슬러 올라가는 방식으로 역사를 연구할 수 있다. 1885년의 중불 전쟁에서 중국은 베트남을 잃었다. 태평천국은 1851년에 건국되었다가 1864년에 멸망했는데 이 기간 중에 고든(Charles Georges Gorden-영국인) 장군과 와드(Frederick Townsend Ward-미국인) 장군의 상승군이 출현하였었고, 1840년 아편전쟁의 결과 중국은 홍콩을 상실했다. 다시 위로 거슬러 올라가면, 명말청초에 예수회 선교사가 중국에 와서 선교하였고, 원 왕조 시대에는 마르코 폴로가 중국에 왔다. 더욱 위로는 중국과 로마제국의 관계로까지 거슬러 올라갈 수 있다.

양계초가 동경에서 출판한《신민총보(新民叢報)》는 종합성을 띤 출판물인데, 내용은 단편소설부터 형이상학에 이르기까지 포함되지 않는 것이 없었다. 그 안에는 기본적인 과학상식, 역사, 정치 관련 저작, 자서전, 문학작품이 있었다. 양씨의 간결한 문필은 심오한 내용을 알기 쉽게 표현하여 사람들에게 어떠한 새롭거나 어려운 문제도 알기 쉽게 해 주었다.

당시에는 마침 서양의 관념을 중국에 소개하는 것이 필요했는데, 양씨의 심오한 내용을 알기 쉽게 표현하는 재능은 특히 중요하게 보였다. 양계초의 문필은 간단명료하고, 힘이 있었으며, 문필이 유창하여, 학생들이 읽으면 소득이 적지 않았다. 내가 바로 무수히 많은 영향을 받은 학생 중의 한 명이다.

나는 이 위대한 학자가 현대지식을 젊은 세대에게 소개하는 일에 있어서 한 공헌은 동시대의 어떤 사람보다도 컸다고 생각한다. 그의《신민총보》는 당시 신지식을 갈구하는 모든 청년들의 지혜의 원천이었다.

정치에 있어서 그는 청나라 조정의 지지 하에 입헌과 유신의 실시를 주장하였다. 이때 혁명당 사람들도 많은 간행물을 출판하여, 손중산(손문) 선생의 급진적인 사상을 고취시켰다. 중산 선생은 공화제가 군주입헌제보다 낫다고 생각하였고, 동시에 그는 중국은 중국인이 스스로 통치하여야 하며, 부패하고 무능한 만주인이 통치를 해서는 안 된다고 생각하였다.

절강성 출신의 학생들도 동경에서 《浙江潮》라고 하는 월간잡지를 출판하였다. 이 잡지는 청나라 조정에 대한 공격이 지나치게 격렬했기 때문에, 약간의 이와 유사한 잡지들과 함께 당시 우편당국에 의해 우송이 금지되었다. 그러나 일본정부는 중국 유학생들의 혁명운동을 동정했기 때문에 이로 인해 이들 금지된 잡지들은 여전히 끊임없이 일본으로부터 상해의 조계지로 흘러 들어왔다.

그래서 상해는 혁명사상의 교류장소가 되어, 혁명찬성자들과 큰 돈을 벌려고 하는 자들은 다시 혁명서적과 잡지를 상해에서 다른 도시로 몰래 들여갔다.

절강고등학당 자체에는 곳곳에 혁명을 선전하는 작은 책자와 잡지 및 서적이 있었는데, 어떤 것은 청나라 병사가 중국 관내로 쳐들어올 때 행한 폭행을 묘사하였고, 어떤 것은 청나라 조정의 부패를 묘사하였으며, 어떤 것은 청나라 조정의 만주인과 한족에 대한 불평등한 대우에 대해 묘사하였다. 학생들은 이 책들과 잡지들을 열렬히 탐독하였는데, 거의 어떤 힘으로도 그들을 막을 수 없었다.

사실상, 청나라 조정의 부패와 무능의 실제 사례는 교문 밖을 나서면 어디에나 수두룩했다. 항주 성벽 안에는 만주인이 거주하는 작은 성이 있는데, 그 안에는 한인(漢人)을 감시하는 '기병(旗兵)'이 주둔하고 있었다. 2백여 년 전, 정부는 특별히 이 성안에 있는 작은 성을 지정하여 항주에 주둔하는 기병의 병영으로 삼았다.

이 기병들의 자손들은 대대손손 계속 이곳에 거주하였는데 명의상으로는 여전히 군인이었다. 만주인과 한인 간의 통혼은 원칙적으로 금지되었으며 만약에 만주인이 한인을 아내로 맞이하길 원하는 경우에는 허락되었지만 실제로 이런 종류의 혼인은 아주 적었다. 태평천국의 군대가 항주 성을 포위하고 있을 때, 항주의 기인(旗人)들은 전부 살해당했다.

내전이 종료된 후, 원래 호북성(湖北省) 형주(荊州)에 주둔하고 있던 일부분의 기병들이 항주로 이주(移駐)하여 빈자리를 채웠다. 형주에서 온 이 기인들은 당시 아직 건재하고 있었으며, 게다가 그들이 하는 말은 호북어였다. 비록 그들 대다수는 이미 세상을 떠났지만, 그들의 자녀들은 여전히 그곳에 살고 있었으며, 그들의 아버지 세대가 사용하던 방언을 사용했다. 호북 본토박이들은 매우 쉽게 이 기인들의 호북 발음을 알아차렸다. 그러나 제3대부터 시작해서 그들은 항주의 본토 방언을 사용하고 있었다.

당시 절강고등학당에는 10명의 기인의 자제들이 있었다. 이 몇 명의 젊은이들은 학교 내의 혁명운동에 대해 모르는 척하였고, 아주 알맞게 잘 대처했다. 그중 한 사람은 원래 몽고인의 후예인데 그는 심지어 나에게 그도 청 조정의 수명을 종식시키는 것에 찬성한다고 말했다. 왜냐하면 그는 비록 기병이기는 하지만, 만주인이 아니기 때문이라는 것이었다.

이들 소위 기병들은, 사실상 결코 병사가 아니었다. 그들은 일반 대중과 전혀 차이가 없었다. 그들은 소위 '병영' 안에서 아내를 맞이하고 자녀를 키우지만, 적진으로 돌격하는 군사상의 일에 대해서는 아는 것이 아무것도 없었다.

유일한 차이는 그들은 정부에서 주는 봉급이 있어서 빈둥거리며 아무런 일도 하지 않는다는 것이었다. 그들은 일종의 기생하는 생활을 했으며, 그로 인해 몸, 지력(智力), 도덕이 모두 날로 쇠퇴하고 있었다. 그들은 서호 호숫가의 찻집에 자주 출입했고, 어떤 사람은 당시의 풍습에 맞추어 새장을 들고 도처를 빈둥거리면서 한가롭게 돌아다녔다. 일반 대중은 모두 그들을 멀리 했다.

만약 어떤 사람이 그들의 기분을 상하게 하면 수시로 얻어맞을 위험이 있었다. 이러한 타락, 부패, 교만의 생생한 본보기는 청년학생들 사이에서 보편적으로 이들에 대한 증오와 멸시를 불러일으켰다. 그들이 일으킨 반감은 혁명선전의 효과보다 컸으면 컸지 못하지는 않았다.

우리는 양계초로부터 정신적인 식량을 얻었으며 손중산 선생과 기타 혁명 지사들은 우리들의 혁명 감정을 부단히 증폭시켜 주었다. 중대한 고비에 이르러, 혁명운동을 일으킨 것은 바로 이러한 감정이었다. 후에 시기가 무르익자, 이상과 행동 양쪽을 모두 고려한 손중산 선생은 결국 군주입헌제도를 주장하는 새로운 사대부계급과 싸워 결정적인 승리를 거두었다.

이것이 바로 절강고등학당의 일반적인 분위기였다. 다른 학교의 사정도 대부분 이러하였다. 나는 이 모든 활동에 흥미를 느꼈다. 나는 소식을 찾아다니는 것을 좋아하였으며 얻은 모든 자료를 사고하고 분석하는 것을 좋아했고, 동시에 내 자신의 감정을 힘차게 내뿜으며 행동하는 것을 좋아했다. 그러나 나는 도를 넘지 않는 아주 적당한 선에서 멈췄다.

만전을 기하기 위해서 나는 여전히 과거 시험을 준비했다. 혁명 이외에는 과거가 여전히 정부에 들어가 일을 할 수 있는 유일한 수단인 것 같았으며, 게다가 내가 보기에 혁명은 마치 기약도 없이 막막하며 어려움이 많은 것처럼 여겨졌다. 나는 어느 때에는 매우 소심하거나 부끄러움을 탔으며 또 어느 때는 매우 대담하고 거칠고 경망스럽기도 하였다. 그리하여 나는 자신의 성격에 대해 시종 자신감이 없었다.

그래서 나의 행동은 자주 매우 신중하였으며 확실하게 행동을 취하기 전에, 먼저 길을 탐색하고자 했다. 특히 갈림길을 만났을 때, 나는 언제나 여러 번 생각한 후에야 비로소 결정을 내릴 수 있었다. 만약 결단을 내리지 못하고 망설인다면 나는 아마도 길옆에 멍하니 앉아서 망상에 빠질 가능성이 매우 컸을 것이다. 그러나 일단 결정을 하고 나면, 나는 반드시 끝까지 견지해 나갔다. 나는 일생동안 수많은 잘못을 저질렀지만 만회할 수 없을 정도의 큰 잘못을 저지르진 않았다. 그리하여 시대의 조류가 나를 휩쓸어 가게 하지는 않았다.

제7장 군시(郡試) 참가

군시가 다가 왔다. 어느 날 새벽 나는 항주에서 출발하여 소흥으로 가는 여정에 올랐는데 그 이유는 우리 이 지역의 군시가 소흥에서 거행되기 때문이었다. 짐꾼은 멜대로 짐을 메고 교문을 나왔다. 나는 바짝 그의 뒤를 따랐다. 멜대 한 쪽 끝에는 가죽으로 만든 상자와 손바

구니를 묶고, 다른 한쪽 끝은 이불보따리를 묶었다. 걸어서 교문에 이르렀는데 한 분의 선생님과 마주쳤다. 그는 나에게 미소를 지으며 행운을 빌어 주었다.

수많은 평탄한 자갈길을 지나고, 또 수많은 비좁은 작은 골목길을 에돌아 지나 우리들은 마침내 전당강변에 도착했다. 나룻배 부두는 해안에서 1리 정도 떨어진 곳에 있었다. 나는 아주 조심스레 삐걱삐걱 소리 나는 널빤지를 밟고 가교를 하나 지나 부두에 도착했다.

나룻 배 위에는 나무로 만든 무거운 노가 여러 개 있었는데 풍향이 맞을 때면, 간혹 돛이 펴지기 시작했다. 배의 운행속도는 매우 느렸으며 동시에 흙탕물 속을 달렸기 때문에 꼬박 2시간 만에야 전당강을 건넜다.

당시에는 30년 후 넓은 강에 강철대교가 놓여지고 다리 위에 기차와 자동차가 동시에 지나다닐 것이라고는 그 누구도 생각하지 못했다. 육지에 오른 후 조그만 가마를 하나 대절했다. 몇 리나 이어진 뽕나무 숲을 지나, 인가가 많은 시가지에 이르렀으며, 그런 후 다시 배를 갈아타고 소흥으로 출발했다.

배 안의 승객들은 마치 정어리 무리처럼 붐비었다. 우리들은 오직 꼿꼿한 모습으로 반듯이 누워 잠을 잘 수밖에 없었는데, 만약 다리를 움츠리면 원래 다리를 뻗었던 공간은 곧 다른 사람이 차지해 버렸다. 만약 비스듬히 몸을 돌려 자려고 한다면, 다시는 반듯하게 누워서 잘 생각을 해서는 안 되었다. 배에서 하루를 지내고 다음날 아침 소흥에 도착했다. 부채를 만드는 장인(匠人)의 집에 묵었는데 방은 작고 어두웠을 뿐 아니라 또한 부채를 만드는데 사용되는 모종의 식물 기름 냄새로 가득 차 있었다.

저녁에는 유채기름등 아래에서 책을 읽었다. 그러나 불빛이 너무 어두워, 작은 글자를 보기 매우 힘들었다. 우리들은 감히 석유등을 사용할 수가 없었는데, 그 이유는 방안 도처에 연소되기 쉬운 부채 만드는 재료가 있었기 때문이다. 그래서 어둠 속에서 더듬어 찾을 때 또 자주 걸려 넘어질 뻔 했다.

시험이 시작되던 날, 새벽 4시경 모두들 과거 시험장 문 앞에 모여 이름이 호명되길 기다리고 있었다. 그 당시는 초가을 새벽이었는데 날씨가 상당히 쌀쌀했다. 시험장에는 수천 명의 수험생들이 붐비었는데, 각자 머리에 구슬이 달리지 않은 붉은 모자를 쓰고 손에는 등롱과 대바구니를 들고 있었다.

대청 문 앞에는 긴 책상 하나가 배치되어 있었다. 시험 감독관은 바로 소흥의 지부(知府)로 긴 책상의 뒷부분에 의젓하게 앉아 있었다. 그는 머리에는 꼭대기에 푸른색의 반짝이는 구슬이 달린 모자를 쓰고, 짙푸른 긴 두루마기를 입고 있었는데, 겉에는 마고자를 입었으며 앞가슴에는 목걸이를 늘어뜨리고 있었다. 그것이 그가 입은 일습의 관복이었다.

그는 주필을 들고 명단에 따라 호명을 하기 시작했다. 그가 한 사람씩 호명하면 그의 옆에 서있는 사람은 수험생 이름을 길게 한가락 뽑아 불렀다.

수험생은 자신의 이름을 들은 후 큰소리로 "네. 누구누구가 보증인입니다." 하고 대답했다. 보증하는 사람도 즉시 자기 이름을 불러 증명했다. 감독관은 한 번 둘러본 후, 착오가 없다고 여기면, 주필로 수험생의 이름 위에 붉은 점을 찍었다.

수험생은 점호를 마친 후에 시험장 장막 안으로 들어갈 수 있었다.

커닝을 방지하기 위해 그의 모자와 의복은 모두 수색을 받아야 했으며, 글자가 적힌 종이 조각은 무엇이든 다 몰수당했다. 수험생들이 줄지어 시험장으로 들어가서, 각자 자기 자리를 찾아 앉았다. 좌석에는 사전에 번호가 매겨져 있었다.

시험답안지 위에는 수험생의 성명을 적은 쪽지가 있었다. 시험답안지를 제출할 때 쪽지를 찢어 버렸다. 시험답안의 다른 한쪽 귀퉁이에는 따로 밀봉된 번호가 있었는데, 부정행위를 하지 못하도록 합격 명단이 결정된 이후에야 이 봉했던 부분을 개봉하였다. 청대 말, 정부의 각 기관에서는 각가지 폐단이 속출하지 않는 곳이 없었는데, 오로지 과거제도만이 꽤 독자적인 상태를 유지하면서, 외부세력에 의해 오염되지 않았다.

과거의 공명이 사람들에게 중시를 받은 이유는 아마도 바로 이러한 이유에서였을 것이다. 시험문제는 사서오경의 범위를 벗어나지 않았기 때문에, 모든 수험생들은 반드시 사서오경을 줄줄 외워야 했다. 나는 서당과 그리고 이후 소흥의 중서학당에서 이미 이 방면에 각고의 노력을 했었다.

문제는 사각형의 등롱 위의 흰 종이에 검은 글자로 쓰여져 있었는데, 등롱 속 양초에 불이 붙여져 있어서 먼 곳에서도 뚜렷하게 볼 수 있었다. 등롱을 든 사람이 등불을 아주 높이 들어 올려 수험생들 자리 사이의 통로를 몇 차례 지나다녀서 모두들 시험문제를 못보고 넘기는 일은 없었다.

거의 점심 때가 가까워졌을 때, 시험관리를 맡은 담당자가 수험생들의 진도를 대조하기 시작하였는데, 시험 답안지마다 제일 마지막 줄에 도장을 찍었다. 오후 4시경이 되자, 폭죽소리가 울렸는데, 그것은 시험

답안지를 거두는 첫 번째 신호였다. 대문이 열리고 악사가 삐삐거리며 악기를 연주하기 시작했다.

수험생들은 시험 답안을 제출하고, 음악이 울려 퍼지는 가운데 천천히 대문을 나왔으며, 대문 밖에서는 친척들과 친구들이 초조하게 그들을 기다리고 있었다. 답안을 제출한 사람들이 모두 나온 후에 대문은 또다시 닫혔다. 두 번째 시험 답안을 제출하는 신호가 약 한 시간 뒤에 다시 울리자 똑같이 폭죽이 터지고 음악소리가 울려 퍼졌다.

세 번째로 시험 답안을 제출하라는 지시가 내려진 것은 6시 경이었고, 이번에는 다시 폭죽을 터뜨린다거나 음악을 연주하지 않았다. 시험이후, 8~9일 정도 기다려서야 우리는 시험 결과를 알 수 있었다. 그래서 합격자를 발표하기 전에 우리는 한바탕 신나게 놀 수 있었다. 시험장 근처에는 곳곳마다 서점이 있었다. 나는 온 성안에서 유명한 거인(擧人)인 서석린(徐錫麟)과 서점에서 자주 마주쳤는데, 그는 서점에서 책을 빼내서 보고 있었다.

내가 그를 알게 된 것은, 그가 이전에 소흥의 중서학당에서 수학을 가르친 적이 있었기 때문이었다. 그런데 몇 년이 지나지 않아 그가 혁명을 위하여 안휘(安徽) 순무(巡撫)인 은명(恩銘)을 죽였기 때문에, 그의 심장이 도려내져 은명의 영전에 제물로 바쳐지리라고는 전혀 생각지도 못했다. 거리와 골목마다 장기를 파는 노점이 있었는데, 장기판의 양쪽에는 "말없이 보는 자는 진정한 군자이고, 대국을 시작함에 후회가 없는 자는 대장부다.(觀其不語眞君子, 落子無悔大丈夫)"라는 속담 두 구절이 적혀 있었다. 거리에는 임시로 개설된 술집과 식당 등이 있었는데 그곳에서는 유명한 소흥주와 값도 싸고 품질도 좋은 요리를 팔고 있었다. 술 한 주전자에 10전이었다.

쭈이한(醉蚶), 짜오지(糟鷄), 쟈샹러우(家鄉肉)는 한 접시에 고작 10전이었다. 만약에 30, 40전만 쓰면 틀림없이 얼굴에 기쁨이 넘치고, 입안에 향이 진동할 정도로 실컷 사 먹을 수 있었다. 시내에는 유랑하는 극단이 있어서 기분이 좋을 때면 우린 공연도 볼 수 있었다.

합격자가 발표되는 날, 많은 사람들이 시험장 대문 앞에 있는 높은 담벽 앞에 빽빽이 들어서서 결과를 기다렸다. 합격자가 발표될 때, 폭죽이 터지고 음악이 연주되었으며, 의식은 아주 성대했다. 합격자 란에 적혀 있는 것은 합격한 수험생의 번호였으며 성명이 아니었다. 번호는 원 모양으로 배열되어져 있었는데, 이는 석차의 구분을 피하기 위함이었다.

나는 내 번호도 동그라미 안에 들어가 비할 바 없이 큰 직사각형 모양의 합격자 발표란에 열거되어 있는 것을 발견하고 정말로 기뻐서 어쩔 줄 몰랐다. 번호는 먹으로 큰 글자로 쓰여져 있었지만, 나는 여전히 내 눈을 믿을 수가 없어서, 연거푸 몇 번이나 눈을 비비고 나서 내 번호가 확실히 합격자 발표란의 커다란 원 안에 있다는 것을 알게 되고 나서야 비로소 마음을 놓았다.

얼른 사람들을 비집고 나와서 숙소로 돌아갔다. 내가 밖으로 헤치고 나올 때, 또 다른 수험생 역시 밖으로 달려 나오는 것을 보았다. 그는 우산을 쓰고 있었는데, 이 우산이 갑자기 울타리에 걸려 그가 잡아당기자, 우산은 위로 뒤집혀 연잎 모양이 되었다. 하지만 지나치게 흥분한 이 수험생은 우산이 하늘을 향해 뒤집혀 있다는 것에 전혀 주의를 기울이지 않은 채 허겁지겁 앞으로 뛰어갔다.

며칠 후에, 2차 시험이 거행되었다. 2차 시험에서 일부 사람들을 탈락시키기 때문에, 1차 시험에 합격했던 사람들이라도 여전히 손에 땀을 쥐어야 했다. 2차 시험 때도 운이 좋았다. 합격자가 발표되었을 때, 내 이름이 그중 어느 한 줄에 적혀 있는 것을 발견했다.

세 번째 시험은 그저 형식적으로 대강대강 해치우는 것일 뿐이었다. 글 한편을 쓰는 것을 빼고는 형식상 《성유광훈(聖諭廣訓)》(황제가 사인(士人)에게 훈계하는 조서)의 한 단락을 외워 쓰면 되는 것이었다. 하지만 우리는 저마다 책을 들고 시험장에 들어갈 수 있었고, 그리고 사실상 거리낄 것 없이 그대로 베꼈다.

이번 시험은 학정(學政 : 성 교육 행정장관)이 직접 시험장에 임하여 시험 감독을 했다. 시험장 대문 양쪽에는 깃대 두 개가 세워져 있었는데, 깃대에는 길이가 15척에 이르는 긴 깃발이 나부끼고 있었고, 깃발에는 바로 이 학정의 관직명이 적혀 있었다. 내 기억에 의하면 그의 관직명은 '예부시랑제독절강전성학정…(礼部侍郎提督浙江全省學政…)'이었다.

또다시 며칠이 지난 후 나는 이른 아침, 창 밖에서 당당당 울리는 조그만 징 소리에 깜짝 놀라서 깼다. 알고 보니 향시의 시험관이 과거에 급제했다는 소식을 알리러 온 것이었다. 나는 이미 생원시험에 합격한 것이며, 다시 말하면 일반적으로 말하는 수재가 된 것이다. 시험관은 급보를 가져왔는데, 그것은 대략 6척 정도의 길이에 4척 정도의 폭으로 된 붉은 종이로, 그 종이에는 송 해서체로 "귀댁의 상공(相公)께서 절강성 예부시랑 제독 학정이 주관한 시험에 합격되어 여요현 학교의 생원이 되었다."고 큰 글자로 쓰여 있었다.

이른바 현학(縣學)에는 오직 안이 텅빈 공자 묘 하나 밖에는 없었으며 한 명의 교유(教諭)가 주관하고 있었는데, 사실상 이 교유는 글방을 열어서 가르치지 않았기 때문에 이른 바 현학은 유명무실한 것이었다. 나의 가정경제 상황에 비추어, 내가 선생님을 만나려면 반드시 백 원을 예물로 상납해야 했다.

그러나 가격흥정을 거쳐서 상납금을 반만 냈다. 그리고 전혀 선생님을 만난 적이 없었다. 가격흥정이 행해지고 있을 때 아버지는 화를 내며 공자 묘안에서는 재물 신에게 문안을 드려야만 옳을 것이다라고 말씀하셨다. 그러자 옆에 있던 한 노인이 그렇게 말해선 안 된다고 말했다.

예전에 김성탄(金聖嘆)이라고 하는 재능이 뛰어난 사람이 스승을 비웃으면서 공자의 위패를 없애버리고, 재물신을 이 국자감으로 들여 놓으라는 말을 했다가 황제의 명으로 참수형을 당했다. 사형에 임하기 전에, 세상사에 대해 냉소적인 태도를 지녔던 이 뛰어난 재능의 소유자는 탄식하며 "참수를 당하는 것이 지극히 고통스럽다는 것을, 성탄은 무의식중에 알게 되었으니 어찌 기쁘지 않은가?"라고 말했다.

군시 이후, 나는 또다시 절강고등학당으로 돌아와서 신식교육을 받았다. 내가 소흥을 떠날 때, 집주인이 나에게 그 집에서 함께 거주했던 한 수험생이 몹시 불만스러운 어조로 그에게 학정이 정말 눈이 멀어서, 나 같은 일자무식인 사람을 합격시켰다고 말했다고 했다. 그의 뜻은 자기 같이 뛰어난 학식이나 경륜을 가지고 있는 사람이 도리어 시험에 떨어졌으니 정말 어찌 이럴 수가 있느냐고 했다는 것이다.

나는 웃으며 아무 말도 안 했다. 시험에 있어서 본래 행운과 불운이 있는 것은 면할 수 없는 것이다. 학교로 돌아온 후에, 또 열심히 공부에 몰두했고, 하루 종일 대수, 물리, 동물학과 역사 등의 과목을 공부하느라 바빴다. 과외의 시간에는 혁명서적과 간행물을 열심히 탐독하고 친구들과 당시의 정치문제에 대해 토론했다.

군시에 참가한 기간과 절강고등학당의 생활은 마치 딴 세상 같았다. 조용하고 안정되고 안개처럼 희미한 중세기생활이 하루 밤 사이에 혁명시대의 소용돌이처럼 변한 것 같았다. 나는 한바탕 미몽을 꾸는 것 같았다. 두 달 후에 겨울방학이 시작되었다. 아버지의 명을 받들어 고향으로 돌아와서, 친척과 친구들의 축하를 받았다.

그 당시 나는 19세였고, 친척들은 모두 나의 전도가 양양하기를 희망했으며, 만약 선조의 묘자리가 좋으면, 아마도 점점 수재에서 거인이 되고, 거인에서 진사가 됨으로써, 가문을 크게 빛내어 그 영예가 고향에 미치고 심지어 하늘에 있는 조상의 영혼도 기뻐하실 것이라고 보았다.

둘째 형은 이미 나보다 몇 년 일찍 수재에 합격되었는데, 그때 북경대학(京師大學堂)에서 공부를 하고 있었다. 당시 학생들은 북경대학 네 글자만 들어도, 경의를 표하지 않는 사람이 없었다. 예상치 않게 15년 후에 나는 결국 그 당시의 특수한 정황으로 인해 북경대학의 총장 직무를 맡게 되었다.

회상해보면, 사람의 운명은 정말 예측할 수가 없다. 과거에 소흥에 있을 때 과거에 급제했다는 통지서를 받았다. 그 후 얼마 안가서, 향시의 시험관이 마찬가지로 빨간색 종이에 쓴 과거급제통지서를 들고 징을 치면서 고향에 와서 고향의 친척과 가족들에게 이 기쁘고 경사스러운 소식을 알려 주었다. 축하의 연회를 열어 경축하던 그날, 나는 남색 비단 옷을 입고, 꼭대기에 은으로 만든 참새모양의 구슬을 단 붉은 색 모자를 썼다.

아낙네와 아동들과 젊은이와 늙은이를 포함한 수백 명의 친척과 친구들이 모두 와서 축하해 주고, 연이어 이틀 동안 술을 마셨다. 대청엔 초롱을 달고 오색 천으로 장식하였고, 음악을 연주해 흥을 돋았다. 가장 기뻐하신 분은 물론 아버지였으며, 그는 그의 아들이 언젠가는 다시 조정의 재상이 되기를 희망하셨는데, 속어에 "수재는 재상의 뿌리와 싹이다.(秀才爲宰相之根苗)"라고 했기 때문이었다.

나 자신은, 뒤숭숭하여 약간 갈피를 못 잡고 있었다. 두 개의 서로 모순된 세력이 끌어당기고 있는데, 하나는 나를 구세계 쪽으로 끌어당기고, 하나는 나를 신세계로 끌어당겼다. 나는 어떻게 해야 할지 몰랐다. 고향에서 3주간 머물고 나니, 학교가 다시 개학해서, 나는 또다시 혼신의 힘을 기울여 학문을 연구했다. 절강고등학당에서 다시 반년쯤 머물고, 여름방학이 막 시작되려고 할 때, 또 나는 떠나버렸다.

머리 속의 온통 모순으로 가득 찬 생각들을 아직 성숙하지 못한 나의 마음이 정말로 감당해낼 수 없었기에 어떤 때는 안절부절 못하고, 어떤 때는 또 묵묵히 앉아서 멍하니 있었으며, 멍하니 있을 때에는, 갑자기 하늘로 치솟아 올라갔다가 후에 또 갑자기 땅에 떨어져서 결국은 땅에서 가루가 되어, 즉시 회오리바람에 의해 흩어져 종적이 없어져 버리는 것 같은 느낌이 들었다.

나의 가까운 친척 중 과거에 정신병에 걸린 사람이 있었으므로 나는 어떤 때에는 자신에게 약간 정신병적인 유전이 있는가하고 의심을 했다. 아버지와 작은 할아버지께서는 내 어렸을 때의 사고와 행동이 원래 일반 아이들과는 달랐다고 말씀하신 적이 있었다. 나는 큰할아버지가 나에게 내가 장래에 군자가 되지 못하면 반드시 불량배가 될 것이라고 욕을 하셨던 것을 아직도 기억하고 있다.

비록 이 말의 뜻을 잘은 모르겠지만, 나는 마음속으로 반드시 군자가 되겠다고 생각했다. 이 세계는 분명히 미친 세계인데, 그래 나도 정말 미쳤단 말인가? 최소한 나는 하나의 문제는 머릿속에 뚜렷하게 새기고 있었다. 즉 그것은 바로 어떻게 조국을 구출하여, 열강의 분할을 당하지 않게 하는가 하는 것이었다.

혁명은 신속하게 전국 청년학생들 사이에서 뿌리를 내려 전개되고 있었다. 혁명운동에 투신한 청년과 학생들이 많을수록, 손중산 선생의 영향도 갈수록 커졌다. 청 황실의 멸망은 얼마 남지 않았다. 나는 더욱 이상적이고 더욱 서구화된 학교를 찾기를 갈망했다.

이 시기에 나는 이미 입헌유신이든, 혁명이든, 서구화의 조류에 이미 저항할 방법이 없다는 사실을 분명히 알았다. 어느 날 새벽, 무의식중에 학생출입이 금지된 복도로 뛰어 들어가다가, 학감과 마주쳤다. 그는 무슨 일이냐고 물었고, 나는 할 수 없이 잠시 거짓말로 어머니가 편찮으셔서 집으로 오라는 편지를 받았다고 이야기를 하는 수밖에 없었다.

"아. 그건 정말 불행한 일이다. 얼른 집으로 돌아가라." 하고 학감이 매우 동정적인 어조로 말했다. 기숙사에 돌아와, 짐을 정리하고, 그날 바로 학교를 떠났다. 마침 작은 배를 타고 운하를 따라 상해에 도착했다. 상해남양공학 입학시험에 응시하였는데, 결국 운 좋게 합격되었다. 그것은 1904년의 일이었다. 그 해는 만주에 대한 지배권을 쟁취하기 위해 일본과 러시아가 격렬하게 전쟁을 하고 있던 시기였다.

제8장 서구화운동

비록 신흥세력과 구세력 간의 투쟁이 아직도 한창이었지만, 입헌과 혁명 중 어느 것이 옳고 어느 것이 그릇된 것인지 정설이 없었으며, 이때 중국이 이미 서구화의 길을 걷고 있었음은 의심할 여지가 없었다.

일본이 제정러시아와의 전쟁에서 승리를 거둠으로써 중국의 서구화운동은 더욱 새로운 격려를 받게 되었으며, 이 당시 동경에 모여 있던 중국 유학생들의 수효는 이미 5만 명에 가까웠기에, 동경은 이미 신지식의 중심지가 되었다.

국내에서는 정부 역시 이미 일련의 혁신운동을 시작하였는데, 교육, 군사, 행정은 모두 일본이 설계한 것에 근거하여 새로운 제도를 채택하였다. 많은 사람들은 일본의 동화를 거쳐 수정된 서양의 제도와 조직이 순수한 서양제도보다 중국의 실정에 더욱 적합할 수 있다고 믿었기에 그들은 일본을 통하여 서양문명을 받아들일 것을 주장하였다. 그러나 또 일부분의 사람들은 우리가 반드시 서양문명을 받아들여야 하는 이상, 어째서 서양으로부터 직접 배우지 않는가 하고 생각했다.

나는 서양으로부터 직접 배우는 것을 주장하여 일본으로 유학 간 수많은 친구들이 편지로 나에게 반박했지만, 나는 시종 내 자신의 견해를 고수했다. 남양공학에 들어간 이후, 나는 미국으로 유학가기 위한 기초를 조금 닦으려고 하였다. 이곳의 모든 서양학문 과목의 교재들은 모두 영어로 되어 있어서 내 마음에 꼭 들었다.

남양공학은 설립될 때, 미국선교사 퍼거슨(Ferguson) 박사의 의견을 아주 많이 받아들였다. 남양공학은 교통대학의 전신이며, 교통대학 부근의 퍼거슨로(Ferguson Road)는 바로 이 미국 선교사를 추모하기 위해 명명한 것이었다. 남양공학의 예과는, 모두 미국의 중학교 학제에 따라 운영되었기 때문에 남양공학은 미국에 있는 대학으로 진학하는데 있어서 가장 좋은 발판이라고 할 수 있었다.

학교에는 현대의 교과목을 강의하는 미국인들이 많이 있었다. 2년의 학교생활을 통해 나는 영문독해 면에서는 이미 별다른 난관이 없었는데, 그러나 말하기는 언제나 잘하지 못했다. 학교에서 가르치는 영어는 결코 음성학 원리에 근거한 것이 아니었다. 나의 혀는 또 너무 굳어서, 가르치는 것을 늘 따라가지 못했다.

커리큘럼은 두 종류로 나뉘어져 있었는데 하나는 중국의 구학문, 하나는 서양학문의 교과목이었다. 나의 이 두 방면에서의 성적은 다 괜찮은 편이었으며, 한 번은 운이 좋아서 동시에 두 종류 과목시험에서 영예상을 획득하였다. 그래서 교장선생님께서 친히 불러 과분한 칭찬과 격려까지 해 주셨다.

교사(校舍)는 서양식 설계에 근거하여 건조하였고, 주요 건물의 한 가운데에는 시계탑이 있었는데, 몇 리 밖까지 바라볼 수 있었다. 일렬로 늘어서 있는 건물 앞에는 축구장이 하나 있었는데, 일 년 내내 새파란 풀이 요처럼 깔려 있었으며, 청소가 잘되어 있었고 매우 깔끔하게 정리가 잘 되어 있었다. 학교당국은 학생들이 축구와 야구를 하도록 장려했으며, 학생들은 일반운동에 대해서도 모두 흥미를 느꼈다.

나는 태어날 때부터 허약했었는데, 남양공학에 들어간 이후, 심오한 학문을 구비하려면, 반드시 강건한 체력과 정신이 있어야 한다는 것을 알게 되었다. 그래서 매일 하는 체조와 가벼운 운동 이외에, 나는 또 자신을 위한 몸 단련방법을 정하였다. 매일 6시경에 일어나 30분 동안 아령운동을 했으며, 저녁에는 잠들기 전에 또 15분 정도 아령운동을 했다. 계속해서 3년 동안 열심히 한 결과, 이후 나는 계속해서 몸이 많이 좋아졌고, 마음도 언제나 매우 유쾌하였다.

지(智), 덕(德), 체(體)의 3가지 요소로 구성된 스펜서원칙은 이때 이미 중국에 소개되었다. 나는 덕육을 발전시키기 위하여 사서를 복습하였고, 동시에 송명 철학자 및 역대 중국과 외국의 위인전기를 연구하기 시작하였으며, 이 기회를 빌어 그들의 모범적 행동을 배우고, 귀감으로 삼기에 충분하다고 생각되는 언행을 보면, 그것들을 일기장에 기록하였다. 그리고 나서 계속 사색하였고, 그대로 해보려고 시도해 보는 동시에 그 성과에도 주의를 기울였다. 이 성과들도 가일층 점검하기 위해 일기장에 적어놓았다.

어떤 문제들에 대해 중국과 서양의 견해가 아주 비슷하고, 심지어는 완전히 똑같음을 발견할 때마다, 나는 항상 형용하기 어려운 희열까지 느꼈다. 만약에 중국과 서양의 현철(賢哲)들이 모두 같은 견해를 가지고 있는 경우, 그들의 생각대로 행한다면 자연히 잘못을 범할 리가 없는 것이다. 그들 사이의 견해 차이를 발견했을 때에는, 연구하여 방법을 강구해 그 원인을 찾아내었다.

이렇게 함으로써 나는 부지불식간에 동서양의 도덕행위의 표준을 비교 연구하게 되었다. 이러한 연구 작업의 가장 중요한 결과는 도덕관념에 있어서 중요하고, 중요하지 않은 것과 기본적인 것과 피상적인 것을 구별하는 방법을 배우게 된 것이다.

그 이후로 나는 사회생활을 어떻게 해야 하는가에 대해 비교적 긍정적이고 비교적 정확하고 비교적 자신 있는 견해를 갖기 시작했다. 그 이유는 도덕관념이 행위를 지도하는 기준이었기 때문이다.

나는 동서양의 전체성을 이해하기 시작하였으며, 동시에 송나라 유학자 육상산(陸象山)이 말한 "동해에 성인이 출현하여도 이 마음은 같고, 이 이치 또한 같다. 서해에 성인이 출현하여도 이 마음은 같으며 이 이치 또한 같다.(東海有圣人出焉, 此心同, 此理同. 西海有圣人出焉, 此心同, 此理同)"의 명언을 깊이 체득하게 되었다. 동시에 혼란 속에서의 통일에 대해 이해하기 시작했는데, 왜냐하면 기본 도리는 원래 지극히 한정되어 있으며 이러한 기본 도리 사이의 같은 점과 다른 점 및 모순을 이해함으로써 서로를 밝히고 검증할 수 있음을 발견했기 때문이다.

나의 머리와 눈을 어질어질하게 하는 것은 단지 사소하고 하찮은 것이 일으키는 혼란이었다. 맹자와 육상산은 우리에게 학문을 함에 있어서는 요점을 틀어쥐고 세부적인 자질구레한 것은 버려야 하며, 완전히 우리의 이지에 근거하여 옳고 그름을 판별해야 한다고 알려주고 있다. 그래서 나는 이해를 바탕으로 하는 판단능력을 발전시키고 전통신앙에 의거하지 않기로 했다. 이것은 사상 상의 한차례의 대 해방이었으며, 마치 몸에 꽉 끼는 내복바지를 벗은 것처럼 편안하고 자유로운 것이었다.

그러나 이해력도 아무런 근거 없이 생길 수는 없는 것이다. 생각이 너무 많으면 결국은 실망 외에는 아무 것도 성취할 수 없다. 이렇게 되면 공자가 말하는 "생각만 하고 배우지 않으면 위태로운 일이다.(思而不學則殆)"의 잘못을 저지르는 것과 같다. 물론 정확한 사고를 지향하는 방법은 사고 자체에서 출발한 후 경험 속에서 어떻게 사고하는가를 배우는 것이다. 전혀 머리를 쓰지 않는 사람에게는 어떻게 사고하는지를 가르칠 수 없다. 후에 내가 미국에서 유학할 때 읽었던 존 듀이의 《우리는 어떻게 사고할 것인가》는 나의 신념을 더욱 강하게 만들어주었다.

유가는 정심(正心)과 성의(誠意)는 수신의 출발점이고, 수신은 치국과 평천하의 기본이라고 하였다. 그래서 나는 나라를 구하려면 반드시 자기를 먼저 구해야 한다고 생각했다. 그리하여 나는 열심히 공부하고, 사고하며, 신체를 열심히 단련하고, 덕을 닦는데 힘쓰기로 결심했다. 나는 이것이 수신의 정확한 방법이라고 생각했다. 좋은 심신수양이 되어 있어야 비로소 장래에 국가를 위해 봉사할 수 있는 것이다.

남양공학에서 공부할 때, 청나라 조정은 마침내 1905년 교육개혁에 있어서의 중요한 조처를 취하여, 결연히 과거폐지를 선포하였다. 젊은 세대가 연연해 마지않던 과거의 대문이 이로써 닫혀버렸다. 과거폐지 조서는 일본이 제정러시아를 이김으로써 촉구된 것이다.

과거제도를 대신한 것은 일본의 새로운 교육제도를 그대로 답습한 것이었다. 일본의 새로운 교육제도는 서양의 것을 모방한 것이었다. 중국의 새 교육제도는 그 근원을 추구해 올라가 보면 여전히 서양 것을 본 딴 것이었다.

이 이전에, 상해는 우리나라 혁명분자들의 문화운동의 중심지였다. 중국의 지식분자들과 혁명지도자들은, 상해의 공동조계와 프랑스조계에 숨어서 언론과 출판의 자유를 누렸다. 정치범과 극렬분자들이 조계지에서 토론을 벌이고, 그들의 견해를 발표함으로써, 사상의 자유가 한동안 매우 활발하여 상황이 그리스의 도시국가에 필적하기에 충분했다.

나는 남양공학에서 교과서를 통해 배우는 지식을 받아들인 것 이외에도, 여러 가지 활동에 참여하였으나 학습의 성격을 띄우고 있었으므로, 적극적으로 활동했다고까지는 말할 수 없었다. 토요일과 일요일에는 자주 복주로(福州路)에 있는 '기방(奇芳)'이라는 찻집에 가서 앉아 있곤 하였다.

그 시절에 상해의 모든 학생들은 기방 찻집에 가서 차를 마시며 열띤 토론에 참가하는 것을 좋아하였다. 찻집에는 '불법대왕'이라 불리는 사람이 있었으며, 그는 매일 그곳에서 새 책을 팔았는데, 기방에 다니는 사람이라면 누구도 그 사람의 행색을 잊지 못할 것이다. 그는 남루한 양복을 입었는데, 머리에는 온통 기름때 투성이인 회색 사냥 모자를 쓰고 있었다.

그는 전문적으로 혁명에 관한 서적과 잡지들을 학생들에게 팔았으며, 그의 책 중에 《성학신론(性學新論)》이라는 소책자가 있었는데, 그의 설명에 의하면, 그것은 오직 독자들을 끌어들이는데 사용하는 것이라고 했다. 아무도 그의 이름을 알지 못하였다. 오치휘(吳稚暉) 선생은 자기는 그 사람이 누군지 알고 계시다고 말씀하시면서, 나에게 그 사람의 이름까지 말씀해 주셨는데, 나는 그의 이름을 잊어 버렸다.

우리는 그가 어디에 살고 있는지 몰랐다. 그러나 혁명에 대한 서적과 잡지는 어떤 것이든 그에게서 살 수 있었다. 이 책들은 조계당국이 중국정부의 요청에 응하여 명의상으로는 판매가 금지된 책들이었다.

과거를 폐지하던 그 해, 손중산 선생이 동경에서 동맹회를 조직하였는데, 참가한 학생이 수백 명이었으며 중산선생이 주석으로 선출되었다. 이 해는 또 일본과 러시아가 '포츠머스 조약'을 체결하여 러일전쟁을 끝낸 해였다.

일본은 서방열강 중 하나인 러시아를 격파한 후, 꿈틀거리며 막 중국을 침략할 준비를 하고 있었다. 10년 후, 일본은 중국에 대해 유명한 21개의 요구를 하였고 16년 후에는 9.18 심양사변을 일으켰으며, 결국에는 민국 26년(1937년) 중국과 전면전을 벌리게 되었다.

당시 상해에서는 미국상품 불매운동을 열렬히 전개하여 미국 국회가 '중국인 배척법안'을 통과시킨 것에 항의하고 있었다. 학생들과 상인들은 연합하여 집집마다 다니며 상점 주인들이 미국상품을 판매하지 말도록 권고하였다. 상점 주인들은 배척받는 상품들을 급히 팔아버리게 되다보니 값을 내려 처분하는 수밖에 없었지만, 수많은 고객들은 사람들의 눈을 피해 기꺼이 물건을 사가 버렸다.

군중대회에서 모든 사람은 다투어 중국인 배척법안을 반대하는 격렬한 연설을 하였다. 한 번은 대회 중 감정이 복받쳐 오른 한 연설자가 가슴을 치고 발을 구르다 결국 구두뒤축이 갑자기 떨어져 나갔다. 그런데 그 구두뒤축이 날아가 청중의 머리 위에 떨어져 장내가 온통 웃음판이 되어 버렸다.

이듬해에도 중요한 사건 하나가 발생했는데 강소·절강 양 성의 신사들이 상해의 학생 및 상인들과 연합하여 영국인이 소주-항주-영파 철도 건설에 투자하는 것을 반대하였다.

시위의 방식은 군중대회, 전보를 치는 것, 가두연설 등등으로 이루어졌으며 동시에 주식을 모집하여 본국의 자본으로 이 철도를 건설할 준비를 했으며 노선을 상해에서 항주를 거쳐 영파에 이르는 것으로 바꾸려고 하였다. 소주를 상해로 대체한 이유가 매우 이상했는데, 소주는 내륙도시라 철도가 소주를 지나지 않으면 소주가 외국의 영향을 받지 않을 수 있기 때문이라는 것이었다. 영국인은 노선에 대해서 양보하였으며, 철도는 이듬해 착공되었다.

이 몇 년간, 전국의 각 학교 학생들은 모두 학교 당국과 아무 일 없이 잘 지낼 수 있었는데 그 이유는 한편으로는 그들의 교외활동에 대한 흥미가 높아졌고, 또 다른 한편으로는 그들이 무의미하게 학교 당국을 귀찮게 하는 것에 대해 싫증을 느꼈기 때문이었다. 그러나 주의력을 그들의 밥을 짓는 요리사에게로 전이시켰다.

당시 상해 학생의 급식비는 매월 6원이었으며 내지에서는 3원이면 족했다. 그래서 밥과 반찬은 별로 좋을 수가 없었다. 그러나 학생들은 급식에 대해 대단히 불만스럽게 여겼는데 쌀이 매우 거칠어서 불평한 것이 아니라 반찬의 품질이 너무 형편없어서 불평한 것이었다. 그렇기 때문에 반찬을 더 달라고 요구했는데 보통은 달걀 볶음이었으며, 그 이유는 달걀 볶음이 가장 편하기 때문이었다.

당시는 달걀이 매우 싸서 1원이면 50~60개를 살 수 있었다. 때로는 학생들이 그릇과 접시를 깨뜨리면서 화풀이를 했는데 심지어 요리사를 한차례 때리기도 하였다. '식당소동'이 없는 학교가 거의 하나도 없었다.

1907년 안휘성 성도 안경(安慶)에서 짧게 끝난 혁명이 한차례 일어났다. 혁명의 지도자는 서석린으로, 우리는 앞서 그에 대해 언급한 바 있다. 그는 안휘성 경무독판(警務督辦 : 경찰총수)으로서 일찍이 소흥 중서학당에서 글을 가르친 적이 있었다. 우리는 앞에서 이 사실을 언급한 바 있다. (중서학당은 내가 처음으로 서양 학문을 접했던 곳이고, 나는 그곳에서 지구가 둥글다고 배웠다.) 그는 거인에 합격했으며, 중서학당에서 수년간 글을 가르친 후 일본으로 유학갔다.

그는 귀국 후 친구에게 5만 원을 빌려서 공석 중이던 도태(道台)의 관직을 샀으며, 후에 안경으로 파견되었다. 그는 경찰업무를 장악한 후, 자기 손으로 직접 안휘 순무를 총살하고 안경에서 혁명을 일으켰다. 그는 심복 두 명과 함께 경찰학교 학생들과 경찰부대를 거느리고 경찰부대 무기고를 점령하고는 무기고 입구에 대포를 걸어놓고 지켰다.

그러나 군사 훈련이 부족하여 대포 사용법을 몰랐고, 결국 관병들에게 돌파당해 서석린은 그 자리에서 체포되었다. 그의 부하 두 사람 중 진백평(陳伯平)이라 하는 사람은 전사했고, 마자이(馬子夷)라는 사람은 이후 체포되었다.

마자이는 내가 절강고등학당에 다닐 때의 동급생으로 그는 진백평과 함께 일본에서 안경으로 갈 때 상해에서 한동안 머물렀다. 두 사람은 거의 매일 나를 보러 와서 혁명운동에 대해 많은 것을 이야기했다. 그들은 혁명이 중국을 구할 유일한 수단이라 생각했고, 나는 그들과 함께 안경에 가기로 약속했다.

그러나 전당포 지배인인 사촌형이 나에게 먼저 일본에 한번 가보라는 권유를 했다. 그 해 여름방학에 나는 한 친구와 함께 동경으로 간 김에 전람회를 참관했다. 우리가 상해를 떠나 일본으로 가기 전날 밤, 마자이, 진백평과 나 세 사람은 일지향(一枝香)이라는 술집에서 회식을 하며 작별인사를 했다. 이튿날 나는 일본으로 갔고 그들도 장강기선을 타고 안경으로 갔다. 일지향 술집에서의 이별이 영원한 이별이 될 줄은 꿈에도 몰랐다.

처음으로 대양을 왕래하는 기선을 타니 별의별게 다 신기하게 느껴졌다. 수세식 변기는 기묘하기가 이를 데가 없었다. 일본의 심부름꾼은 예의가 완벽하다고 할 정도로 훌륭했다. 이튿날 새벽 나가사키에 도착했는데, 아름다운 풍경이 나에게 아주 깊은 인상을 주었다. 오후에는 시모노세끼를 지났는데 이곳이 바로 이홍장이 1895년에 일본과 '시모노세키조약'을 체결했던 곳이었다.

우리는 고베 땅에 상륙하고 나서 고베에서 기차를 타고 동경으로 가서 신바시 역에서 내렸다. 동경에서 공부하던 친구 한 명이 우리를 안내하여 코이시카와 23번지에 있는 기미가요(君代)관에 묵게 했다. 동경의 거리는 당시에는 돌이 깔려 있지 않았고 아스팔트는 더더욱 없었는데, 그날따라 또 비가 내려서 온 땅이 질퍽거렸다.

나는 우에노 공원의 전람회에 가서 수십 번 참관했는데, 일본의 공업발전에 대해 깊은 인상을 받았다. 전리품을 전시하는 한 전쟁유물

박물관에서 중일전쟁 중 전리품으로 노획한 중국의 군기, 군복과 무기를 보고 정말 부끄러워서 쥐구멍에라도 들어가고 싶은 심정이었다.

야간에는 공원 전체를 수만 개의 전등이 대낮처럼 밝게 비추고 있었으며, 신바람이 난 일본인들은 등롱을 들고 공원 안을 돌아다니면서 큰 소리로 만세를 불렀다. 2년 전 그들은 러시아에 대해 거둔 승리에 도취되어 있었는데 지금까지도 여전히 미친 듯 기뻐하기를 멈추지 않고 있었다. 홀로 석가산 꼭대기에 서서 대오를 지어 돌아다니는 무리를 바라보니 나는 감정이 복받쳐 올라와, 눈물이 흐르는 것을 멈출 수 없었다.

일본에 도착한지 1주일 후, 기미가요관의 하녀가 일본 신문 한 부를 가져왔는데, 신문을 통해서 서석린의 안경봉기가 실패했다는 소식을 알게 되었다. 만일 내가 일본에 오지 않고 그 두 친구를 따라 안경으로 갔다면, 아마 나는 오늘 여기에서 《서조》 이야기를 하고 있을 수 없을 것이다.

일본에 대한 일반적인 인상은 매우 좋았다. 국가 전체가 마치 큰 화원 같았으며 국민들의 옷과 장신구는 단정하고 도시는 깨끗했다. 그들은 어쩌면 내심으로는 매우 교만했는지 모르지만, 낯선 손님에게만은 매우 예의를 차렸다. 의무 교육으로 국민의 일반적인 수준은 중국보다 훨씬 높았는데 어쩌면 이것이 바로 일본이 세계강국이 된 비결일 것이다.

이것은 내가 일본에서 한 달 동안 머문 후 가지고 돌아온 인상이었다. 후에 미국으로 가서 교육학을 공부한 것도, 역시 이런 소감의 지시를 받은 것이다. 그러나 국가의 성쇠는 결코 그렇게 단순한 것이 아니어서, 기회를 잡아 다시 이야기하도록 하겠다.

오래지 않아 다시 학교 수업으로 바빠지기 시작했다. 이듬해 여름방학 때 항주로 달려가 절강성에서 실시하는 관비 미국 유학 시험에 참가하여, 결국 합격하였다. 그리하여 아버지께 수 천원을 받아 캘리포니아로 가서 깊이 연구하기 위한 준비를 했다.

제2부

미국 유학시기

제9장 서양으로 유학가다

나는 일부분의 돈을 꺼내어 의복과 모자, 잡다한 물건, 그리고 샌프란시스코 행 배의 일등석 표를 샀고, 남은 돈은 멕시코 은화 2원 대 미화 1달러의 비율로 달러로 환전했다. 배에 오르기 전, 이발소를 찾아가 변발을 잘랐다. 이발사가 날카로운 가위를 집어 들고 내 변발을 잡았을 때, 나는 정말로 단두대에 올라선 것 같이 온몸의 털이 곤두섰다.

뚝 하는 소리가 두 번 나더니 나의 변발이 잘리어 나갔다. 나의 머리도 자르는 소리를 따라 땅에 떨어지는 것 같았다. 이발사는 종이로 변발을 싼 뒤 나에게 돌려주었다. 배에 오른 후, 나는 이 변발을 바다에 던져 넣어 파도와 물결이 치는 대로 가버리게 했다.

나는 의사의 진단서와 여권을 받은 뒤에 상해에 있는 총영사관에 비자를 신청하러 가서, 이민조례 제6절 규정에 따라, 학생신분으로 미국에 갈 것을 신청했다. 비자가 발급된 후, 배표를 사고 미국 정기 여객선 회사의 증기선에 탑승하여 샌프란시스코로 향했다.

그 때는 1908년 8월 말이었다. 십여 명의 중국 학생들이 한 배에 타고 있었다. 정기 여객선이 출범하면서 천천히 조국의 해안과 멀어지기 시작하자 나의 젊은 시절의 생활도 이것으로 일단락되었다. 배를 타기 전에 나는 이미 몇 주간 그네 타는 연습을 하였기에 24일 간의 항행노정 중 한 번도 배 멀미를 하지 않았다.

이 배는 내가 1년 전 고베로 갈 때에 탔던 그 일본 배 보다도 훨씬 더 크고 호화스러웠다. 배 안에서 내가 가장 신기하고 놀랍게 여긴 것은 춤을 추는 것이었다. 나는 남자와 여자 사이에는 일정한 거리를 두어야 한다는 사회에서 성장하였기에, 처음 봤을 때는 남녀가 서로 가까이 기대어 의지하면서, 천천히 돌며 춤추는 것이 아주 눈에 거슬렸다. 그런데 여러 번 옆에서 본 뒤에 비로소 나는 차츰 춤의 아름다움을 좋아하게 되었다.

배가 샌프란시스코에 도착했을 때, 항구의 의사가 배위에 올라와서 건강검진을 했는데 특히 중국 학생들의 눈에 대한 검사가 세밀히 이루어졌다. 그것은 '트라코마'에 걸린 사람이 있을까 염려했기 때문이었다.

내가 미국에 상륙해서 받은 첫 인상은 이민국 관리와 경찰이 반영하는 국가권력이었다. 미국은 공화정치 국가로 미국 국민들은 군주독재하에 있는 중국 인민들보다 더욱 개인의 자유가 적은 것 같았는데, 이것은 정말로 나로서는 전혀 납득이 가지 않았다. 우리들은 중국에 있을 때 하늘은 높고 황제는 먼 곳에 계신 상황이어서 줄곧 국가권력의 속박을 거의 느끼지 못했다.

우리는 몇 시간동안 샌프란시스코에 머물면서 중국인 거리를 한번 들러 보았다. 나와 캘리포니아 대학에 들어가려는 다른 한 학생은 캘리포니아 대학교 중국학생회 회장의 안내로 버클리에 도착했다. 저녁식사는 프레드릭 로의 천광식당(天光食堂)에서 먹었다. 1인당 25센트를 지불하고 먹은 것은 국과 홍소우육(紅燒牛肉)과 한 개의 사과 파이와 한 잔의 커피였다. 나는 뱅크로프트 로(Bancroft Road)에 있는 콜(Kohl) 부인 집의 방에 세를 들었다.

콜 부인은 이미 나이가 상당히 들었지만 아주 입담이 좋았으며 중국 학생들에게 아주 친절했다. 그녀는 내게 밖에 나가기 전에 반드시 불을 꺼야 하고, 물건을 씻고 나서는 반드시 수도꼭지를 잠그며 땅콩 껍질을 수세식 변기에 버리지 말고, 돈을 결코 책상위에 아무렇게나 놓지 말 것이며, 외출 시에는 문을 잠글 필요가 없고, 만약 문을 잠그고 싶다면 열쇠를 양탄자 밑에 숨겨두라고 분부했다.

그녀가 말하길 "만일 네게 필요한 것이 있으면 무엇이든지 주저하지 말고 나에게 말해라. 나는 타국에서 타향살이 하는 심정을 잘 이해하고 있다. 너는 내 집을 네 집처럼 생각해라. 사양할 필요는 없다."라고 했다. 그리고 뒤이어 그녀는 나에게 잘 자라고 말하고 들어갔다.

버클리에 왔을 때는 가을학기 반이 이미 수업을 시작한 뒤여서 나는 봄 학기까지 기다리는 수밖에 없었다. 나는 캘리포니아 대학의 한 여학생에게 영어 과외를 받았는데 학비는 1시간에 5센트를 지불했다. 이 기간 동안 나는 내 모든 정력을 영어에 쏟아 부었다.

매일 새벽 반드시 샌프란시스코 크러니클지(Sanfrancisco Chronicle)를 읽었고, 그 외에 또 《전망(The Outlook)》이라는 주간지를 한 부 주문하여 정독의 자료로 삼았다. 《웹스터 대학사전》을 줄곧 손에서 놓지 않았고 조금이라도 의문이 나는 어휘가 있으면 즉시 사전을 펴서 찾았는데 이렇게 4개월을 계속하니, 어휘 수가 놀랍게도 크게 증가하여, 신문 잡지를 읽는 것도 전혀 힘들게 느껴지지 않았다.

처음 미국에 왔을 때의 나의 영어에 대해 말하자면 나는 그야말로 반 장님, 반 귀머거리, 반 벙어리였다. 내가 학교에서의 수업을 따라가려면 먼저 반드시 이 장애들을 극복해야만 했다. 제일 첫 번째의 장애는 4개월의 끊임없는 노력을 통해 대체로 극복되었으며, 완전히 극복해 내는 것도 시간문제에 불과했다. 두 번째의 장애는 사람들이 말하는 것과 교수의 강의를 많이 들어야 서서히 극복될 수 있는 것이었다.

교수의 강의는 그래도 비교적 이해하기 쉬운 편이었는데, 왜냐하면 교수들의 강의가 사고에 체계가 있고, 억양이 비교적 느리며, 발음도 분명했기 때문이었다. 일반적인 대화의 범위는 광범위하고 또한 일련의 앞뒤가 안 맞는 각양각색의 관념으로 이루어져 있기 때문에 대화의 실마리를 잡기가 매우 어려웠다. 극장에 가서 대사를 들으면 그 난이도가 강의와 대화의 중간이었다.

가장 어려운 것은 입을 못 여는 난관을 극복하는 것이었다. 그 주요 원인은 내가 중국에서 처음부터 잘못된 길을 걸었기 때문이었다. 잘못된 습관은 이미 고질병이 되어서 반드시 오랜 시간이 걸려야만 비로소 고칠 수 있는 것이었다. 그 다음은 나는 전혀 음성학의 방법을 몰랐는데, 오직 모방에만 의존해서는 정확한 발음을 낼 수 있는 것이 아니기 때문이었다.

그 이유는 입에서 나오는 소리와 귀에서 들리는 소리 사이에, 또 귀와 혀 사이에 필경 큰 차이가 있기 때문이었다. 혀도 반드시 귀에 들리는 지시에 따라 정확하게 소리를 낼 수 있다고는 할 수 없다.

이외에 캘리포니아 지역에서는 중국인들에 대해서 그다지 별로 친절하지 않았기 때문에 타향살이를 하면서 매사에 조심해야 한다는 생각을 갖지 않을 수 없었다. 나는 특별히 민감하여 감히 함부로 미국인과 어울려 다니지 못했으며, 다른 사람이 나에게 접근하려 하면 나는 매우 부끄러워했다. 수많은 귀중한 사회관계들이 이 때문에 단절되었다.

언어는 다만 여러 사람들과 접촉해야지만 비로소 진보할 수 있는데 내가 이렇게 현 상태에 만족하여 제자리에 머물러 있었기 때문에, 이 방면의 진보는 매우 느리고 또 느렸다. 후에 내가 캘리포니아 대학에 들어갔을 때 이런 언어상의 결함은 나의 수업시간과 수업시간 이외에서의 토론에 참가하는 기회에 심각한 영향을 미쳤다.

어떤 사람이 나에게 어떤 문제에 대해서 질문할 때, 나는 항상 얼굴이 붉어져서 머리를 숙이고, 어떻게 대답해야 할지를 몰랐다. 결국 교수들이 매우 친절한 편이어서 나에게 모든 문제에 대답하도록 강요하지는 않았다. 아마도 그들은 내가 처한 어려움을 알고 있었거나, 또는 내가 외국인인걸 알고 있었기 때문인지 특별히 양해해 주었다.

어찌 되었든 그들은 내가 비록 입을 다물고 말을 안 하고 있기는 하지만 여전히 공부에 심혈을 기울임을 알고 있었는데 그 이유는 나의 시험성적이 대부분 중 상등 이상이었기 때문이다.

세월이 매우 빨리 흘러 얼마 안 있으면 크리스마스였다. 크리스마스 이브날 밤, 나는 홀로 한 레스토랑에서 저녁식사를 했는데 음식은 내가 처음 샌프란시스코에 도착한 날 보다 훨씬 좋았다. 지불한 돈이 그때와는 비교할 수가 없었다는 것은 말할 필요가 없다. 밥을 다 먹고 거리로 나가 한가로이 거닐다가 커튼을 치지 않은 집을 보게 되었는데 나는 창가에서 그들이 함께 모여 즐거워하는 모습을 바라보았다. 어느 집이나 대부분 작은 전등이나 양초로 가득 장식한 크리스마스트리가 있었다.

섣달 그믐날 밤, 나와 몇 명의 중국인 학생들은 버클리에서 바다를 건너 샌프란시스코로 갔다. 카페리 위에서 저 멀리 맞은편 기슭에 있는 수천 개의 전등으로 장식된 시계탑을 볼 수 있었다. 배에서 내려 보니 샌프란시스코는 가는 곳마다 인산인해를 이루고 있었다. 부두의 대기실에서는 자동 피아노가 귀가 멍먹할 정도로 크게 연주되고 있었다.

이 피아노들은 단지 백동전 하나를 던져 넣기만 하면 자동으로 연주를 했다. 나는 인파를 따라서 천천히 큰 길을 거닐었는데 작은 나팔과 조그만 땡땡이의 시끄러운 소리가 귓속 가득 울려 퍼졌다. 나팔을 불고 땡땡이를 치는 사람은 아름다운 부인들과 소녀들의 귀에 대고 웃기는 소리를 하는 것을 특별히 좋아했다. 이 부인들과 소녀들의 귀는 비록 고통을 당했지만, 이런 농담들을 일종의 치켜세움으로 여기고 언제나 상냥하고 환한 얼굴을 하고 미소로서 화답했다.

공중에는 어디에나 오색 종이가 바람에 흩날리고 있었는데, 어떤 것은 심지어 사람들의 목에까지 날아 와서 달라붙었다. 꽃무늬 종이들은 마치 채색된 눈송이처럼 사람들의 머리위에 날아 떨어졌다. 중국인 거리에 도착했을 때, 사람들이 떼를 지어 동양풍 색채의 진열대의 장식을 감상하고 있는 것이 보였다. 탕탕 하고 터지는 폭죽소리는 사람으로 하여금 마치 중국에서 신년을 보내는 것처럼 느끼게 했다.

자정을 알리는 종소리가 들리자, 모두들 목청을 높여 "새해 복 많이 받으세요!"라고 외치고, 다른 한편에서는 자동차 경적을 마구 누르거나 방울을 요란스레 흔들어댔다. 형형색색의 종이 조각들이 하늘을 가득 메우면서 춤추고 있었다. 이것은 내가 미국에서 처음 맞는 신년이었다. 미국인들의 온화하고 선량한 모습과 천진함, 놀기 좋아함은 나의 유학생활에 깊은 인상을 남겨주었다. 그들이 즐겁게 웃으며 노니는 것에서 확실히 미국인들이 젊음이 넘치는 민족임을 알 수 있었다.

그날 밤, 매우 늦게 집에 돌아왔는데, 몸은 비록 지쳐 있었지만 정신은 매우 홀가분했다. 침대에 눕자마자 바로 잠이 들어서 이튿날 해가 높이 떴을 때에야 자리에서 일어났다. 아침식사 후, 버클리의 주택가를 한 바퀴 돌았다. 주택들은 대부분 경사가 완만한 산비탈을 따라 건축되어 있었고, 사방이 화단과 잔디밭으로 둘러싸여 있었다.

캘리포니아 주의 따뜻한 겨울 날씨 속에서 장미꽃이 도처에 만발해 있었고 버클리는 사계절이 봄 같았으며 보통 넓은 쪽빛 하늘에는 구름 한 점 볼 수 없었다. 운남성의 곤명(昆明)과 대만의 대남(台南)과 아주 비슷했지만 온도는 비교적 낮았다.

신년이 지난 후, 나는 흥분 속에서 2월 중에 개학하는 캘리포니아 대학의 두 번째 학기를 기다리고 있었다. 마음속은 희망으로 가득 차 있었으며 언어 학습에 대한 노력도 배로 증가시켰다. 개학이 얼마 남지 않자, 나는 상해남양공학의 학점으로 입학신청을 해서 결국 농학원에 들어갈 수 있었다. 중국어 학점으로 라틴어의 학점을 보충했다.

과거에 나의 준비는 문과방면에 편중되어 있었지만 결국 농과로 전과하였는데, 전과하게 된 동기를 이곳에서 설명해야겠다. 내가 농과로 전과한 것은 결코 몇몇 젊은 학생들처럼 형편이 되어가는 대로 아무렇게나 한 것이 아니라 깊이 심사숙고 한 뒤에 신중히 결정한 것이다.

나는 생각하기를 중국은 농업을 기반으로 건국된 나라인 이상, 농업을 개량해야만 비로소 최대 다수의 중국인들이 모두 행복하고 풍족하게 생활할 수 있을 것이라고 여겼다. 동시에 나는 유년 시절을 경작을 위주로 하는 향촌에서 성장했기 때문에 화초와 수목과 그리고 조수(鳥獸), 벌레와 물고기 따위에 본래부터 큰 관심을 가지고 있었다. 국가와 개인을 위해서라도 농업은 나에게 가장 적당한 학과인 것 같았다.

이외에 내게는 또 한 가지 부차적으로 고려할 사항이 있었는데 내가 어릴 적에 줄곧 몸이 허약하고 여위었었기 때문에 만약 들판에서 신선한 공기를 많이 접할 수 있다면, 내 몸에 큰 이익이 될 것이라고 생각했기 때문이다.

첫 학기에 선택한 과목은 식물학, 동물학, 생리위생, 독일어, 영어와 체육이었다. 체육시간이 매주 6시간인 것 이외에 나머지 모든 과목은 예외 없이 3시간이었다. 나는 지시에 따라 대학로의 한 서점에서 교과서를 샀다. 내가 식물학 교과서를 사려고, 한참동안 이야기를 했지만 점원은 여전히 알아듣지를 못하여 나중에 하는 수 없이 손가락으로 책장에 있는 그 책을 가리키자 점원은 비로소 알아차렸다.

원래 이 식물학이라는 명사의 영어단어(botany)의 악센트는 제1음절에 주어야 하는데 나는 제2음절에 악센트를 주어 발음한 것이었다. 점원이 이 단어를 다시 한 번 반복해서 발음해 준 뒤에야, 나는 비로소 내 자신의 잘못을 알았다. 책을 산 후, 나는 매우 기뻤다. 책을 샀을 뿐만 아니라 동시에 영어단어의 정확한 발음을 공부할 수 있었으므로 그야말로 일거양득이었다.

후에 교수는 우리들에게 식물원에 가서 어떤 초목에 대해 연구하라고 했는데 나는 식물원의 위치를 몰랐기 때문에 부득이 청소를 담당하는 학교의 청소부에게 물어보러 갔다. 식물원의 식물이라는 단어를 말할 때, 나는 내 깐에는 똑똑하게 군답시고 속으로, '식물학'이라는 이 영어단어의 악센트가 제1음절에 있으니 이로 미루어 '식물원' 중의 '식물'이란 단어의 악센트도 자연히 제1음절에 있을 것이다라고 생각하면서 악센트를 제1음절에 두어 발음하였다.

그 결과 그 청소부를 눈만 크게 뜬 채 어떻게 대답해야 할지 모르게 하여, 나는 다시 한 번 되풀이 하는 수밖에 없었다. 그 청소부는 잠시 생각하고 나서야 겨우 무슨 말인지 알아차렸다. 알고 보니 내가 미루어 생각해 낸 방법이 잘못을 범한 것인데. '식물원'이라는 글자의 악센트는 제2음절에 있었던 것이다.

유감스럽게도 당시 나는 아직 미국의 속어와 상스러운 말을 전혀 배운 적이 없었는데, 배운 적이 있었더라면 아마 '제기랄'이란 욕이 입 밖으로 나갔을 것이다. 영어 악센트의 애매모호함은 영어를 배우는 사람을 아주 골치 아프게 했다. 물론 악센트는 따라야 할 규칙이 있지만, 규칙 하나하나마다 항상 수많은 예외들이 있어서 예외적인 것이 도리어 규칙이 되었다. 그래서 어휘마다 개별적으로 처리해야 하고 상당히 많은 노력을 들여야 비로소 각 어휘의 정확한 발음을 천천히 배울 수 있었다.

식물학과 동물학은 나에게 아주 많은 흥미를 일으켰다. 식물학 교수님께서 현미경의 사용방법을 설명할 때 농담으로 "너희들은 현미경으로 크기가 코끼리만큼 커다란 파리를 볼 수 있을 거라는 생각을 하지 마라. 사실상, 너희들은 아마 파리 다리 반쪽 조차도 볼 수 없을 것이다."라고 말했다.

나는 중국에서 공부했을 때, 여가시간에 새와 짐승과 곤충과 물고기의 생활상황을 자주 연구했다. 특히 서당에 다닐 때에, 하루 종일 무미건조한 고서를 무조건 외웠는데, 이런 피상적인 자연연구는 단조로운 생활을 잠시 조절해 줄 수 있어서, 서서히 자연관찰에 대한 흥미를 키울 수 있었다. 오래전의 즉흥적인 관찰과 지금의 동식물학에 대한 흥미의 공통적인 출발점은 호기심이었고, 제일 큰 차이는 사용하는 도구에 있었다.

현미경은 안경을 확대한 것으로, 사람들로 하여금 육안으로 분별할 수 없는 미세한 물체를 보게 할 수 있다. 현미경을 사용한 결과 사람들은 별처럼 무수한 세균을 볼 수 있었다. 망원경은 눈의 또 다른 확대로서, 망원경을 이용하여 무궁무진하게 많은 별들을 관찰할 수 있다. 나는 리크천문대(Lick Observatory)에 가서 최대의 망원경을 보기를 간절히 원했는데, 그러나 사정이 생겨서 소원을 이루지 못했다.

후에 25센트를 내고 길거리에 있던 망원경을 통해서 행성을 바라보았는데, 은색의 토성이 눈부신 코로나를 띠고 푸른 하늘에서 천천히 이동하고 있었는데, 학교 안에 있는 천체궤도 상에서 보는 것과 모양이 완전히 같음을 발견했다. 당시의 경험은 진짜 놀랍고 유쾌했다.

농과대학에서 반 년 동안 공부했는데, 한 친구가 농과와 같은 실용과학을 포기하고 다른 사회과학을 선택하길 권고했다. 그는 물론 농학도 중요하지만 중국에 더욱 중요한 다른 과목이 또 있다고 했다.

그는 말하길, 우리는 서방국가의 근대의 발전을 참작해서 정치문제와 사회문제를 해결하지 않으면 농업문제도 해결할 수 없다고 했다. 그 다음, 만약 사회과학을 선택하지 않으면 나의 식견은 아마 실용과학이라는 좁은 울타리에 국한될 것이므로 농업 이외의 중요문제를 이해할 수 없을 것이라고 했다.

나는 중국 역사를 연구해 본 적이 있을 뿐만 아니라, 또 서양사의 개략을 연구한 적이 있어서 각 시대의 각국의 국력의 증감상황에 대해 잘 알고 있었기 때문에, 이 친구의 충고를 아주 잘 이해했다. 그의 말은 나를 여러 차례 숙고하게 했는데, 그 이유는 내가 다시 세 갈래 길목에 직면하여, 조만간 결정을 내려야 했기 때문이다. 내가 전에도 언급한 바와 같이, 일생에 영향을 주기에 충분한 중요한 고비를 만났을 때, 나는 어떠한 결정을 경솔하게 내리지 않았다.

어느 날 아침, 나는 우유를 짜는 것을 보려고 농장에 가다가, 길에서 깡충깡충 뛰어서 학교로 가는 한 무리의 아이들을 만났다. 나는 문득 여기서 동물과 식물을 기르는 법을 연구하고 있으면서, 왜 인재를 육성하는 법을 연구하지 않고 있는가? 하는 생각이 들었다. 그래서 농장에 가지 않고, 버클리의 산꼭대기로 올라가서, 오래된 상수리나무 밑에 앉아서 햇빛이 비치는 샌프란시스코와 골든게이트 항구의 아름다운 경치를 응시했다.

머릿속에 이런저런 생각을 하면서 중국 역대의 흥성과 몰락의 원인과 결과를 자세히 따져 보았다. 그런데 갑자기 눈앞에 희미하게 한 무리의 천진난만한 아이들이 수선화처럼 바다의 파도 속에서 솟아 나와서, 나에게 공부할 수 있는 학교를 달라고 요구했다. 그래서 나는 단호하게 사회과학원으로 전과하여 교육을 전공과목으로 선택하기로 했다.

산꼭대기에서 뛰어 내려와 학교로 돌아왔을 때는 이미 정오에 가까웠다. 나는 등록조로 달려가서 서튼(Sutton) 선생을 찾아뵙고 농학원에서 사회과학원으로 옮길 수 있게 해달라고 요청했다. 나는 한바탕 추궁을 듣고 변명을 한 후에 결국 전과에 성공했다. 1909년 가을부터 나는 논리학, 윤리학, 심리학 그리고 영국사를 공부하기 시작하였고, 대학생활도 제 길로 들어서게 되었다.

세월은 평온하고 즐겁게 지나갔으며 시간이라는 모래가 쌓인 결과, 나의 지식도 대학의 학술 분위기 속에서 점차 증가했다.

논리학을 통해서 나는 사고를 함에 있어서는 일정한 방법이 있다는 것을 배웠다. 바꾸어 말하면, 우리는 반드시 논리적인 방법에 따라 사고해야 한다는 것이다. 관찰은 귀납과 추리에 있어서 아주 중요하기 때문에, 나는 내 자신의 관찰능력을 훈련시키기를 희망했다. 나는 교정 안과 대학근처에서 접촉하게 되는 수많은 사물들을 관찰하기 시작했다. 왜 암소에 방울을 달까? 왜 유칼립투스나무의 잎은 수직으로 걸려 있을까? 왜 캘리포니아 주의 양귀비꽃은 전부 노란색일까?

어느 날 아침, 버클리 산비탈을 따라 산책을 하고 있을 때 수도관에서 물이 콸콸 흐르고 있는 것을 발견했다. 물은 어디에서 나올까? 수도관을 따라 수원(水源)을 찾다가 마침내 찾아내니, 나의 마음도 어린 아이와 같은 기쁨으로 가득 찼다. 이때 나는 벌써 상당히 높은 산 정상에 이르렀는데, 나는 산봉우리 저편에 무엇이 있는지 알고 싶었다.

산을 하나하나 넘어보니 작은 산들이 이루 헤아릴 수 없을 만큼 많았다. 올라갈수록 높아지고, 내 처소로부터 갈수록 멀어졌다. 그래서 결국 당초의 생각을 포기하고 집으로 돌아오는 수밖에 없었다. 집에 돌아오는 길에 수많은 농가를 발견했고 또 맑은 시내와 고요한 숲도 발견했다.

이런 맹목적이고 선택이 없는 관찰은 오직 실망만이 있을 뿐이었다. 드디어 관찰은 고정된 대상과 정확한 목적이 있어야 되고, 즉흥적으로 멋대로 관찰하면 안 된다는 것을 알게 되었다. 천문학자는 천체를 관찰하고, 식물학자는 초목의 성장을 관찰하는 것이다. 후에 나는 또 다른 실험이라고 하는 일종의 제어 아래서의 관찰을 발견했는데, 과학발견은 실험을 통해서 나오는 것이었다.

윤리학을 공부할 때, 도덕규칙과 행위규칙의 차이를 배웠다. 도덕원칙이 우리에게 알려 줄 수 있는 것은, 왜 약간의 공인된 법칙은 어느 단계에 이른 문화의 필요에만 적합한가? 그리고 왜 행위규칙은 모든 사람에게 지키라고 요구하기만 하고 규칙 뒤에 있는 원칙문제를 규명할 필요가 없으며, 왜 이런 규칙들과 현대사회의 관계를 규명할 필요가 없는 지인 것이다.

중국에서는 사람의 생활은 공인된 행위규칙의 규제를 받는다. 이들 행위규칙 뒤에 있는 도덕원칙들을 따져 보았을 때, 내 머릿속은 즉시 파도가 세차게 물결치는 것 같았다. 지금까지 최종적인 진리로 여겨지던 기존의 도덕기초가 마치 지진을 만난 것처럼 곧 붕괴될 것 같았다.

동시에 해리 오버스트리트 교수는 매우 큰 계시를 주었다. 전통적인 교수는 항상 공인된 진리를 믿는 것만 알고, 동시에 그의 학생도 이렇게 하길 바랐다. 그런데 오버스트리트 교수의 사고는 특별히 예리하여 나로 하여금 도덕원칙의 초석 위에 있는 틈 하나하나를 깊이 관측하게 했다.

우리는 윤리학 수업을 할 때, 항상 한차례의 열렬한 토론을 했다. 내가 평소에 감히 토론에 참가하지 못한 것은, 한편으로는 영어회화실력이 부족했고, 한편으로는 열등감으로 인한 부끄러워하는 마음 때문이었다. 왜냐하면 1909년 전후는 중국 현대사에 있어서 가장 암담한 시기였고, 우리는 중국의 앞날에 대해 자신이 부족했기 때문이다.

토론에 참석하진 않았지만, 열심히 들었는데, 마치 총명하고 영리한 강아지가 귀를 쫑긋 세우고 주인이 말하는 것을 듣는 것 같았으며 무슨 뜻인지는 알았지만, 입으로 말은 하지 못했다.

우리가 꼭 읽어야 하는 참고서적에는 플라톤, 아리스토텔레스, 요한복음과 아우렐리우스 등이 있었다. 플라톤과 아리스토텔레스를 읽고 나서, 나는 그리스 사람들의 사물이나 현상의 근원을 끝까지 따지는 사고에 깊은 인상을 받았다. 나는 《사서(四書)》에는 도덕적 색채가 농후한데, 그리스 철학자에게는 예리한 지혜가 넘쳐 흐르고 있다고 생각했다.

이 인상 때문에, 나는 후에 그리스 역사를 연구했고 고대 그리스 사상과 중국 고대사상을 비교 연구했다. 그리스 철학자를 연구한 결과는, 동시에 나로 하여금 그리스사상이 현대 유럽문명에서 차지하는 중요한 지위와 그리스어가 자유교육에 있어 없어서는 안 되는 것으로 여겨지는 부분적인 원인을 알게 하였다.

요한복음을 읽고 나서, 나는 예수가 널리 알린 사랑의 의미를 이해하게 되었다. 만약에 기독교의 교조와 교회를 제쳐놓고 말하지 않는다면, 이런 "적을 사랑하기를 자신을 사랑하는 것처럼 하라."는 철학은 진짜 최고의 이상이다. 만약에 자신을 사랑하는 것처럼 적을 사랑한다면 이 세상에 적은 없을 것이다.

"너희들은 너희들의 적을 사랑할 수 있어?" 하고 교수님이 반 전체 학생들에게 묻자, 대답하는 사람이 없었다. "저는 그럴 수 없습니다." 하고 귀를 기울이고 자세히 듣고 있던 한 마리 강아지[1]가 짖었다. "그럴 수 없어?" 하고 교수님은 미소를 띠우며 반문했다.

나는 공자가 말한 "정의로서 원한을 갚고, 덕으로 덕을 갚는 것(以直報怨, 以德報德)"으로 대답했다. 교수가 듣고 나서 끼어들면서 말하길 : "그것도 아주 일리가 있어. 그렇지?" 하니, 학생들 중에 대답하는 사람이 아무도 없었다. 수업을 마친 후 한 젊은 미국 남학생이 다가와서 나의 어깨를 치며 "적을 자신처럼 사랑하라는 말은 허풍이지. 그렇지?" 하고 말했다.

아우렐리우스의 언론은 송대 철학자와 아주 비슷하다. 그는 곰곰이 생각한 결과, 이지가 모든 행위의 준칙이라는 것을 발견했다. 만약에 그의 저서를 중국어로 번역하여 그를 송대의 유학자와 함께 섞어놓으면 진위를 분별하기 어려울 가능성이 매우 높다.

서양 것에 대해 나는 항상 중국의 척도로 평가하는 것을 좋아했다. 이것은 원래 알고 있는 것을 통해 모르는 것을 아는 방법이다. 과거의 경험에 따르면, 과거의 경험을 이용해서 새로운 경험을 얻는 것은 바

---

1) 필자 자신을 가리킴.

로 새로운 지식을 얻는 정확한 방법이다. 예를 들면, 만약에 한 아이가 비행기를 본 적이 없다고 한다면, 우리는 그에게 “비행기는 날고 있는 새처럼 생겼고, 날개가 있는 배처럼도 생겼어” 하고 설명해 들려주면 된다. 그러면 그는 비행기가 어떤 것인지 알 수 있게 된다.

만약 그 아이가 새나 배를 본 적이 없다면, 그에게 비행기가 어떤 것인지 알게 하는 것은 쉽지 않다. 한 중국 학생이 서양문명을 알고 싶어 한다면, 오직 자기 나라의 문화에 대한 이해에 근거할 수밖에 없다.

자기 나라 문화에 대한 이해가 깊을수록 서양문화에 대한 이해도 더욱 쉬워진다. 이러한 추리에 근거하여 내 자신이 국내 학교에서 공부할 때, 항상 각종 서적을 읽기 위해 밤늦게까지 자지 않았는데 이런 각고의 노력이 헛되지 않아 현재 서양 사상을 충분히 흡수하고, 소화할 수 있었는데 이는 모두 이러한 각고의 노력 덕택이었다.

앞으로 내가 할 일은 중국에 도대체 무엇이 부족한지 찾아낸 후, 서양으로부터 필요한 것을 흡수하는 것이라고 생각했다. 마음속에 이런 관념이 있은 후에, 나는 점점 자신감이 커지고 부끄러움이 적어지며 미래도 더 밝아지는 것을 느꼈다.

학문에 대한 흥미도 아주 넓어졌다. 내가 청강하는 과목은 고대역사, 영국역사, 철학사, 정치학, 심지어 영문으로 번역된 러시아 문학까지 포함되었다. 톨스토이 작품을 더욱 좋아하여 손에서 떼지 못했는데, 특히 《안나 카레니나》와 《전쟁과 평화》를 좋아했다.

나는 수많은 유명한 학자들과 정치가들의 공개 강연회에 참석했는데, 산타야나, 타골, 데이비드, 스탄, 요툰(Jotun), 윌슨(당시 프린스턴대학 총장이었음) 및 기타 학자들의 강연을 들었다. 나는 과학, 문학, 예술, 정치와 철학에 대해서 모두 흥미가 있었다.

나는 데오도르 루즈벨트의 연설도 들은 적이 있다. 루즈벨트는 캘리포니아대학교 그리스 극장에서 연설했는데 이 연설에서 그는 "내가 파나마 운하를 침탈하여, 국회에서 이것을 가지고 따지려고 하는데, 따지고 싶으면 따지면 되는 것이다."라고 말했다. 연설할 때의 그의 강조하는 어투와 전형적인 자세는 아직도 생생하게 기억이 난다.

중국의 전통교육은 아주 편협한 것 같지만 그러나 이런 교육의 범위 내에 모든 것이 총망라되어 있다. 어떤 것은 마치 백과사전 같지만, 이러한 표면상의 편협한 교육이 사실상 바로 광범위한 지식의 토대인 것이다. 나의 지식에 대한 흥미가 매우 광범위한 것은 아마도 전통사상 훈련의 결과일 것이다.

중국 고서에는 각 방면의 지식이 포함되어 있는데, 예를 들면 역사, 철학, 문학, 정치경제, 정치제도, 군사, 외교 등등이다. 그래서 사실상 결코 편협하지 않다. 고서 이외에 학생들은 또 농업, 관개, 천문, 수학 등의 실용과학지식을 얻는다.

여기에서 우리는 중국 전통학자는 결코 편협한 전문가가 아니며, 그와는 반대로 학문의 광범위한 기초를 구비하고 있음을 알 수 있다. 그 이외에도 겸허하게 진리를 추구하는 것이 유학자의 일관된 목표로, 그들의 지식은 오직 책속의 학문에만 한정되어 있는데, 이것은 아마도 그들의 부족한 부분일 것이다. 어느 의미에서 보면, 책속에서 얻는 지식은 아마도 협소할른 지도 모른다.

어릴 적 압운이 있는 책을 읽은 적이 있다. 책 이름은 《유학경림(幼學瓊林)》인데 그 속에 들어 있는 문제들은 매우 광범위하여, 천문지리에서부터 초목과 벌레와 물고기에 이르기까지 포함되지 않은 것이 없으며 중간에 또 도시, 상업, 경작, 여행기, 발명, 철학, 정치 등의 소재들이 혼합되어 있었다. 압운으로 된 책은 암송하기가 쉬어서, 나는 아직까지도 그 책의 대부분을 외울 수 있다.

버클리의 작은 산에는 청태가 가득 자란 상수리나무와 향기가 코를 찌르는 유칼립투스가 있다. 들판에는 도처에 노란색의 양귀비꽃이 있고 개인 화원에는 빨간 장미가 따뜻한 캘리포니아 주의 태양 아래에서 만발해 있다. 여기가 바로 미국 서부의 황금세계이고, 본토 젊은이들의 이상향이다.

다행스럽게도 모교로부터 받은 사랑과 교육이 이렇게 동방고국(東方古國)에서 온 나그네인 나를 성장하도록 해준데 대해 진심으로 말로 표현할 수 없을 정도로 깊은 감명을 받았다.

캘리포니아 주의 기온은 겨울에 따뜻하고, 여름에 시원하여 사계절이 마치 봄날 같아서, 이곳에서의 4년 동안의 생활은 편하고 유쾌했다. 캘리포니아 주는 비가 적어서 야외활동 하는데 영향을 별로 받지 않았다. 겨울에는 비록 소나기가 내리지만 다만 산위의 풀들을 더욱 푸르게 하거나 또는 화원 속에 있는 장미꽃을 깨끗이 씻어 더욱 아름답고 곱게 만들었다.

겨울에 소나기가 내릴 때를 제외하면, 극장 주위는 무성한 유칼립투스 나무로 둘러싸여 있어서 어떠한 열악한 기후도 그리스 극장의 연출에 거의 영향을 주지 않는다. 셰익스피어의 유명한 극과 그리스의 비극, 주말 연주와 공개 강연회는 노천에서 실시한다. 극장에서 멀지 않은 곳에 운동장이 있는데 학교 간의 시합과 육상경기는 그곳에서 거행된다.

청년 운동선수들은 모두 그들 모교의 명예를 쟁취하기 위해 전력을 다 하였다. 정서교육, 체육과 지육(智育)이 병행되었다. 이것이 바로 고대 그리스 격언이 말하는 "건전한 육체에 건전한 정신이 깃든다."는 것이다. 즉 이것은 바로 고대 그리스 격언의 실천인 것이다.

교정의 한 가운데에는 시계탑이 하나 우뚝 서서, 주위의 건물들을 흘겨보고 있었다. 대학로로 통하는 길에 큰 문이 하나 있는데, 이 문을 새더 게이트(Sather Gate)라고 부르는데 문 위에 수많은 살아있는 것처럼 생동감이 있는 부조된 나체상들이 있다. 이 나체상들은 수많은 여학생 학부형들의 항의를 불러일으켰다.

나의 윤리학 교수는 말하기를 "여학생들에게 남자들의 나체상을 많이 보게 하면 그녀들의 부끄러워하는 습관을 고칠 수 있다."고 하였다. 구 도서관[2] 열람실 안에는 비너스와 그 밖의 여신들의 나체 조각상이 있다. 그러나 남학생인 내가 처음에 이 그리스의 나체상들을 보았을 때, 마음속으로 왜 학교 당국은 이 외설스러운 것들을 지혜의 원천에 놓았을까 하고 약간 의아스러워 했다. 후에 나는 그들이 아마도 "완벽한 사고는 완벽한 신체에 깃든다."는 관념을 주입시키려는 것일 거라고 생각했다. 그리스 사람들이 보기에 아름다움, 건강, 지혜는 삼위일체로서 분할할 수 없는 것이었다.

상수리나무숲 속에서의 《한 여름 밤의 꿈》의 연출은 정말 아름다움의 극치였다. 청춘, 애정, 아름다움, 기쁨이 모두 이 만족스러운 연출 속에서 생생하게 표현되었다. 학교 근처에는 그리스 자모(字母)를 대표로 하는 수많은 형제회와 자매회가 있었다.

들리는 바에 의하면 형제회와 자매회의 회원들이 한자리에 모이면, 생활이 매우 유쾌하다고 한다. 나는 그때까지 줄곧 손님이 될 기회가

2) 후에 헐고 투어스 도서관으로 개축되었다.

없었다. 후에 어떤 친구가 나를 형제회에 손님으로 데려 가겠다는 약속을 하였는데, 그러나 그는 한 가지 조건을 덧붙였다. 즉 내가 반드시 이 형제회 회원을 반장과 기타 직원으로 선출하는 것에 한 표를 던져야한다는 것이었다.

사전에 그들은 반 전체 학생들의 명단을 열거해 놓고, 그들을 선출하는데 적수가 될 가능성이 있는 사람을 만나면 그들은 "이 친구는 안 되지." 하면서 동시에 이름에다 ×표를 하였다.

나는 그 형제회에 가서, 평생 잊을 수 없을 정도의 융숭한 대접을 받았다. 이튿날 투표를 실시했는데, 한번 한 약속은 천금 같이 여기는 중국인의 명예를 지키기 위해 나는 당연히 틀림없이 약속한 명단에 동그라미를 쳤으며 동시에 이번 선거운동을 통해 좋은 친구를 사귀게 되어 기뻐했다.

선거가 끝나고 얼마 지나지 않아, 학교에서 캠프파이어가 있었다. 도대체 무엇을 경축했는지는 기억이 나지 않는다. 따뜻한 불빛은 이 청년들의 즐거움에 넘치는 얼굴을 비추고 있었다. 남녀 모두 일제히 소리를 높여 노래를 불렀다. 매번 노래가 한 곡 끝날 때마다 한차례 고함을 질러댔다.

장작이 터지면서 갈라지는 소리와 여자아이들의 키득키득 웃는 소리와 남자 아이들의 고함소리가 아직까지도 귓가에 맴돌고 있다. 나는 갑자기 불빛 아래서 예전에 나에게 한 표를 받은 바 있는 친구를 만났다. 너무나 뜻밖이었던 것은 이 친구가 나를 보고는 낯선 사람을 보듯이 대했다는 것이다. 예전의 그렇게 다정했던 모습은 어디로 갔단 말인가!

세상인심은 항상 변화기 마련이라더니 아마도 바로 이와 같은 것인가 보다. 그의 나에 대한 열정은 내가 이미 '신성한 한 표'로 보답하여 빚을 갚아 버렸으니, 지금은 서로가 누구에게도 빚지지 않은 것이다. 그 이후 나는 다시는 투표용지를 초대와 교환하지 않았을 뿐만 아니라 동시에 학교선거에서 다시는 투표를 하지 않았다.

북쪽 빌딩 지하실 안에는 학생이 경영하는 '합작사(合作社)'가 있고, 합작사 문 앞에는 간판이 하나 걸려 있었는데, 그 위에 "우리는 하나님을 믿습니다. 그 외의 사람들에게는 예외 없이 현금으로 거래합니다."라고 쓰여 있었다. 합작사 안에서 가장 잘되는 장사는 한 개에 5센트 하는 핫도그였고, 맛이 좋았다.

학교 안에서 가장 잊기 어려운 사람은 철학관에서 일하는 늙은 소사였는데 나의 선생과 친구들은 아마 이미 그를 잊어 버렸을지 몰라도 적어도 나는 그를 평생 잊을 수 없다. 그 사람은 키가 크고 말랐고, 규칙에 어긋나는 행동을 하지 않았다. 회색의 긴 눈썹이 거의 눈까지 덮여서, 마치 한 마리의 북경 발바리 같았으며 눈이 눈언저리에서 움푹 들어가 있었다. 눈썹 밑쪽에서 사람들은 그의 눈이 우호적이고 열정적인 빛으로 반짝이고 있는 것을 발견할 수 있었다.

나와 이 소사는 첫 대면에서 의기투합했고 수업이 끝난 이후나, 혹은 일요일에 시간이 있을 때면, 나는 항상 지하실로 그를 찾아 갔다. 그는 캘리포니아 대학이 아직 소규모의 학교이었을 때부터, 줄곧 그 지하실 안에서 살았다.

그는 군 경력이 있었는데, 일찍이 내전기간에 연방군 휘하에서 수많은 전투에 참가했었다. 그는 과거에 대한 회고 속에서 살고 있었으며 어린 시절과 내전에 대한 이야기를 즐겨했다. 나는 그에게서 초기의 미국의 정황을 알 수 있었다. 이 정황들은 지금부터 거의 백년 가까이 이전의 일인데, 수많은 정황이 당시의 중국과 비슷했으며 어떤 면은 심지어 중국보다 훨씬 나빴다.

그는 나에게 유년시절 미국에서 유통되었던 몇 가지 화폐를 알려주었는데 그것은 영국 파운드, 프랑스의 프랑, 또 네덜란드의 굴덴 화폐도 있었다고 한다. 현대위생설비는 그가 보기에는 전혀 가치가 없었다. 한번은 그가 나에게 화장지를 가리키며 "현대인에게는 이런 위생적인 것들이 있지만 여전히 젊은 나이에 죽지 않는가? 우리는 당시에 아무런 위생 설비가 없었고, 또한 당신들이 소위 말하는 현대 의학도 없었어. 나를 봐. 나는 나이가 이렇게 많아도 몸이 얼마나 건강한가?"라고 말했다. 허리와 등을 곧게 펴고, 가슴을 내민 모습이 마치 차렷 자세를 하고 있는 사병 같았으며 나는 그의 신체와 기백을 좋아하였다.

미국 웨스트포인트 육군 사관학교도 그가 보기에는 웃기는 것이었는데 그는 "당신은 그들이 전쟁을 할 수 있다고 보는가? 그건 참 웃기는 일이야. 그들은 몇 벌의 제복으로 표면적인 겉치레만 유지하고 있어. 돌아다닐 때 그들은 옷을 단정하게 입지. 그러나 전쟁과는 너무 거리가 멀어! 내가 그들을 가르칠 수 있지. 한번은 작전할 때 내가 혼자서 한 무리의 반군을 모조리 죽여 버렸어. 그러니 그들이 전쟁하는 법을 배우고 싶으면 나를 찾아오는 편이 나을 거야."라고 말했다.

비록 내전이 끝난 지 이미 아주 여러 해가 되었지만 그는 남부 동맹에 참가한 사람들에 대해서는 언제나 원한이 골수에 사무쳐 있었다. 한번은 전투가 끝난 후, 그는 적병 한 사람이 부상을 당해 바닥에 누워 있는 것을 발견하고 구조하려고 했다는 것이다. "그놈이 어떻게 하려고 했는지 알아? 그 놈이 총을 들고 나를 쏘았어." 그는 마치 내가 바로 자기의 호의를 모르는 그 놈인 것처럼, 두 눈을 부릅뜨고 나를 매섭게 바라보았다. 내가 말하기를 "그래서 어떻게 했습니까?"라고 하니 그는 "총으로 그 짐승 같은 놈을 즉석에서 처치해 버렸지"라고 대답했다. 이 군인 출신의 늙은 소사는 내가 보기에 캘리포니아 대학과 불가분의 관계에 있는 일부분으로서, 그 자신도 그와 같이 생각했는데 그 이유는 캘리포니아 대학의 성장과정을 직접 지켜보았기 때문이었다.

제10장 미국의 차이나타운

내가 미국에 도착한 첫해 10월 말 이전에, 중국에서 중대한 변고가 발생했는데, 광서황제와 자희태후가 잇따라 세상을 떠났던 것이다.

이 일에 관해서, 미국에 있는 중국학생들 사이에서는 서로 다른 두 가지 소문이 있었다. 그중 하나는 자희태후가 먼저 세상을 떠났으며 그녀의 측근자가 광서황제가 다시 정권을 장악할까 두려워서 후환을 없애기 위해 광서황제를 모살했다는 것이다.

또 다른 소문은 자희태후는 죽기 전에 한 명의 환관을 광서황제가 수감된 영태(瀛台)로 보내서, 병약한 광서황제에게 '황태후'께서 보내준 약을 먹기 바란다고 알렸다는 것이다. 광서황제는 자연히 태후의 의도를 알고 곧 약을 한 번에 삼켰으며 얼마 안가서 독이 몸에 퍼져 죽었다는 것이다.

자희태후는 세상을 떠나기 전, 광서황제가 독약을 먹고 죽었다는 보고를 받고서 성지를 내려 광서의 죽음을 공표하고 광서의 어린 조카 부의(溥儀)가 황위를 계승하게 했다는 것이다.

이러한 소문들의 정확성이 어떠한지를 막론하고, 버클리에 있는 중국학생들은 모두 '노파'[3]의 죽음으로 인해 중국에는 반드시 한바탕 큰 혼란이 일어날 것이라고 여겼다. 이후 사실이 확실히 이와 같았음을 증명해 주었다.

부의가 천자의 자리에 오른 후, 그의 부친인 재순(載淳)이 섭정왕의 직책을 맡았다. 황제는 어린아이였고, 섭정왕은 정무에 대해 경험이 전혀 없었기 때문에 청나라 조정의 위신이 갑자기 여지없이 추락하였으며 3년 후, 신해혁명이 성공하고 청 왕실은 마침내 전복되었다.

나는 일찍이 1909년 《대동일보(大同日報)》에 참여하여 주필을 맡았다. 이 신문은 손중산 선생이 샌프란시스코에서 발행하는 혁명기관보였다. 그 해 어느 가을날 저녁, 나는 《대동일보》의 다른 한 명의 편집인이며 후에 국내에서 명성이 높아진 류마가(劉麻哥)와 함께 처음으로 손 선생을 알현했다. 그는 중국인 거리 부근에 있는 스톡튼 가(Stockton Street)의 한 여관에서 거주하고 있었다.

내가 문을 들어섰을 때, 심적으로 긴장해 있었기 때문에, 마음이 계속 두근두근 거렸는데, 손 선생은 그의 방안에서 매우 친절하게 우리를 맞이해 주셨다. 방은 매우 작았는데, 침대 하나와 의자 몇 개, 그리고 한 개의 작은 책상이 있었다. 창가 쪽에는 작은 세숫대야가 하나 있고 커튼은 올라가 있었다.

류마가가 나를 이 중국혁명운동의 지도자에게 소개했다. 손 선생은 마치 일종의 사람을 끄는 불가항력적인 힘이 있는 것 같아서, 어느 누구든지 만약 그와 이야기할 기회를 가진다면, 곧 그를 완전히 신뢰하

3) 이것은 모든 학생들이 비공식적으로 자희태후에게 붙인 별명이다.

게 되었다.

그의 양미간은 풍만하고, 눈썹이 새까맣고, 한번 보면 지혜가 매우 많고, 관념이 확고한 사람이라는 것을 알게 된다. 그의 맑고 투명하고 온화하고 선량한 눈은 그의 솔직함과 열정을 뚜렷이 나타내 준다. 그의 꼭 다문 입술과 꿋꿋한 턱은, 바로 그가 용감하고 과단성 있는 인물임을 나타낸다. 그의 근육은 튼튼하고, 신체가 강건하여, 사람들에게 차분하고 침착한 인상을 준다.

대화할 때 그의 논거는 뚜렷하고 힘이 있다. 설령 상대방이 그의 견해에 동의하지 않더라도, 그의 관점을 반박할 수 없다고 느낄 것이다. 다만 상대방이 일부러 말머리를 끊어 버리지 않는다면, 그는 언제나 흥미진진하며 지루하지 않게 상대방에게 그의 이론을 충분히 설명하였다. 그는 말을 아주 느리게 하지만 말 한 마디 한 마디가 분명하여, 사람들은 그의 말이 진심에서 우러나지 않는 것이 없다고 여기게 된다. 그는 또 매우 침착하게 다른 사람의 이야기를 듣지만 아주 빨리 상대방의 말의 요점을 잡아내었다.

후에 나는 그가 중문서적이든 영문서적이든 각종 서적에 흥미가 크다는 것을 발견했다. 그는 절약할 수 있는 돈을 전부 책을 사는데 썼다. 그는 책을 읽는 것이 빠르지는 않았지만, 그의 기억력은 사람들이 놀랄 정도로 매우 좋았다. 손 선생은 광범위하게 많은 책을 읽어서, 중국과 서양문화의 발전에 대한 뚜렷한 이해를 가지고 있었다.

그는 유머를 좋아하여 비록 그 자신은 말을 아주 적게 하였지만, 매번 재미있는 유머를 들을 때마다 항상 크게 웃었다. 그는 어류와 채소를 좋아하고, 육류는 매우 적게 드셨다. 중국요리를 좋아하고 서양요리는 그다지 좋아하지 않았다. 그는 항상 "중국음식은 전 세계에서 가장 훌륭한 음식이다."라고 말했다.

손 선생은 진정한 민주주의자였으며 그는 일찍이 샌프란시스코의 중국인 거리에서 연설을 했다. 머리 꼭대기에는 국민당의 당기가 바람에 펄럭이고 있었으며, 그는 인도위에 서서 그의 주위로 모여든 사람들을 향해 연설했다. 손중산 선생은 일반인의 심리를 매우 잘 이해했다. 항상 최대한 통속적이고 알기 쉬운 어구를 선용(選用)하여 그의 사상을 표현했다.

그는 일부러 이렇게 "혁명이란 무엇입니까?"란 질문을 던지고 "혁명은 바로 만주 놈들을 타도하는 것입니다."라고 대답했다. 청중은 매우 쉽게 그의 생각을 이해했기 때문에 그와 함께 큰 소리로 만주족을 타도하자고 외쳤다. 이어서 그는 왜 반드시 만주족을 타도해야 하는지, 만주족의 청나라를 타도하고 공화국을 세운 후의 그의 계획이 어떠한지, 백성들이 새로운 정부 하에서 어떤 이점을 누릴 수 있는지 등등을 매우 알기 쉬운 말로 설명하였다.

연설을 시작하기 전에, 그는 항상 먼저 그의 청중을 잠시 고려해 보고, 그런 후에 적당한 제목을 선택해서 즉석에서 적절한 연설의 방식을 결정한 후, 다시 청산유수로 그의 의견을 말했다. 그는 처음부터 끝까지 청중의 주의력을 사로잡는 능력을 지니고 있었다. 그는 또 언제든지 연설을 하기 원했는데, 그에게는 놀랄만한 타고난 연설재능이 있었기 때문이다.

손중산 선생은 인성에 대해 깊이 이해하고 있었고, 조국과 인민을 열렬히 사랑했으며 신 중국 건립의 필요성에 대해 깊은 견해를 가지고 있었다. 이 모든 것이 신중국의 발전과정에서 그를 이론(異論)의 여지가 없는 지도자가 되게 하였다.

그는 항상 남부 각 주와 동부 각 주로 여행을 갔고, 어떤 때는 또 유럽에 갔지만 항상 샌프란시스코로 돌아 왔으며, 매번 샌프란시스코로 돌아오면, 나와 류마가는 그를 찾아가 만났다.

1911년 10월 8일, 대략 저녁 8시쯤에, 손중산 선생은 짙은 색의 외투를 입고 실크 모자를 쓰고, 《대동일보》의 편집부에 왔다. 그는 매우 즐거운 듯 했으나. 매우 침착했다. 그는 차분하게 우리들에게 말하기를, 그가 모측(某側)에서 얻은 소식에 의하면, 모든 것이 매우 순조로운 것 같고, 무한(武漢) 봉기를 계획하고 있는 한 무리의 사람들은 이미 배치가 완전히 이루어져서, 언제든지 행동을 취할 수 있다고 했다.

이틀 후에, 무창(武昌)에서 혁명이 일어났다는 소식이 샌프란시스코에 전해졌다. 이것이 바로 신해년 10월 10일의 무한 혁명으로, 이어서 청나라정부가 전복되었는데, 이 날이 중화민국의 건국기념일이 되었다.

손중산 선생의 지도 아래, 나와 류마가는 《대동일보》에 3년 동안 계속해서 사설을 썼다. 처음 시작할 때, 우리 두 사람은 격일로 돌아가면서 글을 썼다. 우리는 한편으로는 캘리포니아 대학에서 공부를 하고, 또 한편으로는 신문의 사설을 썼는데 자주 밤을 새워 가면서 다음날 아침신문에 실릴 글을 썼다.

대학의 수업은 절대로 만만치가 않아서 우리는, 특히 나는 이 가외의 일에 대한 부담이 무거움을 깊이 느꼈다. 혁명이 성공한 후에, 류마가가 귀국하면서 나 혼자서 매일 사설을 쓰는 중임을 책임지지 않을 수 없었다. 나는 비록 조국의 앞날에 대해 매우 깊은 관심을 가지고 있었지만, 그러나 어쩔 수 없이 써야만 하는 이러한 글쓰기 작업은 마침내 나의 모든 글 쓰는 흥미를 압살시켰다.

나는 줄곧 쉴 수 없는 정신적 부담 속에서 일을 했고, 게다가 황급하게 글을 완성하게 됨으로써, 글의 질이 나날이 떨어졌을 뿐만 아니라 산만하고 바쁘게 사고하는 습관이 들었으며, 어휘사용에 있어서도 자구를 다듬을 시간이 없어졌다.

어떤 때는 마치 막힌 수도관 속의 물방울처럼 생각이 막혔으므로 글을 쓰는 일이 여전히 마치 한 무리의 목적 없는 유랑자들이 종이를 향해 몰려드는 것과 같았다. 나는 이러한 불청객들에 대해 참으로 화가 났지만, 그래도 그들이 하는 대로 놓아두었다. 왜냐하면 그들은 적어도 공백을 가득 채울 수 있기 때문이었다.

맨 처음 이 일을 맡았을 때, 글 쓰는 일에 대해 확실히 매우 흥미가 있었고, 글을 신중하게 잘 다듬었으며, 꼭 지당함을 추구하도록 애썼다. 이 상황은 마치 적당한 돈을 선택하여, 그것을 자동판매기의 돈 투입구에 투입하는 것과 같았다.

만약 여러분들이 매우 다급하게 많은 돈을 동시에 돈 투입구에 넣으려 한다면, 기계는 자연히 막힐 것이고, 나머지 돈은 아무리 해도 넣을 수 없어서, 결과적으로 땅바닥에 떨어져 흩어져 버리게 될 것이다. 한 사람이 어쩔 수 없이 바쁜 가운데 글을 쓰지 않을 수 없게 되면, 상황이 바로 이렇게 되어 결과적으로 아무런 의미가 없는 엄청나게 많은 문자들로 지면을 낭비하게 된다.

1912년 졸업 후, 나는 마침내 이 일을 포기하였고, 마음속으로 매우 홀가분함을 느꼈다. 그 이후로 나는 계속 글을 쓰는 것을 두려워했는데, 마치 미국의 초등학생이 라틴어로 글을 짓는 것을 두려워하는 것과 같았다. 하는 일이 만약 고된 것이고, 게다가 빨리 완성해야 한다면, 이러한 일은 결코 좋은 성과를 낼 수 없는 것이다. 이렇게 길러진 나쁜 습관은 후에 바로 잡기가 매우 힘들다.

내가 대학을 다니던 4년 동안, 대략 5만 명의 화교들이 새크라멘토, 샌프란시스코, 오클랜드, 산호세, 로스앤젤레스 등을 포함한 서해안의 각 도시에 모여 살고 있었으며, 그밖에 몇몇 작은 무리의 화교와 개인들이 비교적 작은 도시와 향촌에 흩어져 살고 있었다. 화교가 모여 사는 지역은 중국인거리 혹은 차이나타운이라 불렀고, 또 화부(華阜)라고도 불렸다.

샌프란시스코의 차이나타운은 미주 각 도시 중 가장 큰 것으로, 화교의 수는 모두 합쳐서 2만여 명이었다. 주요한 거리는 원래 두폰트가(Dupont Street)라고 불렀는데, 후에 그랜트로(Grant Road)라고 개칭했다. 도대체 왜 명칭을 바꾸었는지에 대해서 나는 모른다. 그랜트로는 매우 번화하다. 동방 골동품가게와, 일반적으로 '잡쇄관(雜碎館)'이라 불리는 중국식당과 일반 점과 문자 점을 치는 노점, 구락부의 이름을 차용한 도박장과, 중국의 신불을 모시는 불당 등은 수많은 관광객과 쾌락과 향락을 추구하는 사람을 끌어들였다.

젊고 예쁜 한 미국여성이 나에게 알려주길, 그녀는 한 동방 골동품 가게에서 매우 희귀한 물건, 즉 연꽃 위에 앉아 있는 하나의 큰 불상을 보았다고 한다. 그녀는 또 한 중국 식당에서 새둥지(제비집)요리와, 상어 지느러미와 소, 양의 내장을 먹어 보았다고 했다.

그녀는 이 모든 것에 대해 매우 신기하게 느꼈고, 기뻐서 어쩔 줄을 몰라 하며 이야기를 했다. 그녀의 여동생들은 모두 눈을 크게 뜨고, 입을 벌리고 그녀의 말을 들었다. "정말이냐!" 하면서 그녀의 증조할머니는 안경 너머로 그녀를 바라보며, 여전히 두 손을 멈추지 않고 털실로 뜨개질을 하고 있었다. "언니는 젓가락을 사용해서 어떻게 국을 마셨어?" 하고 한 어린 여동생이 의심이 가득한 채 물었다.

"네가 빨대로 사이다를 마시는 것과 같이 국을 마신단다, 아이야." 하고 내가 대신 대답을 하여, 모두를 크게 웃게 만들었다. 또한 많은 화교들은 세탁소를 운영하였다. 그들은 온종일 늦게까지 바쁘게 옷을 빨아 풀을 먹이고, 자주 심야까지 바쁘게 일했다. 많은 미국의 가정들은 옷을 중국세탁소에 보내어 세탁하는 것을 좋아했는데, 왜냐하면 손으로 빠는 것이 기계처럼 그렇게 쉽게 옷을 손상시키지 않기 때문이었다.

이들 '천조(天朝, 중국)'에서 온 자손들은 입고 먹는 것을 절약하여 많지 않은 약간의 돈을 남겨서, 남긴 돈을 자루에 넣어서 침대 밑에 숨겨두었다. 그러나 그들은 아끼지 않고 손중산 선생의 혁명운동에 기부하거나, 혹은 돈을 우편을 이용해 광동으로 송금하여, 그들의 식구나 친척들을 부양하였으며 동시에 그들의 고향을 풍족하게 하였다.

광동성은 중국에서 가장 부유한 성인데, 그 이유는 한편으로는 광동 사람은 홍콩뿐 아니라 기타 여러 지역에서 장사로 많은 돈을 벌어들였고, 또 다른 한편으로는 각지의 화교들이 축적한 돈을 광동으로 송금하기 때문이었다. 화교들은 말레이시아, 인도네시아, 필리핀과 남미, 북미 각지에 퍼져 있었다. 각지의 화교들은 대부분이 광동성이나 복건 성 출신이다.

수천만 화교들은 외국에서 살아가면서 외국에서 열심히 일을 할뿐 남을 착취해 본 적은 없었지만, 그들의 노동력은 자주 많은 착취를 당했다. 그들에게는 부모에게 물려받은 몸뚱이 이외에는 다른 어떠한 자본도 없었다. 그들은 한 무리의 벌떼처럼 부지런히 일하고, 입고 먹는 것을 아끼고 울분을 참으며 아무 말도 못하고 벌꿀을 멀리 떨어져 있는 꽃에서 중국이란 벌집으로 보냈다.

그들은 어떠한 정치세력의 도움도 받지 못했으며 총포를 지니고 외국으로 나가지도 않았다. 그들은 거류지의 주민들을 도와 도로를 건설하고, 채광을 하며, 나무를 심어 하루 종일 열심히 일한 대가로 몇 푼의 돈을 받았다.

분명 일부 사람들은, 특히 싱가포르나 인도네시아에서 돈을 벌어 부자가 되어 황궁 같은 빌딩과 별장에서 살며 마치 인도의 지역 대왕처럼 호화로운 생활을 했고, 또 다른 일부 사람들은 중산층으로 진입하여 많은 토지와 부동산을 매입했지만 이러한 부자들과 중산층은 결국 그래도 소수였다. 대부분의 화교들은 열심히 일해야 했으며 게다가 열심히 일을 해야 비로소 입에 풀칠을 하거나 몇 푼의 돈을 모을 수 있었다.

미국의 화교들은 매우 잘사는 사람도 매우 가난한 사람도 없었다. 대부분의 사람들은 성실하고 믿음직하였으며 열심히 일하는 사람들이었다. 거의 모든 사람은 약간의 돈을 광동으로 송금했다. 그들의 생활방식은 주로 중국식이었다.

여러분들이 만약에 배를 타고 새크라멘토강을 따라 항해하다 보면 강 양쪽 기슭에 화교들의 도시나 촌락들이 산재되어 있고, 가게 문 앞에는 붓으로 크게 '長途粮食(장거리식량)', '道地藥材(정통약재)' 같이 한자로 쓴 간판이 걸려 있는 것을 볼 수 있다. 이러한 광경을 보면 미국의 강이 아니라 중국의 장강이나 운하를 항해한다고 느껴질 것이다.

한 번은 내가 새크라멘토강 연안의 차이나타운에 상륙하여 아스파라거스농장의 주인을 찾아 간 적이 있었다. 이 사람의 이름은 정산(丁山)인데 손중산 선생의 친구였다. 그는 신선하고 연한 아스파라거스로 나를 대접했는데 아주 토실토실하고 즙이 많아 맛이 매우 좋아서 후에 아스파라거스를 먹을 때마다 그 사람이 생각났다.

그는 아스파라거스 통조림공장을 갖고 있었는데 여기서 만든 통조림은 미국상표로 팔려 나가고 있었다. 그래서 나는 미국의 아스파라거스 통조림 중 일부는 아마도 화교들이 재배하여 만든 것일 거라는 생각이 종종 들곤 했다. 그의 장사 수완은 정말로 좋고 또 매우 교묘했다.

그는 노동자들을 위해 많은 오락장소를 설립했는데 노동자들이 하루 종일 고생하고 나면 반드시 기분전환을 위한 장소가 필요한데 만약 그가 오락 장소를 열지 않았다면 노동자들은 그의 이웃이 운영하는 오락장소로 가게 되었을 것이다. 그의 속셈은 "비옥한 물은 다른 사람의 논으로 흘려보내지 않는다."는 것이었다. 결과적으로 그의 오락장에 놀러오는 사람들은 모두 그에게 비옥한 물을 바쳐 그의 재산은 날이 갈수록 많아졌다.

미국 및 세계 각지의 화교들은 정말로 염황(炎黃)의 후예가 되기에 부끄럽지 않은 사람들이다. 남자들은 변발을 하고 여자들은 여전히 전족(纏足)을 하였다. 샌프란시스코의 화교거리에서는 점을 보는 좌판을 쉽게 볼 수 있었다. 한 점쟁이가 점을 보러온 백인에게 "좋은 운이야! 조만간 곧 큰 돈을 벌걸세."라고 점을 봐주었다.

옆에 있던 흑인도 점을 치려고 하자, 점쟁이는 똑같은 말을 한번 되풀이 하여 점을 쳐주자 흑인이 매우 좋아하였다. 점쟁이가 여기까지만 이야기했더라면 평안 무사했을 텐데 쓸데없이 기어코 사족을 달아 "조만간에 얼굴이 검은 시절은 벗어날 걸세. 바로 저 사람처럼." 하고 백인을 가리키며 말했다. 흑인은 화가 몹시 나서 점쟁이의 좌판을 발길로 걷어차서 뒤엎어 버렸다. 아부가 지나치면 모욕이 되는데 이것이 바로 하나의 실제 사례인 것이다.

그 이외에 화교들은 또 수많은 잡화점을 소유하고 있었는데, 소금에 절인 생선, 말린 뱀장어, 뱀 고기, 간장, 상어지느러미, 제비집, 말린 전복 및 기타 광동이나 홍콩에서 미국으로 운반해 온 물건들을 팔았다. 한번은 내가 한 잡화점에 들러 물건을 사려고 한 적이 있었다. 그런데 나의 광동어가 너무나 서툴러 내가 사고 싶은 물건을 점원에게 이해시킬 수가 없었다.

그래서 어쩔 수 없이 종이에 글을 써서 보여 주는 수밖에 없었다. 옆에 있던 한 할머니가 중국에는 수많은 서로 다른 사투리가 있다는 것만 알뿐, 하나의 공통된 글자가 있다는 것은 모르고 내가 쓴 글자를 보자 크게 놀라며 점원에게 "저 중국인은 말(광동어를 가리킴)도 못하는데 어떻게 중국글자를 쓸 줄 알지?" 하고 물었다.

호기심을 가진 수많은 사람들이 나를 빙 둘러싸고 구경했는데 표준어를 조금 할 줄 아는 사람이 묻기를 "전에 성도(省都)인 광주(廣州)에 가본 적이 있소?" 하기에 나는 없다고 대답했다. "그럼 전에 어디서 물건을 샀소?" "상해(上海)요" 하고 나는 웃으며 간장 한 병과 한 보따리의 물건을 집어 들고 가게를 떠났다.

중국인 거리의 학교는 여전히 구식 교과과정을 그대로 유지하고 있었다. 내가 어렸을 적 그대로 학생들은 큰 소리로 고서를 읽었다. 중국인 거리 근처의 미국학교는 아무런 영향도 그들에게 끼치지 못했다.

이것이 신해혁명 이전의 모습이다. 혁명 이후 중국인 거리에 변화가 일기 시작했는데, 그 이유는 중국 본토도 변화하고 있었기 때문이며 게다가 급속도로 변화했기 때문에 몇 년이라는 짧은 기간 동안에 점집이 사라졌다. 변발하는 사람도 신속하게 줄어 결국에는 완전히 자취를 감추었다.

젊은 여성들은 전족을 중단하였고 학교제도도 개혁하여 신식 교과과정을 채택하였으며 근처 미국학교에 보내져서 공부하는 애들도 점차 늘어났다. 중국인 거리는 미국 이웃들의 영향에 항거하려 하였지만, 조국도 개혁을 하게 되고 게다가 생활방식에 변화가 생기면서 이후에는 이 충직한 염황의 자손들도 결국 이 변화를 그대로 따라갔다.

제11장 뉴욕생활

시간이 한 해 한 해 흐를수록 나의 지식과 학문도 성장했고 동시에 자신감도 커졌다. 민국 원년, 즉 1912년, 나는 교육학을 전공으로, 역사와 철학 두 과목을 부전공으로 하여, 캘리포니아 대학 교육학과를 졸업하여 학교에서 주는 명예상장을 받고, 얼마 후 뉴욕으로 가서 컬럼비아 대학 대학원에 입학하여 공부를 계속하였다.

나는 컬럼비아 대학에서 어떻게 과학적 방법을 사회현상에 응용하는지를 배웠을 뿐 아니라, 또한 과학연구의 정신을 체득하였다. 나는 컬럼비아 대학에서 꾸준히 학생들을 열심히 지도하는 많은 교수들을 만났고, 나는 그들에게서 많은 것을 깨우쳤고, 그들의 가르침을 내 일평생 마음에 새겼다.

나는 여기서 특별히 붓을 들어 그 중에서 후에 북경대학과 밀접한 관계를 갖게 된 한 분의 교수를 언급하고자 한다. 그분은 바로 존듀이 박사이다. 그는 호적박사와 나의 컬럼비아 대학에서의 은사로서, 이후 북경대학에서 2년 동안 객원교수를 한 적도 있다. 그의 저서와 강연 그리고 중국에 있는 동안 우리나라 사상계와의 교류는 우리나라의 교육이론과 실천과정에 중요한 영향을 주었다.

그의 실험철학은 실제를 추구하는 중국인의 심리와 약속이나 한 듯 일치했다. 그러나 그는 우리에게 "만약 한가지의 일이 지나치게 실용을 중시하게 된다면, 도리어 실용과 부합되지 않는다."라고 경고했다.

나는 컬럼비아 대학에서의 수년간의 생활에 대해 자세히 말하지는 않겠지만, 한마디로 말할 것 같으면 이 수년 동안 얻은 것이 매우 많았다. 나는 미국 생활과 미국 언어에 대해 이미 습관이 되어 있었으며 뿐만 아니라, 언제 어디서나 접촉한 사물로부터 지식을 습득하는데 있어 노력에 비해 성과가 적은 어려움을 겪지는 않았다.

뉴욕이 나에게 비교적 깊은 인상을 남긴 것은, 뉴욕의 하늘을 찌를 듯한 고층 건물, 끊임없이 오가는 지하철과 고속전차, 높은 빌딩 꼭대기의 눈부신 네온사인 광고와 극장, 영화관, 나이트클럽, 여관, 호텔과 고귀한 상품을 판매하는 제5거리, 생활이 낭만적이고 자유스러운 그리니치빌리지(Greenwich Village), 동쪽 지역의 빈민가 등등이었다.

사회생활 면에서는, 뉴잉글랜드인, 아일랜드인, 폴란드인, 이태리인, 그리스인, 유태인 등 각 민족이 한곳에 뒤섞여 살고 있었는데, 화목하기가 마치 이웃 같았다. 그 이외에 또 수천 명의 화교들이 중국인거리 부근에 모여살고 있었다. 당시 이 대도시에는 중국 음식점이 오백 개 정도 있었다.

뉴욕시에 밀집된 인구 중에는 각종 좋고 나쁜 사람들이 다 섞여 있었는데 정치인, 부랑자, 학자, 예술가, 실업가, 금융거두, 백만장자, 빈민굴의 빈민 및 각양각색의 사람 등이 있었으며, 그런데 기본적으로 이러한 사람들은 모두가 미국의 산물이었다. 어떤 사람이 말하길, "당신이 뉴욕에 들어가면, 곧 미국을 떠나는 것과 같다."고 했는데, 실제로는 절대로 그렇지가 않다.

오직 미국과 같은 이러한 국가만이 고도로 공업화된 대 도시를 창조할 수 있으며, 오로지 미국만이 모든 것을 다 수용할 수 있는 이러한 대형 용광로를 출현시킬 수 있는 것이다.

인종간의 마찰은 거의 없다고 할 수 있으며, 누구든지 법의 테두리를 벗어나지만 않는다면, 뉴욕에서는 자기가 하고 싶은 대로 할 수 있다. 습관과 풍속에 위배되는 행동을 하지만 않는다면, 어느 누구라도 그 사람의 개인적인 행동을 간섭하지 못한다. 자기 말을 들어줄 수 있는 사람들을 찾을 수만 있다면 어느 누구라도 고금과 시정(時政)에 대해 좋고 나쁨을 평론할 수가 있다.

법의 테두리 내에서의 자유, 이지(理智)의 영역 내에서의 사상의 자유와 언론의 자유가 뉴욕에서 남김없이 발휘되었고, 대규모의 상공업, 국제적 은행 업무, 발명, 기계와 자원의 최대한도의 이용은 도처에서 미국주의 정신과 실제 사례를 뚜렷하게 보여주었다.

뉴욕에서 우리는 전반적인 미국주의의 축소판을 발견할 수 있다. 우리는 어쩌면 축소판의 눈부신 겉모습에 미혹되어, 미국주의의 정상적 상태를 경시할 가능성이 매우 높은데, 이런 정상적인 상태는 미국 기타 지역에서도 분명하게 볼 수 있다.

여름방학에 나는 자주 뉴욕 주 동북부의 애틀랜틱 산간지역으로 피서를 갔다. 어느 해 여름방학에 나와 몇 명의 중국친구들은 레인보우 레이크(Rainbow Lake)에 간적이 있는데, 그 호수 안에 있는 산 속에 있는 작은 섬에서 야영을 했다. 낮에는 근처의 작은 호수에 가서 배를 저으며 낚시를 했다. 낚시의 성과는 매우 좋아서 언제나 잡은 고기를 배에 가득 싣고 돌아왔으며 그 안에는 10근 이상의 무게가 나가는 숭어도 포함되어 있었다.

우리가 야영한 작은 섬에는, 도처에 살찌고 큰 개구리가 있었다. 내가 어렸을 때 우리 시골에서 일찍이 개구리 잡는 것을 배운 적이 있었지만, 미국에 온 뒤 뜻밖에 솜씨를 크게 발휘할 기회가 있을 줄은 생각지도 못했다. 낚싯대 하나, 가는 줄 하나, 크기가 적당한 바늘을 굽혀서 만든 낚시 바늘 하나, 거기에 다시 붉은 천 하나를 더한 것이 바로 개구리를 잡는 도구의 전부였다.

이러한 임시 장비의 성과는 놀라워서 우리는 종종 1시간 내에 20여 마리의 개구리를 잡아 두 끼를 충분히 포식했다. 레인보우레이크 근처의 주민들은 지금껏 개구리를 먹어 본 적이 없었으며, 그들은 우리의 개구리 잡는 기술에 매우 감탄하였으나, 마음속으로 반드시 "이 야만스러운 중국인들은 정말로 이상해!"라고 생각했을 것이다.

저녁에 우리는 항상 근처 주민의 창고에서 열리는 무도회에 참가해서 주인이 연주하는 바이올린 곡에 따라 빙빙 돌며 춤을 추었다. 나는 아직 그들이 부르던 곡 하나를 어렴풋이 기억하고 있는데 그 대의는 다음과 같다.

모든 문지도리에 녹이 슬고,
문과 창문도 일그러져 기울어졌고,
지붕은 햇볕이 내리쬐고 비가 새는 걸 가리지 못한다네.
나의 유일한 친구는
관목 숲 뒤에 있는,
누런 강아지 한 마리.

이 노래는 산간지역의 외로운 마을생활의 고독과 적막을 반영하고 있지만, 도시주민들의 입장에서 보면, 그것은 일종의 평온하고 매혹적인 생활을 묘사한 것이다.

우리는 때로는 나뭇가지와 잎이 하늘을 가린 원시 숲으로 깊이 들어갔다. 산길 양쪽의 두송(杜松)이 향기를 발산하고 있었다. 우리는 이런 향기를 내뿜는 상록 나뭇가지 잎을 따다가 베개에 채워 넣고, 대자연을 가지고 돌아와 비단이불에 채워 넣었는데, 물씬물씬 발산되는 향기가 더욱이 우리의 꿈나라를 따스함으로 가득 차게 하였다.

간혹 우리는 또 빽빽한 숲에서 길을 잃었다. 그때 우리는 기차의 기적 소리를 따라 가는 수밖에 없었으며, 철도의 궤도를 찾은 후에야 비로소 돌아올 수 있었다. 몇 번의 교훈을 거치고 나서 우리는 숲에 들어갈 때 나침반을 가지고 갔다.

시골에서 한동안 거주한 뒤, 다시 도시로 돌아오니 확실히 유쾌하고 기분 좋은 느낌이 들었다. 시골에서 도시로 돌아오면 도시는 특별히 신선하고 만족스럽게 느껴지고, 도시에서 시골로 가면 시골은 또 특별히 사람을 매혹시킨다. 그 원인은 바로 환경변화와 선명한 대조 때문이다.

외국인은 중국에 오면 늘 유유자적한 중국생활과 중국의 호수와 푸른 산이 어우러진 아름다운 풍경에 연연해 하지만 중국인은 다른 나라에 가면 종종 외국의 도시생활에 미련을 가진다.

그러므로 우리는 수많은 유럽 인사들이 중국 물건에 대해 중국인들보다 더 좋아하는 것을 자주 발견한다. 다른 한편으로 수많은 중국인들은 구미(歐美)의 물건에 대해 서양인들 보다 더욱 좋아한다. 이것은 바로 환경의 바뀜과 선후의 대조 때문이다. 바뀜과 대조는 단조로움을 없애고 마음을 맑고 새롭게 할 수 있다. 하지만 사물자체의 가치는 마음상태의 변화로 인해 달라지는 것이 아니다.

내가 뉴욕에서 공부하고 있는 동안 중·일 관계에 갑자기 변화가 생겨 양국은 이후 적대관계가 되어 버렸다. 일본은 거의 50년간의 유신을 거친 후 결국 1894년에 일격에 중국을 패배시켜 그 위세가 점점 커지고 있었다.

중국인들은 원수에게 은덕을 베풀었고 결코 전쟁의 패배로 인한 원한을 품지 않았다. 이 전쟁은 도리어 의외로 일본에 대한 탄복과 감격을 자아냈다. 즉 일본이 50년이라는 짧은 기간 내에 중대한 혁신을 완성한 것에 대해 탄복하였으며 일본이 중국이 자신의 앞날을 낙관할 수 있도록 일깨워준 것에 대해 감사히 여겼다.

청일전쟁은 중국인들 마음속에 희망을 불어넣었다고 말할 수 있다. 전쟁 후 한동안 중국은 일본을 뒤쫓아 분발하여 강해지려고 노력했다. 매년 일본으로 유학 가는 학생은 천명 단위로 셀 만큼 많았다. 중국은 군사, 경찰업무, 교육 등 각 분야에 새로운 제도를 실시했으며 이런 업무는 일본에서 유학을 하고 돌아온 학생들이 맡았다.

중국은 일본을 통해 서양문명의 중요성을 발견하기 시작했다. 러일 전쟁은 더욱 중국의 혁신운동에 새로운 원동력을 제공했으며 일본은 이미 중국인의 마음속 우상이 되었다. 중국은 동쪽 이웃인 일본을 통해 점차 서양문화를 흡수했지만 오래지 않아 중국은 일본의 모방할 가치가 있는 것들이 모두 유럽에서 배워 온 것이라는 것을 알아차렸다. 더욱더 공교로웠던 것은 미국이 8국 연합군 이후에 받은 경자손해배상금을 반환한 것이다. 중국은 경자손해배상금을 이용해 더 많은 미국유학생을 선발하여 파견했다.

과거에는 관비 혹은 자비로 구미유학을 가는 중국학생도 있었지만 그러나 그 수효는 아주 적었다. 지금 서양에서 귀국한 유학생의 수효가 점점 증가하였으며 그들은 정부기관, 상공업 및 교육계에서의 몇몇 중요한 자리를 장악하기 시작했다.

선교사, 특히 미국 선교사는 교회학교를 통해 중국의 젊은 세대를 교육하는 일을 도와주었다. 그러므로 중국과 일본의 문화적 관계는 점차 소원해지기 시작했으며 중국인 마음속의 일본에 대한 우상화도 점점 쇠퇴해져 갔다. 그러나 일본 사람들은 이런 변화를 전혀 눈치채지 못했다.

일본은 제1차 세계대전의 기회를 노려 민국 4년 즉 1915년 갑자기 원세개(袁世凱) 정부에게 유명한 21개조의 요구를 제기했는데 만약 중국이 이 요구들을 받아들인다면 중국은 일본의 보호국이 되는 것이었다. 일본이 갑자기 21개조를 요구한 이유는 서양 열강들이 전쟁 중이라서 자기 자신들의 일만으로도 힘이 벅차 중국을 돌볼 틈이 없었고 동시에 제정러시아 군사력도 급격히 쇠퇴해서 결국 극동에서의 세력 균형이 깨어졌기 때문이었다.

중국은 동쪽 이웃인 일본의 핍박을 받자 서양 국가들에게 도움을 청하지 않을 수 없었다. 중일 양국관계는 그 때부터 각기 제 갈 길을 가게 되었다. 그 후 수십 년간의 국제정치도 그로 인해 면모가 바뀌었다. 만약 일본이 멀리 내다보는 식견을 가지고 중국이 가장 어려울 때 도와줬더라면 중일 양국은 아마 계속 화목하게 잘 지냈을지도 모르며 그리고 제2차 세계대전의 상황도 완전히 달라졌을 것이다.

워싱턴 주재 중국대사관은 정부의 명령으로 21개조 요구의 내용을 누설했는데, 그 당시 나는 뉴욕에서 공부하고 있었다. 이 소식으로 인해 서양 각국 정부는 크게 놀랐다. 일본에 대한 항의를 표시하기 위해 일본상품을 배척하는 운동이 마치 들불처럼 중국 각지에서 신속하게 퍼져나갔다. 그러나 일본군함은 이미 중국의 중요한 항구에 집결해 있었으며. 동시에 남만주와 산동에 주둔하고 있던 일본군대도 이미 동원되었다.

민국 4년, 즉 1915년 5월7일은 일본이 21개조의 요구를 제기한지 4개월째 되는 날인데, 이날 일본정부가 원세개에게 최후통첩을 보내자, 결국 이틀 후 원세개 정부는 21개조의 요구를 받아 들였다. 그 후 사태의 변천으로 그 요구들은 완전히 무효화되어 버렸지만 중국의 일본에 대한 흠모와 감사는 이때부터 공포와 의심으로 바뀌게 되었다.

그 후론 일본이 무슨 말을 하던 중국은 늘 의심으로 가득 차 있어서 감히 믿으려고 하지 않았다. 일본이 무슨 일을 하던 중국은 늘 두려운 심정으로 경계를 늦추지 않았다. 일본이 우호적인 표시를 할수록 더욱 나쁜 꿍꿍이가 있다고 여겼다.

우리의 동쪽 이웃인 일본이 우리한테 물었다. "당신들은 왜 우리가 당신들을 사랑하는 것처럼 우리를 사랑하지 않습니까?" 이에 우리는 "당신들은 지금 총검으로 우리와 연애를 하자고 하는데 우리가 어떻게 당신들을 사랑할 수 있겠습니까?"라고 답했다. 9.18 사변이 일어나기 수년 전 어느 날, 한 일본 장성이 나에게 "중국은 왜 서양열강을 충동질해 일본과 대립하기를 원하죠?"라고 물었다.

"세력균형을 유지하여 중국이 당신들에게 병합되는 것을 막기 위해서입니다." 하고 나는 아주 솔직히 대답했다. "일본이 중국을 병합한다! 어찌 그런 일을 할 수 있겠습니까? 이건 정말로 웃기는 이야기입니다!" "장군님, 전혀 웃기는 이야기가 아닙니다. 지난 번 세계대전 때 열강이 자신의 일만으로도 힘에 벅차 우리를 돌볼 틈이 없었을 때, 일본은 그 기회를 이용해 우리에게 21개조를 요구했잖아요? 만약 이 요구들이 조목조목 실현되었다면 일본은 중국을 병합할 수 있지 않았겠습니까?" "음-음- 그런가?" 이 장군은 적지 않게 놀라는 모습이었다. "틀림없습니다." 하고 나는 단도직입적으로 대답했다.

제3부

민국 초기

제12장 급격한 변화

나는 민국 6년, 즉 1917년 6월에 미국을 떠나 귀국하였는데 미국은 유사 이래 처음으로 제1차 세계대전에 참전하기 위한 동원으로 바빴다. 미국을 떠나기 전날 밤은 마음이 복잡했고, 그날 밤은 컬럼비아 대학 허털리 관에서 잠을 잤다. 이런저런 생각에 밤새도록 눈을 붙이질 못했다. 시간은 천천히 흘러서 드디어 동이 텄다.

초여름의 서광이 창밖 넝쿨 틈 사이로 새어 들어왔다. 이른 아침의 공기는 유독 부드러웠고, 장미 꽃잎에는 반짝이는 이슬방울이 하나 가득 맺혀 있었다. 근처 도서관 앞 돌계단 위에 있는 성모마리아상은 마치 무거운 마음을 가지고 나에게 미소를 지으며 작별인사를 하는 것 같았으며, 그녀가 키운 수양아들[4]의 앞날이 순탄하기를 축원하는 것 같았다.

나는 창문 앞에 오랫동안 서서 5년 동안 늘 나와 함께 했던 경관을 바라보면서 눈에서 뜨거운 눈물이 흐르는 것을 금할 수 없었다. 그래 내가 이렇게 친구들을 버려두고 영원히 이 지혜의 원천을 떠나야 하는 것인가? 하지만 학업을 마치고 돌아가는 것은 또한 나의 책임이다. 왜냐하면 나는 이미 미국 유학의 특권을 누렸기 때문이다.

그날 오후 나는 중앙역에서 기차를 타고 뉴욕을 떠나 오하이오 주에 있는 한 도시로 갔다. 기차가 천천히 움직이면서 역을 떠날 때, 나는 끊임없이 고개를 돌리어 손을 흔들면서 송별하는 미국 친구들을 바라보았으며 이 젊은 남녀친구들의 모습을 다시는 볼 수 없을 때가

---

4) 여기서는 저자를 가리킴.

되어서야 비로소 자리에 앉았다.

한 친구가 나와 함께 오하이오 주에 가서 그의 친구를 방문했다. 남자 주인은 볼 일이 있어서 시내로 들어가서, 아리따운 여자 주인이 우리들을 접대했다. 주인의 집에는 사내아이는 없었고, 단지 애지중지하는 딸이 하나 있었다. 그 검은 머리의 소녀는 대단히 밝고 매력적이었으며 계란형의 갸름한 얼굴이었고, 또한 열정으로 충만하여, 정말로 이 아이를 보는 사람이면 누구나 귀여워해 주고 싶은 아이였다.

우리는 그곳에서 2주 동안 머물렀는데 이때는 바로 모든 사람들이 소집에 응하여 입대하기 위해 등록하기에 바쁠 때였으며, 소집에 응한 첫 번째 신병들이 집합하여 출발하고 있었다. 대오를 지어 위풍당당하게 큰길을 지나 훈련을 받기 위해 숙영지를 출발하고 있었으며 큰길 양쪽은 인산인해를 이루었다. 어머니들, 아내들, 친구들은 출정하는 용사와 작별인사를 나누었다. 포옹하고 입을 맞추며 작별을 아쉬워하는 사람들도 있고, 온 얼굴이 눈물 투성이인 사람들도 있어서, 곁에서 지켜보는 이들도 이 때문에 코끝이 찡해졌다.

방문기간 동안 우리는 수차례 달빛이 밝은 밤에 배를 저으며 호수를 유람했다. 호수에는 금빛 은빛의 수선화들이 무성한 작은 섬들이 널리 펴져 있었다. 개똥벌레는 마치 유성처럼 밤하늘에서 반짝이고 있었다. 작은 물고기들은 달빛 아래에서 뛰어오르면서 물장난을 하고 있었다. 여자아이들은 함께 모여 즐겁게 노래를 불렀다. 나는 아직도 그녀들이 좋아하는 노래를 한곡 기억하고 있는데 그 가사는 다음과 같다.

> 6월의 공기는 따뜻하고 신선하다네.
> 너는 왜 너의 꽃잎을 피우려고 하지 않니?
> 누군가 살며시 너의 마음을 훔쳐가 버릴까봐 두려워하니?

개구리들도 그들의 거친 목소리로 따라서 합창을 하고, 소녀들은 한 곡 한 곡 연이어 노래를 불렀다. 밤바람이 불어 한기(寒氣)를 느끼게 되었을 때야 비로소 우리는 밤이 이미 깊었다는 걸 알게 되었다. 그래서 우리는 배에서 내려 육지에 오른 후, 비스듬히 쏟아져 내려오는 달빛 속에서 온통 이슬이 내려앉은 잔디를 밟으며 집으로 돌아왔다.

시간이 어느 새 빠르게 지나서 2주 동안의 즐거운 생활이 금방 끝나고 말았다. 나는 친구들에게 작별인사를 하고 기차를 타고 샌프란시스코로 갔다. 정기 여객선이 골든게이트 항구를 떠날 때, 나는 갑판 위에 서서 동쪽을 멀리 바라보면서, 마음속으로 자꾸 뉴욕에 있는 친구들을 생각했다. 친구들이여 안녕! 미국이여 안녕!

상해로 돌아왔을 때는 아직도 여름이었다. 9년을 떠나 있은 상해는 이미 많이 변해 있었다. 수많은 거리들은 예전보다 넓고 평탄해졌다. 조계 지역 이외에도 이미 많은 새 도로가 포장되어 있었다. 백화점, 고급호텔, 옥상정원, 유원지, 무도장이 예전보다 여러 배 증가했다. 상해는 뉴욕의 풍조를 따라가고 있었다.

조국을 떠나 있던 수 년 동안 상해의 학교들도 여러 배나 증가했지만, 몇몇 소수의 학교를 제외한 모든 학교의 경비는 민간이나 혹은 중국정부가 부담하고 있었다. 몇몇 예외의 학교들은 여러 해 전에 공공조계당국이 세운 것이다. 이런 낙후된 학교들이 수십 년 전에 설립된 이후, 조계당국의 수입은 내 생각으로는 최소한 이미 백배 이상 증가했다고 본다. 그러나 그들에게 있어서는 중국인들이 영원히 무지하도록 하는 편이 나은 것이다. 그래야 통제하고 착취하는 것이 비교적 편하기 때문이다.

젊은 여자들은 머리를 짧게 잘랐을 뿐만 아니라 길이가 무릎까지

오는 짧은 치마를 입었다. 오! 미안합니다. 내가 잘못 말했습니다. 제 말 뜻은 그녀들이 겨우 무릎까지만 오는 치파오를 입었다는 것을 의미하며 당시의 유행 스타일은 그와 같았다. 당시 중국의 신여성들이 이런 옷을 입은 것은 상당한 이유가 있었던 것으로, 어깨에서 무릎까지 내리닫이로 곧게 내려와 수수했으며, 옷감은 대부분 주단이었고 길이는 당시의 풍조에 따라 정해졌다.

이것은 원래 만주의 기인(旗人)들이 입던 두루마기로서 청 왕조가 중국본토에 진입한 이후 남자들에게 입도록 강요되었던 것이며, 청조가 멸망한 이후에도 한족의 여자들이 계속해서 착용했던 것으로 이 때문에, 치파오라고 불렀다.

도처에서 하이힐을 신은 젊은 여성들을 볼 수 있었다. 또각또각하며 인도 위를 급하게 걸어가는 하이힐 발자국소리를 들을 때, 사람들은 젊은 세대는 그들의 어머니 세대와는 이미 크게 다르다는 것을 알게 되었다. 과거의 부끄러워하고 수줍어하는 태도는 이미 없어졌다. 어쩌면 신식 구두를 신으면서 그녀들의 신체 발육도 예전보다 매우 건강하고 아름다워졌을 것이다.

과거의 여자들은 전족을 했었다. 전족을 하지 않고 원래의 발을 갖자는 운동은 중국의 개혁운동의 일부분으로서 러일전쟁을 전후하여 시작되었지만, 신해혁명 성공 이전에는 진전이 매우 느렸다. 내 생각에는 하이힐이 아마도 전족 반대 운동을 빠르게 성공시킨 원인인 것 같다. 그 이유는 여자들이 다른 사람들이 하이힐을 신은 아름다운 모습을 보면서 자연스럽게 그녀들의 딸의 발이 다시는 수놓아진 꽃신에 억지로 끼워 넣어지는 것을 원하지 않았기 때문이다.

남자들은 변발을 잘라 버렸지만 두루마기는 여전히 버리지 못했는데, 그 이유는 두루마기가 본래 치파오라는 것을 모두가 잊었기 때문이었다. 두루마기를 입고서 변발을 하지 않으면 정말 우스꽝스럽게 보인다. 하지만 머지않아 나도 역시 모든 사람과 마찬가지로 두루마기를 입기 시작했는데, 그 이유는 혁명을 하고 안 하고를 막론하고 치파오는 결국 비교적 편리하고 편안했기 때문이다. 어느 누구도 편리하고 편안함이란 유혹에 저항하지 못했는데 이것이 바로 인지상정인 것이다.

또 어떤 사람들은 여전히 변발을 하고 다녔다. 특히 노인들이 그랬다. 그들은 변발을 자르는 것이 무슨 장점이 있는지를 발견하지 못했다. 중국 사람들은 변발을 2백여 년 동안 길렀으니 변발을 또 수백 년 동안 하여도 상관없다는 것이다. 어떠한 운동에서도 강경파가 있기 마련이다.

미국에 있을 때, 나는 항상 중국인의 잣대로 미국 것을 평가하기를 좋아했다. 지금 중국에 돌아온 이후에는 나는 방법을 바로 바꾸어 미국의 잣대로 중국 것을 평가하기를 좋아하였다. 어떤 때는 심지어 양자를 혼합한 잣대를, 중국 것도 아니고 서양 것도 아니며 중국 것이기도 하고 서양 것이기도 한 잣대를 또는 양자 사이를 왔다 갔다 하는 잣대를 사용할 가능성이 있었다.

나는 인력거꾼을 불쌍하게 여겼다. 그들은 동전 몇 푼을 벌기 위해서 씩씩 가쁜 숨을 몰아쉬면서 달렸고, 등에는 땀이 철철 흘렀다. 특히 여름날에는 강하게 내리쬐는 태양이 등에 작열하였는데 이는 더욱 참아 눈뜨고 볼 수 없을 정도였다. 나의 미국적인 잣대로 보면 너무나 비인도적이었다. 나는 일부 야수처럼 생긴 외국인들이 인력거꾼을 마치 개처럼 발길로 걷어차고 욕하는 것을 보았다. 사실 나는 개처럼 발길로 차고 욕하는 것은 잘못된 것이라고 생각하였으며, 나는 미국에서 사람이 개를 발길로 차고 욕하는 광경을 한 번도 본 적이 없었다.

이러한 상황을 보며 나는 참으로 감정이 격해져서 화가 치밀어 올랐고 부당하게 취급받는 약자의 편을 들어, 이런 사람의 탈을 쓴 짐승 같은 놈들을 한번 걷어 차버리고 싶었다. 그러나 그들의 편을 들어주는 치외법권이 생각나자, 나는 부득이 나의 가슴속에 가득 찬 분노를 억누르는 수밖에 없었다. 나는 "작은 일을 참지 못하면 큰일을 망친다."는 격언이 생각났다. 겁쟁이! 하고 나의 미국적인 잣대는 나를 비웃었다. "인내하라." 하며 우리 조상의 중국 잣대는 나를 위로하고 있었다.

모든 사람이 인력거를 적게 타고 버스나 전차를 많이 타는 것이 나을 것이다. 그러나 이 가련한 인력거꾼들은 또 무엇으로 생계를 꾸려 나갈 것인가? 고향으로 돌아가서 농사를 지을 것인가? 그것은 불가능하다. 그들은 원래부터 농촌의 잉여 노동력인 것이다. 그들의 앞에 놓여 있는 것은 세 가지 길 밖에 없다. 즉 신체가 건장한 사람은 강도가 되고, 신체가 허약한 사람은 좀도둑이 되고, 신체가 더욱 허약한 사람은 거지가 되는 것이다. 그러면 어떻게 할 것인가? 그들로 하여금 인력거를 끌게 하는 편이 나을 것이다. 그들이 반나절 동안 일거리를 찾아보아도 결과는 여전히 원래 하던 것을 하는 수밖에 없다.

그러면 공업을 발전시켜 그들로 하여금 일을 하게 하자. 하지만 안정된 정부 없이는 공업발전은 불가능하다. 농촌에서는 농민 인력이 남아돌아, 만약 군벌들이 돈을 내놓거나 혹은 그들로 하여금 도처에서 약탈을 행하도록 하기만 하면 이 잉여농민들은 수시로 모집에 응하여 군인이 될 수 있었다. 이러한 상황에서 정부의 안정을 요구하는 것은 불가능할 수밖에 없는 것이다. 그렇기 때문에 공업발전의 길은 여전히 막혀있는 것이다.

조계공원 입구의 간판은 이미 개선되어, "개와 중국인은 들어갈 수 없다."는 금지조항은 "고등 중국인에게만 입장을 허가한다."로 수정되었다. 심지어 줄곧 의기양양하던 서양인들도, 존중할 가치가 있는 것이 중국에서 대두되고 있음을 발견하기 시작했다. 상해의 일에 관해서는 잠시 여기까지 언급하기로 한다.

상해라고 하는 이 화동지역의 거대한 항구와 상업중심지는 지금은 줄곧 인간세계의 천국이라 불리던 소주 및 항주와 철도로 서로 연결되어 있다. 상해에서 소주에 이르는 철도는 다시 서쪽으로 남경까지 통하고 하관(下關)에서 양자강을 건너 진포철도와 연결되며, 북쪽으로 천진과 당시의 수도인 북경과 직통으로 연결된다. 상해에서 남쪽으로 향하는 철도는 항주에서 멈추며 아직 영파까지는 통하지 않는다.

나의 고향은 영파에서 멀지 않다. 영파는 비록 5개 통상항구 중의 하나이지만 끝내 중요한 상업도시로 발전하진 못했다. 그 이유는 상해가 급속도로 세계적인 거대한 상업도시로 발전하자 영파는 전도가 암담해져서 생기를 잃게 되었다. 영파와 상해사이에는 세 기선회사의 선박이 매일 밤 한 번씩 양쪽에서 동시에 출발하는데 그중 두 기선회사는 영국회사이고 세 번째 기선회사는 초상국(招商局) 소속이다.

여러 해 전에 나의 아버지는 이 기선들을 원본으로 하여 보일러가 없고 손으로 목제 바퀴를 돌리는 기선을 제조한 적이 있지만 결국 운행시키지 못했다. 내가 상해에서 영파를 거쳐 고향으로 돌아갈 때 내 형과 함께 탄 것이 바로 이런 기선의 이등객실이었다.

20년이란 세월이 지났지만, 승객들의 생활은 그다지 크게 바뀐 것이 없었다. 복도와 갑판위에는 승객들이 마치 정어리 떼처럼 붐볐고 발을 뻗으면 다른 사람을 건드릴 수 있었다. 우리들은 자리를 차지하기 위해 오후 5시쯤에 배에 올랐다. 소상인들은 무리를 지어 배에 올라서 소리치며 장사를 했는데 일상생활에 사용하는 잡다한 물건들로서, 없는 것이 없었고, 대부분이 여전히 수입품이었다.

과일 장사꾼은 바나나와 사과와 배를 들고 배에 올라 배위에서 팔았다. 나와 형은 이 때문에 한바탕 논쟁을 벌렸다. 형은 부분적으로 부패한 과일을 사려고 했는데, 이유는 단지 비교적 저렴했기 때문이었다. 나는 "안돼! 물론 과일 사는 돈을 아끼겠지만 병원 가서 의사의 진찰 받는 돈이 많아지게 돼." 하고 말했다.

"하, 하 …… 내가 부패해서 물렁물렁해진 배와 사과를 먹은 지는 이미 여러 해 되었어. 물렁물렁한 과일의 맛이 오히려 좋아. 나는 이런 과일을 먹었지만 지금까지 탈이 난 적이 없었어." 하고 형은 말했다. 그는 즉석에서 크고 붉지만 일부분이 부패하여 물렁물렁해진 사과를 하나 골랐다. 물렁물렁한 부분을 깨물어 버리고 나머지는 모두 뱃속으로 삼켜 버려서 나는 어깨를 으쓱거렸고 그는 하늘을 쳐다보면서 크게 웃었다.

날이 밝기 전에 우리는 영파 항구의 진해 포대를 지났다. 1885년 청불전쟁 때 진해 포대는 일찍이 포를 쏘아 한 명의 프랑스 군의 해군대장을 폭사시킨 적이 있었다.

날이 밝았다. 부두의 시끄러운 소리는 귀청이 떨어질 만큼 컸다. 짐꾼들은 우르르 배위로 올라가 필사적으로, 화물을 빼앗아간다. 조심하지 않으면 당신의 물건은 온데간데없이 사라질 것이다. 나와 형은 간신히 사람의 무리 속을 비집고 나와 발판에 내려, 짐꾼의 뒤를 바짝 뒤쫓았는데 그들이 우리들의 물건을 들고 몰래 달아날까봐 두려웠던 것이다.

영파는 9년 전과 거의 같은 모습이었다. 공기 속에는 소금에 절인 생선 냄새가 가득 차 있었다. 나는 이러한 냄새에 대해 아주 태연하다. 그 이유는 어렸을 때부터 소금절인 생선을 자주 먹었기 때문이다. 영파는 어시장이다. 게다가 영파로부터 얼마 떨어져 있지 않은 곳에서 식염이 많이 생산된다. 우리는 짐꾼과 함께 역에 도착하고 나서야 열차 한 대가 시동을 걸어 나의 고향인 여요를 향해 출발하려 한다는 사실을 알았다.

나는 철도를 따라 수 리에 걸쳐 펼쳐진 논을 보았는데, 벼의 물결이 출렁거리고 있었고, 벼꽃이 가을 아침의 햇빛 아래 빛을 발하고 있었으며 가지런히 펼쳐진 논이 차창 앞에서 스쳐 지나가는 것이 마치 넓디넓게 끝없이 펼쳐진 한 폭의 그림 같았다. 이른 아침의 공기 속에는 벼의 향기가 가득 넘쳐흘렀다. 아, 이게 바로 내 고향이구나!

기차가 여요 역에 진입하니, 나는 흥분하여 가슴이 계속 콩닥콩닥 뛰었다. 우리는 수백 년 전에 건축된 큰 돌다리를 지나갔는데, 다리 밑에 흐름이 약해진 조수가 매우 빠르게 내려오는 강물을 따라 흘러 내려가고 있었다. 아치형 다리에 난 구멍을 통해서 낚시꾼들이 강변에서 낚시하는 것을 볼 수 있었다. 이 다리의 이름은 무승교(武勝橋)라고 부르는데, 그 뜻은 영민하고 용맹스러워 늘 이긴다는 의미이다. 그 이유는 4백 년 전에 현지 주민들이 여요현성을 보위하기 위해 일찍이 일본해로부터 침입한 왜구와 자주 교두보에서 싸웠기 때문이다. 이 왜구들을 모든 사람이 일본인으로 여겼다.

우리가 뜰 안으로 들어갔을 때, 가을 태양이 비추고 있었으며 이미 정오 무렵이었다. 부친은 대청 앞 돌계단에 서 계셨는데 양쪽 귀밑머리가 희끗희끗하셨고, 약간 늙어 보이셨지만 건강은 분명히 아주 좋으셨고, 원기도 매우 왕성하셨다. 그의 인자한 눈과 웃음을 머금은 두 입술은 자애로운 아버지의 깊은 정으로 충만되어 있었다. 우리 두 형제는 공손히 그 어르신께 허리를 굽혀 세 번 절하였다. 구식의 고두례(叩頭礼 : 머리를 조아려 절을 하는 의식)는 일부 사람들 사이에서는 이미 청 왕조가 멸망함에 따라 역사상의 유물이 되어 버렸다.

부친은 이미 변발을 잘라 버리셨지만 여전히 구식의 헝겊신을 신고 계셨다. 그는 말을 많이 하지 않으셨는데, 이런 경우, 말을 많이 하는 것보다 침묵이 나았다. 우리는 즉시 대청으로 들어갔다. 곧은 등의자가 벽에 대칭적으로 기대어 배열되어 있었는데, 이로써 그의 생활방식이 여전히 별로 변하지 않았다는 것을 알 수 있었다.

가운데 벽에는 조개껍데기를 상감한 대련이 걸려 있는데, 우련은 "물고기는 넓은 바다에서 마음껏 뛰논다.(海闊凭魚躍)" 좌련은 "새는 높은 하늘에서 자유로이 난다.(天空任鳥飛)"였다. 대련의 가운데는 한 폭의 오죽이 있었는데, 대나무 잎이 마치 가을바람에 흔들리는 것 같았으며, 모두 한쪽으로 기울어져 있었다. 이 모든 것은 일종의 만족스럽고, 고요하고, 안정된 생활을 충분히 분명하게 보여주고 있었다.

대청 뒤쪽에는 하나의 뜰이 있는데 장방형의 커다란 쟁반에 산수의 경관을 꾸며 놓아서, 이 때문에 높은 담으로 둘러친 뜰 안에 산수의 아름다움을 더해 주고 있었다. 작은 절과 작은 탑이 석가산[5] 위에 군림하고 있으며 사방에는 마치 이미 백년이나 된 것 같은 작은 나무들이 둘러싸고 있었다. 산간평지에는 작은 원숭이들이 자유롭게 앉아있고, 어

---

5) 石假山 : 정원에 강소성(江蘇省)에서 나는 태호석(太湖石) 덩어리를 쌓아 만든 작은 산.

미원숭이 곁에 더욱 작은 어린 원숭이가 가까이 기대고 있었다. 이 아주 작은 가짜 원숭이들은 이처럼 귀엽고 영리해 보였는데, 나는 정말 그것들이 살아있는 원숭이와 같은 크기로 변해서 내 품속으로 뛰어 들어오길 진정으로 바랬다.

작은 절과 탑 외에 또 조그만 정자가 하나 있는데, 정자 주변에는 한 무리의 왕대가 자라고 있었다. 가짜 연못에는 벙긋벙긋하는 금붕어와 집게발을 내밀어 먹이를 찾는 작은 새우가 있었다. 이 모든 것 하나하나가 모두 사람으로 하여금 자연에 몸을 두고 있다는 느낌을 갖게 하였다.

류 노인장께서 내가 집에 돌아왔다는 말을 들으시고는 그날 오후에 나를 보러 오셨다. 내 어린 시절에 류 노인장은 우리들에게 수많은 이야기를 들려주셔서 아이들은 모두 그를 매우 좋아했다. 그날 오후, 그는 많은 재밌는 이야기를 해 주셨다. 그는 나에게 백성들이 혁명의 성공 소식을 듣고 마치 무엇을 얻은 것처럼 매우 좋아했다고 말씀해 주셨다.

도시 거주자들은 하룻밤 사이에 변발을 남김없이 잘라 버렸다고 한다. 그리고 젊은이들은 양복을 사서 입었는데 마치 한 무리의 원숭이 같았다는 것이다. 그는 또 나에게 짧은 치마와 짧은 머리가 후에 어떻게 현도(縣都)에 침입했는지 알려주었다. 혁명 후에 그는 놀랍게도 70여 년 동안 길렀던 변발을 잘라 버렸는데, 이것으로서 그가 혁명과 민국에 대해 변함없이 찬성했다는 것을 알 수 있다.

처음에 그는 황제가 조정에 자리잡고 계시지 않으면, 이 세상이 어떤 모습으로 변할 것인가? 하여 어느 정도 납득할 수 없었다고 한다. 하지만 한동안의 세월이 지난 후에, 비로소 그는 민국의 총통이 이전처럼 태평천하를 유지할 수 있다고 믿게 되었다는 것이다. 그의 말에 의하면, 어차피 하늘은 높고 황제는 멀리 계시며, 지방의 치안은 본래부터 지방관부에 의지해 유지되어 왔다는 것이다. 민국이 성립된 이후, 지방관부가 놀랍게도 일을 그 나름대로 잘했다는 것이다.

그는 50년 전, 태평군이 현도에 침입했을 때, 수많은 머리들이 변발과 함께 잘려서 땅에 떨어졌는데 지금 우리는 비록 변발은 내버렸지만, 머리는 잘리지 않고 그대로 남아 있다고 말했다. 그는 한편으로는 말하면서 또 한편으로는 그의 매우 여윈 손으로 머리를 쓰다듬었는데, 모습이 매우 우스꽝스러워서 모든 사람의 웃음을 자아내었다.

그날 저녁 밥을 비교적 일찍 먹었다. 식사 후 그는 작별하고 집으로 돌아가다가, 짙게 깔린 어둠 속에서 부주의하여 뜰 앞 돌계단에서 미끄러져 넘어졌는데 다행히 옆에 있던 사람이 급히 그의 어깨를 꽉 붙들어서 부축해 낙상하지는 않았다. 그는 고개를 흔들면서 "3천 년 전에 강태공은 80살에 문왕을 만났었는데, 류태공은 80살에 염라대왕을 만날 뻔했다."고 농담을 했다. 말을 마치고는 한바탕 크게 웃고 매우 기뻐하며 집으로 돌아갔다.

며칠 후에 류태공이 정말로 염라대왕을 만나러 갔다는 소식이 들려왔다. 나로서는 어린 시절의 오랜 친구 한 사람을 잃은 셈이고, 게다가 이 재미있는 노인이 나에게 해 주던 얘기를 다시는 들을 수 없게 된 것이다.

15년 전쯤에, 누나와 내가 세운 학교는 지금은 이미 현립 여자학교로 바뀌었다. 대략 백여 명 정도의 여자아이들이 공부를 하고 있었다. 그들은 운동장에서 쫓거니 쫓기거니 하며 웃으며 뛰놀았으며 하늘 높이 그네를 뛰었다. 신세대의 여성들이 한창 자라고 있었다. 그들은 '스와니강'과 '디포렐레(die Forelle : 숭어)' 등의 서양가곡을 풍금으로 연주하였으며, 집밖으로 울려 퍼지는 유행하는 중국노래 소리를 들을 수 있었다.

나는 집에 일주일 남짓 머문 후 뒤이어 시골에 가서 장씨 촌의 옛 친구들을 찾아보았다. 어린 시절의 아이들이 이제는 모두 이미 성인으로 성장하였고, 당시의 중년들은 현재 이미 귀밑머리가 희끗희끗한 노인이 되었으며, 그 당시의 노인들은 지금은 대부분 이미 땅에 묻혀 잠들어 있었다. 단지 마을 안에는 극소수의 풍파를 많이 경험한 노인들만이 여전히 건재하고 있었다.

마을의 상황은 내가 상상했던 것만큼 그렇게 나쁘진 않았다. 오래전에 있던 도적의 재앙은 이미 종적을 감추었는데, 그 이유는 백성들이 이미 적당한 신흥 업종에 잘 적응할 수 있었을 뿐 아니라, 수많은 사람들이 이미 상해로 살길을 찾아 떠났기 때문이다. 상해는 상공업이 발달된 이후, 이미 적지 않은 사람을 수용할 수 있었다. 어떠한 변혁이든 마치 아이를 분만하는 것처럼, 늘 고통이 있는 법이다.

그렇지만 분만한 뒤에 산모는 즉시 정상을 회복할 뿐만 아니라, 귀염둥이 아기가 생겼기 때문에 득의양양하며 즐거워한다. 중국이 한때 혐오했던 혁명은 지금은 이미 뿌리가 깊이 내려져서 흔들리게 할 수 없었다. 게다가 변할수록 더욱 격렬하게 변화하여 중국도 어쩔 수 없이 끊임없이 앞으로 매진하고 있다. 도대체 어디로 달려갈 것인지, 또는 왜 앞으로 달려가는지에 대해서 무수한 백성들은 전혀 아는 바가 없었다.

나의 큰어머니는 병으로 앓아 누우신지 이미 여러 달이 되었는데, 내가 집으로 돌아온 것을 보시고 매우 기뻐하시며, 나를 그녀의 침대 옆에 앉으라고 하시고는 부들부들 떠는 손을 내밀어 나의 손을 어루만져 주시면서 나에게 지난 16년 동안, 누가 아이를 낳고, 누가 결혼을 했고, 누가 세상을 떠났는지 알려주셨다. 그분은 세상이 옛 모습을 찾아볼 수 없을 정도로 완전히 변했다고 하셨다. 여자들은 이미 더 이상 방적을 하여 천을 짜지 않는다고 하셨다.

그 이유는 캘리코(calico)가 품질이 좋고 싸기 때문이라는 것이다. 그녀들은 이미 할 수 있는 일이 별로 없게 되었으며, 그래서 어떤 여자들은 이웃과 말다툼하면서 시간을 헛되이 보내고 있고, 어떤 여자들은 독경을 하고 보살을 섬긴다는 것이다. 젊은 세대는 모두 학교에 다니고 있으며, 어떤 여자들은 헤어네트와 어망 짜는 실로 만든 냅킨을 만들어 미국에 판매하는데, 장래성이 괜찮다는 것이다.

수많은 남자들은 상해에 있는 공장이나 기계회사로 가서 견습생이 됨으로써 그들은 새로운 직업에 종사하게 되었는데, 버는 돈이 전보다 많다고 했다. 지금 마을에서는 농사짓는 일손이 매우 부족하지만 강도들은 사라져 버렸으며, 온 세상은 이로써 평온무사해져 밤에 개짓는 소리를 들어도 모두들 이제는 더 이상 10년 전처럼 그렇게 두려워하지 않는다는 것이다.

하지만 그분은 학교에 다닌 적이 있는 청년남녀들에게 도저히 용인할 수 없는 사실들이 있음을 발견했다. 그들은 보살을 섬기는 것을 미신이라고 말하고, 또 조상에게 지전을 태우는 일은 어리석은 일이라고 말한다는 것이다. 그들은 근본적으로 조왕신은 없다고 여긴다는 것이다. 사당안의 보살의 소상은 그들이 보기엔 나무나 흙으로 만든 인형에 불과하다는 것이다. 그들은 미신을 타파하기 위해서 이 불상들을 모두 강에 버려야 한다고 생각한다는 것이다.

그들은 남녀는 마땅히 평등해야 하고, 여자들은 그녀들이 스스로 남편을 선택할 권리가 있으며, 이혼 후나 남편이 죽은 후에 재혼할 권리가 있고, 또 옛날의 전족은 잔인하고 비인도적인 방법이며, 그리고 외국제 알약이 중국의 약초보다 훨씬 좋고, 근본적으로 귀신은 없으며, 또한 영혼의 윤회와 같은 것은 없으며, 사람이 죽은 후에는 한 무더기의 화학원소의 화합물을 남기는 것 이외에는 아무것도 없으며, 영원토록 불변하는 유일한 것은 국민과 국가를 위해 봉사하는 것이라고 말한다는 것이었다.

한 마리의 살찐 검은 고양이가 침대 위로 뛰어 올라가서 그분의 베개 옆에서 야옹야옹하고 계속 울었다. 그분은 힘없이 나에게 물었다. "미국에도 고양이가 있니?" 나는 그렇다고 말했다. 다시 한 번 보니, 그분은 이미 깊이 잠들어 있었다. 나는 조용히 방을 나왔다. 검은 고양이는 아직도 그분의 베개 옆에서 그렁그렁 소리를 내고 있었다. 뿐만 아니라 부드러운 발을 뻗어 노부인의 뺨을 건드렸다. 내가 큰어머니와 얘기할 때, 나의 조카는 줄곧 곁에서 듣고 있었다. 내가 방에서 나온 후에 그녀도 서둘러 따라 나왔다. 그녀는 나에게 혀를 내밀며, 아주 장난기가 가득한 얼굴로 나에게 "할머니가 너무 늙으셔서 이러한 변화를 못마땅하게 여기고 계셔요."라고 말했다. 한 달 후에, 이 노부인은 결국 미친 듯이 끊임없이 변하는 이 세상을 떠나셨다.

이어서 나는 셋째 숙모님을 찾아뵈었다. 그분의 나이도 적지 않으셨지만 몸은 매우 건강하고 원기가 왕성하셨다. 나의 셋째 숙부는 논밭을 아주 많이 가지고 계셨으며, 게다가 닭, 오리, 거위 그리고 돼지를 아주 많이 기르고 계셨다. 셋째 숙모는 나에게 가슴 아픈 이야기를 하나 해 주셨다. 내 어린 시절의 한 친구가 상해에서 황금투기사업을 하다가 많은 돈을 손해 봤다는 것이다.

결국 실업을 하고, 마을로 돌아와 직업이 없이 놀았다고 한다. 일 년 전, 그는 아편을 삼켜 자살했고 그의 아내와 자식은 매우 가난해졌는데 그 중 한 명의 아이가 쥐엄나무 밑 작은 강가에서 새우를 잡다가 익사해 버렸다는 것이다. 셋째 숙모는 불알을 깐 커다란 살찐 닭을 한 마리 잡아서 친히 요리를 만드셨다. 조리한 닭은 매우 맛있었다. 닭 외에도 생선과 새우가 있었다.

셋째 숙부는 지난해에 모두들 유산암모늄을 이용하여 배추를 심었는데, 그 결과 배추가 유난히 커서 마을 사람들은 이렇게 유달리 큰 배추는 반드시 독이 있을 것이라 생각하여 잇달아 배추를 뽑아다가 내다버렸다고 말씀하셨다. 하지만 셋째 숙부는 버리지 않고 다른 사람들로부터 싼 값에 사와서 절였다는 것이다. 소금에 잘 절여진 배추는 아삭아삭하게 맛있었다니, 이 노인은 정말 대단히 영특하신 분이다.

어렸을 때 나를 돌보아 주신 적이 있는 할머니 한 분도 그분이 사시는 마을에서 나를 보러오셨다. 그분은 이미 90세가 넘으시고 귀도 반쯤 멀었는데 그분이 사시는 마을에서 4리 정도의 길을 걸어서 나를 보러 오셨다. 그분은 나의 머리부터 발끝까지 자세히 한번 보시고는 내가 색다른 점이 없는 것을 보시고는 비로소 안심하셨다.

그분은 이 큰 아이가 예전에는 마르고 키가 작았고 게다가 매우 개구쟁이였다고 말씀하셨다. 그 아이는 형의 무릎을 한번 깨물어서 자색의 잇자국을 남겼다는 것이다. 결국 자신도 대성통곡하며 자기의 이가 형의 무릎에 부딪혀 아프다고 형을 원망했다고 한다. 그분은 "너 그 두 형제가 아버지가 돌아가신 후 분가한 일을 기억하니?" 하고 나에게 물었다. 두 형제는 각각 아버지의 집을 반쪽씩 나누어 가졌는데 대청의 정중앙에 대나무 담을 세워서 대청을 공평하게 두개로 나누었다는 것이다.

형제 중 한 명이 그의 그 반쪽 대청에서 한 마리의 소를 길렀는데 다른 한 명은 화가 나 견딜 수 없어서 곧 그의 반쪽 대청을 돼지우리로 만들어 앙갚음을 했다는 것이다. 그들의 부친은 배 한척을 남겼는데 결국 그것도 톱질을 해서 반으로 나눴다는 것이다. 이 부도덕한 두 형제는 정말 천벌을 받아야 마땅하다는 것이다! 후에 축융(전설상의 火神)이 왕림하여 그들의 집은 하나도 남기지 않고 다 타버렸다고 한다. 하늘에도 눈이 있다는 것이다.

그들은 그 집터를 팔아버렸는데 상해에서 장사를 하는 한 거상이 후에 이 땅에 한 채의 큰 양옥을 지었다고 한다. 양옥이 완공될 때 들어가서 구경했는데, 꼬불꼬불한 복도, 계단과 유리문이 머리를 어지럽히고 눈앞을 아찔하게 하여 들어간 후에 정말로 나오지 못할 뻔 했다는 것이다.

소파와 스프링 침대에 시험 삼아 앉아 보았는데, 앉자마자 푹 빠져 들어가 일어나지 못하여 정말 크게 놀랐다는 것이다. 그분을 가장 의아하게 한 것은 집 주인이 상해에서 사가지고 온 한 대의 기계였다고 한다. 바퀴를 한번 돌리니 모든 방의 전구가 모두 밝아졌다는 것이다. 어두운 밤이 마치 대낮같이 밝았다는 것이다.

기계를 관장하는 사람은 그분의 이웃집 사람의 아들이었는데, 그는 상해에서 기계를 작동시키는 것을 배웠다고 한다. 그분은 이 우둔한 아이가 뜻밖에 그렇게 복잡한 기계를 만질 수 있을 거라고는 꿈에도 생각하지 못했다고 한다. 그분은 기계 속에 빨려 들어가 잘게 다져진 고기처럼 납작하게 될까봐 두려워서 멀리 떨어져서 기계바퀴가 빨리 돌아가는 것을 보았다고 한다.

그분은 또 다른 한 가지 이상한 일에 주의를 하게 되었는데, 즉 주방에 조왕신이 없다는 것이었다. 이 집사람들은 게다가 조상을 숭배하지 않는다는 것이다. 주방에 조왕신이 없는 것에 대해서 그분은 그다지 대수롭지 않게 여겼지만, 그러나 한 가정에 어떻게 조상의 위패가 없을 수 있단 말인가? 듣건대 집주인은 기타 신불을 숭배하지 않는 종교를 믿는다는 것이었다.

그분은 이 종교를 믿으려고 하지 않았는데, 그 이유는 그분은 모든 사당으로 달려가 절을 올리고 싶은 보살에게 절을 올리는 것을 좋아하기 때문이라는 것이다. 그러나 그는 양옥집 주인이 섬기는 그 보살님께 절을 올리고 싶어 했는데, 그 이유는 지난해 여름, 그분이 말라리아에 걸렸을 때 그 사당의 선생님이 그분에게 키니네 알약을 주어서 결국 병을 잘 치료했다는 것이다. 그러나 그분은 다른 보살들에게도 무릎을 꿇고 머리를 조아려 그들에게 재앙을 없애고 복을 주게 해 달라고 빌 수 있기를 바랐다는 것이다.

그분은 밥을 지을 수 없는 경우가 자주 있을 정도로 가난해서 배를 곯는 일이 다반사라고 했다. 나의 부친은 매달 그분에게 조금의 쌀을 주어서 도왔지만 손녀의 부모가 죽어서 지금은 그분을 의지해 생활하고 있어서 그분의 양식을 일부분 먹는다고 했다. 나는 이십 원짜리 지폐 한 장을 꺼내서 그분의 손에 쥐어주었다. 그분은 기뻐하며 떠나면서 "어렸을 때부터 나는 이 아이가 마음씨가 좋은지를 알았다."고 중얼거렸다.

어느 날 저녁 무렵에 나는 어머니의 묘지에 성묘하러 갔다. 묘지 앞에서 한 쌍의 초와 한 다발의 향에 불을 붙였다. 바람이 없어서 향 연기가 모락모락 피어올랐다. 나는 나도 모르게 땅에 무릎을 꿇고 엎드려 머리를 몇 번 조아려 절을 했다. 어린 시절의 기억이 되살아났다. 모든 것이 어제와 같았다. 나는 마치 내가 아직 어린아이인 것처럼 느꼈으며 어릴 때처럼 어머니에게 존경을 표시하고 어머니의 영혼이 양팔을 벌려 나를 반겨주고 위로해 주길 바랐다.

어머니의 품속으로 기어들어가 달콤한 자장가를 듣고 싶었다. 나의 모든 생각과 감정이 어린 시절로 되돌아갔다. 어머니가 돌아가셨을 때 나는 겨우 일곱 살이어서 나는 어머니의 사랑을 받아본 경험이 많지 않았지만, 아마 상상속의 어머니는 실제 어머니보다 더 온화하고 친밀하셨을 것이다. 최소한 돌아가신 어머니는 때리지 않을 것이고 개구쟁이 짓을 해도 화를 내지 않을 것이기 때문이었다.

마을에서 기차역까지는 대략 3리 길이다. 그 중간은 전부 논이다. 기차역은 고요한 호숫가 기슭 옆에 있었다. 이 호수는 모산호(牟山湖)라 부르며 속명은 서호로서 수 만 묘의 논을 관개하는 저수지이다. 호수의 삼면은 산으로 둘러싸여 있고 산에는 양매와 죽순이 많이 난다. 나는 기차역까지 걸어가서 열차를 타고 조아(曹娥) 강변에 이르렀다.

철도의 교량은 아직 완성되지 않았는데, 독일에서 주문한 자재가 제1차 세계대전의 영향으로 지연되어 아직 도착하지 않았기 때문에 나룻배로 강을 건너야 했다. 항주로 통하는 철로공사도 자재가 모자라 중지되었다. 그곳으로부터 항주에 이르는 구간의 간격은 증기선으로 연결되었다.

많은 여행객들은 증기선을 타길 원했으며 노를 저어 가는 배는 너무 느려서 모두들 타기를 원하지 않았기 때문에 구식의 작은 배로 하는 장사는 형편없었다. 저녁 무렵에 전당강변에 도착해서 다시 소형 기선으로 전당강을 건넜는데, 겨우 20분 걸렸다. 내가 중학교 시절에 타던 노를 저어가는 나룻배는 이미 보이지 않았다.

해가 지기 전에 나는 항주에 도착해서 서호가 내려다 보이는 여관에 들어가 묵었다. 태양이 뇌봉탑(雷峰塔) 뒤로 질 때 하늘은 온통 저녁노을로 물들었다. 한편에는 칼로 깎은 듯이 뾰족한 보숙탑(保俶塔)이 석양볕 속에서 산 정상에 우뚝 솟아 있고, 그 정면에는 작은 뇌봉탑(雷峰塔)이 푸른 산색을 돋보이게 하면서 서호의 다른 한편의 산간 평지에 자리 잡고 있었다.

정교하고 아름다운 유람선이 맑고 깨끗한 물결이 이는 호수의 수면을 돋보이게 하고 있었다. 물고기는 물에서 놀고 새는 날다가 지치면 제 둥지로 돌아간다. 저녁 안개는 마치 얇은 비단처럼 서서히 호반의 산기슭 숲 속에 있는 별장들을 감싸 안고 있었다. 오직 밥 짓는 연기가 끊임없이 피어올라서 밤하늘에 흩날렸다. 나는 이루 말할 수 없는 평온함을 느꼈다. 시대는 비록 진보했지만 서호는 여전히 아름다웠다.

많은 것들이 이미 변했다. 나의 명상은 얼마 안가서 하이힐 소리에 깨졌는데, 짧은 치마를 입고 머리를 짧게 자른 신식 여성들이 마침 재바른 걸음걸이로 호숫가에서 산책을 하고 있었다. 호숫가 길은 나의 중학교 시절에는 원래 만주인의 거주지였다.

신해혁명은 만주인의 거주지를 없애 버렸고 후에 하나의 신 시가지가 마침내 이 폐허에 건립되었는데 길은 넓어졌지만 길 양쪽 옆의 반서양식 건축물은 그다지 보기가 좋지 않았다. 식당, 극장, 술집, 찻집이 이미 오래된 만주인의 거주지를 대신해 잇달아 생겨났고 동시에 주말에 상해에서 기차를 타고 오는 여행객을 끌기 위해 또 호수공원을 지었다. 항주는 이미 관광의 중심지가 되었다.

내가 10여 년 전에 다닌 적이 있는 절강고등학당은 이미 폐교되었고, 그 자리는 성 정부의 성장 사무실로 바뀌었다. 이전의 궁전 식으로 된 순무관아는 이미 혁명기간 중에 불태워졌고, 시 중심에는 온통 야생의 풀과 꽃이 무성하게 자란 직사각형으로 된 커다란 빈터가 남아 있었다.

혁명이 항주에까지 파급되었을 때 피를 전혀 흘리지 않았다. 신군(新軍)의 장군들이 모여서 의논한 후 어두운 밤에 항주의 거리에 몇 문의 소형 화포를 배치하여 결국 총 한 방 쏘지 않고 순무가 항복하지 않을 수 없게 했다. 신군은 불을 질러 순무관아를 불태워 이를 혁명의 상징으로 삼았는데 불빛은 온 도시를 새빨갛게 물들였다.

만주 팔기군은 작은 성을 굳게 지키면서 저항할 태세를 취했는데 후에 협상을 통해 혁명군은 만주 팔기군 누구도 상해를 입히지 않겠다고 약속하여 청병들은 마침내 투항했다. 만주 팔기군 사령관인 계한향(桂翰香)은 만주군을 대표하여 조건을 받아들였다. 그러나 정작 계씨(桂氏) 본인은 사적인 원한관계를 가진 사람에 의해 음모반란 죄로 끌려가 총살당했다.

새로 뽑힌 도독 탕수잠(湯壽潛)은 유명한 문인으로서 이 비열한 일에 대해 몹시 분개하여 사직하겠다고 아우성쳤다. 그러나 이 일은 겨우 무마되었고 후에 탕수잠은 남경으로 소환되어 임시 대총통인 손중산 선생 밑에서 교통부 장관을 맡았다.

만주인의 신시가 지역의 동북쪽에는 이미 오백 칸의 단층집을 세워 과거 청조 기병의 가족들을 살게 하였다. 일부 만주인들은 이미 한족과 동화되어 그들의 배치구역을 떠났다. 몇 년 후에 모든 만주인들이 종적을 감췄고 한때 사치스럽고 안일한 생활을 누렸던 통치자는 이미 과거의 피치자와 한데 합쳐지게 되었다.

만주 팔기인은 이로부터 역사상의 명사가 되어 버렸고 그들의 생활 광경은 비록 항상 나의 기억 속에서 맴돌고 있지만, 그들과 관련된 이야기들은 이미 점점 민간의 전설로 되어 버렸다. 청조의 부상(浮上)과 몰락에 관해서는 역사가들이 기술하도록 남겨두기로 하자.

과거의 문인들과 멋을 아는 선비들은 옛 풍모를 그대로 간직하고 있는 찻집에 가서 한편으로는 조용하게 차 맛을 즐기고 또 한편으로는 창에 기대어 호수와 푸른 산이 어우러진 아름다운 경치를 감상하였는데, 지금 이 찻집들은 이미 막을 수 없는 현대문명에 의해 대체되었다. 단지 아직도 남아 있는 오래된 한 두 찻집만이 사람들로 하여금 옛일을 그리워하는 그윽한 감정을 표현하게 하며, 이 옛 풍취가 넘치는 찻집에는 물론 아직도 찾아가서 용정 차 한 잔을 마시면서 당, 송의 시와 사를 읽는 사람들이 있다. 이렇게 함으로써 사람들은 다시금 즐거운 지난 날로 돌아갈 수 있는 것이다.

나는 항주가 잠사(蠶絲) 공업의 중심지라고 언급한 적이 있다. 몇몇 공장은 이미 방직 기계를 사용하고 있었다. 그러나 많은 소규모의 공장은 여전히 수직기를 사용하고 있다. 공업 전문대학이 하나 설립되었는데 그곳에는 방직 교과과정이 있다. 화학공정 교육을 받은 졸업생은 도시에서 몇몇 작은 공장을 세웠는데 전동기계를 설치했다. 항주에는 이미 전등과 전화가 있으니 그곳은 이미 공업화의 전야에 도달한 것 같다.

나는 대략 일주일 동안 머물렀고 소년 시절에 자주 갔던 수많은 명승고적을 다시 돌아보았다. 상업중심지에서 비교적 먼 곳에서 나는 현대문명의 영향을 비교적 적게 받는 구식생활을 발견했다. 산간지역이나 벽촌에서는 과거의 순박한 생활이 여전히 사람들로 하여금 미련을 갖게 하였다.

고목이 하늘까지 치솟아 있고, 깊고 고요한 죽림과 길게 자란 대나무로 둘러싸인 사원들은 여전히 수백 년 전처럼 풍경이 아름답고 고요하였다. 승려들의 생활은 변화가 거의 없었고 여전히 과거와 같이 불경을 암송하고 독경을 했다. 시골 사람들은 여전히 그들의 조상들처럼 차를 재배하고 뽕나무를 심었다. 외국 물품은 물론 어쩌다가 눈에 띄기는 하였지만 수량은 보잘 것 없었다.

그러나 현대문명의 선봉대가 이미 도달하여 학교에서는 이미 현대 교과서를 채택했다. 현대 교육의 영향 아래 생활방식이 아직 변하지는 않았지만 신세대의 심리는 바뀌고 있었다. 젊은 사람의 마음속에 파종되어 있는 새로운 사상의 씨앗은 조만간 싹이 터서 무럭무럭 자랄 것이다.

제13장 군벌할거

젊었을 적에, 나는 문관이 무관보다 지위가 높다는 사실에 주목했다. 조정에서 임용한 관리가 쓰는 붉은 관모(官帽)의 꼭대기에 붙은 등급을 나타내는 구슬은 몇 가지 다른 색으로 나뉘어진다. 등급이 제일 높은 것은 붉은 구슬, 그 다음이 분홍, 또 그 다음이 짙은 남색, 남청색과 흰색, 맨 마지막 것은 황금색으로 제일 낮은 등급이다.

나는 늘 분홍 구슬을 단 무관이 등급이 비교적 낮은 남색 구슬을 단 문관에게 머리를 조아리는 걸 보며, 마음속으로 매우 이상하게 여겼다. 전해지는 말에 의하면, 역대 왕조의 황제들은 무관이 권력을 마구 휘두르며 제멋대로 날뛰는 것을 무척 두려워하여 일부러 문관으로 하여금 무관을 통제하도록 했다는 것이다. 역사는 우리에게 국가가 일단 군벌의 통제를 받게 되면, 반드시 할거 국면을 형성한다는 것을 알려주고 있다.

당나라 말기의 역사가 바로 좋은 교훈이다. 속담에 이르기를 : "좋은 철강은 못을 만드는 데 쓰지 않고, 훌륭한 남자는 군대에 가지 않는다.(好鐵不打釘, 好男不當兵)"고 하였는데, 이 때문에 모두가 군인을 업신여기게 되었다. 내 기억에 의하면 인근 마을에 어떤 품행이 바르지 못한 사람이 군대에 가서, 휴가를 받아 고향에 돌아왔을 때, 모두들 그를 역귀같이 여기고, 멀리 멀리 피해버렸다.

우리들은 군인들은 모두 악인이고, 무섭고 비열하고 게다가 꺼림직하다고 여기는 고정 관념을 갖고 있었다. 다른 한편으로는, 국가의 무력이 만약 한 번 좌절되어 다시 회복되지 못하면, 외래침략을 만났을 때 저항할 능력이 없게 된다.

송 왕조는 몽고인에게 멸망하였고, 명 왕조는 만주 타타르에게 멸망당하였는데 상황이 바로 이와 같았다. 앞은 깊은 호수이고, 뒤는 마귀이니, 우리는 도대체 장차 어느 길로 가야 하는가? 제일 중요한 것은 중국을 구하는 것이다. 즉 육로를 통해서 오는 북방의 강적과 해로를 통해서 오는 동남방의 강적에 모두 대처해야 한다.

그렇다면, 어떻게 할 것인가? 서둘러 신식무기를 갖춘 현대화된 군대를 창설하자! 사병은 반드시 훈련이 잘 되어 있어야 하고, 몸과 마음을 다하여 국가에 충성해야 한다. 우리들이 어떻게 군인을 업신여길 수 있겠는가? 그들은 국토를 수호하는 영웅이고, 중국의 구세주이다.

그들이 있음으로써 중국은 비로소 서양 열강들의 분할을 면할 수 있는 것이다.

절대로 그들을 깔보아서는 안 된다. 우리는 반드시 군인의 지위를 향상시키고, 그들을 존중하고, 심지어 그들을 숭배해야 한다. 그렇지 않으면 누가 또 기꺼이 군인이 되려 하겠는가? 모든 사람의 심리가 바뀌기 시작했다. 사물이 궁극에 달하면 변화가 일어나고 변화가 일어나면 길이 열리게 되는 것이다. 우리는 현대화된 군대를 창설하고, 외국 무기로 무장했으며, 신식제복을 입고, 게다가 군악대도 있게 되었다.

나는 이러한 일단의 현대식 군대의 행군 모습을 본 적이 있는데, 드럼과 트럼펫이 선도하고, 원기왕성하고, 발걸음이 정연하여, 사람을 숙연하고 경건하게 만들었다. 나는 이 모습을 멍하니 바라보면서 황홀경에 빠져서 나 자신이 이미 성장하여 성인이 되어, 마침 대열 속에 들어가 승리를 향해 전진의 발걸음을 내디디는 것 같았다. 나는 조용히 이들을 빙 둘러싸고 구경을 하는 군중들 속에 서서, 마음속으로 너무나 기뻐서 어찌 할 바를 몰랐다.

이것이 내가 최초로 본 현대식 군인이다. 그렇다, 우리는 반드시 사병과 장교를 존경해야 한다. 이후에는 오로지 훌륭한 남자만이 군인이 될 자격이 있는 것이다. 우리들은 반드시 그들에게 의지하여 중국의 과거의 영광을 회복해야 한다. 과거의 구식군대에서는 사병은 갑옷을 입고, 활과 화살을 차거나, 혹은 서구 국가들이 폐기하여 중국에 판매한 구식 총을 메고 있었다.

지금의 현대식 군대와 비교해 보면 정말로 엄청난 차이이다! 내가 절강고등학당에서 공부를 할 때, 고등학당의 선배 한 명이 막 일본의 사관학교에서 돌아와 스승과 벗을 방문하였다. 그는 새 군복을 입고 있었고, 허리에 장검을 찼는데, 칼집이 반짝반짝 빛났다.

이 사람이 바로 중국군대의 미래의 장교인 것이다, 우리들은 모두 존경하는 마음을 품고 열렬히 그를 환영하였다. 수많은 이러한 미래의 장교들이 마침 일본에서 귀국하여, 신군을 조직하라는 명령을 받았다. 수년 내에 신군 부대가 점차 창설되어, 국내의 각 전략요충지에 주둔하였다. 중국은 이미 무장하여 자기 스스로를 보호할 수 있게 된 것이다.

머지않아 신해혁명이 발발하였는데, 혁명군의 훈련은 아마 정부군처럼 그렇게 뛰어나진 못했을 것이지만 혁명군 장교와 사병들은 애국적인 열정으로 가득 차 있어서, 언제든지 국가를 위해 희생할 준비가 되어 있었다. 혁명의 나팔이 한번 울리자, 정부의 신군은 잇달아 손중산 선생에게로 귀순하였다.

아주 짧은 수개월 사이에, 중국을 수백 년 간 통치해온 청나라 황실은 마치 가을바람이 떨어진 낙엽을 쓸어 버리듯이 사라져 버렸다. 전국의 민중들은 매우 기뻐하였으며 중국은 이미 새 삶을 얻었고 중국의 앞날은 찬란한 광명을 얻은 것이다. 청나라 정부가 신군을 훈련시킨 것이, 결과적으로 자신의 멸망을 스스로 가속화시킨 꼴이 되었으니 그들로 하여금 자신의 잘못을 후회하고 허물을 고치게 하자! 우리는 현대적인 훈련을 받은 장교들이 이러한 뛰어난 행동을 보여준 것에 대해 환호하자!

그러나 승리의 기쁨은 머지않아 과거가 되고 말았다. 경축의 불꽃은 결국 검은 연기로 변하여 소멸되었다. 신군의 장교들은 청 왕조를 매정하게 외면해 버렸으며 혁명에 대해서는 더욱 애정이 없었다. 그들은 이미 권력을 맛보아서, 절대 쉽사리 포기하려 하지 않았으며, 게다가 권력의 진수를 맛보았기 때문에 더욱 크고 더욱 높은 권력을 탈취하기를 갈망하여, 결국 서로 빼앗고 자기편끼리 서로 죽이기 시작했다.

손중산 선생은 이미 중화민국 원년 즉 1912년에 귀국했다. 이것은 혁명군과 청나라 정부가 협상한 결과이다. 선통황제(宣統皇帝)는 퇴위하기로 결정하고, 이어서 중화민국이 수립되었다. 혁명군은 어린 부의(선통황제)가 전과 다름없이 자금성내에 거주하는 것에 동의했다. 혁명인사들은 헌법초안을 작성하고 참의회를 수립하여, 총통을 선거하게 되었는데, 얼마 지나지 않아 임시 참의회는 손중산 선생을 중화민국 임시 대총통으로 선출하였다.

중산선생은 얼마 지나지 않아 사직하고 총통자리를 원세개에게 양도하였다. 후에 새롭게 선출된 국회는 원세개를 총통으로 선출하였다. 그러나 그것은 어느 정도는 위협과 이익을 미끼로 한 회유의 결과였다. 그래서 정권은 또다시 반동분자의 수중으로 떨어져 버렸다. 원세개는 원래 청 왕조의 관리로서 신군의 훈련을 책임지고 있었으며 그는 한동안 청나라 조정의 총애를 잃었다가, 혁명이 발발한 후 북경으로 소환되었다.

손 선생은 그가 국가에 기여할 수 있는 공헌 중 제일 중요한 것이 철도를 건설하는 것이라고 생각하여 그는 국유철도를 주관하고 원세개로 하여금 국가를 통치하도록 하기를 원했다. 그러나 손 선생은 머지않아 깨달았는데, 원세개가 정권을 잡았을 때, 원세개는 그의 힘이 그가 통제하고 있는 군대에 있다는 것을 분명히 알게 된 것이다.

그는 국회를 혐오스럽지만 피할 수 없는 존재로 간주했지만, 그는 만약 그가 군대를 통제할 수 있기만 하면, 국회는 그에게 작은 불편함을 주는 것 외에는, 절대 그를 어찌 할 수 없을 것이라고 생각했다. 이 국가의 새 원수는 강대한 군대의 지원 아래, 결국 총통에게 속한 것이 아닌 수많은 권력을 절취했다.

그는 수시로 이분자(異分子)를 협박하고 위협했으며, 심지어는 비열한 암살 수단을 취하는 것을 서슴치 않았다. 정치적인 면에서 그는 '분할 통치'의 방법을 잘 알고 있어서, 중산선생의 국민당 내부에서 마찰을 조성하는데 진력했다. 그는 한 걸음 더 나아가 수많은 소 정당 결성을 부추겨서, 국민당의 세력을 약화시키려고 하였다. 그는 이어서 단계적으로 국민당의 무력을 제거했다.

그는 제일 먼저 국민당의 정치지도자인 송교인(宋教仁)을 암살하고, 뒤이어 남방 각 성의 모든 국민당 장교들과 독군의 직무를 해제하도록 명령을 내려, 각성의 저항을 불러일으키게 한 다음 무력으로 소탕하려고 했다. 손중산 선생은 2차 혁명을 일으키려고 했지만 성공하지 못했다.

이 때, 원세개는 이미 무력으로 전국을 거의 장악했으며, 그래서 이번 '반란'을 구실로 삼아 국회에서 국민당 당적을 지닌 의원의 자격을 취소할 준비를 했다. 남방이 그에게 진압당한 이후, 그의 야심은 날이 갈수록 커져갔고, 시급히 더욱 큰 권력과 존귀함과 영예를 탈취하려고 했다.

민국 4년 그가 마침 스스로 황제의 자리에 오르려고 준비를 하고 있을 때, 각 성에서 잇달아 반대하는 전보를 쳐서 그 때문에 부득이 황제의 꿈을 접게 되었고, 얼마 안가서 근심으로 괴로워하다가 죽었다. 민국 6년(1917년)에, 손중산 선생은 광주에 근거지를 수립하여 그곳에 핵심이 될 군대를 창설하여 새로운 혁명을 일으키어 군벌을 타도하려고 했으나 예기치 않게 민국 11년(1922년), 광주 군벌인 진형명(陳炯明)에 의해 좌절당했다.

그러나 이듬해에 손 선생은 드디어 광주에서 신정부를 수립하여 국민혁명운동의 기세는 다시 진작되었다. 그러나 이는 단지 하나의 시작이었다. 야심만만하고 수단을 가리지 않는 원세개가 죽은 후, 중국은 계속 사분오열되었으며, 각 성간에는 내전이 빈번하게 발생했다. 정국은 12년 동안 혼란하고 어수선하였으며 민국 17년(1928년)에 이르러 장개석(蔣介石) 총사령관의 북벌이 성공함으로써 국가는 비로소 다시 통일되었다.

중화민국 수립 이후, 16년 동안 중국은 계속 군벌의 손아귀에 들어가 있었다. 그리고 내전이 잇달아 발생했다. 이 내전은 대부분 외국 세력이 부추기고 지원한 것이었다. 내전의 결과, 국력이 소모되고 국민생활이 힘들어졌으며, 게다가 일본의 침략을 위한 길을 터놓았다. 혁명의 앞날은 온통 캄캄한 듯하였다.

내전에서 승리한 군벌은 의기양양했고, 야심은 갈수록 커져, 끊임없이 더욱 큰 권력을 쟁취하였다. 패배를 당한 군벌은 꼬리를 사리고 천진과 상해의 조계지에 숨어서 다시 재기할 시기를 기다렸으며 기회가 오면 바로 다시 분쟁을 일으켜 백성들로 하여금 또 한바탕의 재앙을 당하게 했다. 한동안 경시를 받았고, 후에 존중받던 군인은 이제 또 다시 사람들에게 경멸을 당했다.

제14장 지식분자의 각성

항주에서 상해로 온 이후 나는 당시 가장 큰 서점인 상무인서관(商務印書館)의 편집인이 되었다. 동시에 강소성 교육회의 이사를 겸직하고 있었는데, 숙식은 교육회가 제공했다. 그러나 젊은 사람은 책상에 앉아서 일하며 보내는 생활에 익숙지 못한 법이어서, 1년 후 나는 사직했다. 상무인서관과의 금전거래는 그 다음 해에 깨끗이 청산했다.

나는 몇몇 친구들과 함께 국립북경대학과 강소성 교육회의 협조하에 《신교육(新教育)》 월간을 발행했는데, 내가 편집장을 맡게 되었다. 잡지 창간 후 6개월 동안 1만부나 팔렸다. 이 잡지의 주요 목표는 "건강한 사람을 만들고, 진화하는 사회를 창조한다."는 것이었다.

그때는 마침 제1차 세계 대전 직후여서, 자유와 민주가 전 세계를 풍미하고 있었으며, 윌슨주의는 중국 지식인의 관심을 불러일으켰다. 중국청년들은 전쟁 후 유럽과 미국에서 쏟아져 들어오는 신사상에 빠져 있었다. 신문과 잡지들은 모두 엄청난 지면을 할애하여 국제뉴스와 근대 발전을 크게 보도하였다. 중국은 이미 세계의 새로운 사조를 쫓아가기 시작했다.

《신청년(新青年)》은 德先生(Democracy)과 賽先生(Science)을 고취시키면서, 중국의 새로운 탄생을 추구했다. 사상이 급진적인 이 잡지는 수 년 전 진독수가 창립한 것으로, 후에 북경대학의 일단의 교수들에 의해 공동으로 편집되었다. 《신청년》은 신사상을 소개할 때, 자연히 구 신앙과 구 전통에 대해 격렬한 공격을 전개하였다.

어떤 투고자들은 심지어 "공자의 학설을 타도하라!" 하며 크게 외치기도 했다. 이런 격렬한 언론들은 물론 일반 독자들의 강한 반감을 불러일으켰지만, 전국의 청년들은 이미 지식혁명의 정서에 널리 물들어 있었다.

손중산 선생은 민국 7년 상해로 거주지를 옮겼다. 우리는 앞에서 이미 새로 탄생한 민국의 불우한 운명을 언급했는데, 일부 성들은 각성에 할거하고 있는 군벌의 통치를 받고 있었다. 중산선생의 국민당의 가장 강대한 거점은 남방과 상해였다.

민국 6년(1917년), 국민당은 북경정부에 대항하는 신정부를 수립하여 혁명인사들이 지키려고 애쓰는 원칙을 수호하고, 더 나아가 이를 전국에까지 널리 확대시키려고 하였다. 당시 광주의 남방정부는 총재가 장악하고 있었다. 몇몇 참가자들의 정치상의 견해는 매우 천박하여, 손 선생은 이에 동의할 수가 없어서, 광동을 떠나 북상하여 상해 근처에 정착하여 중국 사업계획 연구에 힘썼다.

그의 안목은 당시의 정치 분쟁을 훨씬 초월한 것으로, 그의 사업계획이 만약 순조롭게 실현된다면, 민중의 빈곤을 해소시키고, 국가의 부강을 촉진시킬 수 있으며, 중국으로 하여금 현대공업화국가의 대열에 오르게 할 수 있었다. 중산선생의 계획에 따르면, 중국의 공업건설은 식(食), 의(衣), 주(住), 행(行)으로 크게 네 종류로 나눠진다. 이런 것들은 모두 인민생활에 꼭 필요한 것이며, 손 선생은 이런 요소들을 근거로 하여 중국의 공업 건설을 계획하였다.

그는 중국의 광대한 영토 내에 있는 모든 중요한 상업노선과 군용수송노선을 관통하는 철도망과 도로망을 계획하였으며, 그는 중국의 상업도시와 항만발전계획을 정하였고, 또 하천 준설과, 수리건설, 황무지 개간 등의 계획요강도 정하였다. 그는 또 천연자원 개발과 경공업 및 중공업 건설의 청사진을 설계하기도 하였다. 그는 중국의 삼림이 과도하게 벌목된 것을 감안하여, 화중, 화북지역에 삼림을 조성하는 계획도 세웠다.

그는 공업발전에 있어서 두 가지 원칙을 정하였는데, 첫째는 민간이 경영할 수 있는 것은 모두 민간경영으로 돌리고, 둘째는 민간의 능력이 미치지 못하거나 독점을 야기시킬 가능성이 있는 것은 국가경영으로 돌리는 것이었다. 정부는 책임지고 민간 기업을 장려하고 법률로서 그들을 보호할 책임이 있다는 것이다. 과중하고 잡다한 세금을 반드시 폐지하고, 화폐제도를 개선하여 통일시켜야 한다는 것이다.

정부의 간섭과 장애는 반드시 철저히 없애야 하며, 교통은 반드시 상품의 유통에 도움이 되도록 발전해야만 하며, 철도, 도로, 하천준설, 수리, 황무지 개간, 상업도시, 항구 등은 모두 국가가 주관하도록 규정해야 한다는 것이다. 정부는 또한 산서성에 대규모의 석탄과 제철 공장을 설립해야 하며 외국 자본을 환영하고, 또한 외국 전문가를 고용해야 한다고 했다.

손중산 선생은 중국에서 최초로 현대과학 훈련을 받은 정치가이다. 그의 과학지식과 매우 정확한 계산은 참으로 놀랄 정도였다. 중국의 공업발전을 계획하기 위해 그는 친히 지도와 표를 제작하고, 또한 자료를 수집하고, 상세하게 대조 확인을 하였다.

사업 계획 중에 포함된 하상과 항만의 심도와 등급 등의 세부적인 부분에 대해서 그는 손금 보듯이 환히 알고 있었다. 한번은 내가 그에게 도회(導淮)위원회가 제작한 회하 수리도를 한 장 주었는데, 그는 곧 지도를 바닥 위에 펼쳐서, 매우 성실하게 연구를 했다. 후에 나는 이 수리도가 그의 서재의 벽 위에 걸려 있는 것을 발견했다.

그는 공업건설에 있어서의 관련 문제와 해결 방법을 꼼꼼히 연구한 후, 영어로 써 내려갔다. 타자를 치는 일은 전부 손부인(宋慶齡)이 책임지었고, 초고를 검열하는 일은 여일장(余日章)과 내 책임이었다. 모든 자료의 숫자들은 자세히 대조하여 확인했고, 만약 무슨 건의가 있으면, 손 선생은 기꺼이 고려해 보지 않은 적이 없었다.

손 선생은 계획한 일은 그것이 정치적이든, 철학적이든, 과학적이든 혹은 그 밖의 것이든 막론하고, 모두 엄청난 열정을 가지고 추진했다. 그는 대단히 겸허하여, 어떤 건의와 비평이든지 기꺼이 받아들였다.

그의 식견과 계획은 그의 시대를 초월했기 때문에, 수많은 그와 동시대의 사람들은 자주 그의 계획이 현실에 부합되지 않는다고 생각하여 자주 "아는 것은 어렵지 않은데 행하는 것이 어렵다.(知之非艱, 行之唯艱)"는 전통 관념을 인용하여 그의 말에 답변했다. 그는 이들의 근시안적인 태도로 인해 자주 괴로움을 느꼈다.

40년 전 혁명운동을 제창할 당시, 그는 똑같은 장애에 맞닥뜨렸다. 이후에 그는 〈심리건설〉이라는 글 한편을 써서, 알기는 힘들고 행동하기는 쉽다는 학설을 제창했다. 중국사상과 서양사상이 서로 다른 중요한 점 중의 하나가 바로 중국인은 응용을 중시하는 것이고, 서양인은 이치와 지식을 중시하는 것이다.

중국인들은 실제를 중시해서, 자주 실천과정 중의 어려움을 지나치게 강조하는데, 때로는 실재적 어려움, 때로는 다만 상상적인 어려움을 지나치게 강조하여 실제 문제 배후의 원리원칙을 소홀히 하였다. 일반적으로 항상 추상적인 원칙과 이론을 접촉하는 사람이나 혹은 문제 속에서 기본 원칙을 찾아내는 방법을 잘 아는 사람은 모두 어렵지 않게 중산선생의 이론을 이해하였다.

다른 한편으로, 언제나 눈앞에 보이는 성과와 실리를 중시하고, 심사숙고하는 것을 귀찮아하는 사람은 중산선생의 주장을 이해하기가 쉽지 않았다. 청나라 황실이 쇠미하던 시대에 중국을 개혁하고자 했던 사람들이 결코 없지는 않았지만, 참으로 문제의 근원을 간파하여, 문제를 근본적으로 해결할 수 있는 계획을 수립하여 확정할 수 있는 사람은 매우 적었다.

손 선생은 서양문화의 발전과정을 깊이 알고, 동시에 중국발전 전망에 대해 원대한 식견을 가지고 있었기 때문에, 눈앞의 성과와 이익을 초월하는 원리원칙의 중요성을 깊이 느끼고 있었으며, 멀리 앞을 내다보는 지식이 있어야만 비로소 문제의 본질을 철저히 이해할 수 있다는 것을 알고 있었다.

우리가 이러한 기본지식을 파악하고 있기만 하면, 실천하는데 극복할 수 없는 어려움이 있을 수 없는 것이다. 진짜 어려움은 기본적인 이치를 발견하는데 있다. 사실상, 정확한 인식과 명철한 견해만이 반드시 일을 손쉽게 추진해나갈 수 있으며, 설령 수많은 곳에서 지식이 깊지 못해도 추진해 나가는 데에는 지장이 없을 것이다. 예를 들면 미장이와 목수는 그들이 건축사의 명령에 따라 일을 하기만 하면 설령 그들이 건축학을 모르더라도 복잡한 건축 설계도 대로 일을 추진할 수 있다.

의학 방면의 상황은 더욱 뚜렷한데 진단은 항상 약을 쓰는 것보다 어려워서 의과학생은 의학을 연구하기 전에 반드시 생리학과 해부학을 먼저 상당히 잘 알아야 하며, 생리학과 해부학을 연구하기 전에 물리와 화학 등의 일반 과학을 연구해야 한다는 사실을 분명히 알고 있다.

각종 과학은 모두 학문을 위해 학문을 하는 사람들이 수백 년에 걸쳐 계속 끊임없이 연구하여 축적한 결과이다. 이것으로부터 의학의 기초 지식을 획득하는 것이 의사노릇 하는 것 보다 훨씬 어렵다는 것을 알 수 있다.

손 선생과 같은 시대의 사람들은 오직 눈앞의 성과를 추구하는데 급급하여 중국의 실제적인 문제점은 연구하지 않고 역사, 사회학, 심리학, 과학 등이 얻은 지식에 근거할 필요 없이 일을 잘 처리할 수 있기를 바랐고, 과학지식에 근거하여 국가의 건설계획을 정하는 것은 더욱 원치 않았다.

그래서 그들은 손 선생의 계획이 현실에 부합되지 않는 공중누각이라고 비방했다. 그들의 '현실적인' 안목은 원대한 문제를 전혀 보지 못했으며 그들 자신의 결점은 무지와 얄팍한 견해이고 실제적인 능력 결핍이 그 다음이라는 것을 더욱 몰랐다.

사실에 근거하여 논하면 그들 자신이 알고 있다고 여기고 있는 것은 사실상 오직 천박한 개인적인 경험에 국한되었거나 혹은 일종의 상식에 근거한 추정에 불과했다. 이러한 지식은 비록 쉽게 얻지만 이것을 실천의 기초로 삼으면 도리어 언제나 결국 실패를 하게 된다.

서양인이 보기에, 이것들은 아마도 이론과 실천 혹은 지식과 행위의 철학 논쟁일 뿐이며 중국의 혁명 및 건설과 관계가 없는 듯 했다. 그러나 중산선생은 오히려 그것을 중요하게 보아 정치건설, 사업건설, 사회건설을 막론하고 심리건설은 기타 건설의 기본이라고 여겼다.

어느 날 나와 나지희(羅志希, 羅家倫)는 듀이 선생과 함께 손 선생을 알현하고 '아는 것이 어렵고 행하는 것이 쉽다.(知難行易)'는 문제를 이야기 했는데 듀이 교수는 중산선생에게 "실용을 지나치게 중시하면 도리어 실용적이지 못하게 됩니다. 서양에서는 아는 것이 쉬운 일이라고 생각하는 사람은 없습니다."라고 말했다.

월간 잡지인 《신교육》은 한편으로는 사상계의 혁명풍조의 영향을 받았으며 한편으로는 내 자신이 중산선생의 계시를 받았기 때문에 교육방법에 있어서 자발적이고 주동적인 것을 주장하고 아동이 필요로 하는 것을 강조했으며 듀이 교수가 그의 《민주주의와 교육》에서 제기한 주장을 지지했다.

중국의 교육원리 면에서, 《신교육》은 맹자의 성선 주장을 지지했기 때문에 교육은 바로 아동의 본성을 정상적으로 발전하게 하는 것이라고 여겼다. 사실상 공자 이후, 중국 교육의 주류는 모두 줄곧 성선의 원칙을 따르고 있었다.

그러나 오랜 세월이 지나자, 이른 바 인성 속에 있는 '선(善)'은 서서히 고대 전통이 규범화한 도덕상의 교조로 변해 버렸다. 그래서 우리의 주장은 이론상으로는 매우 참신한 듯 했는데, 실천해 보면 본래의 원칙과 아주 동떨어질 가능성이 있었다. 이른 바 '본성발전'은 사실상 전통적인 교조를 준수하는 것으로 바뀔 수 있으며 중국에서 발생한 실제 정황은 바로 이와 같았다.

루소, 페스탈로치, 플로베르와 이후의 듀이 등의 학설이 중국사상계에 소개된 이후, 모든 사람은 맹자의 학설에 대해 비교적 분명하게 알기 시작했고, 중국아동은 현대의 필요에 맞지 않는 융통성 없는 행위법칙에서 해방되어야만 했다.

우리는 아동에게 스스로 사고하도록 하고 그들이 어른들의 필요에 의해서가 아니라, 그들 자신의 필요에 근거하여 그들 자신의 문제를 해결하도록 도와주어야 한다. 우리는 아동들의 자연환경에 대한 흥미를 계발해야 한다. 아동심리학의 원칙에 근거하면, 아동은 오로지 아동으로 간주할 수밖에 없으며 그는 작은 어른이 아니어서 오직 지식으로만 채울 수 없고 책으로 채우는 것은 더욱 하지 말아야 하며 교육은 아동이 정신과 신체와 단체 활동 등의 각 방면에서 성장하도록 도와주어야 한다는 것이다.

이것들이 《신교육》을 지도하는 사상원칙이다. 독자는 이것이 공교롭게도 당시 국내의 혁명사상과 부합한다는 것을 어렵지 않게 알아차릴 것이다. 《신교육》 월간과 북경대학 사제 간의 지식상의 밀접한 관계로 인해 결국 이듬해에 나는 지식혁명의 대 소용돌이 속으로 뛰어들어가 교육학 교수를 맡았고 총장 채원배 선생이 휴가를 받았을 당시 대리총장 직을 맡게 되었다.

第15장 북경대학과 학생운동

만약 작은 돌멩이를 물이 고인 연못 중앙에 던진다면, 잇달아 동그라미를 그리는 잔잔한 물결들이 가운데서부터 퍼져 나가기 시작할 뿐 아니라, 물결이 퍼져나갈수록 멀어지고 커진다. 북경은 일찍이 지난 1000여 년에 걸쳐서 다섯 왕조의 수도였기 때문에, 보수 세력의 중심지가 되어, 자희태후는 이곳의 용상에서 전 중국을 통치하고 있었다.

광서 황제는 1898년 변법유신(變法維新)을 일으켰으나 변법유신은 곧 사라져 버리고 남아 있는 유일한 자취는 단지 국립북경대학으로 당시에는 경사대학당(京師大學堂) 혹은 직접 대학당(大學堂)이라고 불렀다. 유신운동이라는 단기간의 조수는 이미 사라져 역사의 자취가 되어 단지 약간의 조개껍질로 남아 이렇게 평안하고 조용한 고도(古都)에 흩어져서, 사람들로 하여금 이를 추모하게 하고 있다.

그러나 북경대학에는 진주를 품고 있는 많은 조개들이 결집되어 있었는데 운명의 여신의 조종으로 북경대학은 30년이란 짧은 역사 속에서 중국문화와 사상에 대해 중대한 공헌을 하였다.

고인 물에 지식혁명의 돌을 던진 것은 채혈민(蔡孑民, 蔡元培) 선생이다. 채 선생은 1916년(민국 5년) 북경대학 총장으로 임명되었는데, 그는 중국문화가 배출해 낸 저명한 학자였지만 그러나 그는 서양학자의 정신, 특히 그중에서도 고대 그리스문화의 자유연구정신으로 충만한 인물이었다.

그의 "학문을 위해서 학문을 한다."는 신념은, 그리스 문화에 대한 투철한 이해에 뿌리박고 있었고, 이러한 신념은 중국의 "배워서 실제에 응용한다."는 사상과 공교롭게 선명한 대조를 이루었다. 채 선생의 학문에 대한 견해는, 대체로 중산선생의 견해와 일치하였다. 그러나 손 선생의 견해는 자연과학에서 온 것이고, 채 선생의 견해는 그리스 철학에서 발원한 것이다.

이 유명한 학자는 미(美)에 대한 감상이 종교적 신앙보다 더 중요하다고 여겼다. 이것은 그리스문화와 중국문화가 잘 조화된 하나의 자세히 음미해 볼 가치가 있는 실제 사례이다. 채 선생의 사상 속에는 중국학자의 자연에 대한 전통적인 애호와 그리스인의 미에 대한 민감함이 융합되어 결국 서양의 조소(彫塑)와 중국 조각에 대한 호감이 생겨났다. 그는 중국의 산수화를 좋아했고 서양의 유화도 좋아했으며, 중국건축과 서양건축 및 중국음악과 서양음악을 똑같이 좋아했다.

그의 종교에 대한 견해는 기본적으로 중국인의 전통적인 견해로서 종교는 단지 도덕의 한 부분에 불과하다고 여겼다. 그는 미를 사랑하는 습관으로 청년들의 도덕관념을 향상시킬 수 있기를 바랐다. 이것은 바로 고어(古語)의 소위 "낡은 풍속과 습관을 바꾸는데 있어서 음악보다 큰 것은 없다."는 전통적인 신념이다. 고상한 도덕은 일곱 가지 감정의 조화에 근거하는데, 일곱 가지의 감정을 조화시키려면 반드시 예술 그리고 음악과 친밀한 관계가 있는 시가(詩歌)를 통해야만 한다는 것이다.

채 선생은 자연과학을 숭배했다. 그는 과학이 발명, 기계 및 기타 실익을 가져 온다고 믿고 있을 뿐만 아니라, 과학은 체계적인 사고와 연구의 심리습관을 양성할 수 있고, 전통적인 사상과 연구가 있어야만, 비로소 정리와 법칙의 발견이 있으며 정리와 법칙은 모든 정확하고 투철한 견해의 기초라고 믿었다.

채 선생은 젊었을 때, 자신의 뛰어난 면을 남에게 쉽게 드러내었다. 그가 소흥 중서학당의 교장으로 있었을 때, 어느 날 저녁 연회에 참가하였다. 술잔이 세 순배를 돌고 나서 그는 잔을 정중히 사양하고 일어나서, 소리를 높여 강유위와 양계초의 유신운동이 철저하지 못하다고 비평하였는데, 그 이유는 그들이 청나라 황실을 보존하면서 유신을 이끌기를 주장했기 때문이었다. 이야기가 격렬한 대목에 이르렀을 때, 그는 오른팔을 높이 올려 큰소리로 외치길, "나 채원배는 절대로 그렇게 하지 않겠소. 만주족의 청 왕조를 전복시키지 않으면, 어떠한 개혁도 모두 불가능합니다."라고 했다.

채 선생은 일찍이 재기가 넘쳐 흐르고 견해가 빈틈이 없이 치밀한 글들을 대단히 많이 썼는데, 이 글들은 당시의 진취적인 정신이 결여되어 있으며 아무런 내용이 없는 과거제도에 쓰이는 팔고문과 선명한 대조를 이루었다.

나이 많은 거인(擧人) 한 분이 나에게 채원배가 한편의 이상한 글을 썼는데, 첫머리에 《예기(禮記)》의 "식욕과 성욕은 인간의 가장 본능적인 욕망이다."라는 구절을 인용했다고 알려주었다. 시험답안을 제출할 시간이 되자, 그는 이 글을 시험 감독관에게 제출하였다. 채 선생은 이 향시에서 거인에 합격하였다. 훗날 그는 또 진사에 합격했는데, 당시 그는 30세 정도에 불과 했다. 이후에 그는 한림(翰林)이 되었다.

채 선생은 노년에 중국문인이 가지고 있는 모든 장점을 보여주었고, 동시에 매우 겸허하게 서양의 관념을 기꺼이 받아들였다. 안경 너머로 바라보는 그의 두 눈은 기민하고 침착하였으며 그의 어조는 비록 평범하지만, 여유가 있고, 명확하고, 민첩하고 진지했다.

그는 여태까지 격한 말과 사나운 표정으로 사람을 대한 적이 없었지만 화가 나면, 말이 매우 빨라지고, 매서워지고, 요점을 찌르는데, 마치 법관이 판결을 선고하듯이 간단명료하였으며 융포 밑으로 솟아나온 비수처럼 날카로웠다.

그의 몸집은 왜소하지만, 행동은 신중하고 침착했다. 그는 책을 읽을 때, 가느다란 손가락을 내밀어 신속하게 책장을 넘기는데, 마치 한 번에 열 줄씩 읽는 것 같았고, 한 번 본 것은 잊어버리지 않는다는 평을 들었다. 그의 자연과 예술에 대한 사랑은 그의 심경을 평온하게, 사상은 숭고하고, 취미는 고상하며, 태도는 진지하고 온화하며, 생활은 소박하고 겸손하게 하였다. 그는 매우 겸허하여, 어떠한 의견, 비평 혹은 건의에 대한 것도 모두 기꺼이 받아들였다.

당시의 총통인 려원홍(黎元洪)은 이 재능이 출중한 학자를 북경대학교 총장으로 임명하였다. 북경대학은 채 총장의 주재 하에, 일련의 중대한 개혁을 시작하였다. 예로부터, 중국의 지식영역은 줄곧 문학이 독점해 왔지만, 현재, 북경대학은 과학의 지위를 문학과 대등하게 하였다. 역사, 철학과 사서오경도 현대의 과학방식에 근거하여 연구를 해야 했다.

학문을 위해 학문을 하는 정신이 한동안 성행하였다. 보수파와 유신파는 마찬가지로 급진파와 우열을 다툴 기회가 있었다. 등 뒤로 긴 변발을 늘어뜨리고, 마음속으로 군주제를 그리워하는 나이가 많이 드신 분이 사상이 급진적인 신진인물과 나란히 앉아서 토론을 하고, 동석하여 웃으며 농담을 하였다. 교실 안에서, 좌담회에서, 사교 장소에서, 도처에서 지식, 문화, 가정, 사회관계와 정치제도 등등의 문제를 토론하였다.

이런 현상은 중국의 선진시대나 혹은 고대 그리스의 소크라테스와 아리스토텔레스 시대를 재연한 것과 매우 유사했다. 채 선생은 바로 중국의 소크라테스였으며, 동시에 만일 전국 도처에 그를 지지하는 사람이 없었다면, 채 선생은 아마도 소크라테스와 같은 운명을 맞이하게 되었을 것이다. 남방에 강력한 근거지를 건설한 국민당의 당원 중, 채 선생을 따르는 사람들이 유달리 많았다.

그러나 중국과 외국의 보수적인 인사들은 계속해서 북경대학교가 '삼무주의(三無主義)' 즉 무종교(無宗教), 무정부(無政府), 무가정(無家庭)을 고취한다고 질책하였는데, 이는 소크라테스가 고대 그리스 사람들에게 청년들의 정신을 해친다는 비난을 받은 상황과 똑같았다. 논쟁만으로는 이러한 아무런 근거가 없는 의심들을 해소하기엔 부족하며 오직 역사만이 비로소 그들의 허위성을 증명할 수 있는 것이다. 역사는 이미 소크라테스의 결백과 무죄를 증명하지 않았는가?

나는 이미 채 선생이 미학으로 종교를 대신할 것을 제창하고, 진리를 추구하기 위해서 자유로이 연구할 것을 제창했다는 사실을 언급했다. 북경대학 문과대학장인 진중보(陳仲甫, 陳獨秀)는 새(賽) 선생(과학)과 덕(德) 선생(민주주의)을 제창하여, 이들이 중국을 현대화시키는 두 종류의 무기라고 생각했다. 자유연구는 사상의 자유를 초래하였고, 과학은 구 신앙을 파괴하였으며, 민주는 민권의 주장을 확립하였다.

동시에 철학교수인 호적지(胡適之, 胡適)는 그 당시 문학혁명을 전개하고 있었는데, 백화문으로 문언문을 대체하여 감정이나 의사를 나타내는 도구로 삼을 것을 주장했다. 백화문은 비교적 중국의 구어에 가깝기 때문에 비교적 쉽게 배울 수 있고, 쉽게 이해할 수 있다. 그것은 사상을 표현하는 비교적 양호하고 비교적 쉬운 도구인 것이다.

과거에는 지식은 원래 사대부계층의 전매특허품이었는데, 백화문을 보급하는 목적은 바로 지식을 보급시키기 위해서였다. 백화운동을 시행한 결과, 전국 각 지역에서는 무수히 많은 젊은 작가들이 생겨났다. 몇 년 후, 교육부는 전국 소학교에 일률적으로 백화문을 학생들을 교육하는 수단으로 하라는 지시를 내렸다.

북경대학은 북경의 지식 사막에 있는 오아시스였다. 지식혁명의 씨앗은 이 작은 오아시스에서 매우 빠르게 발육하고 성장하였다. 3년 후에, 지식혁명의 풍조는 이미 북경대학 전체에 널리 퍼졌다.

여기에서 우리는 지난 일들을 술회하고자 한다. 하나의 운동의 발생은 절대로 우연한 것이 아니고, 그것에는 반드시 원인과 결과가 있는 것이다. 지식활동이 왕성한 분위기 아래서, 일종의 사상과 도덕상의 불안이 즉시 학생들 속에서 확대되기 시작하였다.

나는 일찍이 학생들이 어째서 사소한 일로 학원시위를 일으켰는가 하는 상황에 대해 이야기 한 적이 있는데, 그것은 주로 18세기의 자유,

평등, 박애를 구호로 삼은 프랑스 정치사상의 영향을 받았기 때문이며, 동시에 청년들은 중국이 꾸물대며 진보하지 못하여 그로 인해 외국의 침략을 초래한 것은 청나라 조정이 마땅히 책임져야 한다고 생각했기 때문에 그래서 학원시위를 일으키어 반항을 표명했던 것이다.

첫 번째의 학원시위는 1902년에 상해남양공학(上海南洋公學)에서 일어났다. 즉 이른 바 동맹휴학 풍조이다. 나는 이미 앞 편에서 이것을 이야기하였다. 수 년 후 이러한 학생 반항운동은 결국 학생들이 학교의 요리사와 맞서는 '식당소동'으로 변질되어 버렸다. 학교 당국은 학생들 자신이 정한 엄격한 규칙이나 금지조항에 학생들 자신이 걸려들게 하는"청군입옹(請君入瓮)[6]"이라는 방법을 생각해내어, 학생들의 식사에 대한 일을 학생들에게 맡겨 그들 스스로가 해결하게 했다. 그러나 산발적인 식당소동은 십 오륙년 정도 지속되었다.

한 번은 '식당소동'이 심지어 참사를 초래하기까지 하였다. 항주의 한 중학교에서 학생들과 요리사의 간에 분쟁이 생겼는데, 요리사는 화가 난 나머지 학생들의 음식에 독약을 넣었고, 그 결과 10여 명의 학생이 중독되어 사망했다. 이 비극적인 사건이 일어난 후, 이 중학교에 가보니 많은 학생들이 침대에 누워 신음하고 있었고, 게다가 학교 운동장에 10여 개의 관이 놓여 있었는데 죽은 학생들의 가족들이 와서 시

6) 請君入瓮: 어서 항아리 속에 드십시오. 자신이 정한 엄격한 규칙이나 금지 조항에 자기 자신이 걸려다는 의미를 가진 말이다. 제 도끼에 제 발등 찍히다. 제가 놓은 덫에 치이다. 당(唐) 측천무후(則天武后) 때, 래준신(來俊臣)이 주흥(周興)이 모함하려 한다는 사실을 알고 그를 식사에 초대하여, 만약 죄인이 죄를 자백하지 않으면 어떻게 하겠느냐 물으니 주흥이 달군 항아리에 넣는다고 하면 모두 자백할 것이라는 대답을 하자, 래준신이 이 방법을 사용하여 주흥의 자백을 받아 냈다는 고사에서 유래함.

체를 확인하고 인수하여 관에 넣어 장사 지내기를 기다리고 있었다.

학원시위로 표현된 반항의 정서는 물론 점점 사라졌지만 반항의 힘은 혁명 이상(革命理想)의 발전으로 전이되어 학교 밖에서 큰 지지를 받아 결국 정치혁명으로 발전하여 1911년에 만주족이 세운 청 왕조를 전복시켰다.

두 번째의 학생반항운동은 1919년(민국 8년) 5월 4일 북경에서 발생했다. 이것이 바로 소위 5·4운동이다. 이 사건의 과정은 다음과 같다. 즉 유럽 전쟁의 승리국이 이미 산동 반도에 위치한 청도(青島)를 일본에게 주기로 결정했다는 소식이 파리 강화회의로부터 중국으로 전해졌다.

원래 청도는 중국이 독일에게 조차한 항구로서 유럽 전쟁 기간 중에 일본이 독일의 수중에서 청도를 탈취했다. 중국은 독일에게 이미 선전포고를 했으므로 전쟁 후에 이 조차지는 물론 의문의 여지없이 중국에 반환되어야 했다. 이 소식이 전해지자, 전국은 소란스러워졌다. 북경의 학생들은 일단의 북경대 학생들의 지도하에 베르사이유 조약 조인에 반대하는 시위를 벌렸다.

3000명의 학생들이 군중대회를 거행하고 거리에서 시위행진을 하면서 주권을 상실하여 국가를 욕되게 한 조건을 받아들이는 것을 반대하며 "청도를 우리에게 반환하라!" "일제 상품을 배척하라!" "매국노를 타도하자!" 하고 큰소리로 외쳤고, 똑같은 표어를 쓴 깃발들이 온 거리에 나부꼈다.

당시의 북경정부는 여전히 군인의 장악 하에 있었으며, 오직 민주정체와 의회정치의 겉모양만 지니고 있었다. 광주의 중산선생의 국민당 및 기타 각지의 국민당 지지자들은 방법을 강구하여 신해혁명이 고생스럽게 창립한 민주정치체제를 수호하려고 노력했지만 실효를 거두지 못했다.

북경정부의 요원 중에는 군중의 분노를 야기시킨 3명의 친일파가 있었다. 그들의 정치입장은 모든 사람들이 다 알고 있었다. 이 3명의 친일파- 교통 총장 조여림(曹汝霖), 주일 공사 육종여(陸宗輿), 그리고 또 다른 한 요원은 장종상(張宗祥)이다-는 결국 학생들의 분노의 대상이 되어, 군중은 벌떼처럼 조여림의 집으로 몰려갔는데, 그 이유는 그곳에서 지금 비밀회의가 열리고 있다는 소문이 들렸기 때문이다.

학생들은 문을 부수고 들어가서, 이 3명의 '매국노'를 찾기 위해 온 집을 수색하였다. 조여림과 육종여는 뒷문으로 몰래 달아났고, 장종상은 군중들에게 잡혀 얻어맞아 상처를 입었다. 학생들은 그를 때려죽였다고 여겨, '와아' 소리를 지르면서 뿔뿔이 흩어졌다. 그 집을 떠나기 전에 모든 물건들을 산산조각이 나게 때려 부수고, 집에 불을 질러버렸다.

이때, 무장경찰과 헌병이 급히 도착하여, 집 주위를 물샐 틈 없이 에워쌌다. 그들은 60명 가까운 학생들을 체포하여 사령부로 끌고 갔고, 나머지 천여 명의 학생들은 그들의 뒤를 따르며 흩어지지 않고, 각자가 자신이 이번 사건에 책임을 지겠다고 하면서 감옥에 수감해 줄 것을 요구했다. 그래서 결국 전체 학생들이 북경대학 제3원(第三院, 法學院)에 수감되었으며, 밖에는 헌병과 경찰이 주둔하여 철저히 지켰다.

이번 시위행진에 관한 소식은, 철저한 검사와 봉쇄를 당했다. 그러나 몇몇 학생들은 끝내 정부의 눈과 귀를 속여 넘기고, 천진조계의 한 기구를 통하여 한통의 전보를 보냈다. 이 전보가 바로 5일 상해 각 신문이 보도한 뉴스의 유일한 출처였다.

5일 조간신문이 내 손에 이르렀을 때, 나는 아침식사를 하고 있었다.

각 신문의 제1면에는 모두 큰 글자로 쓴 표제로 이 소식을 게재했는데, 내용은 대체로 다음과 같았다 :

북경 학생들은 베르사이유 강화조약 체결에 반대하는 시위행진을 하였다. 3명의 친일파 요원인 조여림, 육종여, 장종상이 학생들에게 둘러싸여 구타를 당했다. 조여림의 주택은 불탔고, 수 천 명이 군경합동대대의 감시아래 북경대학 제3원에 구금되어 있다. 대중의 지도자들은 체포되어 행방불명이다.

이 간결한 소식 이외에 별 다른 보도는 없었다. 이 소식은 온 상해시를 진동시켰다. 그 날 오후, 교육회, 상업회, 직업노조 등과 같은 공공단체들은 연이어 북경 정부에 전보를 보내어 이 3명의 고관들을 해직하고, 동시에 체포되었거나 구금되어있는 학생들을 석방하라고 요구했다. 다음날 하루 종일, 온 상해는 모두 초조하게 정부의 답변을 기다렸지만, 감감무소식이었다. 그래서 상해 시 전체의 학생들은 수업을 거부하고, 각 단체와 똑같은 요구를 하기 시작하였으며, 동시에 가두연설을 하기 시작하였다.

다음날 아침, 각 학교의 남녀학생들은 무리를 지어 남경로를 따라 집집마다 방문하여 상점들에게 동맹파업을 하도록 권고하였다. 각 상점 중 어떤 상점들은 찬성하여, 어떤 상점들은 두려워서 가게 문을 닫아 버렸다. 수많은 사람들은 이웃들이 하는 대로, 연이어 문을 닫았다. 한 시간도 되지 않아, 남경로에 있는 모든 상점들이 다 문을 닫았으며, 경찰이 간섭하여도 아무 소용이 없었다.

상인들의 파업소문은 즉시 널리 퍼지기 시작하였으며, 오후가 되었을 때, 전 상해의 상점들이 모두 문을 닫았다. 수많은 사람들이 가두에 모여 이야기하고 있었고, 교통은 거의 두절되었다. 조계의 경찰관들도 속수무책이었다. 남녀 소년단원들이 경찰을 대신해서 가두에서 질서를 유지하고 교통정리를 하고 있었다.

단발을 한 여자 소년단원들이 인파의 물결로 붐비는 대로의 질서를 유지하는 것은 상해의 공공조계에서는 정말 신기한 일이었다. 중국인들과 외국인들은 모두 군중들이 왜 이 어린아이들의 지휘는 기꺼이 받아들이면서, 경찰들에 대해서는 몹시 화를 내는지 이상하게 생각하였다.

며칠 사이에, 수업 거부는 전국적인 풍조가 되었고, 상해 부근의 각 도시의 상점과 상업기구들도 전부 문을 닫았다. 상해는 장강유역하류에 있는 상업의 중심지인데, 이 대도시의 심장 박동이 멈춘 이후, 그 부근에 있는 각 도시들도 따라서 마비되어, 활동을 멈추었는데, 그러나 이것이 반드시 학생들에 대해 지지를 표시하는 것은 아니었다.

조계당국은 정수장(淨水場)과 전등공장의 임시직원들도 동맹파업에 참가하려고 한다는 말을 듣고, 크게 놀라 허둥지둥했다. 후에 상회와 학생대표들의 중재를 거치고 나서야, 이 사람들은 비로소 권유를 받아들여 결국 동맹파업을 하지 않았다. 각계의 압력이 일주일 이상 계속 되자, 북경 정부는 마침내 굴복하여, 3명의 친일파 관원들은 사직하였고, 학생들은 모두 석방되었다.

각지의 학생들은 전국 인사들의 찬성과 지지를 얻고 나자, 이번의 승리로 인해 교만해지고 자아도취에 빠지게 되었다. 각 학교와 정부도 이때부터 편안할 날이 없게 되었다. 북경학생들은 이번 승리를 거둔 이후, 계속 군중들을 선동하였고, 정부의 부패와 그들이 청년들의 사상을 속박하고 있다고 생각되는 구 전통을 공격하였다.

학생들은 전국 여론의 지지를 얻었기 때문에, 이미 정부와 싸워 이졌다고 생각했다. 시위에 참가하고, 베르사이유 강화조약을 반대하는 것은, 모든 중국인들이 하고 싶어 하는 일이었다. 학생들은 비교적 좋은 조직이 있었고, 비교적 대담하게 말하고, 비교적 충동적이었으며, 고려하는 바가 비교적 적었기 때문에, 선두에 섰고, 그로 인해서 전 국민들의 심금을 울렸다.

친일파 관원들이 사직하고, 체포된 학생들이 석방되고, 상해와 기타 각지의 전면적인 수업거부와 상인들의 동맹파업 풍조가 중단된 이후, 모든 사람들은 '5·4'사건은 이것으로 끝났으며, 적어도 잠시 동안은 이와 같을 것이라고 생각하였다. 그러나 북경대학 자체가 문제가 되었다. 채 총장은 일이 현저하게 시끄럽고 복잡해지자 의외라고 생각하였으며 이때 이미 사직을 하고 조용히 북경을 떠나버렸다.

출발하기 전 그는 신문에 《백호통》에 나오는 몇 마디를 인용한 광고를 등재하였는데, "당신의 말을 죽인 자는 길옆에 있는 사람들입니다. 백성들이 지쳤으니, 그들을 쉬게 해 주십시오."라고 했다. 그는 먼저 천진으로 갔으며, 이후 상해로 갔다가, 결국 조용히 항주로 가서, 한 친구의 집에서 거주했다. 거처는 바로 유명한 서호 옆에 있었는데, 호수와 맞닿고, 산을 등지고 있었으며, 풍경이 매우 아름다워서 그는 전통의 문인처럼 이곳에 은둔하여 쉴 수 있기를 희망하였다. 모두들 돌아와 달라고 여러 차례 간절하게 부탁하였지만, 그는 여전히 북경으로 돌아오려고 하지 않았다.

그의 말에 의하면 그는 원래부터 학생들의 학원시위를 격려할 마음이 전혀 없었지만, 학생들이 베르사이유 강화조약의 산동문제와 관련된 조항을 받아들이는 것을 반대하는 시위를 벌인 것은, 애국적인 열정에서 나온 것이기 때문에, 실제 크게 비난할 일이 아니라고 말했다.

북경 대학에 대해서, 그는 앞으로는 기율을 유지하는 것이 쉽지 않은데, 그 이유는 학생들이 승리에 도취될 가능성이 매우 높기 때문이라고 생각해서였다.

그들이 권력의 맛을 본 이상, 이후 그들의 욕망은 아마 만족하기 어려울 것 같다는 것이었다. 이것이 바로 학생운동에 대한 그의 태도였다. 어떤 사람은 그가 언제든지 학생들의 학원시위를 격려할 것이라고 하였는데, 그것은 지나치게 사실을 왜곡한 것이다.

그는 결국 내가 북경대학으로 가서 그의 직무를 대리하는 것에 동의했다. 나는 주위 상황 때문에 어쩔 수 없이, 이 중책을 맡는 것에 억지로 동의할 수밖에 없었으며 그래서 나는 7월 중에 학생회 대표인 장국도(張國燾)와 함께 기차를 타고, 북경으로 갔다. 북경대학에 도착하여 처음으로 당시의 북경대학 학생들을 만났는데, 이들은 이후 대만대학 총장으로 임명된 부맹진(傅孟眞, 傅斯年)과 지금 대만의 국사관장을 맡고 있는 라지희(羅志希, 羅家倫)이었다.

이 두 사람은 모두 북대 '5·4운동'의 중심인물로서, 지모가 뛰어날 뿐 아니라 각기 예리한 필봉을 휘두르고 있었는데, 마치 공손 대낭(公孫大娘)이 검무를 하는 것처럼, 빛을 사방에 환하게 발산하고 있었다. 그들은 수많은 학생들과 약속하여 신조사라고 하는 잡지사를 만들어, 《신조(新潮)》라고 하는 잡지를 출판하여, 구사상을 공격하였다.

나는 지금 《서조(西潮)》를 쓰고 있는데, 사실 '5·4운동' 이후 중국 본토에는, 이미 세차게 출렁이는 새로운 조류가 휘몰아쳐, 중국의 장래의 운명에 영향을 미쳤다. 그러나 '5·4운동'이 일어나게 된 원인은, 사실 제1차 세계대전 후, 유럽 제국주의의 붕괴 및 일본 제국주의의 광분 때문이었다. 그러므로 어쨌든 결국 서양의 물결과 관련이 있는 것이다.

내가 학교에 도착한 이후, 학생단체가 환영대회를 열어주었다. 당시 나는 연설 속에서 다음과 같이 말했다.

> "…… 그러므로 제군은 학문을 하는 것을 더없이 큰 임무로 여겨야 합니다. 서양의 문화선진국이 오늘날의 지위에 이른 것은 여러 대에 걸쳐 문화가 축적되어 이루어진 것이지, 단시간에 이루어진 것이 아닙니다.
> 수천 수백 년 동안, 수많은 학자들의 끊임없는 노고를 거쳐, 비로소 오늘날의 문화를 이룩한 것입니다. 그러므로 구국의 요체(要諦)는 문화를 증진시키는 기초사업에 종사하고, 자기의 학문능력을 발판으로 삼는 것에 있는 것인데, 이것이 어찌 깃발을 흔들고 함성을 지르는 운동으로 이루어질 수 있겠습니까?
> 프랑스가 독일을 겹겹이 포위하고 있을 때, 독일의 철학자 피히테(Fichte)는 포위되어 있는 성 안의 대학에서 강연을 하였는데, 그는 '독일국민에게 고함'이라는 글에서 '독일을 구하기 위해서는 독일의 문화를 증진시켜야 한다.'고 말하였으며 국민들이 이를 실행하여 결국 프러시아가 프랑스를 패배시키는 기초를 확립했습니다. 그러므로 구국을 하려면 문화의 증진을 도모해야 하며 이 문화증진의 책임을 맡을 사람들은 오직 청년 학생들입니다……"

폭풍우가 지나간 후, 먹구름은 점점 사라지고, 다시 날이 개어, 채 선생도 9월 중에 북경대학으로 다시 돌아와 복직하여 집무에 들어갔다. 북경대학은 다시 조직을 개편하여 기초가 더욱 건전해졌다. 총무처를 신설했고 총무처장은 학교의 서무를 처리했다. 원래 있던 처(處)와 실(室)도 약간 조정하여 하나의 체계화된 유기체가 되게 하였고, 교무처장은 교무를 책임졌다. 학교의 최고 입법기구는 평의회이고, 회원은 교수들이 자기네들 중에서 선출했으며, 교무처장, 총무처장과 각 단과대학 학장은 당연직 회원이었다.

평의회는 각항의 규칙을 제정하고, 학위를 수여하고, 학생의 규율을 유지시키는 권한이 있었다. 각 행정위원회는 행정업무를 책임졌다. 그리하여 북경대학은 교수가 학교를 관리 운영하는 길로 나아갔다. 학문의 자유와 교수가 학교를 관리 운영하는 것, 그리고 두려움 없이 진리를 추구하는 것이 학교를 관리 운영하는 준칙이 되었다. 학생자치회는 민주정신을 실현하도록 격려를 받았다.

이후 7년 동안, 정치상의 거센 비바람이 자주 몰아쳤지만, 북경대학은 용기 있고, 원대한 식견을 지닌 인사들의 주재 하에 마치 줄을 팽팽히 당긴 돛을 단 배처럼 평온하게 앞으로 나아갔다. 도서관의 장서(藏書)가 대량으로 증가하였고, 실험시설도 크게 개선되었다. 국제적으로 저명한 학자인 듀이(John Dewey)와 러셀(Bertrand Russell)이 잇달아 초청을 받고 와 객원교수가 되었다.

이 두 분의 서양 철학자는 중국의 문화운동에 각각 공헌을 했다. 듀이는 중국청년들이 개인과 사회의 필요에 근거하여, 교육과 사회문제를 연구하도록 이끌어 주었다. 말할 필요도 없이, 이러한 방식으로 문제를 고려하면 자연히 수많은 기타 문제들을 일으키게 된다.

당시 변화가 비교적 더딘 중국의 실제 사회에서는 자연히 수많은 분쟁이 발생할 가능성이 농후했다. 국민당의 지도자 중의 한분인 호한민(胡漢民) 선생이 한번은 나에게 각 학교에서 학원분쟁이 자꾸 일어나는 것은 바로 듀이학설의 영향을 받았기 때문이라고 말했다. 이것은 일부분 인사들의 듀이영향에 대한 평가를 대표할 수 있다. 그의 학설이 학생들로 하여금 사회문제에 흥미를 갖게 한 것 또한 사실이다. 이러한 정서가 이후의 군벌반대 운동에 큰 공헌을 하였다.

러셀은 청년들로 하여금 사회진화의 원리에 흥미를 갖게 했다. 이러한 진화의 원리를 연구한 결과는 청년들로 하여금 동시에 종교와 제국주의를 반대하게 했다. 선교사와 영국대사관은 모두 러셀을 환영하지 않았다. 그는 한 중국 여관에 거주했고, 자기 본국 대사관 관리를 접견하는 것을 거절했다.

나는 일찍이 영국 대사관의 한 관리에게서 러셀 선생이 중국을 방문하게 한 것을 후회한다고 말하는 것을 들었다. 러셀 교수는 일찍이 북경에서 심한 폐렴에 걸린 적이 있었는데, 의사들은 한때 구제불능이라고 여겼다. 그의 병이 나은 후, 나는 한 여 선교사가 "그가 병이 다 나았다고요? 그거 참 서운한 일이예요."라고 말하는 것을 들었다. 내가 러셀 선생에게 이 말을 전하니, 그는 듣고는 하하 하고 크게 웃었다.

1차 세계대전 이후, 중국의 사상계는 자유의 풍조가 매우 농후하여, 사회문제연구나 사회원리연구에 관계없이 어쨌든 깊이 생각하는 사람들은 편히 잠들기 어렵게 하였고 감정이 풍부한 사람들은 행동 지향적으로 나아가게 하였다. 전쟁 후 유럽의 서양사상이 바로 이런 분위기 속에서 소개되어 들어왔다.

각양각색의 '주의(主義)'들이 모두 한동안 중국에서 일시에 성행했다. 대체적으로 지식분자들은 대부분 서방민주주의 경로를 따라 전진하였지만 그 중 일부 사람들은 1917년 러시아 혁명에 고취되어 마르크스주의를 받아들였다. 《신청년(新青年)》 편집장 진독수(陳獨秀)는 북경대학 문과대학장 직무를 사직하고 중국 공산운동의 지도자가 되었다. 일본 제국주의를 반대하는 운동 역시 지식분자들로 하여금 보편적으로 러시아 혁명에 찬성하도록 했다.

제3 인터내셔널은 1923년 요페(Joffe)를 북경에 파견하여 중국지식분자들과 접촉하도록 했다. 한번은 어느 날 밤 북경의 시에잉 호텔에서 요페를 환영하는 연회가 열렸다. 채 총장은 연회 석상에서 환영사를 통해 "러시아 혁명은 중국의 혁명운동에 지극히 커다란 자극이 되었다."고 말했다.

러시아는 일찍이 북 만주의 중동철도를 중국에 반환할 준비를 하고 있을 뿐 아니라 중국이 순조롭게 군벌을 제거하고 중국을 침략한 제국주의를 몰아내기를 바란다고 여러 차례 선언했다. 소비에트 러시아의 중국에 대한 이런 호의는 모든 지식인들과 일반 백성들의 환영을 받았다. 이런 외관상으로 우호를 표시한 결과 중의 하나가 바로 소비에트 러시아 식 공산주의를 실시하기 위한 길을 중국에 마련해 놓은 것이다.

이와 동시에, 구미대학에 유학하고 있던 많은 출중한 과학자들도 잇달아 귀국하여 학생들을 이끌고, 과학연구에 종사하였다. 교수와 학생들은 모두 많은 간행물을 발간했다. 음악협회, 예술협회, 체육협회, 도서관 협회가 잇달아 조직되었는데, 마치 우후죽순처럼 많았다.

교수 이수상(李守常, 李大釗)은 마르크스주의 연구회를 조직하여 이끌었다. 당시 북경신문은 비고란에서 이 연구회를 '마신묘(馬神廟)에 있는 모 대학의 뉴커스연구회'라고 불렀는데, 단지 비웃음의 대상으로 삼은 것에 불과했다. 마신묘는 북경 대학의 소재지이다.

이때 북경대학은 이미 대학 문을 활짝 열어 여학생을 모집하였다. 북경대학은 중국의 교육사에서 처음으로 남녀학생들에게 동등한 대우를 한 고등학부이다. 교수와 학생들은 학술의 자유와 자유연구의 분위기 속에서 매우 조화를 이루며 즐겁게 일을 했다.

북경대학이 끼친 영향은 매우 심대했다. 고도인 북경이라는 고인 물에 던진 지식의 돌 하나하나의 여파는 모두 전국의 구석구석까지 이르게 되었다. 심지어 각지의 중학교도 북경대학의 조직을 답습하여, 사상의 자유를 제창하며, 여학생을 모집하기 시작했다.

북경대학이 어떠한 운동을 일으키면 진보적인 신문과 잡지와 정당들은 모두 잇달아 일어나 호응하였다. 국민혁명의 세력은 이런 분위기 속에서 나날이 확장되고 동시에 중국공산당도 이런 환경 속에서 점차 초보적인 형태를 갖추었다. 군벌 간의 충돌이 마침 이 고도의 부근에서 간헐적으로 일어나고 있었다. 때로는 중단되기도 하고 때로는 계속되는 이 전쟁 속에서 북경의 각 성문이 언젠가 한번은 거의 일주일 동안 닫힌 적이 있었다. 총포소리는 보통 해질녘부터 시작되어 줄곧 이튿날 새벽까지 지속되었다. 한번은 우리가 북경호텔 옥상에서 포화를 바라보았는데, 그것은 정말로 강 건너 불보는 것으로서, 밤하늘을 수놓은 불꽃을 감상할 수는 있었지만 불똥에 맞아 화상을 입을 위험은 절대로 없었다.

폭탄이 길고 긴 불빛을 늘어뜨리면서, 공중을 나는 듯이 질주하는 것이 마치 천만 개의 무지개가 서로 교차하는 것과 같았다. 쿵쿵 울리는 포성이 옥상을 뒤흔들 정도로 진동시켜서, 마치 경미한 지진을 만난 것과 같았다. 해질녘부터 새벽까지 포화가 줄곧 멈추지 않았다. 나는 집으로 돌아와 침대에 오를 때 귀를 전혀 베개에 갖다 대고 잘 수가 없었는데, 그 이유는 포성이 특별히 크게 울렸기 때문이다.

이로 인해 나는 얼굴을 하늘로 향하고 누워 잠을 잤는데, 귀는 천장을 향하게 하고 동시에 전등 갓이 약간씩 흔들리고 있는 것에 주의를 기울였다. 유리창문도 덜컹덜컹 소리를 내었다. 나에게는 독일종의 세퍼드 개가 한 마리 있었는데, 이름을 랑얼이라 불렀다. 이 세퍼드 개는 포성 때문에 시끄러워 바닥에서 편히 잘 수가 없게 되자 줄곧 끙끙거리는 소리를 내었다.

이 개는 귀를 바닥에 붙이기만 하면 놀라 뛰어 올랐으며 몇 번 끙끙

거리는 소리를 낸 후 방문 옆으로 달려가서 필사적으로 문을 긁었는데 이상한 소리가 침실 바닥 밑에서 난다고 여긴 것이 분명했다. 이튿날 아침, 나는 이 개에게 전날 밤에 그렇게 소란을 피우는 것이 아니었다고 한바탕 야단을 쳤다.

이 개는 자기가 한 짓이 이치에 어긋난 것이라는 것을 안 것처럼, 단지 겁먹은 두 눈으로 나를 바라보았다. 아침식사 때 나는 도처로 랑얼을 찾아 다녔으나 찾지 못했으며 그 이후 다시는 그의 종적을 찾지 못했다. 아마도 이 세퍼드 개는 편안히 잠을 잘 수 있도록 밤중에 못된 장난을 하는 마귀가 밑바닥에서 요란한 소리를 내는 일이 없는 조용한 곳을 찾기 위해 뛰쳐나갔을 것이다. 그러나 나는 이 세퍼드 개가 아마도 매우 실망했으리라고 생각한다.

어느 날, 나는 한 친구와 포위되어 있는 성안에서 순성문(順城門) 대로를 따라 산보를 했다. 백성들은 여전히 평소와 같이 일하고 있었으며, 조금도 긴장된 모습이 없었다. 인력거를 끄는 사람과 인력거를 탄 사람도 평소와 전혀 다른 것이 없었다. 우리는 서단패루(西單牌樓)에서 방향을 돌려 서장안가(西長安街)로 간 연후에, 또 방향을 돌려 중앙공원에 이르렀다.

황궁 앞부분의 문의 초루 위의 청색 및 황색 오지기와는, 석양 아래에서 맑고 푸르른 가을 하늘의 반짝이는 빛을 받아 빛나고 있었다. 우리는 오래된 측백나무의 짙은 나무그늘 아래에 자리를 잡고 앉았다. 이 오래된 측백나무들은 수백 년 전, 청조의 개국황제가 심은 것이다. 그중 어떤 것은 길게 줄을 서 있고, 어떤 것은 사각형을 이루고 있었다.

공기 중에는 측백나무 꽃향기가 가득하고, 사람을 취하게 하는 향기를 지닌 산들바람이 우리의 얼굴을 스치고 있었다. 우리는 테이블 옆에 둘러 앉아, 옆자리에 앉은 술손님들이 말하는 것을 조용히 들었다. 모두가 전쟁에 대한 이야기를 하고 있었는데 누가 승리하는지, 누가 장차 북경에 들어와서 점거할 것인지를 추측하고 있었다. 누가 승리하고 누가 패배할지에 대해서 모두들 개의치 않는 것 같았다. 걱정한들 또 어쩌겠는가? 북경은 이미 적지 않은 전쟁을 겪었으며, 세상사의 온갖 경험을 다한 후인데도 북경은 여전히 예전 그대로의 모습이 아닌가? 침묵을 지키고 있는 오문의 초루가 바로 제일 좋은 증거인 것이다.

"성문들이 모두 닫혔어, 우리가 생선을 시켜 먹어도 되는 건지 모르겠어." 하고 친구가 말했다. 종업원이 살아있는 생선을 한 마리 가져오면서 우리에게 "선생님들 어떻게 드시는 걸 좋아 하세요?" 하고 물었다. "한 마리를 두 사람이 먹을 걸세. 반은 기름에 튀긴 후 녹말가루를 얹어 만든 초장을 얹어주고, 반은 기름과 설탕을 넣어 살짝 볶아 간장을 넣어 검붉게 익혀 주게." 요리가 다 되어 가져왔는데, 또 한 접시위에 있는 것은 그리 신선해 보이지 않았다.

"이건 어찌된 일인가? 이거 반은 죽은 고기잖아!" 하고 나의 친구가 종업원을 힐문하니, 종업원은 허리를 굽혀 절을 하며 그냥 희희 하고 웃었다. "오, 알았다! 이 고기는 분명히 성벽 안으로 튀어 들어온 것인데, 땅에 부딪힌 한 쪽은 부딪혀 죽고, 다른 한 쪽은 계속 살아 있는 것이지." 하고 내가 대신 이유를 설명하였다.

종업원이 다시 뛰어 왔을 때, 나의 친구는 테이블에서 빈 술 주전자를 집어 들어, 뒤집어서 그에게 보여 주었다. "어떻게 된 거야! 우리에게 빈 술 주전자를 준거야!" "미안합니다." 종업원은 희희 웃으며, "술

데우러 뛰어갑니다!"라고 말했다. 그는 곧 다시 술 주전자 하나를 우리에게 가져왔다. 물론, 술 두 주전자 모두 우리 장부에 달아두었다.

우리는 해질녘에 집으로 돌아왔다. 그날 밤, 전투는 멈췄는데, 나는 또 랑얼이 생각났다. 이날 밤, 그 개는 아마 성 안에서 평온하게 잠을 잘 수 있는 곳을 찾았을 것이다. 다음날 아침, 우리는 정부가 바뀌었다는 것을 알았다. 황궁은 여전히 무사하였다. 백성들은 평소와 같이 생활하였다.

각 성문은 활짝 열렸고, 수천수만 명의 사람들이 시골에서 채소, 고기, 계란, 어류를 짊어지고 북경성 안으로 몰려 들어왔다. 어린아이들은 전투가 벌어진 장소에서 못 쓰는 탄피를 주워, 몇 푼의 대가를 받고 가두에서 판매하였다. 수많은 사람들은 포탄피를 가져다가 화병을 만들었다. 성 밖에서는 집과 가족을 모두 잃은 사람들이 있었다. 나 역시 나의 랑얼을 잃어 버렸다.

일반적으로 말하면 이 길고 긴 고통의 나날들 속에서 전쟁으로 인해 상실된 생명과 재산은 결코 심각하지 않았다. 중국이 마비상태에 빠져, 이웃 나라의 침략 목표가 된 것은 사실상 인심(人心)의 동요와 교통의 파괴와 경제의 붕괴 및 국민의 안정된 생활이 파괴되었기 때문이었다.

중국이 사분오열됨으로써 전국적인 건설계획은 거의 불가능하게 되었다. 중국의 가장 급한 일은 바로 통일이었다. 채 총장이 유럽을 여행했을 때, 나는 또다시 북경대학 총장 대리가 되었다. 이때 나는 손중산 선생의 서신을 한통 받았는데, 북경대학의 각종 운동을 크게 칭찬하셨으며 편지의 마지막 부분에서 내게 "삼천 명의 청년들을 거느리고, 혁명에 참가하라"고 격려하였다.

손중산 선생은 아깝게도 살아생전에 그의 희망이 실현되는 것을 보지 못했지만, 얼마 안가 수년 후에, 그의 후계자인 장개석 총사령관이 혁명군을 거느리고 광주에서부터 북벌을 하였는데, 군대가 이르는 곳마다 모든 적을 무찔러 대적할 자가 없었다. 먼저 장강 유역에 이르렀고, 이어서 황하 유역에 이르렀으며, 결국에는 북경을 평정하였다. 북경에서 시작되어 이어 전국 각 계층으로 확대된 혁명운동은, 이번 국민혁명군의 새로운 승리를 위한 심리적인 기초를 먼저 다져놓았다.

제16장 소란스럽고 불안한 세월

채 총장과 호적과 같은 사람들의 예상은 맞아떨어졌다. 학생들은 5·4운동에서 승리한 이후 과연 성공이라는 술에 도취되어 버렸다. 이것은 채 총장 등의 힘이나 국내의 어떠한 힘으로도 저지할 수 있는 것이 아니었다. 그 이유는 불만의 감정이 이미 중국의 정치 사회와 지식의 토양 위에서 성장하여 깊이 뿌리 박혔기 때문이다.

학교 내의 학생들이 결국 학교 당국의 교원을 초빙하고 해임하는 권한을 대신 차지했다. 만약 요구하는 바가 이루어지지 않으면 그들은 바로 수업을 거부하고 소란을 피웠다. 교원들이 만약 시험을 엄격하게 하거나, 조금 엄격하게 하는 기율에 찬성하면 학생들은 바로 수업을 거부함으로써 항의했다. 그들은 학교당국에 대해 봄 방학 중 여행비용과 학생활동 경비를 보조해 주고 무료로 강의 자료를 제공해 줄 것을 요구했다.

결국 그들은 학교로부터 자기들이 원하는 것을 모두 얻었지만 학교에 대한 의무에 대해서는 고려해 본 일이 없었다. 그들은 권력의 맛에 심취해 있었고 이기심이 극도에 이르러 있었다. 어떤 사람이 학교규정에 대해서 언급하기만 하면 그들은 곧 눈을 치켜 떠 노려보고 입을 삐죽 내밀고는 이를 갈며, 언제든지 사람을 때릴 태세를 취했다.

한번은 북경대학교 평의회가 학생들은 강의자료 비용을 내야 한다고 규정하는 방안을 통과시켰다. 이것은 학생들의 지갑을 위협하는 것이었다. 수백 명의 학생들은 곧 집합을 해서 시위를 하며 이 규정에 반대했다.

채 총장은 급히 현장으로 달려가서 그들에게 학교 규칙을 따르라고 말했다. 그러나 학생들은 그의 말을 무시해 버렸다. 많은 학생들은 교실과 사무실로 몰려 들어가서 이 '가증스러운' 규정을 제정할 것을 주장한 사람을 찾아서 결판을 내려고 했다. 채 총장은 그들에게 강의자료 비용규정은 자기가 단독으로 책임을 지겠다고 말했다.

"이 비겁한 놈들아! 배짱이 있는 놈이 있으면 나서서 나와 결투하자. 만약 너희들 중에 감히 교원에게 손을 대는 놈이 있다면 나는 그놈을 칠 것이다." 하면서 그는 화가 잔뜩 나서 고함을 치면서 소매를 팔꿈치 위까지 걷어 올리고 두 주먹을 끊임없이 허공에다 휘둘렀다.

많은 학생들은 그의 앞을 반원형으로 둘러쌌다. 채 총장이 그들을 향하여 몇 발자국 앞으로 나가면 그들은 뒤로 몇 발자국 물러섬으로써 시종 상당한 거리를 유지하였다. 평상시에는 양처럼 온순하시고 조용하기가 처녀 같으신 이 학자께서 갑자기 정의의 사자로 변한 것이다.

많은 학생들이 서서히 흩어지자, 그도 사무실로 돌아왔다. 문밖에는 여전히 50여 명의 학생들이 모여 있었다. 그들은 강의 자료비용 규정을 취소시켜 달라고 요구했다. 복도에는 호기심 많은 구경꾼들로 꽉 차 있었다. 이 일은 교착상태에 빠졌다. 나중에 교무처장인 고맹여(顧孟余) 선생이 비용을 거두는 일의 연기를 고려하겠다고 약속함으로써 이 일은 그렇게 해결되었다. 이른 바 연기는 물론 무기한 연기였다. 이것이 바로 당시 전국이 다 아는 북경대학교의 강의자료 비용 소동이다.

가장 심하게 소란을 피우는 사람은 흔히 사람들 등 뒤에 숨어서 큰 소리로 욕을 했다. 나는 이러한 교란분자 중 한 명의 키다리 청년에게 주목했는데 왜냐하면 그는 키가 너무 커서 사람들의 시선을 벗어 날 수 없었기 때문이었다. 나는 그를 알지 못했는데 나중에 학교에 의해 제적당한 일단의 학생들 중에도 그의 이름은 없었다.

몇 년이 지난 후 나는 그가 몹시 거드름을 피우는 관리가 되어있는 것을 발견했다. 나는 단번에 그를 알아보았다. 그의 모습은 절대 사람들이 잘못 알아볼 일이 없었는데 그의 욕하는 소리가 여전히 내 귓가에 맴돌고 있다. 그는 이미 수완이 뛰어난 정객이 되었고 수법이 악랄하고 음흉한 탐관오리였으며 항일전쟁 승리 직후 얼마 되지 않아 세상을 떠났는데 부정한 수단으로 모은 엄청난 재산을 남겼다.

수 년 후 나 자신을 반대하는 세력이 생겼는데, 그 이유는 내가 그들의 요구를 고려하기를 거절했기 때문이다. 한 무리의 학생들은 학교 대문을 닫고, 나를 사무실에 감금하였다. 호적지 선생이 나에게 전화를 걸어왔다. 그는 나에게 경찰을 불러와 곤경을 벗어나게 해 주기를 원하는지 물었지만 나는 정중하게 거절했다.

교문을 닫은 지 2시간 가량이 지났다. 수업을 마치고 집으로 가려는 학생들은 교문 안에서 아우성치며 나가기를 원했고, 문밖에서 수업을 하기 위해 들어오려던 학생들은 문 안으로 들어오려고 난리를 쳤다. 일단의 학생들의 우두머리는 하는 수 없이 자신들의 급우의 항의에 못 이겨서 결국 교문을 여는 수밖에 없었다.

내가 사무실에서 나올 때 나의 뒤쪽에는 일이십 명의 학생들이 따라다녔고, 어디를 가든 따라다니면서 욕을 해댔다. 고개를 돌렸을 때 몇몇 학생들이 바짝 내 뒤에 붙어 있다는 것을 알았다. 북경대학교 평의회는 내가 기억할 수 있었던 학생들과 후에 찾아낸 소란을 피운 학생들을 제적시키기로 결정했다.

여러 해가 지난 후 나는 우연히 곤명의 중앙항공학교 교정을 지나게 되었다. 항공학교는 원래 항주에 있었는데 전쟁이 나자 곤명으로 옮겼다. 갑자기 잘생긴 젊은 청년 장교 한 사람이 나에게 다가와 군대식 경례를 하고 나서 자기가 바로 북경대학교에서 제적당했던 학생이라고 말했다.

나는 그의 성실하게 생긴 얼굴과 건강미 넘치는 신체를 곧 알아 볼 수 있었다. 학원 분쟁이 일어났을 때 나의 등 뒤에 바싹 붙어서 보여주었던 그 추악한 모습은 완전히 바뀌었고, 그의 눈동자는 즐거움이 가득 찬 빛을 발산하고 있었으며 입가에는 웃음기가 감돌고 있었다. 이 우연한 만남은 서로를 매우 기쁘게 했다. 항공학교 교장이 와서 나에게 이 젊은 장교는 그들의 최우수 파일럿이며 교관중의 한 명이라고 말했다.

이러한 사례들은 학생운동에 각양각색의 분자들이 참여했다는 것을 설명하기에 충분했다. 분투목표에 대해 그 목표들이 사실상 옳고 그른지를 막론하고 깊은 믿음을 가지고 자기들의 행위에 대해 책임을 지려는 사람들은 결국 언제나 훌륭한 공민이라는 것을 증명했다. 그러나 교활하고 음흉한 생각을 가지고 있는 놈들은 대다수가 사회의 불량분자가 되었다.

학생들이 선택한 공격 목표는 종종 정부가 해결할 수 없거나 원만히 해결할 수 없는 국제적인 문제들이었다. 그래서 그들은 종종 국민들의 지지를 얻곤 했는데 그들의 역량 또한 바로 여기에 있었다. 중일간의 '사건'이 나날이 증가한 이후 학생들의 시위행진은 자주 일본인들에 의해 반일운동으로 해석되었다. 분쟁의 근원은 21개조의 요구사항과 베르사이유 강화조약이 야기한 산동 문제에 있었다.

극동의 세력균형이 깨진 이래로 일본은 거의 중국을 통제하는 특권을 향유했다. 문호 개방정책이 이미 중국 분할 정책을 대체하였다. 하지만 문호개방 정책은 반드시 세력 균형을 기초로 삼아야 하는데, 일단 세력 균형이 깨지면 중국이 걸어갈 수 있는 길은 오로지 두 길 뿐이었다. 그중 하나는 일본이 마음대로 유린하도록 방임하는 것이고, 또 하나는 바로 우리 스스로 분발하여 언제 어디서나 일본과 분명하게 싸우는 것이었다.

학생들은 분연히 일어나서 싸우기로 결정했는데 처음에는 데모, 시위, 수업거부와 일제상품 배척이었고, 이어서 방향을 바꾸어 북경정부를 공격하였는데 그 이유는 그들은 모든 폐단이 북경정부 자체에서 나온 것이라고 생각했기 때문이다. 그들은 공격할만한 중요한 국제적인 문제나 국내문제가 없다는 것을 알았을 때에는, 바로 학교당국과 맞섰다.

원인은 젊은이들의 심리상의 불안에 있었다. 일단 그들이 자극을 받아 행동을 취할 때, 이런 불안한 정서가 폭발했던 것이다. 이런 끓어 넘치는 정서를 억제시키려는 것은 매우 어려운 것이다.

청년 공산당원을 포함한 몇몇의 학생단체가 그들의 주의력을 노동운동과 노동자의 불안한 정서로 전이시켰다. 연해 통상항의 노동자들은 마침 행동을 취하려고 들썩들썩하고 있던 차였다. 철도 노동자들과 공장의 노동자들은 이미 소동을 벌이기 시작했고, 이러한 움직임은 각지에 만연되었다.

그들은 머지않아 학생들과 서로 협력하여 군중대회와 시위에 참여했다. 노동운동은 무시할 수 없는 무기였다. 광주의 국민당 정부는 일찍이 총파업으로 홍콩을 마비시켜, 이 영국 식민지를 18개월 동안 공상업 면에서 황폐화시켰다.

전국적인 반영감정은 민국 14년의 상해에서 일어난 '5 · 30 학살사건'으로부터 야기된 것이다. 5월 30일 그 날, 노동운동에 공감하는 사람들이 상해의 대로(남경로)에서 시위행진을 하자, 공동조계당국은 뜻밖에도 군중들에게 발포명령을 내려 많은 사람들이 총에 맞아 죽었고, 부상자는 더욱 부지기수였다. 노동자, 상인과 학생들은 국민당과 공산당의 지도하에 즉시 전면적인 파업, 철시, 수업거부를 개시하여, 상해는 재차 죽음의 도시로 변해 버렸다.

6월 23일, 광주의 학생, 노동자, 상인과 군인들은 잇달아 호응하여 반영 시위행진을 하였다. 군중행렬이 사면(沙面) 조계에 접근했을 때, 그곳에 주둔하고 있던 영국 군인들이 또 군중을 향해 발포했다. 그래서 홍콩의 각계 각층은 또 파업, 철시, 수업거부를 시작하여, 홍콩도 죽음의 도시로 변해버렸다. 북경의 영국 대사관의 중국국적의 고용인들은 학생들의 선동 하에 역시 파업에 찬성함으로써 이들 영국 외교관들은 오랫동안 요리사와 시중들 하인을 둘 수 없었다.

노동운동과 학생운동이 서로 호응한 이후로, 시위행진을 하는 사람들의 수효는 걸핏하면 수 만 명에 달했으며, 북경은 때때로 각양각색의 사람들이 참가하는 군중대회가 생겨나 거리의 시위행렬은 종종 그 길이가 수리(數里)에 이르렀으며, 군중들은 손으로 깃발을 흔들고, 소리 높여 구호를 외치니, 강개하고 격앙되어 있지 않은 사람이 없었다.

한 백계 러시아 사람은 이런 상황을 보고, 자기도 모르게 몹시 두려워하며 몸서리쳤다. 그는 전에 러시아에서 이런 집회를 적지 않게 보았는데, 그가 말하길 이는 혁명이 머지않아 도래할 징조이기 때문에 중국에서 계속해서 평화롭게 살 수 있을지 걱정된다고 했다.

학생들은 시위행진을 할 기회를 찾지 못했을 때에는, 일찍이 학교당국을 투쟁대상으로 삼곤 했었는데, 노동자의 상황도 역시 이와 마찬가지였다. 그들은 시위할 대상을 찾지 못했을 때에는, 고용주에게 분노를 터뜨렸다. 하지만 중앙정부나 지방정부가 파업한 노동자들에게 대처하는 것은, 학생들에게 대처하는 것보다 훨씬 간단했다. 그들은 어떤 때에는 무력으로 파업한 노동자들을 탄압했고, 어떤 때에는 아예 기관총으로 쓸어 버렸다.

단기서(段祺瑞)가 집권한 정부는 분명히 기관총이 모든 군중 행위에 대응하는 최상의 방법이라고 여겼기 때문에, 한 무리의 학생들이 집정부를 포위했을 때, 단기서(段祺瑞)는 무례하게 기관총으로 쓸어 버리라는 명령을 내렸다. 나는 사전에 이 소식을 듣고 정부가 이미 명령을 내렸기 때문에 만약에 학생들이 집정부를 포위하면, 군인들이 발포할 것이라고 말했다.

그래서 나는 학생들에게 위험을 무릅써서는 안 된다고 경고하고 대책을 마련하여 그들의 참가를 저지하려고 했지만, 그들은 이미 교내에서 대열을 이루어 집합하여 출발할 준비를 하고 있어서 결국 내 충고를 들으려고 하지 않았다. 그들이 집정부에 도착하자, 총알이 비 오듯이 그들의 머리 위로 떨어졌다.

나는 오후 4시 경에 참사가 발생했다는 소식을 듣고 바로 사건이 일어난 곳으로 달려갔다. 단기서 집정부 관저 앞의 광장에는 남녀학생 사상자들이 뒤엉켜 쓰려져 있어서 부상자와 사망자조차 구별하기 어려웠다. 구급차가 온 이후, 숨이 붙어 있는 이들은 모두 실려갔고, 결국 여전히 땅바닥에 누워 있는 20여 구의 사체를 남겨놓았다.

많은 중상자들은 병원으로 이송되는 도중에 죽어갔고, 훨씬 더 많은 사람들은 수술대 위에서 숨을 거두었다. 우리는 각 병원을 조사한 후에 사상자의 수가 100명 이상에 이른다는 것을 알았다. 이 숫자는 이미 상처를 싸맨 후 즉시 집으로 돌아간 사람들을 아직 포함하지 않은 숫자였다.

단기서 정부의 이런 행동은 전국에 걸친 보편적인 항의를 야기하여 단기서 정부는 결국 무너지고 말았으니, 이것이 원인 중의 하나였다. 학생세력이 이렇게 강한데다 이렇게 오만방자하게 날뛰게 된 데는 내가 앞에서 언급한 원인 이외에 또 다른 한 가지 원인이 있는데, 이것은 이 학생들 대부분이 당시 통치계급의 자녀들이라는 것이었다. 학생들의 반항운동은 또 자녀들의 부모에 대한 반항과 다름없다고 말할 수 있다.

부모 된 사람의 가장 곤란한 문제는 포악하고 오만불손한 자녀들에게 대응하는 것인데, 특히 이러한 자녀들의 행위는 오히려 이웃의 지지를 받았지만 노동자들의 사정은 이와는 달랐다. 그들의 부모나 친척은 정부관리가 아니고 또한 사회적으로 명성이 높은 사람도 아니었다. 그래서 그들의 운명은 경찰에게 채찍질을 당하거나 군인의 총검에

찔리게 되어 있었다. 단지 학생의 지도하에서나 혹은 학생과 협력을 할 때만 노동자들은 비로소 비교적 힘을 발휘할 수 있었다.

학생운동은 교내에서는 교사들의 지지를 받았고, 학교 밖에서는 또 국민당원과 공산당원의 지지를 받았기 때문에 세력은 더욱 강대해졌다. 이 밖에 또 기타 정치세력에게도 영향을 미치었다. 그래서 상황이 날이 갈수록 더욱 복잡해지고 위풍과 기세도 더욱 커졌다. 학생운동은 민국 8년에 시작된 이후, 그 배후에는 교원들의 지지가 자리하고 있었다. 청나라 시대의 첫 번째 학생운동 역시 교원의 지지가 있었다.

후에 교원들도 동맹파업을 일으키어, 북경정부에 밀린 봉급을 지급하라고 요구함으로써 상황이 더욱 복잡해졌다. 북경대학 및 기타 일곱 개의 국립대학교 및 전문대학의 교원들은 계속 제 때에 봉급을 받지 못했다. 그들은 항상 두 세 달 만에 비로소 보름치의 봉급을 받을 수 있었다. 그들은 수업을 거부하면, 통상적으로 교육부로부터 보름에서 1개월 치의 봉급을 더 받아낼 수 있었다.

언제가 한번은 수백 명의 교원들이 많은 학생들에게 둘러싸인 채, 모든 교육부의 사무실들을 점거하고, 밀린 봉급을 달라고 요구했다. 8개 국립대학교의 총장 및 학장들도 교육부로 가서, 중간에서 조정하는 일을 담당했다. 교원들과 학생들은 연합하여, 마린익(馬鄰翼) 교육부 차관에게 8개 학교 총장 및 학장과 함께 총통부로 가서 밀린 봉급을 지급할 것을 요구하라고 강요했다.

마 차관은 교육부 문 앞에 이르러서는, 하늘에서 비가 내리고 있는 것을 구실삼아 계속해서 밖으로 나가려고 하지 않았다. 그의 옆에서 걷고 있던 왕한(汪翰)이라는 학생이 곧 자기의 우산을 펴서 그에게 건네주고는 아주 솔직하게 "이보세요, 이 우산을 가지고 가시죠!" 하고 말했다. 그래서 차관은 어쩔 수 없이 계속 앞으로 나아가는 수밖에 없었고, 그 뒤에는 마찬가지로 심리적으로 별로 내키지 않는 8명의 총장 및 학장들이 뒤따랐다. 군중이 총통부에 가까이 이르렀을 때 헌병과 경찰들이 급히 문을 닫아 버렸다.

교원들과 학생들은 문밖에서 소리치며 들어가려고 했다. 갑자기 대문이 열리더니, 무장한 수많은 헌병과 경찰들이 우르르 몰려나와, 총검으로 난자했고, 총대로 마구 때렸다. 나이가 든 교원과 젊은 여학생들이 잇달아 도랑 안으로 떨어져서 어떤 사람은 온몸이 진창이 되고, 어떤 사람은 온 얼굴이 전부 핏자국이었으며, 울부짖으며 온통 아수라장이 되었다.

법정대학 교장인 왕가구(王家駒)는 마치 죽은 사람처럼 땅바닥에 누워 있었다. 북경대 정치학 교수인 이대교(李大釗)는 용감하게 나서서 병사들과 시비를 따졌으며 그들이 동정심이 없으며, 굶주리고 있는 가난한 교원들을 괴롭히지 말라고 야단을 쳤다. 북경대 국문과 교수인 마서륜(馬敍倫)은 이마를 얻어맞아 큰 혹이 났으며 코피를 흘리면서, 헌병들에게 "너희들은 단지 자기 동포인 중국인들만 때릴 줄 알고, 왜 일본인은 때리지 못하느냐?"고 고함을 질렀다.

마 교수는 후에 프랑스 병원으로 후송되어 치료를 받았는데 정부는 예전에 성장을 지낸바 있는 한 고관을 파견하여 위문하고 사죄의 뜻을 표했다. 병상에 앉아 있던 마 교수의 어머니는 "이 아이는 나의 외아들이고, 정부가 그의 생명을 뺏어 갈 뻔 했는데, 이것은 무슨 도리입니까?" 하고 말했다.

예전에 성장을 지낸 바 있던 이 고관은 대답하기를 "어머님 안심하십시오, 제가 관상 보는 법을 알고 있는데, 제가 이 동생의 용모를 보니 얼굴에 붉은 기가 넘치고 훤하니, 앞으로 반드시 운수가 대통할 것입니다. 어머님께서는 행복과 만수가 무강하실 것이니, 마음을 놓으시기만 하면 됩니다. 이 무식한 병사들이 제멋대로 법을 어기고 난폭한 행동을 한데 대해 정부가 진심으로 사죄를 드립니다. 어머님! 제가 어머님께 사죄를 드립니다."라고 했다.

노부인은 뜻밖에 이 고관의 구슬림에 조용해졌지만, 병실에 있던 다른 사람들은 거의 웃음을 터뜨릴 뻔 했다. 병원 침대에 누워있는 기타 교원들도 이 고관의 유머 때문에 얼굴에 웃음을 띠었다.

이 일은 결국 이렇게 지나가버렸다. 또 한 번은, 교원들이 재정부로 몰려가서 밀린 봉급을 요구했는데, 재정부 사람들은 한 사람 한 사람 뒷문으로 몰래 달아나버려, 결과적으로 빈방만 남아버리게 되었다. 한 번은 학생들이 모 강대국에 대응하는 정부의 외교정책에 불만을 품어, 외교부로 쳐들어가 큰 거울 하나와 정교한 의자들을 많이 부수어 버렸다.

학생, 교원과 노동자들이 연합하여 파업을 하고 수업을 거부하여, 북경정부와 중국의 권익을 침범하는 열강을 반대했다. 많은 일들이 일어난 이 수 년 동안에, 한두 차례 소란이 발생하지 않은 달이 거의 없었는데 수업 거부 아니면 파업이었다.

그 당시 대학교 총장 및 학장들은 정말로 대단히 골머리를 앓았다. 정부는 다만 어쩌다가 경비를 약간 지급했을 뿐, 왕왕 한 번 밀리면 1, 2년이나 미루어졌다. 학생들은 더욱더 많은 자유를 요구했지만, 정부는 질서유지와 규율을 엄격히 지킬 것을 요구했으며, 학교 내에서나 학교 밖에서든 일이 발생할 경우, 총장 및 학장들이 모두 책임을 져야 했다.

시위, 데모 혹은 폭동이 발생하면, 모든 사람이 즉각 총장이나 학장을 찾아가서 그에게 이편을 저지해 달라고 요구하지 않으면 저편을 도와 달라고 요구했다. 매번 전화소리가 울릴 때마다 총장이나 학장은 깜짝 깜짝 놀랐다. 총장이나 학장이 주야로 바쁘게 뛰어다니면서 얻은 유일한 대가는 양쪽 귀밑에 빠르게 증가한 흰머리였다.

내가 한 이 말들은 절대로 농담이 아니다. 나는 이 지나간 일들을 기록하고 나서 또 악몽을 꾸었는데 어느 때에는 젊은 남녀들의 시체가 북경거리에 누워 있는 것을 보았고, 어느 때에는 헌병들이 북경대학을 포위하고 대중의 지도자를 넘겨달라고 요구하는 것을 보았다. 꿈속에서 놀라서 깬 후에는 이리저리 몸을 뒤척이다 편안하게 잠을 자지 못했으며, 눈을 감으면, 비극이 하나씩 하나씩 다시 모습을 드러내었다.

어느 날, 나는 한 노교수와 북경 중앙공원의 측백나무 아래에서 차를 마셨다. 이 노교수가 일찍이 다음과 같은 말을 했는데 당시의 소란스럽고 불안한 상황을 대표하기에 아주 충분할 것이다.

"여기에서도 소요가 발생하고 저기에서도 소요가 발생하여 도처에 소요 투성입니다. 즉 어제는 수업거부, 오늘은 파업, 내일은 상가철시, 매일 파업, 파업, 파업입니다. 총장님, 당신은 어떻게 하실 작정이십니까? 이 상황이 도대체 언제까지 가야 끝나겠습니까? 어떤 사람은 새로운 정신이 이미 탄생했다고 말하지만 제가 보기에는 과거의 평화로운 정신이 정말 죽어 버렸습니다!"

제4부

국가 통일

제17장 헌정의 시험

군벌시대의 어느 날 저녁, 북경 주재 러시아대사 카라한이 연회를 베풀어 현지의 주요 인물들을 초대했다. 연회에 참석한 사람은 약 60명이었다. 요리를 내어오는데 새끼돼지구이 요리가 나오자, 자리에 참석한 일부 손님들이 한편으로는 앉아있는 국회의장, 부의장을 곁눈질해 보면서, 한편으로는 열기가 올라 김이 무럭무럭 나는 구운 새끼돼지를 보고 있다가 부지불식 간에 입을 가리고 웃었다.

킥킥거리는 이 웃음소리는 즉시 전체 손님들에게 전염되었고 오직 바로 그 국회의장과 부의장만이 정색하고 모르는 체 했다. 마지막에 나는 어떤 사람이 소련 대사에게 귓속말을 하는 것을 보았는데 결국 이 대사도 웃지 않을 수 없었다. 여기에는 하나의 이유가 있었는데, 과거에 인도네시아의 고무농장주와 광산주들은 항상 불법적인 수단으로 중국 노동자를 모집했다. 중국의 노동자 모집소는 남양을 마치 천국과 같다고 말하여, 약간의 돈을 써서 노동자들을 속여 남양군도로 오게 해서, 현지의 개발회사에 팔아넘겨 버렸다. 이렇게 상품이 되어서 팔린 불쌍한 사람들을 바로 '돼지새끼'라고 불렀다. 그들 중 어떤 사람들은 자신이 원해서 몸을 팔았고, 어떤 사람들은 근본적으로 어리석어서 얼떨결에 돼지처럼 팔려버렸다.

민국 초년에, 국회의원들이 뇌물을 받고 부정한 행위를 하여 평판이 매우 나빠져 보편적으로 멸시를 받았으므로 많은 사람들이 그들을 '돼지새끼의원'이라고 욕했는데 그 이유는 그들이 돈을 많이 주는 사람에게 자신을 팔았기 때문이다. 물론 절대 다수의 의원들은 정직하고 사심이 없었지만 이런 사람들은 전혀 조직이 없었기 때문에 국회 안의 불량분자들을 저지할 방법이 없었다.

그리하여 '돼지새끼'란 이름이 보편적으로 국회의원의 머리위에 씌워졌으며, 악인들이 사리사욕을 꾀하기 위해 작당을 할 때에는 선량한 사람들도 반드시 일치단결 해야지, 그렇지 않으면 선량한 사람들이 억울한 누명을 쓰게 되는데 그렇게 되면 결국 자업자득이 되어 버리는 것이다. 한번은 그들이 '만생원(萬牲園)'에 있는 '빈풍당(豳風党)'에서 연회를 베풀었는데, 어떤 이가 '빈(豳)'자를 "돼지가 산처럼 쌓였다"라고 해석하여, 사람들의 입을 통해 한동안 북경시 전역에 널리 전해졌으며, 이후 의원들은 감히 그곳에서 손님을 접대하지 못했다.

중국의 성문헌법의 관념은 미국에서 소개되어 들어온 것이다. 미국의 헌법은 미국 국민의 사상과 신앙의 구체적인 표현일 뿐만 아니라 국민생활의 발전에 근거하여 나온 것이다. 중국의 헌법은 단지 외국의 관념을 답습한 것이고 헌법의 초안을 잡은 사람이 마음대로 취사선택하여 중국인의 생활습관이나 사상관념을 근본적으로 고려하지 않은 것이다.

혁명 전 군주정시대 말년에, 신사 계급으로 구성된 '자의국(諮議局)'의 성과가 도리어 우수했는데 그 이유는 그들의 목적이 대체로 같았고 게다가 신사계급 속에 지도력이 있는 인재가 매우 많았으며, 동시에 각성의 순무들의 위엄과 명망이 매우 높아 자의국을 통제하기에 충분했기 때문이다. 중대한 문제에 부딪혔을 때, 자의국에서 정치적인 분쟁이 발생하는 일은 매우 적었다. 통과된 안건은 대체로 백성들의 복리를 위한 것으로 횡령이나 부정행위는 극히 드물었다.

민국 원년, 중산선생이 남경에서 임시 대총통에 취임했을 때, 참정회(參政會)가 현대 국회로 될 조짐이 상당히 컸었는데 그 이유는 참정

회원은 혁명 이익을 대표하고 있었고 게다가 혁명의 지도자가 일을 맡고 있었으며 손중산 선생이 총통을 맡아 대중의 기대를 한 몸에 받고 있어서 한동안 위엄과 명망에 있어서 그와 견줄 사람이 없었기 때문이다. 후에 원세개가 총통을 이어받자 국회에서 분쟁이 생기게 되었다.

혁명의 지도자들은 전제적이고 반동적인 원세개를 증오했고, 원세개도 혁명 지도자들을 증오했다. 그러나 그가 군대를 장악하여 무력으로 국회의원들을 위협하는 것을 불사했기 때문에 이후 국회 발전사에 나쁜 전례를 남겼다. 내가 여기에서 하나의 사례를 들어서 협박수단이 의회의 기풍에 끼친 나쁜 영향을 설명해도 무방할 것이다.

사건은 원세개를 총통으로 선출하였을 때 발생했는데 선출할 당시 사진사가 현장에서 사진을 찍었다. 당시 실내촬영에는 반드시 플래시라이트 가루를 사용해야 했는데 플래시라이트 가루에 불을 켤 때 눈부신 섬광과 귀를 진동하는 소리가 나게 된다. 플래시 가루가 터졌을 때 많은 사람들이 폭탄으로 생각하여 목숨을 구하려고 분분히 길을 헤치며 밖으로 뛰쳐나가 몸을 피했다.

어떤 의원은 탁자 밑에 숨어서 큰 소리로 "나는 원세개를 뽑았다!"라고 외쳤다. 그밖에 일부 의원들은 신발을 떨어뜨렸는데, 일이 끝난 후 밖으로 나가서 신발을 찾았다. 이 해프닝이 결국 국회사무총장인 장공권(張公權)을 탄핵하는 것으로 끝났을 때, (탄핵서에 이르기를) 그는 사진사로 하여금 '폭탄'으로 국회를 소란하게 해서는 안 되었다고 했다.

원세개가 총통을 맡고 있던 기간 중 일상적으로 활동하던 5, 6개의 정당들 사이에 분쟁이 자꾸 일어났으며 파벌투쟁과 감정투쟁이 대단히 치열하였다. 일반 백성들에게 경멸을 당하던 국회는 결국 원세개의 황제 즉위운동과 장훈의 복벽운동의 조류에 휩쓸려버렸다. 그러나 두 번의 운동이 잇따라 실패함으로써 국회도 회복되었다.

정치권력의 일부분은 각 성의 독군(督軍)의 손에 장악되어 있었고, 일부분은 유명무실한 중앙정부 수중에 장악되었는데, 이 시기 북경정부의 위신은 이미 땅바닥에 떨어져서 국회를 통제할 힘이 없었다. 북방군벌인 조곤(曹錕)이 뇌물로 선거에서 승리하여 총통이 된 후, 국회의 위신이 갑자기 추락했으며 이후 정세가 변화되면서, 국회의 명망은 더욱 날이 갈수록 악화되었다.

국회의원들 중 많은 사람들이 뇌물을 써서 선거에서 당선되었다. 세상의 불합리한 것에 분개하고 불만을 토로하기로 국제적으로 유명한 고홍명(辜鴻銘)이 나에게 말한 바에 의하면 언젠가 선거 때 컬럼비아대학을 졸업한 진박사(陳博士)라는 사람이 800원을 내어 그의 표를 샀는데 그는 돈을 받고는 천진(天津)으로 달려가서 골목을 한바탕 돌아다니고는 아예 투표를 하러 가지 않았다는 것이다.

후에 북경호텔에서 열린 국제적인 집회에서, 고홍명은 우연히 그 때 그 선거에 당선되기 위해 뇌물을 썼던 사람을 만나게 되었는데, 그는 모든 사람 앞에서 손가락으로 그를 가리키면서 영어로 "저 자식이 800원으로 나를 매수하였는데 여러분, 당신들이 보기에 나 고홍명이 이렇게 값싼 사람입니까?" 하고 말했다. 약간의 불량분자들이 이런 식으로 국회로 섞여 들어왔는데, 비록 이런 자들의 수는 많지는 않았지만, 돈을 가장 많이 주는 사람에게 의석을 팔았으므로 국회가 약간은 경매장소처럼 보이게 하기에 충분하였다.

북경학생들은 이제 그들의 공격목표를 이 '부패한 기관'으로 옮기기 시작하였다. 어느 날 오후, 수천 명의 남녀학생들이 국회를 포위하고, 의사일정에 교육과 관련된 의안을 상정하는 것을 취소하라고 요구했다. 그 결과 학생들과 경비 경찰들 간에 충돌이 빚어졌다. 일부 학생들은 화가 난 나머지, 며칠이 지난 뒤 천진에서 3개의 폭탄을 몰래 운반해 와서 의회를 폭파시키려 하였다.

이 일은 우리의 설득으로 저지되어, 결국 행동으로 옮겨지지 않았으며 성 밖으로 폭탄을 운반하여 강물에 던져버렸다. 몇 주가 지난 후, 한 어부가 그 중 한 개의 폭탄을 주웠는데 그는 폭탄을 손에 들고 이리저리 흔들면서 그 안에 도대체 무엇이 들어있는지 확인하고 싶어 했다. 쾅쾅하는 소리와 함께 폭탄이 폭발하면서 이 호기심 많은 어부의 피와 살점이 사방으로 흩어졌다. 경찰 측에서는 이 폭탄이 혁명하던 시기에 강물에 투척된 것으로 여겨 이 때문에 아무런 조사도 하지 않았다.

국회와 학생들 간의 충돌은 여전히 끊임없이 발생하였다. 국회의원들이 가장 먼저 인민대표로서의 권위를 확립하려 하자 학생들은 돼지새끼라고 되받아치며 그들을 비난하였다. 국회가 북경대학총장을 탄핵하려 하자 학생들은 돼지를 그린 깃발을 높이 추켜들고 시위행진을 하며, 국회를 때려 부수겠다고 큰소리쳤다.

국회 자신도 자신들의 약점을 잘 알았기 때문에, 결국에는 어쩔 수 없이 휴전간판을 높이 들고 나올 수밖에 없었으며 다시는 감히 학교와 학생들을 건드리려고 하지 않았다. 세상의 불합리한 모든 것에 분개하고 증오하던 고홍명은 학생들을 우습게 여겼고, 또한 국회의원들도 우습게 보았다. 어느 날 그는 나에게 "당신은 민주(民主)를 신뢰합니까? 이것은 참으로 민(民)이 미쳐 날뛰는 것입니다." 하고 말했다.

만약 한 기관이 대중의 미움을 받는다면 그것은 어쩌면 여전히 존재의 여지가 있는 것이다. 만약 이 기관이 대중의 차가운 풍자와 뜨거운 조소의 대상이 된다면, 설사 그것이 그중 적은 수의 사람들의 행위 때문일지라도 많은 사람들이 이 때문에 불행을 당할 수 있으며 그 기관 전체가 마치 가라앉는 배처럼 액운을 피할 수 없다. 중국 헌정 초기의 국회의 정황은 바로 이러하였다. 후에 어떤 군벌은 기회를 잡아서 국회를 아예 차버렸다.

우리는 두 개의 다른 각도로부터 군벌시대의 헌정(입헌 정치)을 볼 수 있다. 하나는 군벌이 위협과 이익에 의한 유혹을 받아 헌정을 파괴한 것으로서 그들은 단체를 지도하는 위신, 원칙이나 정책이 없었다. 원세개가 붕괴된 이후, 중앙정부의 권력은 이미 유명무실한 상태였고, 실제 권력은 서로 잔인하게 죽이는 각성의 독군(督軍)의 수중에 있었다.

그들은 법률이 무엇인지 전혀 상관하지 않았다. 그들은 자신들이 봉건 군대의 힘을 지니고 있다는 것만을 알고 있었다. 중앙정부는 헌정원칙을 유지할 수 없었으며 또 치국정책도 확립할 수 없었는데 사실상 이 정부는 이미 대수롭지 않은 존재여서, 많은 사람들이 지지할 만한, 그리고 반대할만한 가치도 없었다.

다른 하나는, 국회의원 중 국가이익에 관심이 있는 사람들이 아주 적었다는 것이다. 대부분 의원들이 늘 생각하고 있는 것은 오직 그들의 성이나 그들이 살고 있는 도시의 이익, 심지어 오직 자신의 이익뿐이었다. 그들의 국가이익에 대한 관념은 본래 매우 모호했기 때문에 국가대사에 대해 전반적인 원칙이나 정책이 있을 리 없었다. 지방의 일이나 개인의 이익을 제외하고는 조직도 없었고, 또한 지도력도 없었다.

중국인은 자유를 좋아하지만 조직이 있는 민주정치 즉 헌정에 대한 경험은 없었다. 또한 조직이 민주에 대해서 갖는 중요성에 대해서도 몰랐다. 중국과 서양의 국가사정이 다르기에 중국을 서양의 헌정 규모에 따르게 한다면 그것은 의심할 여지없이 동양의 차를 몰고 서양의 별을 향해가는 것과 같은 것이다. 그러므로 헌정시험의 실패는 사실 조금도 이상할 것이 없다.

중산선생은 또 이것을 감안하였기 때문에 그의 민주헌정계획 속에 훈정제도를 설계하여 이를 헌정정부로 이행하는 발판으로 삼았다. 그의 계획에 의하면 먼저 군정시기로부터 국가 통일에 도달하고 이어서 당이 정부를 관리하는 훈정시기로 진입하고 그 다음에야 비로소 정식 헌정시기로 이행한다는 것이었다.

민국 16년, 국민당의 북벌이 성공하여, 남경에 훈정정부를 건립하고 국회의 부패풍조를 타파하려고 전심전력을 다했다. 이후 10년간 국민당은 장개석 위원장의 영도하에 군벌을 제거하고, 전국을 통일했다. 일본군벌이 초래한 국난은 통일의 국면을 더욱 강화시켰다.

국가통일은 헌정을 실행하는 전제조건이다. 손중산 선생이 이미 건국의 원칙을 제정했기 때문에 오직 정부와 국회에 강력한 영도력이 있기만 하면 인민과 정부는 함께 법률을 존중함으로써 중국은 두말 할 것 없이 민주헌정의 길을 향하여 큰 걸음으로 매진하게 될 것이었다.

제18장 중산선생의 서거

> 출병해서 승리도 하기 전에 몸이 먼저 죽어,
> 오랫동안 영웅으로 하여금 눈물이 옷깃을 가득 적시게 하는구나.

이것은 두보가 제갈무후(제갈공명)를 읊은 시구이고, 송나라의 종택(宗澤) 원수가 이 시구를 빌려서 자신을 애도한 구절이기도 하다. 이 두 시구로 중산선생의 죽음을 묘사한다면 참으로 적절하기 이를 데 없다. 이 위대한 지도자는 40년 동안 국민혁명에 애쓰다가 불행히도 국가건설이 그를 필요로 할 때, 죽음의 신이 그를 빼앗아 가 버렸다.

민국 14년(1925년) 봄, 손 선생은 나라 일에 분주하게 침식을 잊고 일한 결과, 몇 달 동안 계속해서 건강이 좋지 않았다. 그는 공산당이 국민당에 참가하는 것을 허락한 후, 더욱 가일층의 행동을 취했다. 그는 중국이 여전히 분열되어 있으며, 동시에 단결을 해야만 힘이 생길 수 있다는 것을 감안하여 북양군벌의 초청에 응하여, 의연히 광동성을 떠나 북상하여 북경에 도착하여 국가 통일계획에 대해 논의하였다. 북상 도중에 그는 일찍이 우회하여 일본을 방문하여, 일본의 여당과 야당을 설득하여 그들로 하여금 통일된 강대한 중국이 일본에게 유리하다는 것을 믿게 하였다.

천진에 도착했을 때 그는 결국 병으로 몸져 누웠다. 나는 천진에 가서 손중산 선생과 부인을 알현하고 북경의 정치 상황을 보고한 뒤 며칠이 지나지 않아 북경으로 돌아왔다. 며칠이 지난 뒤 모두들 그를 천진에서 북경으로 호송했는데, 나는 역으로 가서 영접하였다. 느닷없이 차위에서 옛 친구인 호북인인 류마가(劉麻哥)가 뛰어 내려, 나의 멱살을 붙잡고 큰소리로 "잘 있었어. 너희들이 많은 공산당원을 양성해서 국가와 국민에게 화를 가져왔어."라고 했다. 나는 "마가, 무슨 터무니없는 소리야." 하고 말했다.

그는 웃으면서 "조심해. 공산당은 나쁜 놈들이야." 하고 말했다. 선생은 북경에 도착한 후에 병세가 여전히 위중하여 통일계획을 논의할 수 없었으며 계속 자리에 누워 일어날 수 없었다. 단기서 집정은 발에 병이 났다는 것을 구실삼아 가서 알현하지 않았다. 북경 협화 의원의 의사들은 선생의 병에 대해 모두 속수무책이어서 호적지 선생이 한방 의사인 육중안(陸仲安)을 추천했다.

그러나 손중산 선생은 한방약을 복용하는 것을 원하지 않았다. 그는 말하기를 그 자신이 의사이며 그는 현대의약이 속수무책일 때 한방의가 확실히 때로는 난치병도 치료할 수 있다는 것을 알고 있다고 했다.

그는 또 말하기를 "나침반을 갖추고 있지 않은 배가 목적지에 도착할 수도 있지만 나침반을 갖추고 있는 배가 어떤 때에는 도리어 목적지에 도착할 수 없다. 그러나 나는 차라리 과학기구를 이용해 항행하겠다."라고 했다. 친구들이 여전히 여러 차례 그에게 한방약을 들도록 권했는데 그는 친구들의 호의를 차마 지나치게 거역하지 못하고, 최후에 결국 동의했다. 그러나 이 나침반이 없는 배는 시종 피안에 도착하지 못했다.

손 선생은 거주지를 협화 의원에서 고소천(顧少川, 顧維鈞)[7]의 저택으

---

7) 顧少川 : 본명은 고유균(顧維鈞)이고 소천(少川)은 호이다. 그는 일찍이 미국의 컬럼비아대학에서 국제법학 박사학위를 받고 귀국하여 원세개의 비서를 거쳐서 파리강화조약 때에는 중국 측 대표로서 뛰어난 활약을 보여 국제적으로 명

로 옮겼다. 고유균의 저택은 널찍하고 웅장하고 화려했으며 17세기에 지어졌는데, 원래 유명한 미인인 진원원(陳圓圓)이 살던 집이었다. 진원원은 명나라 장수인 오삼계의 처로서 전해지는 말에 의하면 오삼계가 틈왕(闖王) 이자성의 수중에서 진원원을 구조하기위해 명나라를 배반하고 청나라에 항복하는 것도 불사했으며 청병을 인도하여 중국 본토 내로 들어왔다고 한다.

민국 14년 3월 12일 새벽에 행원고문(行轅顧問)인 마소(馬素)가 나에게 전화를 걸어 손 선생이 이미 임종상태에 들어가셨다고 통지해 주었다. 나는 급히 손 선생의 임시 거처로 달려갔다. 내가 그의 침실에 들어갔을 때 손 선생은 이미 말을 하실 수 없었다. 내가 도착하기 조금 전에 손 선생은 "평화, 분투, 중국을 구해……"라고 말씀하셨다고 한다.

이것이 그의 최후의 유언이었다. 모두들 응접실로 물러나와 서로 마주 바라보았다. "선생께서 아직 건강을 회복할 가망이 있으신가?" 하고 한 국민당 원로가 가볍게 물었다. 모두들 머리를 흔들면서 무어라고 말을 하려고 하다가 그만두었다.

침묵은 갈수록 사람들을 질식시켜, 거의 피차간의 호흡을 분명히 들을 수 있었다. 시간이 1분 1초씩 소리 없이 지나가는데 어떤 사람들은 벽에 기대어 멍하니 천장을 쳐다보았다. 어떤 사람들은 소파에 드러누워, 눈을 감고 깊이 생각에 빠졌다. 또 몇 명의 사람들은 살금살금 손 선생의 침실로 들어갔다가, 아무 말 없이 응접실로 돌아왔다.

성이 높았으며 북양정부 시절에는 총리를 지냈고, 국민정부시대에는 주미대사를 거쳐 네덜란드 헤이그에 있는 국제사법재판소 재판관을 지냈으며, 중화인민공화국 정부수립 후에는 한때 전범으로 지명수배 되기도 했으나 1979년 중미간의 국교가 수립된 이후에는 상당한 예우를 받았고, 1986년 99세를 일기로 미국에서 세상을 떠났다.

갑자기 응접실 안에 있던 사람들이 모두 귀를 잔뜩 기울여 자세히 들어보니 침실에서 훌쩍이며 우는 소리가 은은하게 들려오다가, 이 은은한 울음소리가 큰 소리로 우는 통곡으로 바뀌었다. 즉 위대한 지도자가 이미 세상을 뜨신 것이다.

우리가 침실로 들어갔을 때, 우리는 손 선생의 아주 맑고 평온한 모습을 발견했는데, 마치 편안히 잠드신 것 같았다. 그의 아드님인 손과(孫科, 哲生)선생이 침대 옆 의자에 앉아 있었는데, 멍청히 두 눈을 크게 뜬것이 마치 돌로 만들어진 사람 같았으며, 손부인(宋慶齡)은 침대위에 엎드려, 이불 속에 얼굴을 파묻고 흐느껴 울고 있었는데, 울음소리는 슬픔과 괴로움에 젖어있어서, 사람들의 마음을 몹시 아프게 했다. 왕정위(汪精衛, 汪兆銘)는 침대 머리맡에 서서 큰 소리로 통곡을 하면서, 손수건으로 흐르는 눈물을 닦았다. 연세가 많이 드신 오치휘(吳稚暉) 선생은 양손을 뒤로 하고 한쪽에 눈물을 글썽거리고 서 있었다.

국기를 덮은 중산선생의 유해가 여러 사람에 의해 마주 들려서 대청을 나올 때, 보로딘(Borodin)이 탄식을 하며 나에게 말하길 "만약에 손 선생이 몇 년, 심지어 몇 개월이라도 더 생존하셨더라면, 중국의 정세가 아마도 완전히 변모했을 것"이라고 하였다.

협화의원의 검사결과, 중산선생이 간암으로 돌아가셨다는 것을 알게 되었다. 손 선생의 영구는 중앙공원의 사직단에 안치되어 누구나 사후의 모습을 참배할 수 있도록 하였다. 일주일 동안, 매일 적어도 2, 3만 명 정도의 사람들이 와서 그들의 지도자에게 최후의 경의를 표하였다. 출상행렬은 길이가 4, 5리 정도로 길었고, 발인에 참여한 사람들은 10만 명 이상이었는데, 초등학교부터 대학교에 이르는 학생들 전부, 교원, 정부관원, 상인, 노동자와 농민들이었다.

영구는 북경에서 약 15리 떨어진 서산 벽운사(碧雲寺)의 석탑에 임시로 안치되었다. 석탑은 수백 년 전에 건조되었는데, 약간 티벳 풍을 띠고 있으며 흰색 대리석으로 건조되었다. 탑의 꼭대기는 도금한 청동으로 만들어졌다. 석탑은 벽운사 남쪽에 높이 솟아있고, 사방이 오래된 소나무로 둘러싸여 있었다. 봄바람이 부는 가운데 소나무가 조용히 소리를 내고, 향기가 코를 찌르고 있었다. 푸른 하늘은 맑고 깨끗하며 도처가 잔디이고, 졸졸 흐르는 시냇물은 벽운사 처마 끝의 풍경소리와 서로 호응하여 맑고 가벼운 음악소리를 만들어내고 있었다.

평생을 과학과 분투에 힘쓴 손 선생은 이제 드디어 예술과 자연이 이루어놓은 아름다운 환경 속에서 편히 잠들게 되었다. 중국 혁명의 지도자는 편안히 잠들었지만, 그가 영도하던 국민당 내부에는 분쟁이 생겼다.

국민당의 일부 고위간부들은, 북상하여 중산선생의 장례식에 참석하는 기회를 이용하여, 서산에 있는 그의 임시 능묘 앞에 모여, 국민당 내에서 세력이 나날이 팽창하고 있는 공산당에 대해 어떻게 대응할지를 논의했다. 이들이 바로 이후의 소위 서산회의파(西山會議派)이다. 회의 중에 어떤 이가 울면서 "선생님, 선생님께서 저희들을 떠나시고 나니, 당을 배반한 공산당 분자들이 우리 당을 소멸시키려 하고 있습니다."라고 말했다.

그리하여 이중 당적을 지닌 공산당원들과 일단의 친공 분자들이 손선생 영전에 이르러, 회의를 해산시켰다. 이후, 국민당의 정식당원들과 이중 당적을 지닌 공산분자 사이에는, 불화가 나날이 심해졌다. 2년 후, 민국 16년(1927년)에 국민혁명군이 남경을 점령하자, 국민당은 당내 숙청을 개시하여, 공산당원들은 마침내 당에서 축출당했다.

나가륜(羅家倫) 선생이 책임 편집한 《국부연보(國父年譜)》 738쪽에는 중산 선생의 민국 14년 북경에서의 치료 상황을 게재하고 있는데, 그 기록은 아래와 같다.

18일, 협화의원에서 철사자골목(鐵獅子胡同)의 임시 처소로 거처를 옮겼다. 그날 선생은 협화의원을 떠나서, 병원에서 특별히 준비한 차를 타고 철사자 골목의 임시 처소에 이르렀다. 가족과 친한 친구들 대다수는 병원에서는 이미 절망을 선고하였지만 선생님의 수명을 연장하기 위해서는 여전히 어떠한 대책이든 아끼지 않고 취해야 한다고 생각했다.

그래서 한방의사인 육중안을 추천하는 분이 있었는데 그 원인은 육씨가 이전에 호적박사의 병을 고친 적이 있어서 호씨가 진언하면 선생이 아마 단호히 거절하지는 않을 것이기 때문이었다. 그래서 이탄영(李坦嬴, 李石曾)으로 하여금 천진에 가서 호씨를 방문하여(당시 호적은 일이 있어서 천진에 갔다) 온 이유를 알리고 함께 돌아오도록 약속하게 했다. 그런데 호씨는 처음에는 의사를 추천하는 일이 책임이 너무 크다고 난색을 표명했다.

후에 북경에 도착하여 왕조명(汪兆銘) 등을 만났는데 그들은 환자를 보살피고 있는 사람들이 모두 두려움과 초조함에 휩싸여 있으며, 선생님의 생명을 구하는 것이 첫 번째라고 생각하지 않는 사람이 없으며 그리고 선생님은 평소에 호씨에 대해서 매우 친절하게 대해 주셨으므로 낯선 사람으로 바꾸어 가서 말하면 혹시 받아들일 수도 있을 것이라고 강력히 주장하였다. 그리하여 호씨는 육씨와 함께 갔다. 호씨가 먼저 병실에 들어가서 진언하였다. 선생께서는 호씨에게 "호적 군, 자네가 알다시피 나는 서양의학을 공부한 사람일세."라고 말하였다.

호적이 "한번 시도해 보아도 무방할 것입니다. 약을 복용하느냐 하지 않으냐는 다시 선생님께서 직접 결정하세요."라고 말했다. 말이 여기에 이르자 침대 곁에 있던 손 부인이 얼른 틈을 보아 "육 선생께서 이미 여기에 계신데 한번 만나보는 것이 어떻겠습니까?" 하고 말을 마치고는 즉시 선생님의 손목을 꽉 잡자, 선생님은 머리를 끄덕이면서 슬프고 애석한 표정을 지으며, 다시 그 뜻을 거스르려고 하지 않은 듯 손을 내밀고는 얼굴을 돌려 안쪽을 바라보았다. 손 부인은 즉시 몸을 돌려 침대 안쪽으로 앉으면서, 눈길을 선생님과 마주했다.

제19장 군벌반대 운동

여러 해 동안 학생들의 시위와 수업 거부로 시끄러웠고, 게다가 군벌들이 서로 잔인하게 살해하여, 북경정부의 세력은 한 번 좌절되고 나서 다시는 재기하지 못했지만 군벌들은 마치 인도의 지역대왕들처럼 각성을 통치했다. 북경의 중앙정부 수뇌는, 인근 각성의 지원을 필요로 하지 않은 적이 없었으며, 만약 군벌이 태도를 바꾸면, 언제든지 북경 시내로 거침없이 진입할 수 있었다. 북경정부의 각성에서의 입지는 갈수록 취약해졌고, 정권자체도 따라서 안정을 잃고 휘청거리게 되었다.

어떤 한 군벌이 북경에 진입하여 정권을 장악하면, 다른 한 군벌은 곧 음모를 꾸며 그의 지위를 빼앗아 대신 들어섰다. 정권을 장악한 사람이 만약 민의의 강렬한 반대에 부딪히면, 예를 들면 학생들의 시위 행진을 만나면, 다른 군벌이 그 기회를 이용하여 중간에서 이익을 취하였다. 권모술수, 내전, 쿠데타, 각종 정치 세력이 수완을 부려, 연합, 분열, 이간, 포섭을 한 결과, 북경정부는 수시로 주인이 바뀌었다.

내가 북경에서 처음 9년 동안, 보았던 변천은 참으로 너무 많았는데, 기억 속에 남아 있는 것은 산더미처럼 쌓여 있는 난잡하고 혼란스러운 희비극의 장면들이었다. 나는 마치 이집트 사막의 피라미드처럼 대열을 이루어 왕래하는 낙타의 그림자가 석양이 내려앉은 넓은 모래밭 위에 드리워지고, 낙타 방울이 슬픈 가락을 연주하여, 저녁노을 속에서 은은하게 울려오는 것을 담담하게 바라보고 있는 것 같았다.

북경정부의 경제상황은 매우 곤궁하였는데, 국고에 들어가야 할 수입이 모두 각성의 군벌에게 압수당하여 그들의 개인군대를 유지하는데 이용되거나 또는 개인의 주머니로 들어가 버렸다. 중앙정부는 일반적으로 매우 높은 이자로 은행에서 돈을 조금 빌릴 수 있을 뿐이었는데, 이 적은 돈 중 일부는, 또 정부를 지지하지만 만족을 모르고 계속 재물을 요구하는 군벌들을 회유하는데 사용하지 않으면 안 되었다.

우리는 앞에서 교원의 봉급이 밀린 상황에 대해 이미 언급했었다. 교원만이 이러한 것이 아니라, 정부관원과 외국주재사절의 봉급도 자주 한번 밀리게 되면 여러 개월 심지어는 여러 해 동안 밀리곤 했다. "북경 정부의 앞날은 도대체 어떻게 될까요?" 하고 하루는, 한 미국 외교관이 이렇게 나에게 물었다. "그것은 마치 강가의 모래톱의 탈수상태에 있는 말 조개처럼 날이 갈수록 물이 말라서, 최후에는 단지 하나의 조개껍질만 남게 될 것입니다." 하고 나는 대답했다.

정세가 해마다 나빠져서, 마침내 백성들이 정부에 대해 마지막으로 가지고 있던 약간의 경의도 사라졌다. 학생들은 북양정부의 위신을 훼손시키는데 가세하였고, 군벌들은 북양정부를 몽땅 북경의 흙먼지 속에 묻어 버렸다. 수년 후에 미국에서 그 미국 친구를 우연히 만났는데, 그가 나에게 조개껍질 이야기를 잊었느냐고 묻기에, 나는 잊지 않았다고 대답했다.

그 때에, 광주의 국민혁명운동은 일사천리의 기세로 발전하여, 국민당의 혁명운동은 계속해서 대중의 지지를 누렸는데, 특히 지식인과 학생, 심지어 북양 군벌 중의 일부 진보세력 조차도 국민당에 찬성했다. 한 바구니에 들어 있는 썩은 귤 속에서, 어떤 때는 또한 몇 개나마 좋은 것을 찾을 수도 있는 것이다.

중산선생은 비록 세상을 떠났지만, 국민당의 정신은 시종 기가 꺾이지 않았다. 손 선생이 세운 혁명무력의 핵심은, 장개석 장군이 교장으로 있는 황포군관학교에서 계속해서 크게 발전하여, 수년이라는 매우 짧은 기간 동안에, 장장군의 국민혁명군은 이미 훈련을 끝내고, 언제든지 북양군대에 치명적인 타격을 줄 수 있게 되었다.

민국 16년 즉 1927년에, 혁명군은 매우 세찬 기세로 신속히 북벌을 단행하여 좌익은 화중(華中)으로 진입하여 한구(漢口)로 내려갔으며, 우익은 복건 성과 절강 성의 연해를 따라 북상하여 항주에 도달해서, 계속하여 양면 공세를 취하여 남경에서 합류하였다. 혁명군은 남경을 점령한 후, 마침내 남경을 국민정부의 수도로 삼았다.

국민혁명군이 북벌을 시작한 그 해에, 북양군벌인 장종창(張宗昌)이 동시에 북경을 점거하였는데, 악명 높은 이 군벌은, 소처럼 건장하고, 돼지처럼 머리가 둔하며, 호랑이처럼 성질이 포악하였다. 그의 날카로운 발톱은 언제든지 그가 싫어하는 모든 사람들이나 혹은 그가 탐을 내는 모든 예쁜 여인들에게 뻗칠 수 있었다. 나는 이전에 한 치안위원회 석상에서 그를 몇 번 만났는데, 당시에 나는 이 위원회의 위원 중한 명이었다.

그의 상판은, 정말로 보기만 해도 두려움을 주었다. 경보(京報) 편집장인 소표평(邵飄萍)이 총살당하던 그날 저녁에, 북경정부의 전 총리인 손보기(孫寶琦)가 나의 이름이 이미 블랙리스트에 올랐다고 알려주었다. 나는 마수의 그림자가 이미 나에게로 뻗쳐 온 듯한 느낌을 받았다. 때마침 왕량주(王亮疇, 王寵惠)가 방문하였는데, 나는 깊이 생각하지 않고, 얼른 군경(軍警)이 단속할리 없는 그의 붉은 패말이 달린 자동차에 뛰어올라 동교민항 대사관구역으로 달려가서, 육국(六國) 호텔 벽실에서 묵었다.

이튿날 미국 대사관으로 달려가서 한 미국친구에게 농담으로 "나는 매일 제국주의를 타도하자고 소리쳤는데 지금 제국주의 품속으로 뛰어들어 보호를 요구하고 있어."라고 말했다. 또 총장실 비서 겸 정치학 교수인 이수상(李守常 , 李大釗)과 여학생 장읍란(張挹蘭) 등 6~7명이 계속하여 대사관 구역의 옛 동청철도 사무소로 몸을 피했다. 그들은 후에 장작림이 파견한 군대에 의해 체포되어, 교수형에 처해졌다. 나는 육국호텔에서 3개월간 거주하면서, 자주 붓글씨 쓰는 일로 소일을 했다.

육국호텔에 함께 거주한 사람이 몇 명 있었는데, 지질학 교수이며 후에 중앙 연구원 원장에 임명된 주류선(朱騮先, 朱家驊)도 그 중의 한 명이었다. 많은 친구들이 종종 우리를 방문했지만 그곳에서 3개월 동안 갇혀 있으려니, 비록 그곳이 호화로운 '감옥'이긴 했지만 견디기가 힘들었다.

우리는 줄곧 그곳에서 북경을 빠져나올 방도를 강구하여, 후에 상황이 비교적 약간 느슨해졌을 때, 잇달아 빠져나왔다. 나의 한 친구에게 젊고 유능한 부인이 있었는데, 내가 북경을 도망쳐 나올 수 있었던 것은 그녀가 단독으로 계획한 것에 의해서였다. 그녀는 나의 아내로 가장하여, 오래된 마차에 같이 타고 나를 동쪽 역까지 데려다 주었는데, 도중 내내 의외로 경찰의 감시망을 피할 수 있었다.

낯선 사람이 나를 한번 쳐다보기만 해도, 나는 매우 놀라서 살이 떨릴 정도였지만, 나는 겉으로는 여전히 태연스러운 모습인 척 했다. 나는 인파 속을 비집고 들어가서 천진 행 기차를 탄 후, 천진에서 영국 상선을 타고 상해에 도착했다. 배에서 주류선과 마주쳤는데 그는 마침 상해를 경유해서 광주로 갈 예정이었으며, 후에 그는 광주에 있는 중산대학교 총장직을 맡았다. 나 자신은 상해를 경유해서 항주로 갔다. 당시 상해-항주 간 철도가 이미 끊어져 있어서 나는 우회하여 항주로 가는 수밖에 없었다.

이때, 하경지(何敬之, 何應欽)[8] 장군이 이끄는 국민혁명군이 아직 절강성에 도달하지 못하여, 북경정부가 임용한 절강 성장이, 의거를 일으켜 북양정부에 항거하고 국민혁명군에 귀순할 준비를 하고 있었다. 내가 그를 방문했을 때, 그는 나에게 남방 집단에 참가할 계획을 밝혔다. 그는 나에게, 이미 천명의 사람들을 파견하여 철도를 따라 강소성과의 접경지대에 진주시켜서 강소성-절강성 간의 철도가 이미 끊어졌다고 말했다.

나는 마음속으로 그가 틀림없이 다른 사람의 승리에 도취되었을 것이라고 생각했는데 그렇지 않으면 그가 어떻게 실력이 자기보다 열 배

8) 何敬之 : 본명은 응흠(應欽)이고, 경지(敬之)는 호이다. 그는 장개석총통의 심복으로서 국민혁명군 창설이후 줄곧 군의 요직을 맡았으며 대만에서 96세를 일기로 세상을 떠났다.

나 강한 적과 싸우려고 시도할 수 있겠는가라고 생각했다. 이튿날 아침, 나는 곧 항주를 떠나 우회하여, 다시 상해로 돌아왔다. 몇 주 후에, 그의 군대는 북군(북양정부군)과 싸워 참패했다. 북군이 항주에 진주했을 때, 그는 체포되어 처형되었다.

얼마 안 가서 북양군벌의 운명이 역전되어서, 국민혁명군이 항주에 진격하여 점령하였다. 나는 재차 서호 호숫가로 돌아왔다. 항주사람들은 열렬히 국민혁명군을 환영하였다. 이 현대적 장비를 갖춘 군대가 승리하여 항주에 진군했을 때, 수천수만의 시민들이 만면에 웃음을 띤 얼굴로 줄지어 환영하였다. 나는 사람들 사이에 서서 관망하고 있었는데, 너무나 기뻐서 가슴이 몹시 두근거렸다. 16년이 지난 후에, 현대화된 중국군대의 신망이 새로이 형성되기 시작했다.

약 1년 후, 장총사령관은 민국 17년 즉 1928년에 부서 배치를 끝내고, 북벌을 계속할 준비를 했다. 그가 지휘하는 군대는 장강을 건너, 진포로(津浦路)를 따라 북경을 향해 전진했다. 북벌군이 산동 성 제남부(濟南府) 가까이 이르렀을 때, 일본인들은 중국이 통일될까 두려워하여, 산동의 권익과 일본 황민의 생명과 재산을 보호한다는 구실로 결국 청도(靑島)에서 군대를 파견하여 교제로(膠濟路)를 따라 제남을 향해 전진했다.

그들의 목적은 '사건'을 일으켜서 중국의 통일계획을 파괴하는 것이었다. 소위 '사건'은 물론 중국과 일본 사이의 공개적인 충돌이다. 일본군은 제남부에서 산동 교섭원과 그의 부하들을 학살하여 이것으로서 중국의 보복 행동을 불러일으키길 희망했다.

장 총사령관은 일본인의 음모를 간파하고, 작은 일을 참지 못하여 큰 계획을 그르칠까 염려하여 잠깐 동안 그 예봉을 피하기로 결정하고, 국민혁명군의 선두부대를 산동에서 차출하여 전격적인 방법으로 신속하게 황하를 건너, 북경으로 육박하게 하였다. 그리하여 국민혁명군은 제지를 받지 않아서, 통일목표는 이로 인해 실현되었다. 일본군대는 산동에서 결국 허탕을 쳤다. 국민혁명군이 도착한 후에, 북경은 즉시 점령당하고, 종이호랑이인 북경정부는 남풍이 불자 곧 쓰러져버렸다.

민국 16년에 국민혁명군이 항주에 진입했을 때, 나는 성 정부위원 겸 교육청장으로 임명되었다. 내가 정부에서 일을 맡은 경험은 항주에서 시작되었다. 항주는 절강 성의 성도이고, 내가 청년 시절에 공부했던 곳이다. 성 정부는 성 정부위원회로 구성되어 있었다. 국민정부는 남경에서 수립되기 이전에, 모든 성 정부위원 및 주석은 모두 국민혁명군 총사령관 장개석 장군이 임명하였다.

성 정부위원 중 5명은 각각 민정청장, 재정청장, 군사청장, 건설청장과 교육청장을 겸임하고 있었다. 성 정부 위원회 위에는 국민당 중앙정치회의 절강 성 지부가 있어서, 성 전체의 일반 정책을 책임지고 있었으며, 정책이 결정된 후에는 성 정부에 명령을 내려 집행하도록 했다. 회의의 주석(의장)은 성 주석인 장정강(張靜江) 선생이 맡았고, 나는 비서장에 임명되었다. 이것이 내가 첫 번째로 맡은 국민당 요직이다. 후에 성 지역의 정세가 점점 안정되자, 정치회의 지부는 결국 폐지되었다.

성 정부는 남경의 국민정부와 마찬가지로 개혁과 건설정신으로 충만되어 있었는데 중앙정부의 중대한 시정(施政)은 다음 장에서 설명하도록 하겠다. 성정부의 건설계획은 매우 방대했지만 혁명 후에 이 계획은 비용부족의 한계를 피하기가 어려웠다.

그리하여 도로를 포장하는 일만 집중적으로 하여 수 년 내에 수많은 도로를 포장하였다. 성도 자체도 수많은 도로를 성정부의 지정(指定)을 거쳐 확장하거나 추가 건설하였다. 2년 후에 항주시내에 수많은 넓고 큰 도로가 추가로 건설되었다. 서호연안과 소제(蘇堤)에도 도로를 뚫어 서산의 각 명소와 직접 통하게 하였고 또 다른 도로는 상해와 연결되어 주말 관광객을 자주 불러들였다.

삼년이란 짧은 시간동안에 항주는 모습이 몰라보게 변모하였다. 시내지역과, 서호의 호숫가와 호수근처의 산기슭에는 새로 지은 양옥 별장들이 마치 우후죽순처럼 많이 생겨나 인구가 격증함으로써 상업도 한동안 크게 번성하였다.

각 현과 도시에도 수많은 전등공장이 새로 지어졌다. 몇몇 시골에는 증기펌프가 설치되어 논에 물을 대었다. 절강 성은 견직업의 중심지였기 때문에 정부는 과학적인 양잠법을 제창하기 시작하여 과학적인 방법으로 누에알을 키운 다음 양잠을 하는 사람한테 전매하였다.

첫해에 과학적인 양잠법은 심한 반대를 받았는데 그 이유는 양잠하는 사람들이 전통적인 방법으로 양잠하는 사람들의 영향을 받아 과학적인 양잠법의 효능을 의심했기 때문이었다. 그러나 말보다는 실제로 보여주는 것이 나은 것으로 이듬해 정부가 신식방법으로 생산한 누에는 공급이 수요를 따르지 못했다.

전조(田租)제도를 개선하기 위해 정부는 성 전역의 농경지를 조사하였는데 이 일은 여러 해 동안 계속되었다. 절강 성이 취한 방법은 공산당이 농지에 대해 취한 격렬한 방법과는 완전히 대조를 이루었다. 절강 성은 비교적 온화한 '25감세'라는 방법을 채용하였는데 이것은 소작농이 지주에게 지불하는 전조를 보편적으로 25% 인하하는 것이다.

소작농은 보통 주요 작물 수확량의 50%를 지주에게 전조(田租)로 주었다. 하지만 '25감세' 이후에는 소작농은 수확한 작물의 37.5%만 주면 되었다.

전조의 세율은 이미 수백 년 동안 유지되었고 계산방식 또한 각 지역마다 차이가 있었는데 '25감세'를 실시한 이후 몇몇 지방의 소작농들은 큰 이익을 얻었지만 다른 지방에서는 이 감세방법이 지주와 소작농간의 심각한 분쟁을 야기시켰다.

감세위원회가 접수한 소송사건은 산적하였고, 각성에서는 자주 분쟁이 일어나 이 감세 방법은 결국 몇 년 후에 폐기되었다. 감세를 가장 강력하게 추진한 심현려(沈玄盧, 沈定一)라는 사람은 암살되었는데 사인(死因)이 아직까지도 밝혀지지 않았다. 오래 지나지 않아 문맹타파운동이 시작되었다. 6, 7년 동안에 초등학교를 제외한 단기 민중 문맹퇴치반이 수천 개 증가했다.

성내의 교육제도는 새로운 실험을 한차례 하고 있었다. 국립절강대학교가 세워졌고 나는 총장직을 맡게 되었다. 절강대학교는 고등교육을 주관할 뿐만 아니라 성 전역의 공립학교를 주관하였다. 교육청은 없어지고 절강대학교의 총장이 성 정부위원이 되었다. 다른 두 성도 이것을 모방하여 각각 대학교를 세웠다.

2년 동안의 실험을 거친 후 다른 몇몇 성에서는 내부분쟁과 정치적인 논쟁이 벌어져서 이 제도는 전체가 결국 민국 18년(1929년)에 폐지되었는데 당시 나는 국민정부 교육부 장관을 맡고 있어서 이 제도를 만든 것도 없애버린 것도 모두 나였다.

나는 항주에서 꼬박 1년을 살았고 이듬해에 교육부 장관직을 맡고 동시에 절강대학교 총장도 겸임하여 자주 남경과 항주를 왔다 갔다

하였다. 민국 18년 나는 절강대학교 총장 겸직을 사직하고 남경에서 다시 1년을 거주하였으며 후에 중앙대학 총장 교체와 노동대학 폐교로 인한 원로들과의 의견 불일치로 부득이 사퇴하지 않을 수 없었다.

당시 나는 혈기 왕성한 나이에 성질도 급하여서 정책을 결정함에 있어서 반드시 이것을 끝까지 관철시키려 하였고 융통성을 보이려고 하지 않았다. 나 자신은 힘을 다하여 노력을 한다고 여겼던 것이 오히려 다른 사람들에게는 자기 고집대로 하는 걸로 비쳐졌다. 나는 원래 조상 대대로 절강 성 동부지역에 살아서 서당 개 삼년이면 풍월을 읊는다고, 소흥나으리들의 큰 문제는 잘 수습하여 작게 만들고 작은 문제는 아무 일이 없는 것으로 만드는 비법에 대해 아주 잘 알고 있었다. 오늘날에는 이것이 다른 사람들의 의견과 배치되어 자연히 난관에 부딪칠 수밖에 없었다. 무력혁명은 어렵고, 정치혁명은 더욱 어렵고 사상혁명은 가장 어렵다는 것이 내가 얻은 교훈이다.

내가 사직하기 전날 밤 오치휘 선생이 갑자기 교육부를 찾아왔는데 번쩍번쩍하던 두 눈의 눈빛이 당시 전등이 흐릿했던 남경의 깊은 밤에 더욱 분명하게 보이는 것 같았다. 이 노인장은 나에게 중앙대학과, 노동대학 두 학교가 무슨 잘못을 했는지 물었고 가서 따지겠다는 것이었다. 이 노인장의 견해에 따르면 장관(당시 필자가 맡은 교육부 장관)은 국가의 정사를 주관하는 대신이니 당연히 국가대사에 더 많이 힘을 쓰고 학교일 같은 작은 일은 적게 관여해야 한다는 것이었다. 결국 그는 나를 손가락으로 가리키면서 성난 목소리로 "당신은 정말 대신(大臣)의 품격이 없소."라고 말하였다.

나는 공손히 자리에서 일어나 "선생님 앉으시지요, 제가 저의 잘못을 아는데 어찌 이러십니까?" 하고 대답했다. 다음날 나는 사직을 하고 며칠 후 남경을 떠나 북경대학으로 갔다. 유반농(劉半農) 교수는 이를 전해 듣고 나에게 도장 하나를 주었는데 도장에는 "無大臣之風(大臣의 품격이 없다.)"고 쓰여 있었다.

제20장 국민당의 정권 장악

국민혁명군이 북경을 점령한 이 후, 중국은 다시 통일이 되고, 수도 또한 북경에서 남경으로 옮겼으며, 북경을 북평으로 바꿨다. 북경은 일찍이 지난 1000여 년 동안 요(遼), 금(金), 원(元), 명(明), 청(淸) 등 다섯 왕조의 수도였다. 현재 수도는 물론 남경으로 바뀌었지만, 북평은 여전히 문화와 예술의 중심지였다.

중국의 지식계급이 현지의 방언 이외에 말하고, 방송국에서 채용하고 학교에서 가르치는 '관화(官話)' 또는 '국어(國語)'는 바로 북경방언을 기초로 하고 있다. 국민정부가 수도를 북방의 황하유역에서 남방의 장강유역으로 옮긴 데에는 주요 원인이 두 가지 있었다. 첫째 이유는, 혁명정신이 이미 장강유역에 널리 퍼져서 혁명정신이 보다 쉽게 뿌리를 내린 비옥한 토양이었고, 황하 유역은 반동군벌의 근거지였기 때문이다.

두 번째 이유는, 장강 유역은 정부가 필요로 하는 경비를 충분히 제공할 수 있는 중국 금융의 중심지이기 때문이었다. 1851년에서 1864년까지 사이에, 남경은 태평천국의 수도였다. 태평군이 궤멸된 후, 남경은 거의 다 파괴되었으며 그리고 나서 시종 옛 모습을 회복하지 못했다.

시내에는 폐허, 보리밭, 채소밭, 과수원이 가옥이 세워져 있는 도로보다 훨씬 많았다. 거리는 좁았고, 노면의 높낮이는 고르지 못할 뿐 아니라 더럽기가 이를 데 없었고, 전등은 어둡기가 마치 유채기름 등 같았다. 편지 전달하는 사람을 통해 편지를 보내는 것이 흔히 전화를 거는 것 보다 훨씬 빨랐다. 양자강 강가에 웅거하고 있는 이 오래된 도시는 고대에는 문물과 교화의 중심지였으며 특히 남북조시대에는 이른바 「南朝金粉(남조시대의 금싸라기 땅)」이었다.

여자, 산뜻하고 진한 술, 청아한 가락, 아름다운 춤은 줄곧 역대 시인 묵객들의 기억 속에서 맴돌았다. 진회하(秦淮河)는 성안을 가로 질러 백합이 무성하게 자라고 있는 호수와 연결되어 있었다. 강위는 온통 곱게 꾸민 등롱을 높이 걸어놓은 화려한 놀잇배로 꽉 차 있었다. 진회하 양쪽 기슭에는 술집과 가무를 공연하는 무대가 즐비했는데, 기둥과 대들보를 채화로 장식했으며 문 앞에는 대발이 걸려 있고 아름다운 곡조와 사람을 도취시키는 그윽한 향기가 대발 뒤에서 간간이 흘러나오는데 이것이 이른 바 "이 곡은 오직 천상에만 있는 것이 확실하니 인간 세상에서 몇 번이나 들을 수 있겠는가?"라는 것이 아니겠는가?

이것이 바로 옛 수도인 남경의 모습이었다. 그러나 남경은 전략요충지로서 국내에서 중대한 전쟁이 발생하면 반드시 한차례 큰 재난을 당해야 했으며 매번 전화를 당할 때마다 남경의 정수(精髓)라고 할 수 있는 것들 대부분이 소실되었다. 전쟁이 끝나면 평화가 다시 찾아와서 남경은 또 폐허 위에서 재건되어 과거의 찬란한 빛을 회복하였다. 내가 기술하고 있는 과거의 금릉생활은 역사 기록에 근거한 것이다.

그러나 태평천국이 멸망하고, 재난을 당한 이후의 남경은 줄곧 과거의 화려함을 회복하지 못했다. 여러 차례에 걸친 재건은 범속한 장인(匠人)들의 옛것에 대한 모사에 지나지 않은 것 같으며 여러 번에 걸친 모사를 거친 후에는 원작의 광채가 점차 사라지고 남은 것은 저속하기 그지없는 위조품일 뿐이었다. 진회하(秦淮河)는 여전히 남경 성안을 흐르고 있으며 놀잇배와 가무를 공연하는 무대 또한 여전히 존재하고 있지만, 형식과 자질과 내용은 옛날보다 훨씬 못하였다. 고상하고 멋스런 생활은 끊임없이 흐르는 강물을 따라 떠내려 가버렸다.

국민혁명군이 남경에 진입한 후 일종의 새로운 정신이 탄생했는데 즉 개혁과 건설의 정신이다. 모든 사람은 현대과학으로 과거의 예술을 부흥시키려고 하였다. 이 만신창이가 된 폐허 위에 아스팔트길로 사통팔달된 현대식 도시가 건설되었다.

큰 길 옆에는 짙푸르게 무성한 수목들이 심어져 있고, 시민들에게 놀이와 휴식을 취하게 해 주는 공원도 잇달아 설계되어 건립되기 시작했다. 자동전화와 전등과 상수도가 가설되었으며 남경부근에 정박하고 있는 미국 군함의 수상비행기가 공중에서 남경지도를 제도했는데 남경의 신 도시계획은 이 지도에 근거하여 설계된 것이다. 국민정부는 수도건설계획위원회를 세웠는데, 나는 교육부 장관의 신분으로 이 위원회의 위원이 되었다.

이 설계위원회는 미국 설계사의 협조 하에서 1년 이상 열심히 일하였다. 이 미국 건축사는 북경의 중국 궁전식 건축에 대하여 매우 많은 연구를 하였고, 위원회의 목표는 가능한 한 중국 건축의 웅장함과 화려함을 유지시키고 동시에 현대도시의 편리와 위생설비를 겸비하도록 하는 것이었다.

오래되어 무너져가는 건물들은 도로를 포장하고 새 건물을 짓기 위해 철거되었다. 상업은 나날이 발달하고, 현대극장은 갑절로 증가하고, 인구는 빠르게 증가하였다. 진회하와 호수도 하나하나씩 준설하였으며 오래된 사찰과 기타 공공 건축물도 모두 보수하기 시작하였다.

정부는 중앙 박물원을 지어, 북평 고궁박물관의 일부 진귀한 물건을 전시하고, 또한 남경시내의 조천궁(朝天宮)에 있는 한 야산 속에 공습 걱정이 없는 철근 시멘트로 된 지하실을 만들어, 귀중한 문물을 보존하였다. 왜냐하면 중앙박물관의 이사들은 일찍이 일본이 머지않아 중국을 침략할 것이며 그렇게 되면 남경이 당연히 그들의 공격 목표임을 예상했기 때문이었다.

화북의 정세가 악화되어, 만리장성에서의 전운이 짙게 감돌자, 고궁박물관에 소장되어 있던 보물들이 즉시 수백 대의 기차로 남경으로 운반되었고, 또한, 남경이 적에게 점령당하기 전에, 이들을 전부 다시 내지로 운반하여, 산천의 석실 속에 보관하였다.

교통부 건물과 철도부 건물은 모두 철근 콘크리트로 된 것으로서, 안에는 현대식 조명과 통풍 등의 시설이 있다. 그러나 이 건물들의 건축 도안은 완전히 중국식으로, 유약을 바른 기와, 조각한 대들보, 그림이 그려진 마룻대, 틀에 장식 모양이 있는 창문과 기타 고색창연한 장식들로 이루어져 있었다.

이 두 동의 웅장한 건물은 신도시의 교통요로인 중산로(中山路)의 양옆에 우뚝 솟아 현대의 수요와 조화를 이룬 중국 고대예술의 이정표가 되었다. 기타 건물도 이미 청사진 설계를 완료했지만 후에 전쟁의 영향으로 건축이 보류되었다.

중산릉(中山陵)은 교외의 자금산(紫金山) 기슭에 위치해 있는데, 위에는 유리기와를 덮었고 기둥은 모두 하얀 대리석으로 되어 있다. 중산릉 앞에는 층층으로 겹쳐져 한 걸음 한 걸음씩 올라가는 화강암 계단이 있다. 산위에는 전국 각지에서 옮겨 온 서로 다른 각종 나무들이 심어져 있다. 산비탈 위에는 각양각색의 나무, 꽃, 과일나무로 단장되어 있고, 산기슭에는 운동장과 수영장을 만들어 놓았다. 정부는 남경부근에 시범새마을을 계획하고, 시 정부는 도로, 하수도, 전화, 전등, 학교 등으로 이루어진 건설 청사진을 설계했다.

수 년 동안에 새로 지은 개인 자가 주택이 곳곳에 우뚝 솟아올라 왔으며 주택 주위에는 넓은 공터가 있었는데, 이들은 모두 동양식의 화원으로 개발되었다. 짙푸른 수목, 바람에 흔들거리는 꽃가지, 새들의 울음소리, 시냇물이 졸졸 흐르는 소리와 오래된 생활방식은 이미 새로운 생활에 의해 대체되었고, 과학과 예술, 일과 오락, 자연과 인력이 어깨를 나란히 하고 앞으로 나아가면서 서로를 돋보이게 했다.

이것이 바로 실험 중에 있는 새싹으로서 모두들 그것이 발전하고 성장하여 장래 언젠가는 전국의 방방곡곡으로 확대되길 바라고 있었다. 이것은 그저 평범한 시작일 뿐이지만 이미 상당한 성과를 이루었다. 왜냐하면 새마을운동은 이미 수년 동안에 수많은 대도시와 부근의 지역으로 확대되었기 때문이다.

만약 이 운동이 꾸준히 지속되고, 경제 또한 더 한층 발전한다면, 이 새마을들은 반드시 신중국의 생활방식을 전면적으로 변모시킬 것이다. 우리는 북경정부가 붕괴된 후, 군벌들도 따라서 자취를 감추게 될 것이라고 기대할 수는 없었다. 그들의 실력은 여전히 각성에 확고히 도사리고 있었다.

중국은 면적이 광활하고, 교통이 불편하고, 동시에 인심이 안정되지 않아, 이러한 여러 가지 요인들이 군벌들을 준동하게 하고 있었다. 그래서 시기가 도래하면, 그들은 세력을 확장하려고 시도하였다. 즉 그들은 마치 혈액 속에 있는 세균처럼 각성에 잠복해 있다가, 몸이 쇠약해지면, 기회를 틈타 기습하려고 하였다.

장개석 총사령관은 군대를 지휘하여 북경을 점령한 후, 항일전쟁 전야에 이르기까지, 10년간 국가의 통일을 위해, 정말로 침식을 잊어가며, 앉을 새도 없이 동분서주하며 국사에 진력했다. 로마제국의 장군들은 로마를 향하여 종횡으로 모여드는 도로로 그들의 제국을 견고하게 하였으며, 장 총사령관 역시 도로, 철도와 항공로 개척의 중요성을 깊이 알고 있었다.

그는 남경을 중심으로 하여, 각성으로 뻗어나가는 도로, 철도, 항공로를 건설하였다. 국민정부 성립 이전에 일부분의 교통망은 이미 존재하고 있었다. 국민당이 집권한 이후, 원래의 교통망을 기초로 하여, 수많은 분선과 연결선을 새로이 건설하였다.

변방에 있는 도시들은 항공로를 개발해서 연계의 수단으로 삼았다. 새로운 수도로부터 북으로 비행하면 북경, 개봉, 서안과 란주(蘭州)에 도달할 수 있고, 남으로 비행하면 복주, 광주, 곤명, 서쪽으로 비행하면 한구, 중경, 성도에 도달할 수 있었다. 한구와 광주 및 홍콩의 맞은편 구룡을 잇는 새로운 철도도 완성되었다.

만약 일본이 그 때 만주를 침략하지 않았다면, 우리는 민국 20년(1931년)에 홍콩이나 상해에서 기차를 타고 파리까지 직행할 가능성이 매우 컸었다. 만약 상해에서 출발하면 직행차를 타고 남경과 제남을 거쳐, 천진에 이를 수 있고, 천진에서 북녕로(北寧路)를 타고 장성을 나와, 심양까지 이를 수 있으며, 심양에서 중국이 건설하고 일본이 소유한 남만철도와 병행하는 장춘철도를 타고, 치치하르에 이를 수 있고, 치치하르로부터는 철도분선이 있어서 시베리아철도와 연결될 수 있었다.

중국의 통일 노력의 진전 및 동북지방(만주)에 건설한 철도는, 일본인으로 하여금 단번에 만주 점령을 시도하도록 부추겨서, 드디어 민국 20년(1931년) 9월 18일에 '심양사건', 즉 '9.18' 사변을 도발하게 하였다. 상해-항주-영파 철도선의 전당강에서 조아강 구간 사이의 결손부분도 메꿔졌다. 하지만 철길을 놓는 작업은 전쟁으로 인해 잠시 중단되었다.

하지만 소주와 항주 사이의 소항철도는 전쟁이 시작되기 직전에 완성되었다. 항주에서 강서성에 이르는 또 다른 절강-강서성 철도는 바로 항일전쟁 전에 완성되었으며, 항일전쟁 기간 중에는 서쪽으로 호남성 경내로까지 연장되어, 주주(株洲)에서 월한철로(粵漢鐵路)와 연결되었다. 그 후에 호남성-광서성 철도가 완성되어, 다시 서쪽으로 광서성의 계림까지 직통으로 연결되었다.

도로의 발전은 더욱 신속하였다. 경항(남경-항주) 국도는 내가 남경에 머물고 있을 때 건설된 것으로, 이 도로가 개방되기 이전에 나는 매우 영광스럽게도 도로 개통식에 참가하였다. 경항국도는 강소성과 절강성, 이 두 성의 가장 풍요로운 지역을 통과한다. 차가 태호(太湖)를 따라 질주할 때, 나는 정말 그곳에 남아서 며칠 동안 머물면서 소나무 아래 앉아 석양이 지는 노을 속에서 돛을 올려 원행하는 배가 나타났다 사라졌다 하는 광경을 바라보고 싶었다. 어부들은 호숫가에서 그물을 쳐서 고기를 잡고 있었는데, 그물 속에서 금빛 비늘이 반짝이는 잉어들이 뛰어오르고 있었다.

태호는 우리나라 5대 호수의 하나로서, 이 호수는 우리나라에서 인구밀도가 가장 높고, 문화가 최고에 이른 강소성과 절강성 이 두 성의 천만묘의 비옥한 땅에 관개를 하고 있다. 경항 국도는 동시에 도적 떼가 득실거리는 지역을 지난다. 그러나 도로가 개통되고 나서 도적 떼들도 자취를 감춰버렸다. 왜냐하면 지금 만약 도적떼 출몰사건이 발생하면 군부대가 즉각 사고 발생지점으로 달려오기 때문이었다.

건설이 진전되는 시기에, 각 지역에서는 끊임없이 사고가 발생했다. 간혹 현대식 도로가 결핍된 지역에서 변란이 발생하면, 철도와 도로가 서로 달리기 경주를 하듯이 사고지점까지 급히 건설되어야만 했다. 항일 전쟁이 일어나기 일 년 전에, 복건 성에서 반란이 일어나자, 중앙군은 신속하게 새로 건설된 절강-강서 철도와 도로를 따라 항주에서 재빨리 복건 성에 도달함으로써 반란은 곧 평정되었다.

철도와 도로가 많을수록, 반란과 도적떼들도 감소하게 되고, 각 지역 간의 화물운송이 이로 인해 원활하게 된 것은 말할 것도 없다. 교통은 현대화와 개혁의 관건이며, 또한 국가 미래의 발전기회를 발견하는 열쇠이기도 하다. 때문에 국민정부의 건설계획은 철로와 도로를 건설하는 것에서 시작되었다.

교통건설도 국가통일 확보의 한 가지 방법이며, 만약 이용 가능한 완벽한 도로가 있다면 지방의 변란은 아주 쉽게 평정할 수 있다. 이밖에, 교통수단이 편리하면 편리 할수록 더욱 발달하게 되고, 사람들 간의 교류도 빈번해지며, 관념의 교류도 더욱 쉬워진다. 외진 지역의 절경을 이루고 있는 명소는 단기간 동안 학자, 화가, 시인과 자연을 사랑하는 사람들이 한가롭게 시간을 보내는 장소가 될 것이다.

각성에서는 국민정부의 영향 하에 또한 더욱 많은 도로를 건설하기 시작했다. 기존의 도로는 국민당 집권 이후 재빠르게 보수되고 확장되기 시작했다. 그러므로 항전기간에 군대들은 각성 사이를 거침없이 원활하게 왕래할 수 있었다. 항일 전쟁이 일어나기 1, 2년 전 여행객들은 남경에서 자동차를 타고 바로 곤명으로 직행할 수 있었는데, 바꿔 말하자면 화동연해에서 바로 서남의 변방도시로 직행할 수 있었다. 이것이 바로 '운남-버마' 도로의 기점이다.

행정 분야에서 정부는 행정효율을 높이는 방법을 강구하고 있었다. 새로운 공문이나 처리 방법을 설계해서 각 기관에서 시범적으로 실행하고 있었다. 공문서식도 간략화되었다. 문관시험제도가 다시 회복되었지만 청 왕조 때의 과거제도를 본 적이 있는 사람들은 실망했을 것이다. 왜냐하면 시험에 합격한 사람은 이미 다시는 종전과 같은 그러한 명성이 드높은 신분과 영광을 누릴 수 없었기 때문이다.

새로운 법전도 초안하기 시작했다. 여성의 지위도 향상되어 남성과 같이 평등해졌다. 과거에는 아들만이 부모의 재산을 물려 받았지만 지금은 딸도 동등한 상속 권리를 누릴 수 있게 되었다. 남녀는 결혼할 수 있는 나이가 되면 혼인에 대한 자유를 가질 수 있으며 당사자 쌍방이 합의만 한다면 합법적으로 이혼도 할 수 있다.

학교의 교육과정이 통일되었고 과학수업시간이 증가되었으며 체육이 보편적으로 중시되었다. 대학을 관리하는 법률도 공표되었다. 중앙연구원 등의 기구들이 잇따라 설립되어 이미 과학, 역사, 경제학 및 공학 등 면에서 깊이 있는 연구를 진행하고 있었다. 이금제도(厘金制度:상품의 지방통과세제도)를 폐지하기로 선포했으며 이런 가혹하고 성가신 관문제도에 대해서는 다음 장에서 다시 하나하나 논술할 것이다. 정부의 재정기초는 점차적으로 공고해졌고, 전국의 화폐제도도 통일되었으며, 정부소속의 각 은행도 조직이 개편되었다.

얼마 후 은원(銀元)의 유통이 금지되고 대신 일률적으로 법폐(法幣)로 바꿔 사용하였으며 항일전쟁 기간 동안에 우리는 이 조치의 중요성을 알기 시작했는데, 만약 우리가 계속해서 무거운 은자(銀子)를 교역의 매개체로 삼았다면 장기적인 항전을 하지 못했을 것이고, 항전기간 중에 비로소 화폐제도개혁을 했다면 반드시 심각한 혼란이 일어났을 것이다.

민국16년(1927) 남경을 수도로 정한 후부터 민국26년(1937) 노구교(蘆溝橋) 사건까지 국민정부가 건설에 매진할 수 있었던 시간은 오직 10년이라고 하는 아주 짧은 기간이었다. 10년 동안에 또 계속적으로 일어난 변란과 기타 개혁과 건설의 진전을 방해하고 지체시키는 일이 있었지만, 이 기간 동안 놀랍게도 4500여 킬로미터나 되는 길이의 철로를 건설했는데 과거 50년 동안 건설한 철로는 겨우 16000킬로미터에 불과했다.

10년 사이에 건설한 도로는 10만 킬로미터를 초과했으며 새로 설치한 전보선로는 10000여 킬로미터 이상이었다. 이렇게 짧은 기간 내에 물론 각 분야의 건설은 상당히 적었지만, 성과를 평가할 때는 반드시 시간적인 요소를 고려하지 않을 수 없다. 국민당이 정권을 장악한 후 공산당과의 투쟁은 여전히 계속되고 있었다. 공산당은 비록 도시에 대한 통제권을 상실했지만 농촌에서의 그들의 세력은 점점 커져갔으며 동시에 농민 사이에서 적극적으로 활동을 전개하였다.

민국17년(1928)년에서 민국23년(1934)년 사이에 농민폭동은 18개 성내의 200여 개의 현으로 확대되었고 수많은 지주들이 '숙청'되었으며 토지는 농민에게 분배되었는데 공산당 수법의 격렬함은 러시아혁명 초기와 다름이 없었다.

공산당의 근거지는 강서성에 있었고 총 59개의 현을 점령하였으며, 국민정부군대의 여러 번에 걸친 포위 토벌 끝에 공산당은 결국 서북 변방지역으로 철수하여 연안에 '섬감녕 변구 정부(陝甘寧邊區政府)'를 수립했다. 그들은 환경에 적응하기 위해 잠시 격렬한 수단을 포기하고 일종의 비교적 온화한 토지개혁정책을 채택했는데, 사실상 이것은 바로 변형된 국민당 토지감세정책이었다.

이때는 장위원장이 인민들 사이에서 명망이 아주 높을 때였다. 그러므로 많은 군벌들 중 어떤 군벌은 민심의 압박 때문에, 어떤 군벌은 그의 정신적 감화를 받아 그의 국가 지도자로서의 지위를 인정하지 않을 수 없었다. 가장 극적이고 뚜렷한 사례가 바로 '서안사변(西安事變)'이다. 당시 장위원장은 순시를 떠나 먼저 낙양(洛陽)에 도착했으며 이어서 서안으로 비행했다. 서안에서 그는 많은 군사행정수장들을 소집해서 국가대사를 논의하고 직접 비밀지시를 내렸다.

그런데 갑자기 꿈에도 생각지 못했던 사건이 발생했다. 인기척이 없는 깊은 밤에 그의 임시 숙소인 화청지(華淸池) 부근에서 갑자기 총소리가 나더니, 무장한 군인들이 점점 바싹 접근해 와서 그의 종적을 샅샅이 뒤졌다. 장위원장은 백전노장이라 행동이 매우 기민하여 결국 포위를 뚫고 나왔는데 불행하게도 발각되어 장학량(張學良) 장군에게 넘겨졌다.

장위원장은 많은 심혈을 쏟아 장학량을 육성했었는데 이번 사건은 정말로 그가 예상치 못한 일이었다. 그러나 다른 측면에서 볼 때 서안사변은 일본의 침략에 저항하기 위해서 국가가 통일되기를 바라는 국민들의 심정을 반영한 것이었다. 서안사변의 소식이 전국으로 전파된 후, 온 국민들은 근심걱정으로 몹시 애가 탔으며 부녀자와 어린아이들은 심지어 목이 멜 정도로 흐느껴 울었다.

전국 각계는 잇달아 서안에 전보를 띄워 장학량에게 여러 번 심사숙고한 후에 신중한 결정을 내려야 한다고 충고하였다. 장 부인과 송자문(宋子文) 선생은 호랑이 굴에 들어가는 위험을 무릅쓰고 곧바로 비행기를 타고 서안으로 갔다. 장학량은 전국 여론의 압박 하에 처음에 먹은 마음을 바꿔서 결국 장위원장과 장 부인을 호송하여 낙양으로 안전하게 돌아오게 했다.

장위원장이 서안에서 위험을 벗어났다는 소식이 전해지기 전에 미국대사관의 미군 해병대 병영에서는 무도회가 열렸는데 참석한 사람들은 모두 각 대사관 및 영사관 사람들이었다. 나도 손님 중 한 명이었다. 소련의 타스통신사 기자인 쓰라페크가 나에게 어째서 춤을 추지 않는지를 물었다.

나는 장위원장의 안전을 걱정하고 있어서 춤출 마음이 없다고 그에게 말하니, 그는 아주 침착하게 "걱정 안 해도 되요. 그 분은 아무 일 없이 곧 돌아 올 거예요."라고 말했다. 나는 눈을 크게 뜨고 그를 보면서 "그저 당신의 예언이 사실이 되길 바랍니다."라고 말했다.

이튿날 저녁에 막 식사를 하려고 하는데 전화벨이 울렸다. "여보세요, 여기는 중앙통신사입니다 장위원장께서 무사히 낙양에 도착하신 후 비행기를 갈아타고 남경으로 가셨습니다."라고 하였다. 너무 좋은 소식이어서 그야말로 사실이 아닌 것 같아서 나는 내 귀를 의심할 뻔했다. 내가 호적지에게 전화 했을 때 그는 손님을 접대하고 있었다. 이 소식을 그에게 전해 준 후에, 나는 전화통 속에서 손님들이 환호하는 소리를 분명히 들을 수 있었다.

호외는 제일 먼저 동안시장(東安市場)에 있는 길상극장(吉祥劇場)에 전달되었는데 관객들 사이에서 즉각 한 바탕 환호성이 일어 무대 위에서 공연하던 사람들이 무슨 영문인지 궁금해 했다. 대략 30분 후 북경의 추운 겨울밤의 정적이 갑자기 귀를 울리는 연발 식 폭죽으로 인해 깨졌다. 칠흑 같은 밤하늘에는 온통 폭죽에서 터져 나온 불꽃이 춤을 추고 있었다.

나의 한 친구가 당시에 기차를 타고 남경에서 상해로 가고 있었는데 기차가 소주에 진입했을 때, 열차 안의 승객들은 소주시내의 연발 식 폭죽소리에 영문을 모르고 있다가 기차역에 도착했을 때, 비로소 이 소식을 알게 되었다. 승객들도 폭죽을 몇 개 터뜨려 이미 오랫동안 억눌렀던 감정을 풀고 싶었으나 기차역에서는 폭죽을 살 수가 없어서, 열차 안에 있던 여학생이 큰 소리로 노래를 부르기 시작했다는 것이다.

군벌들이 나라를 유린한지 25년이란 세월이 흐르면서 국민들은 줄곧 이 통일의 장애물들을 제거하는 전국적인 지도자가 나타나기를 갈망했다. 그들은 장위원장이 바로 그런 지도자라는 걸 알게 되었다. 장위원장은 이중 곤란에 부딪히게 되었는데 첫째는 권력을 이용해 사람을 괴롭히는 '호랑이와 이리(군벌)'들을 각성에서 쫓아내야 했고, 두 번째는 충분한 국력을 키워서 일본의 침략에 대항할 수 있어야 했다. 그러나 사회의 여론과 민심은 그가 임무를 달성하도록 확고히 지지를 보내고 있었다.

제5부

중국 생활 보기

제21장 누규제도(陋規制度)

대체로 청 왕조의 멸망을 직접 본 사람은 모두 청나라 정부가 실패한 주요 원인의 하나가 재정제도의 부패라는 것을 알고 있다. 관리의 급료는 단지 장식품일 뿐이며, 실제는 누규(부정한 부수입)에 의해 유지되었다. 누규는 비공식적인 공공기관의 수지로서 정부와 사회로부터 묵인되었다. 현재의 용어로 말하자면, 우리 모두가 부르는 암시장과 같다.

이러한 방법은 관리의 공중도덕심을 약화시켜 그들로 하여금 규칙에 어긋난 수입을 지극히 당연한 일로 여기게 하였다. 청나라 조정은 관리의 이러한 수입을 당연시 하여. 항상 "관행이 이러하다"고 말하여 결국 이 누규를 법칙으로 변모시켰다. 이들 관리들은 아랫사람이 사리를 꾀하고 부정한 일을 저지르는 것에 대해서도 눈감아 주었다. 한 그루의 나무를 정부로 비유하자면, 이런 뇌물의 독이 이미 나무의 모든 가지와 잎과 싹에 다 흘러 들어갔다고 말할 수 있다.

정부는 단지 세수기관이 규정량의 세금을 국고에 납부하는 것만을 요구했다. 세수를 주관하는 관리는 각양각색의 핑계와 이유를 대어 정식 세금 외에도 각종 소정의 수수료를 더 징수하였다. 이렇게 하여, 만약 한 량의 은자가 국고에 들어가면, 최소한 또 한 량의 은자는 누규금(陋規金)이 되었다.

청나라 말기에 개인의 호주머니로 새어 들어간 돈이 국고로 바친 돈보다 훨씬 많았다. 청 조정은 막대한 돈이 필요하였기 때문에, 부득이 그저 관리들에게 재물을 요구하는 수밖에 없었다. 관리들은 백성들을 수탈하였으며, 결국 관리사회의 누규는 갈수록 많아져서 사람들의 부담은 갈수록 커졌다. 건륭황제가 몇 차례 강남에 내려옴으로써 지출이 엄청나게 컸는데, 이것은 모두 관리들의 효경(공경의 뜻으로 물건을 드리는 것)과 백성들을 수탈하여 염출한 것인데, 청대는 건륭황제 때가 극성시대였으나, 또한 이때부터 청 왕조의 운수는 쇠약해지기 시작했다.

청대 후기에 이르면, 징세와 관직매매 등의 방법으로는 이미 청 조정이 돈을 조달하려는 목적을 이룰 수 없게 되었다. 이 때문에 어쩔 수 없이 외채를 빌리는 것에 의존하지 않을 수 없어서 철도부설권이나 광산채굴권 양도를 교환조건으로 하였다. 이것은 물론 장차 더욱 큰 화를 초래하게 될 임시방편일 뿐이었다. 현재 아마도 여전히 어떤 사람들은 청 조정이 사천성 내의 철도를 국유화시키고 나서 철도부설권을 외국회사에 양도하는 방법으로 삼음으로써 결과적으로 신해혁명을 촉발시키는 도화선이 되었다는 것을 기억하고 있을 것이다.

당시에 광서제(光緒帝)의 국상을 당하여, 지방의 신사(紳士)들이 상복을 입고 머리 위에 '덕종경황제 위패(德宗景皇帝神位)'를 받쳐 들고 총독관아 앞에서 무릎을 꿇고 울면서 돌아가신 황제에게 사천을 도와, 철도가 국유화되지 못하게 해달라고 호소하여, 정부로 하여금 이러지도 저러지도 못하게 하였다.

이른 바 누규제도라는 것은 도대체 어떤 방법인가? 중국은 당시에 22개의 성으로 나뉘어져 있었으며, 대략 2천 개의 현이 있었다. 현의 행정수반은 지현(知縣)이었는데, 그는 한 현의 재정을 관리할 뿐만 아니라, 동시에 현의 사법관이었다. 그의 봉급은 매월 은자 몇 냥에 지나지 않아, 정말로 보잘 것이 없었다.

이 때문에 그의 일체 비용은 모두 뇌물에서 지출할 수밖에 없었다. 만약 상급관리가 그가 다스리는 그 현을 지난다면, 그는 책임지고 접대하는 것 외에도, 여정에 필요한 일체의 재물을 제공해야 했다. 상급 관리의 수행원들에게도 '예물(뇌물)'을 주어야 했는데, 이른 바 '예'라고 하는 것은 통상적으로 주는 돈이었다.

내 고향인 여요성 밖의 요강(姚江) 기슭에는 접관정(接官亭)이 하나 있는데, 이것은 현마다 있는 것이다. 만약 어떤 상급관리가 이 지역을 지나면, 지현은 이 정자에서 맞이한다. 대략 60년 전 어느 날 오후에, 나는 이 정자 부근에 많은 사람들이 모여 있는 것을 발견하였다. 빨리 가서 보니, 사람들이 모두 학태(學台)와 그의 수행원들이 잇달아 배에서 내리는 것을 보고 있었는데 그중 일부는 육지에 올라와 있었다. 이 학태는 영파(寧波)로 가서 군시(郡試)를 주관할 예정이었다.

하루 전날, 지현은 이미 백성들의 수중에서 큰 배를 여러 척 '징발'했는데 전적으로 이 학태를 위해 준비한 배안에 봉인이 붙은 여러 개의 상자를 실었는데, 그 상자 속에 무엇이 들어있는지는 자연히 이 상자들을 취급한 사람들만이 알 수 있는 것이다.

나는 학태 등의 일행이 배를 갈아타는 것을 멀리서 바라보았는데, 학태는 가장 화려한 배에 올랐고, 뒤이어 관리와 누규 사례금을 실은 소형 선박은 돛을 올리고 썰물을 따라 영파를 향해 갔다. 그 위엄이 나에게 돌연히 "대장부라면 당연히 이와 같아야 한다."는 생각을 일으키게 했다. 나는 마음속으로 앞으로 반드시 열심히 공부하여 장래에 학태가 되어 상자 속에 봉인해 숨겨져 있는 신비로운 예물을 누리겠다고 말했다.

지현은 또 항상 포정사(布政司)의 막료들에게 예물(뇌물)을 보내야 했으며 만약 그렇지 않으면 포정사 면전에서 그들이 그를 위해 좋은 말을 해 주리라는 것을 기대할 수 없었다. 만약 그들과의 관계를 잘해 두

지 않으면 이 막료들은 또 공무상에서 생트집을 잡을 수 있었다. 각종 사례금을 합치면, 한 지현이 관계(官界)에서 순조롭게 출세하는 것을 보장받기 위해 쓰는 돈은 아주 엄청난 액수였다. 동시에 세상물정은 그에게 모든 일은 반드시 사전에 철저히 준비해야 한다고 알려주었으며, 게다가 그는 또 가족 전체와 그를 따르는 사람들도 부양해야만 했다.

든든한 후원자가 있는 경우, 지현후보는 수입이 비교적 큰 현을 탐낸다. 나의 고향인 여요 현을 가지고 얘기하자면 내가 기억하고 있는 바로는, 우리 현에서 직무를 1년 이상 맡은 지현은 없었다. 정상적인 임기는 3년인데, 한 지현이 만약 3년 이상 직무를 맡으면, 땡그랑 소리를 내는 은화를 대략 십만 원 정도 긁어모을 수 있었다.

이것은 당시에 매우 큰 금액이었다. 이 때문에 포정사는 단지 대리 지현만을 파견했는데, 임기는 통상적으로 일 년이었다. 이렇게 해서 지현후보들의 이익분배의 기회는 비교적 많아졌다.

지현이 임기가 끝나 이직할 때, 통상적으로 모두 정식으로 포정사를 한번 찾아뵈어야 하는데 포정사는 그때마다 그의 결원(缺員)이 어떤지에 대해 물었다. 당시 보충을 기다리고 있는 직무를 결원이라고 했는데, 바꾸어 말하면 이것은 그가 획득한 누규금이 얼마나 되는지를 묻는 것과 같았다. 그의 친척과 친구들도 그와 이야기를 나눌 때, 늘 같은 문제로 말을 여는데 "노형, 당신의 결원은 반드시 아주 좋았겠지요."라고 말했다.

정부의 수입과 지출을 다루는 관리는 관직이 높을수록, 개인의 호주머니로 들어가는 돈의 액수도 그만큼 커졌다. 전해지는 말에 의하면 상해의 도태(道台)는, 매년 십만 량의 은자를 얻을 수 있었다고 한다.

그래서 상해 도태의 자리는 전국의 관직 중에서 수입이 가장 좋은 자리였다. 풍요로운 성의 포정사, 총독과 순무 및 북경의 세력 있는 왕공대신들은 매년 수입이 엄청나게 많았다.

태평천국의 난을 평정한 학자이자 정치가인 증국번(曾國藩) 조차도 누규제도를 찬성하였다. 그는 일찍이 한 편지에서 누규제도를 변호했는데 정무를 순조롭게 시행하려면 이렇게 하지 않을 수밖에 없다고 생각했다. 그는 관리의 필요한 지출이 너무나 크고, 그 외에 또 집안 식구들과 친척들을 부양해야 한다고 말했다.

함풍(咸豊, 文宗)과, 동치(同治, 穆宗) 시기에, 북경에 거주한 명사인 이순객(李蒓客)은 일기에서 총독 장지동(張之洞)이 그에게 준 '예물'이 너무 적다고 원망했다. 며칠이 지난 후 일기장에는 또 다음과 같은 한 단락의 기록이 있는데 "오후에 도란정에 갔는데 장지동이 와서 나는 그를 피하고 말았다."고 쓰여 있다. 여기에서 장지동이 누규금에서 빼내어 이순객에게 준 예물이 너무 적어서 결국 이 유명인사의 기분을 상하게 했다는 것을 알 수 있다.

청나라 시대에는 전도가 유망한 관리후보자들은 적은 돈을 쓰거나, 심지어는 돈을 쓸 필요도 없이 그들을 따르는 하인들이 있을 수 있었다. 이 하인들은 또 고생을 참고 견디며 그들을 바싹 따랐으며 언젠가는 그들의 주인이 때가 되어 운수가 트여 그들도 누규를 나눠서 누리기를 희망했다.

만약 정말로 운수가 트이면, 주인과 노비가 서로 의기투합해서 한 몫을 크게 챙기게 된다. 만약 운수가 불길하여 관작(官爵)을 손에 넣을 수 없다면 하인들도 마지막 한 가닥의 희망이 사라질 때까지 요행이 있기를 바라게 된다. 불운한 주인들은 굶주림과 추위를 견디지 못하고 그것에서 벗어나기 위해 결국 목을 매어 자살을 하였다. 내가 항주에서 공부하고 있을 때 여러 해 동안 관직 없이 놀고 있던 한 지현후보가 채권자의 빚 독촉을 견딜 수 없어서 결국 섣달 그믐날 밤에 목을 매어 죽었다는 말을 들은 적이 있다.

변형된 누규 악습은 심지어 중류가정에까지 퍼져서 요리사가 채소를 살 때 돈을 착복하고 하인이 집에서 쓰는 물건을 살 때도 돈을 한몫 챙겼다. 특히 북경에서는 하인들이 물건을 사러 올 때 상점은 규칙에 따라 자동으로 가격을 10% 올려서 하인들의 수수료로 삼았다. 북경에서는 이것을 통속적으로 '수고비'라고 불렀다.

이러한 변형된 불법수입의 풍조는 심지어 외국의 나폴레옹의 집으로까지 흘러가게 되었다. 나폴레옹에게는 세심하고 열성적으로 일하는 중국인 요리사가 있었다. 이 위대한 프랑스 장군이 죽음에 이르렀을 때 그는 그의 충복을 기억해 내고는 측근에게 "너희들은 그를 잘 대해 주어야 한다. 왜냐하면 그의 국가는 장차 세계에서 가장 위대한 국가 중의 하나가 될 것이기 때문이다. 그러나 이 중국 친구가 돈을 좋아하니 너희들은 그에게 오백 프랑을 주어라!"라고 말했다.

물론 중국인은 결코 한사람 한 사람이 다 이렇지는 않다. 컬럼비아대학의 띵량(丁良)[음역] 중국문학강좌기금은 바로 세탁 일을 하는 한 중국인을 기념하기 위해 설립한 것이다. 기금의 출처는 그가 일생동안 부지런히 옷을 빨아 풀을 먹여서 저축한 돈이다.

정양이 죽을 때 한 자루의 황금을 그의 주인에게 주면서 그에게 중국을 위해 유익한 일을 해달라고 부탁했다. 이 주인은 곧 이 돈과 자신의 기부금을 합쳐서 컬럼비아대학에 중국문학강좌를 개설하여 나라를 사랑하는 이 세탁공을 기념하였다.

누규 풍조는 더욱이 이금제도(厘金制度 : 상품 통과세 제도) 전체에 널리 퍼졌는데 이금제도는 하나의 어마어마하게 큰 한 마리의 문어가 자기의 촉수를 전국의 모든 교통 선에 뻗쳐서 국내 상공업의 피를 빨아 먹는 것과 같았다. 이금은 태평천국 시기에 설립된 것인데 그 취지는 전쟁비용을 마련하여 청나라 정부군에게 공급하기 위해서였다. 태평군은 비록 평정되었지만 이금은 결국 사라지지 않았다.

이금(상품통과세)의 불법수입은 대체로 이러하다. 대체로 백성들을 갈취하는 법을 아는 사람들은 정부의 대리인에게 값을 내고 입찰할 수 있다. 그가 높은 값을 내기만 하면 예를 들어 일 년에 20만 원이면 그는 어느 하나의 관문이나 몇 개의 관문에서 이금을 징수할 수 있는 권리를 얻을 수 있다.

이 관문들은 통상적으로 국도 상에 화물이 반드시 경유하는 곳에 설치되며 낙찰을 받은 사람은 이 관문의 이금국(厘金局) 위원이 되어 오가는 화물에 대해 징세할 수 있는 권한을 부여받는다. 만약 그가 일 년 내에 30만원을 징수할 수 있다면 그는 20만원을 정부에 납부하며 나머지 돈은 그 자신과 동업자의 소유가 된다. 그러므로 그는 사복을 채우기 위해 대다수 상품에 대해 세금을 징수할 수 있도록 규정하였다.

한번은 내가 수박을 실은 목선이 관문 부근의 다리 밑을 지나는 것을 보았다. 이 배는 곧 강기슭에서 뻗어내려 온 대나무로 된 갈퀴에 의해 가로막혀 멈춰 섰으며 동시에 강기슭에서 여러 명의 조사관이 뛰어내려와 쇠막대기로 수박더미를 마구 찔렀다. 수박 주인은 당황하여 어쩔 줄을 몰라 하며 그들에게 사정을 봐달라고 애원하였고, 동시에 그들에게 세수를 납부하라는 대로 다 납부하겠다고 약속했다. 세금을 납부한 후에야 비로소 이 가련한 농부는 노를 저어 앞으로 나갈 수 있었다.

소상인과 농부는 이금을 극도로 증오했다. 만약 기회가 있으면 모든 사람들은 관문을 산산이 때려 부수길 원했다. 한번은 한 무리의 젊은 사인(士人)들이 배를 타고 과거에 참가하러 가는 길에, 이금을 징수하던 한 관문을 지나게 되었는데 관청에서 배를 세우도록 명령했지만 그들은 전혀 아랑곳하지 않았다. 조사원들은 배를 압류하고 짐을 수색하기 시작했다.

과거를 보러가던 이 사인들은 벌 떼처럼 우르르 강기슭으로 올라가 관문으로 돌진하여, 물건을 보는 족족 때려 부수어 결국 관문을 완전히 박살내었다. 단지 그 위에 "황제의 명을 받들어 이금을 징수한다(奉旨征收厘金)."고 쓰여진 조정의 권위를 상징하는 깃발만이 남아서 공중에서 아래로 늘어뜨려져 있었는데 구경하던 군중들은 매우 흠모하는 눈빛으로 과거를 보러가는 사인들이 훌쩍 떠나버리는 것을 서서 바라보고 있었다.

신해혁명 이후 누규제도는 점차 중지되었고 이금제도 또한 얼마 후에 폐지되었다. 관리의 급료도 올랐다. 그러나 관리 독직사건은 아직도 흔히 볼 수 있으며 하인들 사이의 착복 풍조도 지금에 이르기까지 쇠퇴하지 않았다. 어떤 부인이 그녀의 요리사가 너무 탐욕스럽게 착복한다고 하여, 결국 요리사와 크게 싸웠다. 어떤 사람은 이 요리사의 탐욕이 굶주린 이리 같다고 비판하자, 그는 "만약 사람이 탐욕이 없다면 나는 요리사가 되지 않았을 것이다."라고 대답했다.

북경의 어느 대사관의 요리사는 계란을 한개 살 때마다 주인에게 10전을 요구했다. 대사관 비서의 요리사는 주인을 위해 계란을 사면서 한 개에 단지 5전의 돈을 청구했다. 대사 부인이 물었다. "왜 나는 계란을 사는 데 비서 부인보다 돈을 많이 써야하지?" 그녀의 요리사는 대답했다. "부인, 대사의 월급이 비서의 월급보다 더 많습니다!"

차 주인도 종종 기름통의 기름이 새어나가는 것을 발견했다. 그 원인은 기사가 착복했기 때문이다. 불필요한 수리로 정비비용이 놀라울 정도로 많아졌다.

민국 16년(1927년) 국민당이 집권한 이후, 중국은 줄곧 정부 내의 독직풍조를 막기 위한 대책을 강구하였으며 독직과 부정행위에 대해 몇 가지 엄격한 벌칙을 규정했다. 하지만 누규제도는 청대이전부터 이미 존재하고 있었다. 수백 년에 걸친 고질적인 악습은 수년 내에 심지어 2, 30년 내에 완전히 없애버릴 수 있는 것이 아니었다. 현대식 재정제도가 건립되어, 국가와 공공단체의 도덕이 점차 높아진 이후 중국은 매우 많은 적폐들을 제거했다.

시간이 흐르면서 행정기술이 도입되고 있었기 때문에, 중국은 머지않은 장래에 반드시 조직이 건전한 현대국가의 수준에 도달할 것이며, 세금을 징수하고 재정을 관리하는 효과적인 방법 역시 점차 건립될 것이라고 믿었다. 하지만 불행히도 당시에 내란과 외환이 함께 몰려와서 성공을 눈앞에 두고 실패하고 말았다.

중국 사람들은 줄곧 사람의 천성은 본래 선하며 사악함이 생기는 것은 오로지 올바른 교육이 결핍되어 선량한 본성이 소멸되었기 때문이며 중국사회의 기풍이 타락한 것은 책임감의 결핍에서 생긴 것이 아니라 부패한 재정제도에서 생긴 것이라고 생각했다. 하지만 이러한 제도는 사회기풍에 대단히 나쁜 영향을 미침으로써 우리는 지금까지 여전히 그것이 남긴 해독을 입고 있다.

실제 사례가 이미 지적하고 있듯이, 보완책은 훌륭한 제도를 건립하여 부패한 제도를 대체하는 것이다. 단지 나쁜 제도를 폐지하는 것만으로는 아직 부족하다. 영국 사람들이 중국을 위해 건립한 관세제도는 시작하자마자 누규의 나쁜 영향을 떨쳐버렸다. 세관직원들은 모두 좋은 훈련을 받았고 봉급도 후했으며, 퇴직 이후에는 또 그들에게 넉넉한 양로금을 주었다. 사사로운 정에 얽매여 공정성을 상실하는 상황이 발생하는 경우는 아주 드물었다.

중국은 외채상환을 보증하기 위해 국가의 중요 수입의 통제권을 외국정부에게 넘겨주었다. 이것은 원래 국가의 크나큰 치욕이었을 뿐 아니라 주권의 보전을 위협하게 되었다. 하지만 이로 인해 관세제도를 건립한 것은 중국에 있어 의외의 수확이었다.

우편행정도 역시 서양의 제도에 근거하여 건립되었다. 우편행정이 시작되고 나서 지금에 이르기까지 행정효율은 항상 매우 높았다. 긴 내전 시기에도 우편물 배달 업무는 중단된 적이 없었다. 항일전쟁 기간 동안, 일본군 점령지역과 중국의 후방 사이의 우편물 배달은 줄곧 원활하게 이루어졌으며 우편집배원은 자주 전선을 뚫고 우편물을 수취인에게 배달하였다. 염무 기구는 또 하나의 실제적인 사례이다. 8년 항일전쟁 기간 중 인민의 이러한 일용필수품은 언제나 차질 없이 공급되었다.

황하를 관리하는 하독아문(河督衙門)은 줄곧 누규제도로 유명했는데 사실상 유명한 산동요리와 하남요리는 산해진미를 물릴 정도로 먹고 허리에 돈을 만 냥이나 두른 황하를 관리하는 나으리들이 자주 왕림한 결과였다. 마찬가지로, 양주 요리가 유명한 이유는 맛있는 음식을 추구하는 양주의 소금 장수들 때문이었다.

황하수리위원회가 성립된 이후 현대식 훈련을 받은 엔지니어들이 준설작업을 주관하게 되면서 누규제도는 굽이치는 강물을 따라 황해로 들어가 버렸다. 탐식가는 이미 누규제도와 함께 사라지고, 오직 요리기술만 여전히 존재하고 있다. 미식가들이 지금까지도 양주의 요리를 극찬하고 있지만 조직이 완벽한 현대 염무제도가 건립된 후 양주요리를 주도한 염상들은 이미 발붙일 곳을 잃었다.

이러한 성과들은 외국의 도움으로 이루어졌다고 말할 수 있다. 하지만 나는 이러한 성과들이 외국인들의 올바른 도덕적 윤리로 이루어진 것인지 아니면 그들이 중국에 소개한 좋은 제도 때문인지를 묻고 싶으며 또 건전한 인품과 덕성이 없다면 이러한 제도는 물론 실행될 수 없지만, 단지 외국인들의 도덕적 윤리에 의해서만 예상된 효과를 거둘 수 있는 것인지를 묻고 싶다.

단지 소수의 높은 지위에 앉아 있는 외국 전문가들만으로 수많은 중국 직원들의 불법행위를 제지할 수 있었을까? 세관, 염무, 우편행정이 성공한 이유는 좋은 제도 아래서 말단에 있는 중국 직원들이 함께 힘을 합쳐 협력했기 때문이다. 이것이 바로 맹자가 말하는 "착하기만 한 것으로는 정치를 하기에 부족하고, 법만으로는 그것이 저절로 행해지지 못 한다(徒善不足以爲政, 徒法不足以自行)"는 것이다.

중국의 현대 은행제도와 철도관리도 칭찬할만한 실제적인 사례이다. 일반적으로 말하면 은행과 철도의 행정효율은 매우 높았을 뿐 아니라 또한 금전상의 중대한 부정사건도 없었다. 중국의 현대대학은 실사구시의 학술입장을 제외하고는 경비에 있어서 부정행위가 없었던 또 하나의 실제사례이다.

항일전쟁시기에 물가가 너무 올랐기 때문에 교수들의 생활이 매우 가난했지만 그들은 항상 어려움을 무릅쓰고 열심히 공부하여, 학술수준을 유지하려고 노력하였다. 대다수 학생들은 모두 현대적인 훈련을 받아들이는 것 외에 교수와 대학의 좋은 영향 아래, 어떻게 하면 성실하고 효과적으로 공금을 운용하는가에 대해서도 자연히 정확한 관념과 좋은 습관을 기를 수 있었다.

가장 중요한 것은 공금처리에 대한 태도가 이미 근본적으로 바뀌기 시작한 것인데, 과거에는 모든 사람이 누규제도를 묵인하고 심지어는 찬양까지 했지만, 항일 전쟁이 일어나기 수년 전에 이르러서는, 식자들은 그것을 혐오했을 뿐 아니라 또한 수시로 비난하였다. 이러한 풍조의 변화에다 다시 현대적 방법을 채택하면, 당시 우리들은 장래의 공공행정 각 방면의 경비처리에 반드시 좋은 영향을 줄 것이라고 믿었다.

하인들과 요리사와 운전사들의 착복행위를 없애는 것은 훨씬 어려울 것이다. 어쩌면 5, 60년이 지난 뒤에야 비로소 이러한 사람들의 경제적 지위가 향상될 것이며 그들의 경제적 지위가 확실히 높아지기 이전에는, 우리는 그들이 재물 앞에서 함부로 행동하지 않으리라는 것을 기대할 수 없다.

만약 정말로 그러한 날이 왔을 때 우리는 이미 가정의 하인이 되려는 사람을 찾기가 쉽지 않을 것이다. 항일전쟁 시기에 곤명에서 거주한 8년 동안 나의 고용인 중 남자하인 한 명, 여자하인 한 명 그리고 한 명의 운전사가 있었지만 이들이 돈을 착복한 적은 없었다.

제22장 사회조직과 사회진보

일반사람들은 모두 중국의 4억 인구가 쟁반 위에 흩어진 모래라고 말하는데, 만약 '중국인이 수많은 자치적 소단위로 구성되었다.'라고 말한다면 이것이 오히려 더 사실에 가깝다. 중국의 민주체제는 수많은 이런 단위로 이루어져 있는데, 수천 년간 누적된 공통의 언어, 공통의 문화와 생활이상이 서로 느슨하게 연계되어 있다.

이런 크거나 작은 단위들은 가정, 직업과 전통을 기초로 하여 형성된 것이다. 개인은 이러한 공통적인 관계와 각 자치단체를 통해 연계가 이루어져, 단체 내의 각 구성원의 관계는 광대한 사회에 대해서 보다 더욱 친밀하다. 그들은 국가의 대사에 대해서 보다, 지방 문제에 대해서 이해가 비교적 깊다.

이것이 바로 입헌국회 실패의 문제점이고, 또한 백성들이 군벌의 통치에 내맡겨진 원인이다. 우리는 이미 앞에서 "하늘은 높고 황제는 먼 곳에 계시다."라는 관념을 여러 번 언급하였는데, 군주제 시대의 이러한 관념은 바로 위에서 서술한 심리상태에서 생긴 것이다.

개인이 만약 특수한 사고로 소속한 사회와 틀어지지 않는다면, 영원히 소단위의 일부분이며 각 단위 간에는 그들을 밀접하게 단결시켜주는 전국적인 조직이 전혀 없다. 이것은 중국의 국민생활에 있어서 장점인 동시에 단점이기도 하다. 장점은 중국으로 하여금 생활이 민주적이 되게 하고 비록 수백 년의 전란과 이민족의 침입을 거치면서도 여전히 별 탈 없이 우뚝 솟아 건재하도록 한데 있고, 단점은 중앙정권이 나약하고 무능하게 되어 이민족의 침략을 당하기 쉬운데 있다.

중국의 인민생활 속의 이러한 단위들의 존재는 그 나름의 역사적 배경이 있다. 그것들은 수천 년간에 걸친 변화 발전의 결과이다. 우리의 조상들은 점차 인구가 비교적 적은 지역으로 이주할 때, 언제나 무리를 이루어 이동하였으며, 각지에 수많은 독립부락을 이루었다. 이러한 부락들은 후에 발전하여 자치촌락이나 향진(鄕鎭)으로 발전하였다.

광대한 중화제국은 수천 수백 년 동안 이렇게 일족이 모여서 함께 거주하던 사람들이 변방과 평원의 황무지로 이주, 개간하여 형성된 것이다. 근래에 와서 중국 각지의 방언을 연구한 결과, 우리는 이미 이런 발전 경로를 추적해내었다. 우리는 광동어와 당 왕조의 구어가 서로 밀접한 관계에 있다는 것을 발견했다. 그래서 우리는 다수의 광동인이 당 왕조의 후예라는 사실을 추측해 낼 수 있었다.

비교적 늦게 광동으로 이주한 사람들은 따로 또 다른 부락을 형성했으며, 말하는 방언도 완전히 달랐는데 그것이 바로 우리가 소위 말하는 '객가어(客家語)' 이다. 객가어가 나타내는 언어상의 특징은 근세기의 것에 속한다. 심지어 장강 유역 각지 방언간의 미세한 차이도 개척 과정의 선후를 어렴풋하게 나타낼 가능성이 있다.

10세기에, 당 왕조가 멸망하고 중국 북방은 보편적으로 국경 밖에서 침입하는 이민족에게 유린을 당했는데 이는 중국인구의 남방으로의 이주를 가속화시켰다. 남방의 각 성, 특히 광동, 호북과 절강 일대는 이민족의 침략을 거의 당하지 않고, 받은 전란에 의한 피해가 비교적 가벼웠기 때문에 중국문화의 저수지가 되었으며, 그리고 또 과거 60~70년 동안 신 중국의 거대한 토지에 관개를 하였다.

만약 어떤 개혁이 국가의 통일과 단결에 대해 확실한 효력이 있게 하려면, 이러한 개혁은 반드시 이런 오래된 구역 단위로 하여금 가정 제도와 직업과 전통적인 면에서 직접적으로 어느 정도의 변화를 가져와야 한다. 바꾸어 말하면, 이러한 단위들은 공통된 언어, 문화와 생활 이상에 의해 유지되기 때문에 공통된 언어를 통해서 생겨난 문화와 이상의 모든 변화는 반드시 이런 사회집단들의 생활에 영향을 미칠 뿐 아니라 더 나아가 국가의 생활에도 영향을 미치게 되는 것이다.

외국상품이 중국의 업종에 영향을 미치기 시작했을 때, 중국은 변화하기 시작했고, 중국 사회를 틀어쥐고 있던 세 개의 밧줄중 하나가 그런 까닭에 매듭이 느슨해졌다. 이것은 현대의 영향을 받아 생긴 최초의 변화로서 이러한 변화를 사람들은 그다지 알지 못했다. 이후에 현대사상이 서적과 신문과 학교제도 등을 통해서 중국으로 유입되면서, 또 전통이라는 밧줄을 풀어 놓았다. 맨 마지막에 남아있던 한 개의 밧줄 즉, 가정의 연계도, 결국 다른 두 개의 밧줄을 따라 함께 풀리지 않을 수 없게 되었다.

사람들은 새로운 효과적인 단결을 탐색함으로써 각양각색의 분란을 야기하였다. 제일 먼저 새로운 사조의 영향을 받은 것은 학생들이었고, 제일 먼저 소란을 일으킨 것도 그들이었다. 신흥공업의 노동자들은 과거의 업종이 지니고 있던 유지력을 상실했기 때문에 학생들을 따라 함께 분규를 일으켰다. 군벌 간의 내전과 입헌정치의 실패 및 풍기를 문란하게 한 누규제도는 기존 사회조직의 와해를 저지하지 못했고, 또한 사회의 진보를 지체시키지도 못했다.

군벌이 야기한 재앙은 단지 중국의 광대한 '사회의 바다' 표면위에 떠 있는 거품일 뿐이었다. 서로 학살을 일삼는 군벌, 혹은 명예가 실추된 국회, 혹은 풍기를 문란시킨 누규가 있었던 없었던 간에, 해저에 있는 저류는 여전히 넘실넘실 밀려 들어왔다. 군벌, 국회, 누규는 단지 표면상의 재앙이었을 뿐, 자치 단위들 자체는 여전히 평소처럼 조용했으며, 도덕적인 면에서도 깨끗하고 하자가 없었다.

유구한 역사 과정 중, 특히 당 왕조 말기 이후 중국의 국방은 줄곧 취약하였는데 그 이유는 중국을 침략한 이민족들이 전부 조직이 치밀하고 언제든지 전쟁을 할 준비가 되어 있었는데 반해 중국의 사회조직은 태평세계의 산물이었기 때문이다. 국방부대는 태평무사한 사회 속에서 징집해 왔으며, 이러한 군대를 유지하고 있는 중앙정부 역시 단지 하나의 평화로운 사회상층에 있는 빈껍데기에 불과할 뿐이었다.

명나라 왕실 영도 하에 있던 한족이 몽고인이 건립한 원 왕조를 전복할 수 있었던 까닭은, 결코 한인 자신의 군사력 때문이 아니라 몽고인의 힘이 쇠약해졌기 때문이다. 징기스칸의 자손이 유라시아 두 대륙에서 여러 해 계속 출정하여 전쟁을 치룬 후, 무력이 거의 다 소모되어 버려서였다.

중국은 명 성조(영락제)가 천하를 다스리던 시기에, 일찍이 강대한 군대를 조직하여, 만주의 대부분을 정복했지만 성조가 세상을 떠난 후, 이 군대의 힘도 나날이 쇠미해져 갔다.

용맹하고 싸움을 잘하는 만주인이 산해관 동쪽에서 일어난 이후, 명나라 황실은 타타르족[9]의 침입에 그야말로 속수무책이 되어, 결국 격렬한 전투도 치루지 않고 명나라 왕조는 만주인의 손에 멸망되었다. 만주족의 청나라는 중국의 주인이 되어 중국을 100여 년 동안 통치한 후, 결국 한인의 평화로운 습성에 물들어 버렸으며, 서양열강의 군함이 와서 중국을 공격했을 때, 청 황실도 역시 마찬가지로 속수무책이었다.

---

9) 韃靼 : 타타르(Tatar). 옛날, 한족(漢族)의 북방 유목 민족에 대한 총칭.

일본은 역사를 연구한 결과, 역사는 되풀이 될 수 있다고 여겼고, 그래서 1894년에 중국대륙을 공격하였다. 그 해까지는, 일본의 생각이 틀리지 않았다. 그러나 중국이 서양의 '비결'을 터득한 이후부터는, 중국의 역사발전 경로는 방향을 바꾸기 시작했다.

일본은 이러한 변화를 전혀 몰랐던 것이 아니라, 이를 미연에 방지하고자 의도했던 것이다. 동기가 어떻든 간에, 일본은 결국 30년 후에 또 중국대륙을 향해 다른 한차례의 전쟁을 개시했다. 마침내 일본은 그 과정에서 장애가 엄청나게 많음을 발견하고 몹시 의외라고 생각하게 되었다.

일본이 부딪힌 장애는 바로 중국의 사회진보였다. 일본은 중국 사회에 군림하는 부패하고 무능한 북경 군주제 정부, 이 정부의 재정력이 이미 누규제도에 의해 거의 다 부식(腐蝕)되어 버렸다고 보았다. 잠시 후 일본은 또 표면적으로 전쟁을 하는 군벌들의 모습은 목격했지만 지난 50년 간 중국이라는 드넓은 해양 속에서 완만하지만 끊임없이 흘러오고 있던 저류에 대해서는 전혀 몰랐다.

과거에, 비밀방회(秘密幇會)[10]는 전국적으로 조직된 연계세력이었다. 방회의 형제들은 향촌단위에서 생활하는 이외에 대도시 부근이나 혹은 중요한 통상지역에 모여 있었다. 그들의 주요목적은 서로 보호하고, 압박을 막는 것이었지만, 이런 동기는 때로는 불법적인 거래로 타락하기도 했다. 그들은 내란 중에 상당히 큰 힘을 발휘할 수 있었지만 외국 침략에 대응을 하는 데에는 그다지 쓸모가 없었다. 그들은 현대사상이 결핍되어 있었고, 무엇이 사회진보인지도 알지 못했다.

---

10) 幇會 : 민간의 비밀결사조직에 대한 총칭.

현재는 사정이 아주 달라졌는데, 전국의 수천수만 개의 자치 단위의 주변에는 이미 국가 관념과 애국 열정이 넘쳐흐르는 사람들이 모여 있으며 그들은 지역 편견과 가족 관념에 반대하고 있었다. 이러한 사람들은 마치 꿀벌처럼 벌집 주위를 빙빙 돌면서 쉬지 않고 떠들어 대다가 결국 벌집 주변에 모이게 되었다.

벌집 안에서부터 빠져 나와 벌집 밖 집단에 참가하는 사람은 갈수록 늘어갔다. 밖에 모인 군중의 수효가 증가한 이후, 그들은 벌집으로 뛰어들기 시작하여 결국 사회전체의 생활에 영향을 미쳤다. 동시에 그들은 자신의 조직을 전국적인 사회로 조직하기 시작하여, 중국을 그들의 공동 벌집으로 만들게 되었다.

중국 현대의 전국적인 단체는 이렇게 형성되었다. 증기선, 도로, 철도, 항공등 교통망의 신속한 확장은 단체발전의 과정을 더욱 가속화 시켰다. 교육회, 상인단체, 노동조합, 과학단체, 엔지니어링학회, 정치학회 등 단체들이 모두 잇달아 전국적인 조직을 성립시켰다.

그래서 국민당 및 국민당과 의견을 달리하는 정당들을 포함한 정당들은 모두 국민들이 전국적인 문제들을 고려하도록 장려했다. 대학과 전문대학들은 가정의 구성원을 받아들여, 그들을 국가의 지도자로 양성했다. 학교는 모두 국가 민족 관념과 애국심을, 성장하고 있는 신세대의 마음속에 주입시키고자 힘썼다.

비록 내전은 빈번하였으나, 각성의 공립학교는 심지어 국가통일 이전에 이미 몇 배로 증가했다. 개인들이 자주 학교를 설립하여 그들의 애국적 충성심을 발휘했다. 수많은 소학교 졸업생들은 고향의 자치사회에 뛰어들어 애국관념을 전국의 방방곡곡에 퍼트렸다.

중국과 일본이 마침 만리장성을 따라 전쟁을 하고 있을 때, 나는 내지를 여행하다가 도중에 한 아이가 홀로 군인으로 분장하여 놀고 있는 것을 보았다. 그는 한 그루의 나무를 가상의 적으로 여기고, 그의 비수로 그 나무를 맹렬히 찔렀다. 후에 그는 또한 마치 적군이 그를 향하여 반격한다고 생각하고 자위(自衛)의 자세를 취하는 척하고 이어서 바닥에 쓰러지더니 눈을 감고 혼잣말로 "나는 국가를 위해 희생하였다."고 하였다. 그는 자기가 국가를 보호하기 위해 일본침략에 저항하고 있다고 상상하고 있는 것이 분명했다.

항일전쟁 후기에, 나는 후방 변방의 황무지 지역에서 한 소년이 삽으로 작은 무덤 하나를 파고 있는 것을 보았다. 무덤을 다 판 후, 그는 무덤 위에 목패를 하나 세웠는데 그 위에는 '매국노'라고 쓰여 있었다. 그 당시 소수의 중경의 정계요인들이 도망쳐 일본에 투항하였던 것이다.

한번은 채광기사가 어느 산간지역을 지나게 되었는데, 그곳은 가장 가까운 학교와도 거리가 많이 떨어진 곳이었는데, 그는 몇 명의 아이들이 그들의 마을 벽에 "삼민주의 만세!"라고 쓰는 것을 보았다. 이러한 사례들은 전국적인 단결력이 이미 지방적인 연계력을 대신해서 생겨났음을 뚜렷하게 나타내 주고 있다고 할 수 있다.

아이들은 새로운 교육제도의 영향 아래, 모두들 능히 종이를 접어 비행기를 만들어 공중에 날릴 수 있었다. 그들은 작은 양수기를 만들었고, 또한 장난감 차를 만들 수 있었다. 그들은 기계를 연구하는 습관을 길렀는데 이것은 국가의 미래 공업화 운동에도 좋은 기초인 것이다.

근년에 와서 경공업의 발전은, 지방단위로부터 수많은 사람들을 흡수하였는데, 그들은 서로 연계하여 전국적인 단체를 조직하기 시작했다. 라디오 방송은 공중을 통해서 국민들에게 수많은 새로운 관념을 가져다주었다.

풍속 습관, 미신, 방언, 민가(民歌), 종교, 가정공업, 위기에 봉착한 당지의 업종 및 고생하는 농민들의 경제상황은 모두 세심한 조사를 거쳤을 뿐 아니라, 고등학부와 학술단체가 수집한 자료에 근거하여 매우 과학적으로 연구되었다. 중국은 이미 과학연구를 통해서 자기 자신을 이해하기 시작했다.

50년 간의 불안정은 이미 사람들로 하여금 사색을 하도록 촉구하여, 그들의 인생관이 바뀌기 시작하였다. 그들은 침략의 위협 아래, 효율적인 조직에서 일을 하여 전국의 힘을 단결시키고 동시에 국가의 진보를 위해 부지런히 일하여 혼란 속에서 안정을 창조할 수 있기를 기대하였다. 이러한 새로 생긴 사회의식과 국가의식은 아마도 아직 견고하지 못할는지 모르는데, 그 이유는 그것이 아직 충분히 전쟁에 대처할 수 없기 때문이었다. 그러나 이러한 의식은 견인불발의 의지를 생겨나게 하여 완강한 저항을 할 수 있었다. 이 면에서 보면 사회의식과 국가의식의 힘은 놀라운 것이다.

제23장 사람을 매혹시키는 북경

파리가 고대 로마제국의 정신을 계승했듯이 북경도 중화제국 황금시기의 정신을 계승했다. 파리는 서양의 도시 중의 도시이고, 북경은 동양의 도시 중의 도시이다.

만약 여러분이 파리에 가 보았다면, 여러분은 파리가 프랑스인의 수도일 뿐 아니라, 여러분 자신의 도시라고 생각할 수 있을 것이다. 마찬가지로, 북경은 중국인의 도시일 뿐만 아니라, 전 세계 인사들의 도시이다. 파리와 북경에서 사는 사람들은 모두 이렇게 말할 것이다 "이곳은 우리의 도시이며, 나는 영원히 이곳에서 살기를 희망한다."라고.

나는 북경에서 15년 동안 살다가, 민국 26년(1937년)에 이르러, 항일전쟁이 시작될 때에서야 비로소 북경을 떠났다. 과거의 나날들을 회상하면 북경의 흩날리는 먼지 조차도 즐거운 연상을 풍요롭게 해 주고 있다. 나는 북경의 먼지가 그리우며 언젠가 이 먼지들을 다시 볼 수 있을 날을 희망한다. 동틀 무렵, 아침 해가 막 떠올라, 햇빛은 창호지를 바른 창문을 비추고, 창밖 담쟁이 넝쿨의 그림자는 종이를 바른 창문 위에서 바람에 흔들거린다.

붉은 마호가니 책상 위에는, 하루 밤 사이에 가벼운 모래들이 얇게 내려 앉아 있다. 닭털로 된 먼지털이를 집어 들고, 책상 위의 먼지들을 가볍게 털어내면, 여러분은 일종의 형용할 수 없는 즐거움을 느낄 수 있을 것이다. 그런 후, 여러분은 다시 필통과 벼루 위의 먼지를 털어내면서 필통에 새겨진 산수풍경을 한번 감상할 수 있을 것이다. 벼루는 아마도 수백 년 동안 수많은 문인학자들이 사용한 적이 있는 것으로 그들도 여러분들처럼 일찍이 매우 조심스럽게 먼지를 털고 닦아본 적이 있을 것이다.

건륭연간에 제조된 자기(瓷器), 주 왕조의 동기(銅器), 4천 년 전에 점을 치는데 사용되었던 상 왕조(商王朝)의 갑골도 여러분들이 세심하게 닦고 문질러 주어야 할 것이다. 그리고 조용히 책꽂이에 누워있는 선장본(線裝本)들은 유럽이 아직 인쇄술을 알기도 전에 인쇄된 것이다. 손가락으로 이 서책들의 표지를 건드려 보면 흩날리는 먼지들이 차별 없이 이 고서들에게도 왕림하였다는 걸 알게 된다.

탁자에 있는 잡물 위의 먼지를 떨어내고 나면 여러분은 이미 이날 아침의 초보적인 일과를 원만하게 마쳤다고 느낄 것이다. 햇빛이 비치면, 등나무 그림자가 흔들리는 종이 창문이 여러분을 향해 미소 짓고 티끌 하나 없는 책상과 탁자에 진열되어 있는 골동품들이 여러분을 향해 고개를 끄덕이기에 여러분은 흡족한 마음으로 이 날의 일을 처리하기 시작할 것이다.

이러한 고색창연한 분위기는 여러분들로 하여금 공자께서 장막을 치고 제자들을 가르치던 춘추전국시대나 혹은 경교도(景教徒)들이 처음 중국에 온 당나라 시대나 혹은 예수회 선교사들이 명나라에서 천문기기를 제조하던 시대나 혹은 나폴레옹이 군사들을 이끌고 파죽지세로 러시아로 쳐들어가 가로등의 등유를 마실 수밖에 없었던 시대를 회상케 하거나 혹은 징기스칸이 그의 상승군을 다뉴브 강 분지로 파견하여 유럽과 아시아 양 대륙에 걸친 몽고제국을 건립하고 또한 북경을 그의 한 아들의 수도로 정한 것을 회상케 할 것이다.

우리는 북경을 통해서 정확하게 역사를 이해할 수 있는데, 그 이유는 북경은 대자연처럼 위대할 뿐만 아니라 역사처럼 유구하기 때문이다. 북경은 일찍이 다섯 왕조의 수도로서 한 왕조가 다른 한 왕조를 대체하여 흥기하고, 한 왕조가 다른 한 왕조에 이어 멸망하였지만 북경은 시종 우뚝 솟아 변함이 없었다.

황궁의 건축물은 모두 장방형인데다가, 대칭으로 안락의자처럼 배치되어 있으며, 중간에는 넓은 장방형 마당이 있고, 마당 중앙에는 청동으로 도금한 대향로가 놓여 있는데, 향을 피우면, 향불이 모락모락 하늘로 올라간다. 황궁 문 앞에는 청동사슴이 줄지어 서 있고, 입구에는 든든히 자리 잡고 있는 한 쌍의 돌사자나 혹은 청동사자가 지키고 있다.

이러한 3면이 웅장하고 위대한 건축물로 둘러싸여 있는 마당은, 그 수효가 100개 이상으로, 자금성(紫禁城) 내에 사방팔방으로 널려 있고, 자금성의 주위는 장방형의 황색 성벽으로, 성벽 사각 어귀에는 황색기와를 덮은 망루가 우뚝 서있다. 북경황실은 원 왕조가 처음으로 건조했고, 명 왕조 때에 개축되었으며, 청 왕조 때에 다시 개량하여 지금의 형식으로 되었다.

맑게 갠 푸른 하늘과 밝은 햇살이 내리쬐는 날이면, 궁전지붕의 황색 유약을 입힌 기와는 눈부시게 빛을 발한다. 저녁 안개가 사면을 둘러싸거나, 혹은 새벽하늘 빛이 막 모습을 드러낼 때, 자금성의 대문인 오문(午門)위의 문루는 창망한 하늘을 비추는 것이 마치 공중에 있는 돌로 만든 보루 같다. 쾌청한 달밤에, 이 문루들은 더 한층 마치 달빛 속의 신선궁전과도 같아서, 바라볼 수는 있으나 다가갈 수는 없다.

민국 성립 이후, 청나라 말기의 황제인 부의(溥儀)는 일시적으로 여전히 북경이라는 이 성 속의 성을 통치하고 있었고, 남아있던 소수의 청나라 조정의 관리들은 여전히 매 15일마다 한 번씩 황제를 알현했다. 이 몇몇 관리들은 과거의 청나라 관복을 입고서 자금성의 후문에 모여 소견(召見)을 기다렸고, 여전히 군신의 예를 행하였다. 민국 13년(1924년) 풍옥상(馮玉祥)이 북경에 들어와 결국 부의를 자금성에서 내쫓았다.

정변 후 얼마 지나지 않아 나는 명령을 받고 고궁에 들어가서 정부의 한 위원회가 모든 가옥의 문을 폐쇄하는 것을 감독하였다. 당시에 궁 안에는 여전히 몇몇 환관이 남아 있었는데, 나는 그들의 입을 통해서 궁전 생활과 관련 있는 많은 지식과 과거의 수많은 황제, 황후, 왕자, 공주 등등의 재미있는 일화들을 들었다.

그중 한 편의 이야기는 한 곳의 천장에서 벽 밑으로 드리워진 하나의 큰 거울과 관련된 이야기이다. 전해오는 말에 의하면 자희태후(慈禧太后, 西太后)는 거울 앞에 앉아 그녀 자신이 도대체 얼마나 위엄이 있는지 보는 것을 좋아했다고 한다. 하루는 섬서성 순무가 명령을 받고 궁에 입궐하여 서태후를 알현하게 되었는데, 그는 문으로 들어간 후 먼저 거울 속에 있는 태후를 보고는 곧 무릎을 꿇고 엎드려 거울 속에 있는 사람에게 머리를 조아려 큰절을 했다.

"그러자 태후는 어떻게 했나요? 나는 태후가 반드시 상당히 화가 났을 거라고 생각하는데요." 하고 내가 말했다. "오, 아닙니다. 아닙니다! 태후께서는 웃고 계셨고, 게다가 매우 상냥하게 그에게 '당신이 착각하신 거요. 그것은 거울입니다'라고 말했습니다."라고 답했다. 나는 이전에 왕자의 공부를 보살펴 준 적이 있는 몇몇 환관을 만났으나 이 몇몇 환관들은 놀랍게도 모두가 일자무식이었다. 궁정의 규정은 그들이 교육 받는 것을 금지했기 때문에 그들은 언제나 왕자가 무엇을 읽는지 전혀 알지 못했다.

복도에는 수많은 새장이 걸려있었고, 위에는 홍색, 황색, 남색의 앵무새가 앉아 있었는데 입으로 공주들이 적지 않은 시간을 들여 그들에게 가르쳐 준 말을 하고 있었다. 남색앵무새는 "들어오십시오! 손님이 오셨습니다. 차를 따르세요…"라고 나에게 말했고, 홍색과 황색의 앵무새가 곧 이어서 "차를 따르라! 차를 따르라!" 하고 소리쳤다. 이 때 나는 처음으로 남색의 앵무새를 보았다.

금붕어는 궁중의 못에서 서로 쫓고 쫓기며 놀고 있었는데, 흰색, 검은색, 홍색과 금색의 금붕어들이 있었다. 그중 거의 한 척이나 되는 금붕어가 많이 있었는데, 그들의 잠망경과 같은 눈은 아침하늘을 바라보고 있었으며, 그들의 비단과 같은 꼬리는 마치 여러 개로 연결된 부채처럼 물속에서 흔들거리는 멋진 자태를 보여주었다.

부의가 살던 궁전은 외관상으로 보면 매우 조잡하고 속되 보였는데, 대청 중앙에는 매우 촌스러워 보이는 긴 외국 탁자가 하나 놓여 있었고, 탁자 주위에는 모양이 추한 몇 개의 의자가 놓여 있었다. 탁자 위에는 한 쌍의 홍색 유리 꽃병이 놓여 있었다. 이 방은 외관상으로 보면 마치 미국 시골의 이류 여인숙과 같았고, 정말 이것이 중국 황제의 방이라고는 생각할 수 없었다. 모든 정교하고 아름다운 가구들과 예술진품들은 이미 방치되어 있어서 정리한 후 후궁으로 가져갔다.

통상항구의 저속한 서양문명은 이미 황궁까지 침입하여, 대조해보면 사람들로 하여금 이것보다 더욱 조화롭지 못한 것은 없다는 생각을 하게 했다. 저속한 잡지가 여러 곳에 흩어져 있었고, 새로 절개한 사과 반쪽과 한 통의 새로 뜯은 비스킷이 여전히 탁자 위에 놓여 있었다. 부의는 급작스럽게 일이 생겨서 급히 떠나느라 방을 정리할 틈이 없었음이 분명했다.

후에 각 궁에서 봉인을 뜯어 예술 소장품을 철저히 점검했을 때, 진귀한 물건과 보물의 수가 얼마나 많았는지 정말로 사람들을 놀라게 했다. 그중에는 진짜와 혼동할만한 옥을 다듬어 만든 수박과 "비온 뒤 하늘이 푸르다(雨過天靑)"는 색의 자기와 3천년 동안의 풍상을 겪은 동기(銅器)와 그 이외에 또 황제가 사용하던 옥새도 있었다.

당, 송, 원, 명, 청대의 역대 명화들은, 더욱이 훌륭한 것이 많아서 이루다 헤아릴 수가 없었다. 몇 점의 산수화는 대자연의 아름다움과 조화를 묘사하여 사람으로 하여금 그 속에서 혼이 노닐게 하여, 즐거워서 돌아오는 것을 잊게 할 정도였으며, 몇몇 명인들이 그린 새는 묘사를 매우 잘해서 진짜와 꼭 같아 종이위에서 살아 움직이는 것 같았다. 물속에서 노니는 물고기들은 살아 있는 것처럼 생동감이 넘쳤으며, 거위와 닭이 우는 소리를 직접 듣는 것 같았으며, 무성한 대나무 그림자는 바람에 흔들리고, 연못의 새로 생긴 연꽃잎에는 새벽이슬이 떨어지려 하고, 혜란(蕙蘭)이 향기를 풍겨와 맑고 깨끗한 향기를 퍼낼 수 있을 정도였다.

중국의 명화들은 외관의 비슷함을 추구하려고 노력했을 뿐만 아니라, 움직이는 자태, 소리, 빛깔과 광택, 특징을 표현하려고 했으며, 상상력을 계발하고 심지어 감정을 불러일으키고자 했다. 한마디로 바꾸어 말하면 바로 사물의 기품을 묘사하려고 한 것이다.

이 위원회에 속한 100명 정도의 직원들은 2년 동안 샅샅이 뒤지며 철저하게 검사했는데, 황궁의 구석구석까지 철저히 조사하여, 역대 황제와 왕들이 남겨 놓은 천만가지의 진귀한 보배들을 일일이 기록하고 점검하였다. 어떤 창고들은 온통 거미줄로 빽빽하게 가득 차 있었고, 어떤 창고들의 먼지는 거의 복사뼈까지 파묻힐 정도여서, 100년 이상이나 이곳을 찾아 온 사람이 없었음을 분명히 알 수 있었다. 어떤 고대의 기물들은 이미 오랫동안 손을 댄 적이 없어서, 도대체 몇 개인지 아무도 몰랐다.

결국 고궁은 개방되고, 동시에 고궁박물원이 성립되어 고대 유물전람에 관한 일을 주관하게 되었다. 일반 민중들 특히 젊은 세대는 결국 시야가 크게 트이어 수백 년 동안의 중국예술의 풍부하고 위대한 성과를 감상할 기회를 갖게 되었다. 북경은 원래 예술의 중심지여서 예술작품을 감상하는 사람들이 매우 많았고 예술가들도 적지 않아서 고궁박물원은 개방 이후, 북경을 더욱 적지 않게 빛내 주었다.

과거에 황궁 후원에 깊숙이 숨겨져 있던 것들을 지금은 모든 사람들이 다 감상할 수 있게 되었으며 과거에는 황실만이 접촉할 수 있는 것이었는데 지금은 이미 대중에게 공개되었다. 항일 전쟁 초기에 정부는 고궁의 유물을 남쪽으로 운송했는데, 북경에서 남경으로 그리고 다시 서남 내지로 옮겼다. 전후 다시 남경으로 옮겨왔다가 다시 전란으로 인해 대만으로 운반했다. 현재 대중(臺中)에 진열되어 있는 유물은 바로 북경에서 운반해 온 것이다.

과학은 인간지혜의 자연법칙 탐구에 대한 가시적인 성과이고, 예술은 인간정신의 자연의 실체에 대한 느낌과 접촉으로 이루어진 가시적인 성과이다. 예술은 인생의 일종의 표현으로서 인생을 더욱 풍부하게 하고 더욱 아름답고 원만하게 하며, 과학은 인간 지혜의 활동의 산물로서 그 목적은 지식의 욕망을 만족시키고 결국에는 물질문명을 창조하는데 있다. 현대문명에서는 예술과 과학이 긴밀하게 협력해야 비로소 인생을 원만하고 완벽하게 할 수 있다.

자금성 서쪽에는 서로 연결된 3개의 호수가 있는데, 남해(南海)와 중해(中海)와 북해(北海)이며, 호수와 호수 사이에 있는 시냇물 위에는 곱사등이처럼 생긴 돌다리가 있고, 호수를 따라 100년 묵은 고목이 널리 심어져 있으며 호수에는 연꽃이 만발해 있고 호수를 둘러싼 산봉우리 위는 황금색의 유리 기와로 덮여있고, 기둥이 주홍색으로 되어 있으며, 대들보를 채화로 장식한 정자가 우뚝 솟아있다. 들리는 바에 의하면, 한 번은 호수에서 물고기를 한 마리 잡았는데 물고기 몸에 명 왕조 영락 연간(永樂年間)에 방생했다고 쓴 금패가 걸려 있었다고 한다.

중해의 가운데에는 영대(瀛台)가 있는데, 이곳은 주변에 연꽃을 두루

심은 조그만 섬으로, 1898년 유신운동 실패이후, 광서제는 자희태후에 의해 영대에 유폐되었다가 후에 1909년 이곳에서 세상을 떠났다. 이 작은 섬에는 정원이 넓은 궁전들이 매우 많이 세워져 있다.

녹색 이끼가 자라고 있는 고목들은 복잡하게 설계된 궁전 위의 황금색 기와를 높은 곳에서 뒤덮고 있으며, 각 정자 사이는 꾸불꾸불한 주홍색의 복도로 서로 연결되어 있다. 어화원(御花園) 안에는 석가산이 세워져 있는데 동굴과 이상한 돌들이 모두 구비되어 있어서 사람들로 하여금 마치 자신들이 깊은 산 속에 있는 것 같은 느낌을 갖도록 한다.

불행한 광서황제가 이 아름다운 감옥에서 근심 걱정을 잊고 즐겁게 살았느냐 하는 것에 대해서는 오직 광서황제 자신과 그를 수행한 사람들만이 알 것이다. 그는 유폐되어 외로웠던 기간 동안 줄곧 육체적 정신적 병마의 고통을 받다가 결국 죽음이 그의 고통을 벗겨주었다.

호수는 원래 돌로 쌓은 도랑을 이용하여 서산(西山)에서 끌어온 샘물로 이루어졌다. 대로 옆에서는 지금까지도 여전히 부분적으로 남아 있는 관개수로를 발견할 수 있다. 북경의 하수도 체계는 더욱이 과거의 위대한 공사의 성과 중의 하나이다. 시내의 오수(汚水)를 흘려보내는데 사용하는 하수도는 현대의 지하철이 다니는 터널과 아주 흡사하다.

청대 말기에 이르러 이 하수도들이 모두 진흙으로 막혀 버렸지만, 매년 한 번씩 하수도를 검사하는 제도는 청대 말년까지 유지되었다. 이전에는 검사원이 반드시 직접 하수도 안으로 들어가서 이쪽 끝에서 저쪽 끝까지 보수해야 할 곳이 있는지 없는지 살펴보아야 했다.

그 후 하수도가 쓰레기와 진흙으로 막혀버리자, 이들 검사원들은 아주 교묘한 방법으로 그들의 상관들을 속였는데, 즉 제복을 입은 두 명의 검사원이 하수도의 한쪽 끝에서 기어 내려가 숨고, 다른 두 명의 같은 제복을 입은 검사원은 먼저 다른 한쪽에 숨는데, 검사관이 말을 타고 출구 있는 곳에 이르면 먼저 그곳에 숨어 있던 검사원이 기어 나왔던 것이다.

이 사례는 이 하수도 체계가 표면상으로는 여전히 존재하고 있지만, 그것의 실질과 정신은 여러 해에 걸쳐 겉으로는 복종하는 체하면서 실제로는 따르지 않은 결과로 인해 완전히 사라져 버렸음을 설명해 주고 있다. 청대 말년에 이러한 일이 정부 각 부문에서 모두 발생했기 때문에 청 조정이 결국 빈껍데기만 남은 것은 정말로 전혀 이상할 것이 없다.

북경은 도시가 온통 나무로 꽉 차 있다. 개인 주택의 넓은 정원과 화원에는 도처에 가지와 잎이 무성하고, 온통 이끼가 돋아있는 하늘을 찌를 듯이 높이 솟아있는 고목들이 있다. 여러분들이 매산(煤山)이나 기타 높은 곳에서 북경을 바라보면 도시 전체가 정말로 삼림 속에 세워져 있는 것 같다. 평행으로 교차하는 거리는 마치 바둑판 위에 가로 세로로 새겨져 있는 선처럼 북경이라는 '정원'을 교차하고 있다.

유래가 오래된 황가의 규율에 의하면 북경 성 내에서는 나무를 심는 것만 허용되고, 나무를 자르는 것은 허락되지 않았다고 한다. 오랜 세월이 흐르면서 사람들은 이 규칙을 잊어 버렸지만, 어느 사이엔가 수목을 사랑하는 좋은 습관이 양성되었는데, 이 사례는 제도 자체는 비록 잊혀졌지만 제도의 정신은 이미 사람들의 마음속에 깊이 뿌리를 내리고 있었다는 것을 설명해 주고 있다. 중국의 신생(新生)의 비밀은 바로 여기에 있다.

북경에 거주한 적이 있는 사람들 중 새파란 하늘 아래 기와가 반짝

반짝 빛나는 궁전과 기타 공공건물을 잊을 수 있는 사람은 거의 없을 것이다. 이화원(頤和園)과 공원 안에는 수백 년 전에 심어놓은 고송들이 있다. 어떤 경우는 열을 지어 있고, 또 어떤 경우는 사각형 모양으로 둘러싸여 있는데, 공기 속에는 소나무 향기가 가득 차 있다. 요리가 뛰어난 요리집과 음식점은 언제든지 탐식가들의 식욕을 만족시켜줄 준비가 되어 있다.

골동품 상점에는 종류가 다양한 오래된 옥기들이 있는데 너무 많아 감상자들이 다 볼 수 없을 정도이다. 공공도서관과 사설도서관의 서가에는 수천 년 동안의 지혜의 결정이 보존되어 있는데, 연대가 가장 오래된 것은 상나라 시대의 갑골이고, 이 갑골들로 인해 우리는 중국 역사상 안개처럼 베일에 싸여 있던 시대에 대한 개념을 갖게 되었다. 그 이외에 또 사람들로 하여금 경건한 마음을 일으키게 하는 천단(天壇)이 있는데, 천단은 우리들로 하여금 자연의 위대함과 인류정신의 숭고함을 피부로 느끼게 한다. 현대의 국립북경대학교는 1898년에 세워졌는데 국자감의 전통을 직접 계승하였으며, 수백 년 동안 축적되어온 문화의 분위기 속에서 북경대학의 성립은 거의 어제의 일이라고 말할 수 있을 것이다. 북경대학은 고유한 문화의 중심지일 뿐만 아니라 현대화된 지혜의 원천이다. 학자, 예술가, 음악가, 작가와 과학자들이 사방에서 북경으로 모여들어, 이 고도의 조화로운 분위기 속에서 그들의 지혜를 발전시켰고 그들의 정신을 배양했다.

고대의 문물과 현대사상의 영향 및 장래의 희망은 이곳에서 한줄기 지혜의 거대한 흐름으로 합쳐져서 전국의 청년들이 잇달아 이 고도에 와서 이 맛 좋은 지혜의 샘물을 마음껏 들이키고 있다.

제24장 항주, 남경, 상해, 북경

항주는 산수가 뛰어나게 아름답고, 상해는 외래품의 집산지이며, 남경은 혁명정신이 충만한 곳이고, 북경은 역대 중화제국의 수도였으며, 또 예술과 여유의 도시이다. 나는 절강 성의 작은 마을에서 태어났는데, 어린 시절에는 농부와 장인들 사이에서 생활했으며, 그들의 아이들과 함께 놀았다.

소년시절에는 항주에서 공부를 했고, 후에는 다시 상해에서 계속 공부를 했다. 미국에서 유학하고 돌아온 이후, 일자리 때문에, 처음에는 상해, 이어서 북경, 남경, 항주, 결국에는 또다시 북경으로 돌아와 항일전쟁이 시작되기까지 그곳에서 살았다.

지리적으로 보면, 북경은 황하유역의 화북 평원에 위치해 있으며, 천진에서 그리 멀지 않다. 나머지 세 곳은 장강유역의 남방도시이다. 항주는 항주만 입구 전당강 연안에 위치해 있고, 북경과의 사이에는 과거에는 서로 통할 수 있는 운하가 있었다. 운하의 총 길이는 2074km로서, 장강과 황하의 2개의 큰 강을 가로질렀으며, 지금까지 여전히 일부분의 지역에서는 배가 다닐 수 있다.

1300여 년 전 수나라 양제는 전국의 인력을 동원하여 이 운하를 건설하였는데, 운하가 완성되고 수나라는 망하였다. 당나라 시인인 피일휴(皮日休)의 시중 다음과 같은 구절이 있다. "사람들은 수나라가 망한 것이 이 운하 때문이라고 하지만, 지금까지 천리 땅이 이 물결에 의지해 통하고 있네. 만일 수양제가 이곳에서 궁전처럼 개조한 용주를 타지 않았던들 모두들 우 임금의 공적이 그다지 많지 않았으리라고 말할 것이네."

상해는 항주의 동북쪽에 있고, 황포 강기슭에 웅거하고 있다. 황포강은 장강입구에 위치하여 황해로 들어가는데 소위 황해는 사실상 태평양과 분리 될 수 없는 부분으로, 단지 이름만 다를 뿐이다. 남경은 바다에서 비교적 멀리 떨어져 있고, 황포강과 항주 두 지역의 서북쪽에 위치해 있으며, 장강 남쪽 연안에 웅거하고 있는데, 남경연안에서 장강동쪽을 따라 내려가면 양주에 도달할 수 있다. 운하는 바로 이 월강(越江)에서 강남으로 흘러 들어가는데, 마르코 폴로는 일찍이 원 왕조 때 양주에서 태수를 지낸 적이 있다. 북경, 남경, 상해, 항주 네 도시 사이에는 현재 모두 철도가 있어 서로 통할 수 있으며, 태평양 연안의 도시라고도 말 할 수 있다.

장강하류의 강남 도시들은 기후가 대체로 비슷하며, 봄과 가을 두 계절의 날씨는 특히 따뜻하여 사람들에게 좋은 느낌을 준다. 버드나무에 싹이 트면 봄이 왔음을 나타내며, 봄 경치를 즐기는 사람들은 새 가지를 꺾어서 집으로 돌아가 문에 장식하기를 좋아하는데 봄을 맞이한다는 것을 표시하는 것이다. 나뭇잎이 붉은 색으로 바뀌면 가을이 왔음을 나타내는 것인데, 석양과 붉은 잎은 일찍이 시인들에게 적지 않은 영감을 가져다주었다. 봄에는 한동안 우기가 있는데, 강수량은 비교적 많다. 나머지 세 계절은 맑은 날과 비오는 날이 반반이며, 여름은 그리 덥지 않고, 겨울 역시 그렇게 춥지 않다.

토양은 매우 비옥하고, 주요 농작물은 벼이고, 양잠은 보통 가정의 일이다. 물고기, 새우, 게, 마합, 뱀장어, 소, 양, 돼지, 채소, 과일은 도처에 널려 있으며, 유명한 양주 요리는 바로 이런 것들을 가져와 재료로 한 것이다.

상해는 장강 유역의 금융 중심지이다. 상해의 번영은 외국인들의 상업 활동 덕분임에 틀림없으며, 외국자본은 상해 경제구조의 기초이기 때문에, 외국 상인과 자본가들은 상해의 귀족계급이 되었으며, 상해에 사는 사람들은 모두 이 외국인들에게 머리를 숙여야 했다.

이 외국인들은 그들 자신의 생활범위를 가지고 있었으며, 수많은 외국인들은 상해에서 수십 년을 살았지만, 중국은 그들에게 있어서 여전히 하나의 "미지의 장소"였다. 그들은 화려하고 깊숙하고 고요한 화원이 있는 양옥집에서 살았는데, 공손하고 순종적인 중국 하인들이 시중을 들었으며, 마치 왕공귀족과 같은 생활을 하였다.

주인들은 착취에 의해 부자가 되었고, 하인들은 중간에서 웃돈을 떼어 착복함으로써 이익을 나누어 가졌다. 그들의 구락부는 마치 사귈 만한 중국인이 하나도 없다는 듯 중국인이 가입하는 것을 거부했고, 그들의 도서관에는 읽을 만한 책이 한권도 없었다. 그들은 잘난 체를 하고, 아는 것이 없었으며, 고집스러웠고 게다가, 인종차별 관념으로 충만해 있었으며, 그들은 자국 내에서의 과학발명과 예술창조에 대해서조차 관심이 없었으며 현재 중국이나 또는 그들 본국 국내에서 발전하고 있는 새로운 사상과 조류에 대해서는 더욱 아는 바가 없었다. 그들의 유일한 목표는 바로 돈을 버는 것이었다.

지위가 이 서양인들 바로 다음인 사람들이 중국매판인데, 그들은 서양인 주인처럼 무지했고, 서양인 주인처럼 부유하였다. 중국 상인들은 외국은행과 양행에 있는 매판을 매우 존경하였다. 매판들이 큰 입을 벌리고, 서양 주인들에게 뼈다귀를 요구할 때, 그들의 동포들도 침을 흘리며, 부러움을 참지 못하여 꼬리를 크게 흔들었다.

매판계급은 마치 연금술사처럼 구리를 은으로 만들 수 있었으며 그들의 서양 주인들은 은을 금으로 만들었다. 매판들은 은자를 조금 써서 첩을 맞아 들였고, 그들의 서양 주인은 이들 보다 뛰어나서, 오직 '여자친구'에게 은자를 조금 쓰기만 하면 되었다.

상해의 제3등급 인물은 상인이다. 그들은 매판의 수중으로부터 시 양물품을 구매하여, 돈을 번 후에는 환으로 집에 송금하여 밭과 부동 산을 구입했다. 그들은 어쩌다가 고향으로 돌아가 가족들을 방문할 때, 자연히 고향사람들의 '영감'을 불러일으켜, 상해에 와서 장사를 하는 사람들이 점점 더 많아졌다.

내가 말한 상해의 갖가지 정황들은, 대부분 직접 내 눈으로 본 것이며, 과장된 말은 전혀 없는데 그 이유는 나의 수많은 친척들은 상해에서 장사를 하는 사람들로서 그 중 일부분은 아직도 매판이기 때문이다. 나는 그들의 생활과 사고에 대해서 매우 정확하게 알고 있고, 동시에 나는 상해에 살고 있는 적지 않은 외국인들을 알고 있으며, 그들에 관한 이야기도 적지 않게 들었다. 생각이 깨어있는 외국인들, 특히 내가 잘 알고 있는 미국인들은, 매번 우리가 상해에 대해서 이야기하기 시작할 때마다, 늘 눈살을 찌푸렸으며, 머리를 흔들며 탄식을 했다.

제4등급이 공장노동자이다. 그들은 농촌의 과잉인구로서, 농촌에서 살 수 없어서, 결국 경작을 포기하고 상해로 와서 돈을 벌었다. 그들은 빈민굴의 주민들이다.

제5등급의 사람은 제일 미천한 등급의 사람으로서, 인력거를 끄는 쿨리(하층 노동자)이다. 그들은 대부분 강북의 빈곤한 현에서 왔다. 이들 만물의 영장이라고 불리는 동물들이 인력거를 끌고, 소와 말처럼 온 거리를 뛰어다니고 있다. 이러한 싸고 편한 교통수단으로 인해 상해의 활동은 끊임없이 원활히 이루어지고 있으며 상해의 상업동맥 속 혈액 순환을 유지시키는 것이 바로 인력거를 끄는 쿨리들이다.

이 다섯 등급의 사람들이 한데 합쳐지면 곧 일반사람들이 말하는 '조계심리'가 형성되는데, 일종의 권세를 숭배하고 외관을 중시하는 심리이다. 권세에는 재력, 무력, 치외 법권 등등이 포함되고, 표면적으로는 회화, 서예, 노래, 음악 그리고 생활 각 방면의 천박하고 저속한 면을 통해서 표현되었다.

우리는 일반적으로 이러한 조계심리를 '상해파'라고 하고, 이와 상대적인 기풍은 '경파(京派)'라고 하는데, 바로 북경파이다. 경파는 의미가 깊은 예술을 숭상하고, 완벽을 추구한다. 상해는 금융에 있어서는 대양이지만, 지식에 있어서는 사막이었다.

상해 사람은 하루 종일 마치 개미가 먹이를 찾아다니는 것처럼 대단히 바쁘다. 그들은 긁어모으는 것이 많을수록 사람들의 존경을 받는다. 상해에서는 중국문화든 서양문화든 모두 이루 말할 수 없을 정도로 엉망이다. 중국인은 서양문화를 오해하고, 서양인도 중국문화를 오해하고, 중국인은 외국인을 매우 증오하고, 외국인도 중국인을 경멸하는데, 어느 누구도 상대방에게 이유가 없다고 말할 수 없다.

그러나 그들에게는 하나의 공통점이 있는데 즉, 쌍방이 똑같이 문화가 없다는 것이며 또 하나 공통적인 양해사항인 재물 착취가 있었다는 것이다. 이 두 가지 요소는 결국 상해사람과 외국인으로 하여금 금전상 난형난제(難兄難弟)가 되게 하였다. "네가 내 돈을 착취한다면, 나는 너의 돈을 착복할 것이다."라는 식이었다.

사막에 오아시스가 있듯이, 상해의 배울만한 점 또한 여기에 있었다. 금세기 초 10년 동안에, 치외법권은 일찍이 상해로 하여금 개혁사상과 개혁서적의 피난처와 교환처가 되게 하였다. 진화론과 민주사상의 종자는 최초로 이 오아시스에 살포되었고, 후에 또 바람을 따라 중국의 각 문화의 중심지로 흩어졌다.

과학과 민주의 종자는 기타 각지에서는 성장하여 아름드리 거목이 되었지만, 상해에서는 별로 성장하지 못했다. 민국 10년에서 20년 사이에, 상해는 치외법권의 비호를 받았기 때문에 군벌은 부당한 이익을 취할 방법이 없었으며, 상해와 그 부근 지역의 공업은 일찍이 급속도로 발전하였다.

유학생이 귀국하여 금융과 공업의 대권을 장악하고 난 후, 중국은 더욱이 관리와 생산에 있어 외국의 비법을 사용하기 시작했지만, 이러한 비법들은 대부분 직접 구미에서 배워온 것이었고, 상해의 외국인과는 관계가 비교적 작았다.

북경의 생활은 달랐다. 아름다운 궁전과 궁내의 정원(園苑)을 제외하고는 우리의 첫 번째 인상은 북경시내에 마치 두 개의 계층만이 있는 것 같았는데, 즉 인력거를 끄는 계급과 인력거를 타는 계급이었다. 그러나 여러분들이 북경에서 오랫동안 거주한 뒤에는, 인력거를 타는 계급 역시 여러 계급으로 나눌 수 있다는 것을 발견할 것이다.

그러나 '상층' 계급을 찾아내는 것은 오히려 쉽지 않으며, 모두들 화목하게 지내는데 다른 것은 오직 직업일 뿐이었다. 과거에 기인(旗人)은 출생하면 바로 귀족이었지만 이 귀족들은 지금 이미 평민 대중과 융합하여 일체가 되었다. 사람들은 모두 평등하게 태어났으며 보통 사람보다 뛰어나려면 자신의 노력에 의지해야 한다. 유일한 귀족 계급은 학문이 있는 사람인들인데, 즉, 화가, 서예가, 시인, 철학가, 역사가, 문학가와 근대 과학자와 기술자이다.

한번 보기만 하면 곧 진위를 판별할 수 있는 예술 감상가, 각양각색의 예술품을 제작하는 장인, 머릿속에 살아있는 목록을 담고 있는 서적상인, 여러분에게 도장을 새겨줌으로써 여러분들로 하여금 마치 명성을 백세에 남길 것 같은 느낌을 갖게 하는 금석가, 여러분의 객실과 침실을 아름답게 꾸며주는 카펫설계사, 이 모든 사람들이 조화를 이루면서 여유 있게 생활하고 있는데, 어떤 사람은 자신의 감상력에 도취되어 있고, 어떤 사람은 다른 사람을 위해 예술품을 제작해 줄 수 있어서 긍지를 느낀다. 감상, 기예도 북경생활의 특징이다.

거의 모든 사람들이 시간을 내어 각양각색의 방식으로 아름다운 물건을 감상할 수 있다. 오래된 서점을 둘러보거나, 서점 주인과 잠시 이야기를 하거나 서가에 놓여 있는 고서와 새 책을 감상할 수 있고, 고금지식의 보고 속을 두루 돌아다닐 수 있다. 흥미만 있다면 이곳에서 2~3시간을 보내도 무방하며, 여러분이 이곳을 떠날 때, 점원은 매우 공손하게 다시 방문해 달라고 할 것이다. 여러분 자신이 내키지 않으면 반드시 사야할 필요는 없다.

만약 여러분이 흥미가 있으면 골동품 가게로 뛰어가서 귀중한 진품과 교묘한 위조품을 포함한 서화와 보석을 감상할 수 있다. 여러분이 사든 안사든 상관없이 모두 환영을 받을 수 있지만, 여러분이 정말 이 물건들에 대해 흥미가 생기게 될 때, 저녁을 먹기 위해 남겨둔 마지막 한 푼을 꺼내게 된다 할지라도 전혀 아까워하지 않을 것이다.

여러분은 또한 극장으로 뛰어가 명배우가 공연하는 것을 감상할 수 있다. 그들은 대부분 빈틈없이 완벽하게 노래를 부르는데, 노래 소리는 사람의 심금을 울린다. 그렇지 않으면 여러분은 고궁박물관으로 뛰어가서, 역대의 천재들이 창조한 예술 진품을 감상할 것이다. 내가 앞에서 언급한 '경파(京派)' 풍격은 바로 이렇게 영원히 완벽함을 추구하고, 더욱 심오한 인생의 의의를 추구하는 분위기 하에서 생겨난 것이다.

만약 기분이 좋으면 여러분은 황궁 내원(內苑)에서 '중앙공원'으로 바뀐 그곳으로 뛰어가서 파란 이끼가 듬뿍 자란 고목 아래 앉아서 차의 맛을 즐기거나, 혹은 석가산의 고석(古石)에 앉아 연못에서 흰 고니가 물장난 치는 것을 한가롭게 바라볼 수 있다. 일요일에 여러분은 나귀를 타거나, 혹은 인력거를 타거나 혹은 자동차를 타고 서산의 명승고적으로 가서 옛일을 추모하고, 고송의 향기가 가득 찬 공기를 호흡할 수 있다.

정당한 오락을 찾을 때, 학자, 예술가, 장인, 과학자와 기술자들은 일제히 오랜 역사를 지닌 북경을 감상한다. 일을 할 때, 그들은 각자 다른 직종에서 열심히 노력한다.

과학자들은 실험실에서 연구에 종사하면서 인류의 지식 보고에 대해 공헌하기를 바라고, 기술자들은 자와 제도기를 들고 미래의 건설 설계도를 설계하며, 학자들은 책 더미 속에 몰두하여 역사의 교훈 속에서 미래의 이상을 찾기를 바라고, 장인들은 아름다운 그릇을 새로 만들어내려고 노력하고 있으며, 예술가들은 자연과 역사문물 속에서 영감을 얻어, 뛰어난 솜씨를 발휘하여 마음속의 형상을 화지(畵紙)나 혹은 기타 재료에 표현한다.

전란이 여러 해 계속되어도 북경은 별로 큰 영향을 받지 않았는데, 정부는 비록 여러 차례 주인이 바뀌었지만, 이 사랑스러운 고도는 여전히 원래의 모습 그대로이다. 나는 앞에서 수도를 남경으로 이전한 후에 북경은 이미 북평으로 개명하였다고 언급한 바 있다.

그러나 정신적으로 북평은 여전히 북경이었고, 수도가 이전됨에 따라, 북경의 일부분도 정부의 새 주소지로 옮겨갔는데, 예를 들어 일부분의 학자와 예술가, 건축양식과 진귀한 예술품이다. 그러나 북경의 분위기와 정취는 시종일관 변하지 않았다. 철도와 비행기는 이 두 도시의 혈액을 서로 교류시켜 줌으로써 결과적으로 두 도시 모두 이익을 얻었다.

남경은 북경과 달라서, 그곳은 반드시 폐허 위에서 재건되어야 하는 도시였다. 새 수도에는 낡은 가옥을 철거하고, 새로운 건물을 건조하는 정신으로 가득 차 있었다. 북경사람들은 물론 미래를 동경하지만, 그들은 시종일관 옛날의 찬란함 속으로 점점 젖어 들어갔는데 그러나 남경은 역사의 기억 이외에는, 충분히 의존할 과거가 전혀 없어서, 모든 것을 처음부터 새로이 시작해야 했다.

그래서 모든 사람들은 사고하고, 계획하고 일을 하였으며, 생활도 이런 활동에 따라 긴장하게 되었다. 모든 사람들은 회의를 열고, 명령을 실행하기에 바빴다. 분위기는 언제나 매우 긴장되어 있어서, 북경의 한가로운 정신은 남경에서는 크게 성장할 수 없었다.

길거리에는 행인들의 왕래가 빈번하고, 인력거를 끄는 사람들은 뒤질세라 앞을 다투어 뛰어다니고, 활기가 없고 게으른 나귀 조차도 바쁘게 움직이는 행인들과 차량들에게 감염되어 발걸음을 재촉하고 있었다. 매달 새로운 도로와 새로운 건물들이 생겨났으며, 곳곳이 발전하고 있었고, 또한 급속하게 발전하고 있었다.

심지어 오락 조차도 애를 많이 써서 쟁취해야만 했다. 식당은 식사를 사람들이 붐비는 구석진 곳에서만 공급할 수 있었으며, 새로운 가게는 아직 완공되지 않았다. 사람들은 화원에 꽃과 나무를 심고, 꽃과 나무가 자라기를 조급하게 기다렸다. 필요로 하는 물건은 모두 임시로 방법을 강구해야만 했다.

끊임없이 열성적으로 일을 하지 않으면, 곧 낙오될 것이므로 쉬지 않고 노력해야만, 비로소 시대정신을 따라잡을 수 있을 것이다. 6, 7년 동안 열심히 일하고 나면, 남경은 결국 참신하고 번영한 도시가 될 것이다. 종전의 폐허는 현재 신속하게 사라지고 있으며, 사고하고, 계획하고 일하는 정신이 끊임없이 발전하고 있을 뿐 아니라, 각성의 기타 도시까지 확산되어 국가의 장래도 이로 인해 크게 빛날 것이다.

세계의 진보조류를 좇아가기 위해서 사람들의 계획은 아마도 원대할 것이고, 심지어 이미 시대의 전면에서 뛰고 있을지도 모른다. 그러나 실제행동은 필연코 사람들의 사상을 따라잡을 수 없다. 사람들은 꽃과 각종 나무를 심을 수는 있으나, 그것들이 하룻밤 사이에 자라나 녹음이 우거지게 할 수는 없으며 철도와 도로는 반드시 점차적으로 건설해야 하고, 개혁 계획도 단시간 내에 실현될 수 없을 것이다. 그리하여 사람들은 아마도 "우리가 구태여 이렇게 불안한 마음으로 하루를 보낼 필요가 있는가?" 하고 물을 것이다.

당시에 유행하는 몇 마디 말이 있었는데, 이는 일반사람들의 개탄을 대표하기에 충분하다. 이 몇 마디의 말은 "논의를 해도 결정을 못 내리고, 결정을 내려도 집행하지 못하고, 집행하려 해도 집행이 안 된다."는 것이다. 물론 실제상황이 이 정도에 이를 정도로 엉망은 아니었지만, 한 가지 의심할 여지가 없는 것은 모든 사람이 자기들이 하고 있는 일의 성과가 이상적이지 못하다고 생각했다는 것이다. 사실상 이것이 바로 진보의 정신인 것이다.

항주는 앞에서 언급한 3개의 도시와 약간 닮았지만, 그들과는 또 다르다. 옛 문화에 있어 항주는 북경과 약간 닮았는데, 그 이유는 그곳은 '학자의 성'의 성도(省都)였기 때문이지만 북경과 같은 웅장함은 없다.

항주는 상해와 마찬가지로 약간 상업적 색채를 띠고 있지만, 색조가 비교적 담백하고, 동시에 서양인 주인이 없기 때문에, 개성을 표현하는 자유가 있다. 개혁과 건설정신에 있어서 항주는 남경과 약간 닮았지만, 패기가 비교적 부족하다. 항주는 단지 중국의 한 성안에 있는 도시이지만, 북경과 남경은 전국적인 도시이다.

항주 최대의 자산은 서호(西湖)이다. 서호는 산수의 아름다움이 빼어나며 게다가 사람들로 하여금 역대 문인과 선비들의 풍류와 운치 있는 일을 연상토록 하지만, 항주의 결점 역시 바로 여기에 있다. 왜냐하면 항주사람은 서호를 귀중한 보물로 여겨서 안목도 여기에만 국한되어 있기 때문이며, 그들은 심지어 자기기만 식으로 서호를 태평양보다 위대하고, 천당과 아름다움을 견주기에 충분하다고 생각하고 있다.

그들은 "하늘에는 천당이 있고, 땅에는 소주와 항주가 있다(上有天堂, 下有蘇杭.)"는 속담에 최면이 걸려 이 말을 정말로 믿고 있다. 그들은 소주가 어떻든 상관하지 않고, 항주가 여기 있으니 이곳이 바로 천당이라고 생각한다. 나는 대만에 온 이후, 경험을 통해서 소주와 항주가 확실히 천당이라는 것을 증명했는데 왜냐하면 그곳은 지진도 없고, 태풍도 없기 때문이다.

항주인의 마음속에는 오직 서호만이 있는데, 만약 여러분이 여기에 아주 오랫동안 머문다면, 서호에 도취해 버릴 위험에 빠지는 것을 면치 못할 것이다. 이런 현상들은 자고로부터 그러했다. 이를 입증해 줄 옛 사람의 시가 있다.

> 산 밖에는 푸른 산, 누각 밖에는 또 누각, 서호의 가무는 언제나 끝나는가? 따뜻한 바람 불어 여행객 취하니, 항주를 개봉으로 여기는구나.

그러나 남북에서 전파되어 온 개혁과 건설의 정신은 마침내 항주를 도취 속에서 깨어나게 했다. 눈을 좀 비빈 후, 항주는 점점 절강성의 미래 발전의 전망과 중국을 재건하는 과정 속에서 항주가 맡아야 할 책임을 알게 되었다.

북경도 북경 나름의 광활하고 조용한 일면이 있다. 성 밖 서산의 정상에서는 성안의 탑 꼭대기를 볼 수 있고, 서쪽으로는 영정하(永定河) 위에 걸쳐 있는 노구교(蘆溝橋)를 볼 수 있는데, 그것은 깊은 잠에 빠져 있는 거대한 용처럼, 전쟁에 대해서도, 평화에 대해서도 신경 쓰지 않고 있다. 이 연대가 아주 오래된 긴 다리 밑에는 황사를 품고 있는 강물이 불철주야로 오랜 세월동안 세차게 흘러오고 있다.

'영정(永定)'은 '영원히 안정되다' 혹은 '영구히 평화롭다'의 의미이다. 평화는 정말로 깨지지 않고 영원히 유지될 수 있는 것인가? 국민들에게 이런 희망이 있기 때문에, 이 강의 이름을 이렇게 지었다. 그러나 우리는 결코 평화를 유지하기 위해 노력한 적이 없어서 그 결과 평화는 우리 손에서 슬며시 달아나 노구교 아래에 있는 강물을 따라 세차게 흘러가 버렸다.

민국 26년(1937년) 7월 7일, 일본군대는 선전포고도 하지 않고, 노구교에 대한 공격을 개시하여, 마침내 전화(戰禍)가 전 중국으로 번지게 되었다. 매 단계에서의 승리에 도취한 일본은 중국에서의 전쟁의 불길을 오랜 기간 동안 모아 마법 상자 속에서 성장케 한 다음 마침내 민국 30년(1941년) 12월 7일 한 줄기의 금빛으로 변모시켜 진주만을 기습하였다.

제6부

항일전쟁 시기

제25장 만주와 조선

민국 7년(1918년) 여름, 중일전쟁이 발발하기 19년 전 나는 친구와 함께 만주에 갔다 온 적이 있다. 일본의 중국침략은 만주에서 시작되었다. 우리는 잠시 민국 초년의 그곳 정세를 살펴보도록 하자.

우리들은 상해에서 기차를 타고 남경에 도착했다. 다시 하관(下關)에서 장강을 건너 포구(浦口)에 이르렀으며 다시 포구에서 진포(津浦)철로 기차를 타고 북경에 도착했다. 포구에서 북상하여, 기차가 광활한 평원을 지나는데 꼬박 이틀 밤이 걸렸다. 이 지역은 내가 처음으로 지나온 곳이다. 모래먼지가 날리는 것과 메마른 황토 및 들 전체에 퍼져 있는 옥수수는 강남의 습윤한 흑토와 구불구불한 계곡, 면면히 이어져 있는 논과 기복을 이루고 있는 구릉과는 선명한 대조를 이루고 있었다.

나는 마음속으로 북방과 남방의 지리적 환경의 차이는 아마 두 지역 사람들의 심신과 심리적 차이와도 아주 커다란 관계가 있을 것이라고 생각했다. 나의 조상이 수백 년 전에 와서 거주한 화동(華東)의 강소성과 절강성은 일찍이 역사상 무수한 학자와 정치가, 예술가를 배출했지만 지금 내가 지나고 있는 강소성의 북쪽과 안휘성 북쪽은 아마도 전국에서 가장 가난한 지역인 듯했으며, 경내의 수목은 거의 완전히 벌채되어 회하(淮河, 淮水) 지역은 자주 강물이 범람하여 홍수의 피해를 입었다.

기차는 강소성 북쪽을 떠나 황하 유역에 있는 산동성 경내로 진입했다. 산동은 화북 연안에 있는 성의 하나로서 사람들은 키가 크고 근육이 튼실하며 근면하게 생활했지만 인구가 조밀하여 성 주민들은 외부로 발전을 추구하지 않을 수 없었다. 마침내 우리는 북경에 도착하여 나는 처음으로 고도(古都)의 공원과 궁전과 박물관 및 화원을 둘러 볼 수 있는 기회를 갖게 되었다.

우리는 북경에서 경봉(북경-봉천[심양]) 철도를 타고 심양으로 계속 달렸는데 도중에 장성의 종점인 산해관(山海關)을 경유했다. 전 세계적으로 유명한 만리장성은 서쪽 감숙성 가욕관(嘉峪關)에서 시작해 마치 한 마리의 거대한 용처럼 구불구불 동쪽으로 뻗어나가 발해만의 산해관에 이르르며 중국 본토를 만주 및 몽고와 양분하고 있다.

기차가 산해관을 통과하기 전에 우리들은 매미가 나뭇가지에서 우는 소리를 들을 수 있었는데 소란스럽고 시끄러운 상황이 중국의 기타 지역과 똑 같았다. 산해관을 나오니 더 이상 매미 울음소리가 나지 않았다. 알고 보니 매미는 장성 안에서만 성장하고 운다는 것이었다.

우린 야경이 끝없이 펼쳐진 가운데 심양(沈陽)에 도착했는데 심양 역은 시내에 있는 일본 조계 안에 지어져 있었다. 길거리 곳곳은 일본상점으로 마치 일본의 작은 도시와 같았다. 일본세력의 만주 침입은 이미 확고한 사실이었다. 중국이 일본과 자웅을 겨루지 않으면 이러한 상황은 결코 막을 수 없었다.

역사상 만주와 몽고는 줄곧 중국의 재앙의 근원이었다. 이 광대한 두 지역에 사는 민족들, 예를 들면 흉노족과 몽고족과 타타르족들은 자주 장성을 넘어 침입해 들어와서 중원을 혼란스럽고 불안하게 하여 백성들이 편안하게 생활할 수 없게 하였다. 일본인이 일단 만주에 웅거하게 되면 반드시 현대의 타타르가 될 것이다.

우리는 현지 군벌인 장작림(張作霖) 수하에서 일을 하고 있는 관리 여러 사람을 예방하였는데, 그들로부터 만주의 형세에 대하여 많은 것을 알게 되었다. 우리는 원래 장작림을 방문하려고 했지만 친구의 권유로 단념하고 말았다. 심양은 봉천성(奉天省)의 성도이며, 또한 삼백년 전 만주족이 중국을 정복하기 이전의 수도였다. 우리는 심양부근의 황릉을 참관했는데 청나라 병사들이 중국본토로 진입하기 이전의 청 왕실의 여러 왕들이 바로 이곳에 매장되어 있다.

우리는 심양에서 일본인이 경영하는 남만 철도를 타고 관성자(寬城子)에 도착했다. 관성자는 바로 우리가 알고 있는 장춘(長春)시이다. 민국 20년(1931년) 만주사변 이후 한차례 신경(新京)으로 개명하였으며 만주괴뢰국의 수도가 되었다. 일본세력의 관성자 침입의 조짐은 매우 뚜렷했으며 도처에서 일본상점을 볼 수 있었다.

철도 양쪽은 끝없이 넓은 보리밭이었는데, 무성한 보리 이삭은 장성의 외곽에 있는 이 광활한 처녀지가 매년 산동성과 하북성에서 온 수천만 명의 이민자들이 먹고도 충분히 남을 만큼 여유 있는, 중국에서 가장 풍요로운 지역임을 말해 주고 있었다. 중국에서 만주를 강탈해가는 것은 그들의 생존공간을 박탈하고, 아울러 황하유역의 성들을 질식사시키는 것과 다름없었다.

관성자는 일본인이 경영하는 남만철로의 종점이고 또한 원래 제정러시아가 경영하던 중동철도의 기점이기도 하였다. 중동철도회사는 차르황실 정부의 부패풍조를 답습하여, 일단의 부패하고 무능한 백계러시아인 직원들이 관리하고 있었다.

표를 산 승객들은 기차를 탈 때 좌석쟁탈을 벌려야 했고 표를 사지 않고 무임승차한 승객들이 도리어 거들먹거리면서 편안히 객실을 차지하고 있었다. 소매치기가 매우 성행했다. 어느 한 승객이 가죽구두를 신은 채 침대차의 윗자리에서 잠을 잤는데 아침에 깨어나 보니 가

죽구두 한 짝이 이미 온 데 간 데 없이 사라졌다.

그는 구두를 잃어 버린 그 발을 물끄러미 쳐다보고 있었는데 그는 도둑이 신발을 훔쳐갈 때 왜 전혀 알아차리지 못했는지 이해하지 못했다. 나도 신발을 훔친 도둑이 오직 신발을 한 짝만 훔쳐서 도대체 어디에 쓰려고 했는지 도무지 이해할 수가 없었다. 이 이상한 일이 발생한 후에 승객들은 모두 조심스레 자신의 짐을 지키면서 감히 자리를 뜨지 못했다. 내 친구도 안전을 위해 서둘러 휴대하고 있던 루블[11]을 속옷 주머니 속에 넣고, 저녁에는 두루마기를 입은 채로 잠이 들었다.

다음 날 아침 그의 루블도 사라져 버렸다. 돌아오는 길에 하얼빈 역을 통과할 때 나는 차창으로 몸을 내밀어 중국세관에 있는 미국 관리와 얘기를 하고 있었는데, 나는 누군가 내 바지 뒷주머니를 만지는 것을 알아차렸다. 내가 몸을 돌릴 틈도 없이 내 루블도 사라져 버렸다.

퇴락한 하얼빈시는 우리나라 가장 북방에 위치한 국제도시이며 또한 동양과 서양이 서로 만나는 곳이기도 하다. 옷이 남루한 중국과 러시아 양국의 가난한 꼬마들이 길거리에서 함께 노는 것, 그리고 중국인과 러시아인 사이의 통혼은 흔히 볼 수 있는 일이었다. 꼬마들은 일종의 혼합된 언어를 사용하고 있었는데 반은 중국어, 반은 러시아어였다. 하얼빈의 빈곤한 주민들이 경계를 나누지 않고 서로 함께 왕래하며 살아가는 모습은 내게는 신선한 일이었다.

상해에서 거주하고 있는 보수적인 서양인들은 늘 그들보다 가난한 중국인들을 업신여겨서 중국인들을 유행성 전염병처럼 여겼다. 이는 아마도 몹시 가난한 유럽인들이 상해에 와서 사는 일이 드물었기 때

11) 루불 : 러시아의 화폐단위

문일 것이다. 그러나 가장 중요한 이유는 여전히 러시아 혼혈아들이 많았기 때문이다. 타타르와 슬라브족 혈통이 융합된 지는 이미 상당히 오랜 세월이 지났다.

이전에 평탄하고 깨끗했던 하얼빈 거리는 여러 해 동안 개·보수를 한 적이 없었다. 우리가 탄 마차가 험한 길을 지날 때면 갑자기 위 아래로 흔들려서, 우리는 언제나 무언가를 바짝 쥐고 있어야만 마차 밖으로 튕겨나가지 않게 되니, 편안한지, 여부는 자연 말할 필요가 없었다. 하수도는 대부분 진흙으로 막혀있었다. 폭우가 한바탕 쏟아진 후의 거리는 물바다로 변했으며 고인 물의 깊이는 정강이에까지 이르렀다.

우리는 이곳에서 장사를 하고 있는 남방에서 온 사람들을 많이 만났다. 이 도시의 상인들은 밀, 콩, 광사(鑛砂)의 투기와 매점매석으로 돈을 벌었는데, 모두 이익이 100배나 되었다. 그들은 그저 돈을 벌 줄만 알았지 러시아인들이 발전시킨 이 도시가 도대체 어느 정도로 파괴되었는지에 대해서는 상관할 겨를이 없었다.

우리는 뒤이어 길림성의 성도인 길림시에 도착했는데, 그 지방의 아름다운 풍경은 우리에게 깊은 인상을 주었다. 길림시는 송화강의 북쪽 기슭에 자리 잡고 있어서 시내의 산꼭대기에 있는 사원에 올라가 강의 경치를 멀리 바라보면, 넓은 곳이 마치 호수 같아서 항주의 서호를 생각나게 했다. 강에서는 싱싱한 물고기가 많이 나는데 송화강의 방어는 많은 사람들이 가장 맛있다고 공인하는 생선이다.

군주정치시대에는 오직 황제, 후비, 귀족 및 대신들만이 방어를 먹을 수 있는 복을 누렸다. 북경 교외에 있는 청룡교(靑龍橋)에서는 여름이면 방어시장이 열렸는데, 그 이유는 서태후가 피서하러 이화원(頤和

園)에 와서 머무르곤 했기 때문이었다. 북벌이전까지만 해도 우리는 청룡교에서 방어를 살 수 있었다. 사람들은 장수할 수 있게 해 주는 인삼도 길림성의 특산품이라고 믿어서, 매년 다량의 인삼이 중국본토로 반입되어 각성에서 판매되었다.

우리는 또 흑룡강성의 성도인 치치하르에 도착하여 잠시 머물렀으며 우리는 그곳에서 기후가 여름에서 겨울로 급격하게 바뀌는 변화를 경험했다. 우리는 푸른 잎이 하룻밤 사이에 시들어 가지에서 우수수 떨어지는 것을 보았다. 치치하르는 중국 국경 내의 가장 북쪽에 자리한 도시로서, 시베리아 철로와 연결된 지선 열차를 타지 않고서는 우리는 더 이상 북쪽으로 갈 수가 없었다.

하얼빈으로 돌아온 이후, 우리는 발동선을 하나 대절하여 평온한 송화강의 흐름을 따라 부금현(富錦縣)으로 갔다. 1박 2일 동안 배로 항해하면서 연도에서 산천경개를 실컷 구경했는데 구불구불하게 에돌고 있는 강 위로 종종 원시 삼림으로 뒤덮여 있는 섬들이 나타났으며, 밤에는 달빛이 마치 씻은 듯이 맑게 빛났으며 북부 지역의 여름밤 공기는 한층 더 신선하고 상쾌했다. 달빛은 강물 속에 거꾸로 비쳐져서, 우리가 탄 배가 느릿느릿 지나갈 때면, 수면에 은비늘과 같은 잔물결이 일었다.

송화강 자체도 종종 막다른 골목에 맞닥뜨려 길이 없는 상황에 몰렸는데 강물이 모여서 호수가 된 것 같았는데 이것은 삼림으로 덮여있는 어둡고 음산한 산봉우리가 때때로 달빛이 눈부시게 비치는 속에서 길을 가로막곤 했기 때문이었다. 하지만 우리의 배가 산기슭에 가까이 갔을 때, 강의 물살이 왼쪽 혹은 오른쪽으로 갑자기 방향을 틀어서 우리의 배도 산기슭을 돌아 지나가니, 강줄기는 다시 앞으로 평평하게 뻗어 있었고 강물은 계속해서 아득히 먼 곳을 향해 세차게 흘러갔다.

부금현은 곡물 창고가 즐비한 도시이다. 주위의 수 백리 내에서 생산된 밀과 대두는 모두 이 변경도시로 모여들었다. 겨울에는 사방에 얼음 벽돌을 쌓아 성벽을 세워서 "빨간 수염(紅胡子)"이라고 하는 도적 떼의 습격을 방지하였다. 여름이 되면 네모나게 자른 얼음이 녹아버리고, 여름에는 도적이 비교적 적어서 방위 업무도 조금 느슨해질 수 있었다.

이곳 사람들은 모두 총을 가지고 있었고 어떻게 총을 쏘는지도 알고 있었다. 이 변경 성의 사람들은 여전히 원시적인 태도를 유지하고 있었고, 전투 정신으로 충만해 있었으며, 일찍이 오래된 문화의 영향을 받아 문약하게 변한 적이 없어서, 만리장성 이내의 오랜 역사를 지닌 민족과는 선명한 대조를 이루고 있었다. 항일전쟁 전에 중국 공군은 일찍이 처녀지인 만주의 이 건장한 사람들 가운데서 다수의 우수한 투사들을 받아들였다.

우리의 최종 목적지는 나포현(羅匍縣)과 한 친구의 농장이었다. 나포현은 흑룡강과 송화강이 합류하는 곳에 있는 삼각지대의 가장 끝에 자리 잡고 있으며, 흑룡강 하류는 송화강과 합류한 후에는 혼동강(混同江)이라고 부른다. 우리는 부금에서 작은 배로 갈아타고 흐르는 물을 따라 순조롭게 내려와 해질 무렵에 나포에 도착하여 그날 밤 어느 외로이 떨어져 있는 초가집에서 묵었는데, 넓은 온돌의 한쪽에는 이미 노파 한 분과 고양이 한 마리가 잠들어 있었고, 남은 한 구석이 우리가 묵을 곳이었다.

진흙 땅에는 살찐 돼지 두 마리가 잠들어 있었는데, 그들은 아주 평온하게 잠든 것 같았지만 때때로 굵직한 코고는 소리를 내곤 했다. 모기와 빈대는 밤새도록 잠들 수 없을 정도로 우리를 괴롭혔다.

날이 밝기 전에 우리는 아침 일찍 일어나 농장을 향하여 출발했다. 우리 일행 4인은 말을 타고 줄지어 수 리에 걸쳐 이어져 있는 숲과 밀밭을 지나갔다. 우리가 목적지에 도달하기 전에 태양은 벌써 나무꼭대기에 걸려 있었다. 흑룡강 저 쪽 기슭 러시아 지역 내에 있는 산봉우리를 희미하지만 분별할 수 있었다.

말파리가 모여들면서 점점 많아졌는데 우리가 탄 말은 피를 줄줄 흘릴 정도로 물렸다. 내가 탄 말은 백마였는데 말의 몸에 피가 땀처럼 흘러 버드나무 가지처럼 축 늘어졌다. 우리는 말의 꼬리 갈기로 만든 파리채로 온 힘을 다해 이 말파리들을 쫓아버리는 수밖에 없었다. 아침 6시쯤, 우리는 어느 덴마크 인이 경영하는 농장에 도착했는데 들은 바에 의하면 일주일 전에 이미 '빨간 수염(紅胡子)'이라고 하는 도적 떼가 이곳에 다녀갔다고 한다. 그래서 각처의 담벽은 온통 총탄 흔적이었다.

우리는 8시 경에 목적지에 도착했다. 처음 몇 년 동안, 이 처녀지에서 경영하던 농장은 매년 재배 수익이 상당히 좋았었는데 진정한 문제는 도적에 있었다. 수 개월 전에 한차례 '작은 흰 용(小白龍)'이라고 하는 도적이 무리들을 데리고 농장에 왕림하여 많은 닭과 오리, 소와 양을 약탈해 갔다.

도적들은 농장 사람들에 대해서 상당히 우호적인 것 같았고 또 그들의 파손된 총을 새것으로 바꾸어 가기도 했다. 농장 관리자는 "여하튼 도적은 결코 생각처럼 그렇게 나쁜 것만은 아니에요. 만약 일본인이 동북3성을 완전히 장악한다면 우리는 정말 끝장입니다." 하고 말했다.

나포현은 이번 북부행의 종착지로서, 만주대륙의 남단에 자리 잡고 있으며, 우리는 일찍이 일본의 조차지인 대련(大連)과 여순(旅順)을 방문한 적이 있었다. 대련은 통상항의 하나로서, 만주지역의 콩은 바로 이곳을 통해서 대량으로 수출되었다.

여순항은 해군기지이자 또한 만주 지역의 관문으로서, 1904년 러·일 전쟁은 바로 이곳 때문에 발발한 것이다. 제정 러시아가 패배한 후 조차권도 일본의 수중으로 넘어갔다. 여순과 조선에서부터 시작하여 남만주를 관통하는 철로는 일본인이 동북 3성의 심장과 동맥을 장악하게 하였다.

우리는 이 해군기지에서 하루 동안 유람하고, 많은 산들의 정상에 올라 항구 전체를 굽어볼 수 있기를 희망했다. 석양이 산을 드리울 때, 우리는 드디어 산 정상에서 비석 하나를 발견했다. 비석에는 일본의 도고(東鄕)[12] 대장이 인용한 금나라 사람이 쓴 시 두 구절이 새겨져 있었다. 그것은 "서호 가에 백 만의 병사를 주둔시키고, 오산의 제1봉에서 말을 세우네."였다.

남송은 1127년 항주를 수도로 정하였는데, 오산의 산봉우리는 바로 서호 가에 있으며, 금나라 사람들은 1276년 남송을 정복했다.[13] 러일전쟁 후에 도고대장과 그의 동포들의 꿈은 바로 금나라 사람들을 그대로 답습하는 것이었다. 대략 30년 후에 이 꿈은 놀랍게도 실현되었다. 상해를 공격하여 함락시킨 후에 일본군은 결국 항주를 점령하고

12) 東鄕: 일본의 해군대장으로서 러일전쟁 때, 러시아의 막강한 발틱 함대를 대한해협에서 전멸시킴으로써 러일전쟁을 승리로 이끄는데 결정적인 역할을 한 인물이다. 그의 이름이 도고(東鄕)이다.

13) 1276년 남송을 정복한 것은 금나라 사람이 아니고 몽고인임. 저자의 오류로 추정됨.

나서, 말을 타고 오산 제1봉에 올랐던 것이다.

조선은 일본 제국주의가 아시아대륙으로 진출하는 발판이었다. 1894년의 청일전쟁은 조선으로 인해 야기된 것이다. 이 오래된 왕국을 장악하기 위하여 일어난 청일전쟁은 일본의 아시아대륙 침략의 시작이었고, 중국 역사에 새로운 한 페이지를 열게 했으며, 이어서 일어난 것이 중국의 유신운동, 혁명, 내전, 재앙, 국치(國恥) 및 서구화운동과 현대화 운동이었다.

우리는 만주를 두루 돌아본 후 조선으로 갔다. 우리는 기차를 타고 압록강을 건너 인천으로 와서, 인천에서 조선의 수도인 서울에 도착했다. 일본의 조선 총독은 서울에 살고 있었다. 거대한 서양식의 총독부는 왕궁의 바로 앞에 건조되어 있어서, 마치 일부러 조선국왕을 모욕하는 것 같았다. 국왕은 이미 더 이상 존재하지 않았지만, 왕궁은 여전히 그곳에 남아서 총독부 뒤로 밀려난 모욕을 견디고 있었다.

왕궁은 북경의 중국 궁전과 모양이 완전히 같았지만 규모는 훨씬 작았기 때문에 오직 소형 궁전으로 간주할 수밖에 없었다. 이씨 조선의 역사적 사실을 잘 알고 있는 조선인 모군(某君)에 의하면 중국의 흠차대신이 내방할 때, 조선 왕은 반드시 층계를 내려와서 친히 맞이해야 하며 조서를 받는 경우 조선 왕은 또 반드시 무릎을 꿇고 성지(聖旨)를 받아야 했다고 한다.

왕궁의 뒤쪽에는 중국식 정자가 있는데, 임금의 비빈들이 이 정자에서 당 나라 때의 중국의 고대 가무를 공연했다고 한다. 조선과 일본에서는 고대의 중국의 풍속과 습관이 지금까지도 여전히 쇠퇴하지 않고 성행하고 있다. 그들의 중국 글자에 대한 발음, 그들의 풍속습관, 무용, 음악 및 생활방식은 모두 당대(唐代)의 영향을 받은 것으로 거슬러 올라가 볼 수 있다.

내가 그 정자에 서서 안개가 자욱한 서울의 작은 산을 바라볼 때, 나는 나 자신도 모르게 당나라의 휘황찬란했던 시대가 그리워졌는데, 당시의 중국문화는 마치 중천에 떠 있는 밝은 해가 사방을 환하게 비추고 있는 것 같이 멀게는 일본, 조선과 베트남 등지까지 비추어서 극동문화권을 이루고 있었다. 이 찬란한 문화의 조국이 외족의 침략으로 인해 그 자신의 풍속습관과 생활방식이 바뀌었다.

19세기에, 일본은 중국의 당나라 문화의 기초 위에서 서양문화를 흡수하여 새로운 문화를 창조하여 결국 조선을 병탄하고 그것에 맛을 들여 자기의 은사인 중국을 병탄할 준비를 하고 있었다. 그러나 일본은 오히려 중국에게 어떻게 하면 고대문화의 기초 위에서 부강한 신중국을 건설할 수 있을까 하는 교훈을 가져다 주었다. 중국의 일련의 개혁, 혁명, 서구화운동과 현대화운동은 이렇게 하여 시작된 것이다.

내가 지난 일을 회상하고 앞날을 생각하고 있을 때, 태양이 구름층 뒤에서 모습을 드러내면서 서울의 작은 산의 안개도 급속히 사라져 버렸다. 나를 데리고 왕궁으로 간 사람은 한학(漢學)에 정통한 조선의 노학자였는데, 그는 줄곧 잠자코 내 옆에 서 있다가 이때에 비로소 나에게 밤에 연회가 있다고 일깨워 주었다. 우리는 정자를 떠난 후에 민비가 암살당한 곳을 지났는데, 들리는 말에 따르면 민비가 중국을 지지했기 때문에 일본인에게 암살당했다고 한다.

이 노학자는 나에게 "당신이 마음속으로 무슨 생각을 하는 줄 알고 있소. 우리나라는 현재 분발하기에 너무 늦었소. 우리 국왕은 이미 가무와 여색에 빠져 국사를 그르쳤소. 그러나 중국은 밝은 앞날이 있는 나라이고, 중국은 당신의 나라이며, 또한 나의 조국으로 볼 수 있소.

나는 이미 늙었소. 동생, 당신은 아직 젊으니 중국을 위해 열심히 노력해 보시오." 하고 말했다.

우리가 중국 총영사관에 도달했을 때, 저녁식사가 이미 다 준비 되어 있었다. 총영사관은 예전에는 중국특사의 관저였다. 중국과 제정러시아와 일본이 조선이라는 아가씨를 차지하려고 경쟁하고 있는 사각연애기간 중에 이 역사적인 건물 안에서 도대체 무슨 일이 있었는지는 아마도 그 일에 참여한 사람만이 알 것이다.

역사기록은 단지 우리에게 애매한 윤곽만 줄뿐이고, 비록 개인기록이 있지만 지금까지 발표되지 않고 있다. 모든 상황은 오직 후대사람의 상상에 의거할 수 밖에 없다. 서울의 생활은 신속히 일본화 되어가고 있었다. 일본의 상가, 은행, 점포와 식당이 대로와 번화가를 차지하고 있었다. 대기업의 사장, 정부 관리, 중요학부의 교원들이 전부 일본인이고, 피정복자의 생활습관은 마치 그들의 황궁과 같이 점점 위축되고 있었다.

거리에는 종종 조선인들이 인도에 쭈그리고 앉아서 긴 담뱃대를 입에 물고, 유유자적하게 담배연기를 내뿜는 모습과 부녀자들이 무거운 광주리를 머리에 이고, 한가로이 거리를 지나다니는 모습이 눈에 띠었다. 사서오경을 가르치는 몇 몇 구식학교(서당)는 이미 유지할 수 없는 추세였다. 나는 이런 학교에 가본 적이 있는데, 거기에는 경서를 가르치는 한 명의 노인선생이 계시고, 십여 명의 학생들이 그를 중심으로 방석 위에 무릎을 꿇고 둘러 앉아 있었다.

조선인과 일본인은 여전히 바닥에 쭈그리고 앉는 중국의 옛 방식을 유지하고 있다. 바닥 밑은 여름이라 할지라도 따스한 불로 따뜻하게 하고, 자리는 침상처럼 깨끗하게 청소되어 있었다. 학생들은 반드시 중국 경서를 암기해야 했기 때문에, 내 어린 시절의 상황과 완전히 같았다. 비록 그들은 같은 교본을 사용하고 있었지만, 자구의 발음은 전혀 달랐다. 그들의 중국글자에 대한 발음은 중국의 광동성과 일본 및 베트남처럼 당나라 시대 사람들의 읽는 법과 비슷하거나 혹은 같았다.

모든 사람이 다 솜 버선을 신고 있었고, 여름도 예외는 아니었다. 내가 그들에게 그것은 무슨 이유 때문이냐고 물으니, 그들은 북방 지역은 날씨가 너무 차갑기 때문이라고 했다. 그러나 그들은 몸에는 오히려 아주 시원한 흰색의 긴 삼베옷을 입고 있었다.

조선인, 일본인과 베트남 사람은 모두 중국의 산수화와 서예와 시사(詩詞)를 좋아한다. 그러나 이 세 민족은 모두 그들 각자의 특색을 가지고 있다. 예술면도 그러하고 생활면도 역시 그러하다. 조선과 베트남은 후에 명나라의 영향을 비교적 크게 받았지만 일본은 바다에 의해 격리되어 있었고 게다가 명 왕조와 도꾸가와 막부(德川幕府)는 서로 모두 쇄국정책을 취하였기 때문에 받은 영향이 많지 않았다.

이 밖에도 바다를 집으로 삼고 있는 일본인은 모험정신이 풍부했기 때문에 고대중국의 상무정신을 지니고 있었고, 조선인과 베트남 사람은 명 이후 수백 년 동안 문사(文事)를 숭상하는 중국의 영향을 많이 받았다. 중국문인에게 막대한 존귀와 영예를 부여했던 과거제도는 조선과 베트남에 전래되었지만, 일본은 이를 받아들이지 않았다.

조선의 젊은 세대는 일본인 통제 하에 있는 현대식 학교의 영향을 받아서, 중국에 대한 태도가 급격히 변화했다. 이들 학교에서는 일본천황이 신명으로 받들어 모셔졌으며 일본인의 장점은 지나치게 추켜세워지고 중국인의 단점은 지나치게 묘사되었다. 만약에 조선청년의 일본에 대한 태도가 증오라면 중국에 대한 태도는 바로 경멸이었다.

노인세대는 중국문화로 가득 찬 황금시대가 이미 과거가 된 것을 탄식하고 있으며, 젊은이들 중 비록 소수지만 자기들이 대일본제국 천황의 국민이라고 생각하는 사람들이 있기는 하나 대다수의 청년들은 여전히 일본을 증오하고 있다.

제26장 전운이 짙게 감돌다

나는 국민정부의 교육부장관을 사직한 이후, 민국 19년(1930년) 10월에 북경으로 돌아왔다 — 이때 이미 북평으로 개칭되어 있었다. 그러나 북경대학의 교명은 역사적인 관계로 명칭이 바뀌지 않았다. 오래지 않아 당시 행정원장이던 장위원장의 명령으로 북경대학 교무를 다시 맡게 되었다.

학생들의 시위 횟수는 이미 대폭 줄었다. 수도를 남방으로 옮긴 이후, 정치활동의 중심도 따라서 이동하여 학생들이 시위를 하여 반대할 상대는 많지 않았는데 오직 일본의 침략만이 어쩌다가 학생들의 시위행동을 불러일으켰다. 일본은 만주에서 침략을 개시한 후, 이때 이미 중국본토 내로 신속하게 침략을 확장하고 있는 상태였다.

민국 20년(1931년) 9월 19일 새벽, 내가 북경대 총장실에 앉아 집무를 하고 있을 때 갑자기 전날 발생한 놀라운 소식이 전화로 전해졌다. 즉 일본인이 심양에서 기습을 감행하였으며 국군은 충돌을 피하기 위해 심양에서 철수하였다는 것이다. 나는 앞에서 일찍이 일본 침략자들이 중국을 침략한 전후관계를 하나하나 지적하였는데 그 전개과정을 간단하게 요약해서 말하면 대략 다음과 같다.

1894년(갑오년) 제1차 중일전쟁 이후, 중국이라는 이 아가씨는 일본이라는 영웅을 숭배하기 시작하였다. 그녀는 입술에 연지와 분을 바르고 곱게 단장하고는 자기가 마음속으로 사모하는 사람의 호감을 얻을 수 있기를 희망했으나 그녀가 숭배한 대상은 멸시적인 냉소로 응답하였다. 나는 어렸을 때 일찍이 짧은 글 한편을 지어 일본어 교사인 나까가와(中川) 선생에게 드려 가르침을 청한 일이 기억난다.

이 글 속에서 '중일 양국은 문자가 같고 종족도 같다.(中日同文同種)'라는 말을 언급했었다. 나의 일본어 교사는 인정사정 보지 않고 이렇게 비평했다. "아니야, 아니야. 중일 두 나라는 결코 동족이 아니야. 너희 나라는 열강에 의해 분할되었어. 불쌍하다, 불쌍해!" 이 인정사정없는 호된 반박은 마치 잘 드는 칼로 내 여린 마음을 찌르는 것과 같았다. 그날 밤 나는 국가의 앞날을 위해서 눈물을 흘리지 않을 수 없었던 사실을 기억하고 있다.

중국은 물론 마음속으로 사모한 사람의 애정을 획득할 수 없었지만 최소한 일본과 친구가 될 수 있기를 희망했다. 그런데 뜻밖에 일본은 불의에 비수를 꺼내어 중국이라는 이 아가씨를 찔렀으며 하마터면 이 아가씨는 생명이 끝날 뻔 했다. 이것이 바로 모두들 알고 있는 '21개'의 요구사항이다.

그 후, 이 아가씨는 그녀가 마음속으로 사모한 사람이 원래 무사도라는 가면을 쓴 악인이라는 사실을 점차 알게 되었다. 그 후 일본이 생각을 바꾸어 그녀에게 사랑을 고백하였지만, 그녀는 줄곧 다시는 그를 거들떠 보려고 하지 않았다. 그 이유는 이 때 그녀는 이미 그가 그녀에게 구애한 것은 그녀의 풍성한 혼수감, 즉 중국의 풍부한 천연자원 때문일 뿐이라는 것을 알았기 때문이다.

곧 이어서 온 것은 재물을 탐내어 목숨까지 해치는 비극적인 참사였다. 일본이라는 이 악인은, 경제 '협력'이라는 밧줄을 교묘하게 그녀의 목에 씌우는 동시에 또한 그녀가 그것을 진주목걸이라고 믿게 하려고 하여 이것을 '동아공영권(東亞共榮圈)'이라고 이름 지었다. 민국 20년 9월 18일 밤, 바야흐로 모두들 깊이 잠들어 있을 때 그는 갑자기 밧줄을 단단하게 졸랐다.

그녀는 꿈속에서 깜짝 놀라 깨어나 곧 바로 쏜살같이 도망치려했다. 그러나 그녀의 목에 씌워져 있는 동아공영권은 벗어날 수가 없었다. 그녀가 멀리 도망칠수록, 밧줄은 더욱 길어졌을 뿐이다. 게다가 밧줄의 다른 쪽은 줄곧 악인 마술사의 손아귀에 잡혀 있었다. 그녀는 놀라고 두려운 나머지 크게 살려달라고 외쳤다.

미국 국무장관인 스팀슨[14](H.L.Stimson)은 영국과 미국이 연합하여 일본에 강하게 항의할 것을 호소했다. 사이먼(Simon)경은 영국을 대표하여 거부하였다. 스팀슨 혼자서는 일을 추진할 수 없게 되었고, 이로 인해 일본은 거리낌 없이 정해진 정책을 계속해서 밀고 나아갔다.

중국에 대해서 그다지 열성을 가지지 않은 일단의 사람들이 리튼(Lytton)경의 인솔 하에 중국을 구원하기 위해 별로 내키지 않는 모습으로 왔다. 그들은 범죄현장인 심양을 방문하고는, 일본의 유죄를 선포하였는데, 이탈리아 국적의 심양우체국장 플라이디는 리튼 경에게 보낸 비망록에서 다음과 같이 명백하게 지적하였다. 즉 만약에 열강들이 만주에서 일본의 침략을 저지하지 못한다면, 3년이 지나지 않아 자기의 조국인 이탈리아가 알바니아를 침략할 것임을 확신한다고 했다.

14) 스팀슨(H.L. Stimson)(1867-1950): 그는 저명한 미국의 정치가 겸 전략가로서, 필립핀 총독. 육군 장관, 국무장관을 역임했다.

플라이디 국장은 비망록을 나에게 한번 읽어보라고 하고는 혼잣말로 "헌데 나는 지위가 낮아 내 말은 영향력이 없으니 나같이 보잘 것 없는 작은 우체국 국장의 말을 누가 들어주겠는가?"라고 말했다. "아가씨, 미안합니다. 우리는 당신을 동정하는 것 이외에는 현실적으로 당신을 도울 방법이 없습니다."라고 이 중국의 친구가 말했다. 동정은 하였지만 도와준 흔적은 전혀 없었다.

수개월이 지난 후 나는 일 때문에 남방으로 갔다. 민국 21년(1932년) 1월 28일 오후, 나는 상해 역으로 가서 기차를 타고 북경으로 돌아갈 예정이었다. 역 안으로 들어간 후, 상황이 평상시와 전혀 다름을 감지하였는데, 역 전체가 마치 황량한 촌락과 같았다.

역 경비원은 나를 알고 있는 사람이었는데, 그는 나에게, 외부로 나가는 기차가 없다고 알려주었다. 그는 "보아하니 일본이 곧 공격을 개시할 것 같습니다. 빨리 여기를 떠나시는 것이 상책입니다. 아마 이곳은 언제든 일이 터질 것 같습니다."라고 말하였다.

그 날 밤, 나는 갑자기 한바탕의 포성에 놀라 깨어났으며, 이어서 드르륵드르륵 하는 한바탕의 기관총 소리를 들었다. 나는 침대에서 벌떡 일어나, 여관에 있는 사람들을 따라서 옥상으로 올라가 상황을 살폈다. 하늘은 역 부근에서 발사되는 포화로 온통 새빨개졌다. 일본의 침략은 북방에서부터 남방까지 마치 우리 발뒤꿈치까지 와 있는 것 같았으며, 내가 머무는 10층 빌딩의 여관은 조계 안에 있어서, 일본군의 포화가 이곳까지 올리는 없었다.

나는 일부 여관 손님들과 함께 이 광경을 강 건너 불 보듯 바라보았다. 꽈르릉하는 대포 소리와 드르륵드르륵 하는 기관총 소리는 밤새 그치지 않았다. 다음날 새벽 나는 옥상으로 올라가 상무인서관이 불타는 것을 보고는, 마음이 이루 말할 수 없을 정도로 괴로웠다. 여러 대의 일본 폭격기들이 번갈아 상무인서관의 건물들을 폭격하였다.

검은 연기가 하늘을 찌르고, 종이 조각들이 온 하늘을 춤추듯이 날아다녔는데, 일부분의 찢어진 종이 조각에서 "상무인서관"이라는 글자를 볼 수 있었다. 일본이 상해에 대한 공격을 개시한 것이었다. 결국 민국 26년(1937년) 이전에 일어난 것 중 가장 치열한 전투를 일으킨 것이지만, 중국은 결국 어쩔 수 없이 일본이 군대를 상해에 주둔시키는 것을 허용하는 조건을 수락할 수밖에 없었다.

민국 19년부터 26년까지 7년 동안, 나는 북경대학이라는 배의 방향타를 잡고 온갖 지혜와 능력을 발휘하여, 이 학문의 배가 중일 사이의 충돌이 일으킨 거칠고 사나운 파도를 평온하게 잘 넘기기를 희망했다. 많은 친구들의 협조 하에, 특히 호적지, 정재군(丁在君, 丁文江), 부맹진(傅孟眞, 傅斯年)의 협조 하에 북경대학은 평온하게 앞으로 나갈 수 있었으며, 다만 어쩌다가 돛을 조정했을 뿐이었다.

과학교육과 학술연구의 수준이 향상되었다. 중국 역사와 문학에 대한 연구도 진지하게 행해졌다. 교수들은 충분한 시간을 가지고 연구에 종사하였으며 동시에 학생들이 정신을 집중하여 학문을 추구하도록 유도함으로써 일찍이 한차례 혁명 활동과 학생운동의 소용돌이 속에 있었던 북경대학은 차츰차츰 학술의 중심지로 바뀌게 되었다.

7년 동안에 기록에 남을 만한 시위운동은 오직 한 번뿐이었다. 일본군이 신속하게 만리장성을 향하여 밀고 들어오던 시기에 북경과 상해 일대의 학생들은 큰소리로 외치며, 정부에게 당장 일본에 맞서 싸울 것을 요구하였다. 대규모의 시위가 남경에서 자주 발생하였으며, 북경 학생들도 조속히 이 구국운동에 참가하기를 바랐다.

어느 날 수많은 학생들이 북경시 동역(東驛)에 집결하여 남하하는 기차를 타려고 하였다. 군경 당국이 그들의 승차를 허락하지 않자, 이 남녀 젊은이들은 밤낮으로 철도의 레일 위에 드러누워서, 기차가 역을 떠나지 못하게 하였다. 결국 당국은 수백 명의 학생들을 남쪽으로 가게 하여 남경에 있는 그들의 동지들과 합류하도록 하는 수밖에 없었다.

우리의 머리위에 있는 먹구름은 날이 갈수록 짙어지고 있었으며, 그 후 몇 년 동안 우리는 일본의 중국 침략물결과 정면으로 부딪치지 않기 위하여 매우 조심스럽게 얕은 물속에서 느릿느릿 앞으로 나아가면서, 감히 급류 속으로 뛰어들지 않으려고 했는데 이는 시간을 쟁취하기 위해서였다. 그러나 우리의 신중함은 겁이 많은 것과는 달랐다.

학자로 위장한 일본의 스파이들이 '문화중심지'(사실 그들은 북경대학을 반일운동의 중심지라고 보고 있었다.)를 '방문'할 때마다, 우리는 언제나 조금도 숨기지 않고 우리의 태도를 확실히 밝혔다.

내 기억에 의하면 한 일본 학자가 언젠가 북경대학의 교수들에게 중국과 일본의 문화관계를 청산유수처럼 실컷 떠들었는데 결국 우리는 그에게 말하기를, 일본의 군사적 야심 외에 중일 사이에 어떤 문화관계가 존재하는지 우리에게는 보이지 않는다고 했다. "당신들이 무력침략의 야심을 버리기만 하면, 중일양국은 자연히 손잡고 긴밀하게 협력할 수 있을 것입니다."라고 말했다.

지질학자 경제학자, 생물학자 등등으로 이루어진 이 학자들은 종종 우리를 방문하여 북경대학과의 '우의'를 쟁취하기를 희망했다. 그들은 우리의 반일운동에 대하여 불평하고 있었다. 우리는 그들에게 우리는 반드시 반일하는 것은 아니지만 그러나 일본군국주의를 반대하는 것만은 사실이라고 말했다. 그러나 그들은 오로지 일편단심 중국을 멸망시키려 하고 있으며, 중국이 완전히 굴복하지 않는다면, 그들은 절대로 방침을 바꾸지 않을 것이었다.

이때, 동북 3성에 주둔하고 있던 일본관동군이 신속하게 장성 안으로 밀고 들어왔다. 국군은 장성을 따라 피를 흘리면서 용감히 싸우고 있었고, 계속해서 하북성 북부에서 완강히 저항하다가 결국 북경과 그 근교까지 철수하였다. 길에는 부상병들이 끊이지 않고 줄을 이었다. 각 병원마다 부상자들이 넘쳐났다.

북경대학 교직원들도 행동을 개시하여 부상병 병원을 하나 설립했는데, 내 아내인 도증곡(陶曾穀)이 병원 업무를 주관하고, 교직원들의 부인들과 여학생들이 직원과 간호 업무를 맡았다. 이 병원 때문에 나는 전투부대와 비교적 밀접한 관계를 갖게 되었으며, 동시에 그들의 심리상태를 알게 되었다. 그들은 전투에서 패배하게 된 것이 전적으로 현대무기 특히 총이 부족했기 때문이며 그래서 몸으로 구축한 장성이 결국은 적에게 무너지게 되었다고 여기었다.

국군은 피와 살로 장성을 쌓아 적의 빗발치듯 쏟아지는 탄환과 화력에 항거하였는데, 주로 의존한 것은 불요불굴의 정신이었다. 이러한 정신으로 인해 중국은 기나긴 고통스러운 8년 동안 싸울수록 용감해져, 비록 수많은 사람들이 부상을 입고 사망하기도 하였지만 중국은 시종 신음소리 조차 한번 내지 않았다. 비록 우리는 연이어 패배하였지만, 결국에는 전쟁에서 승리하였다.

전투가 한창 장성을 따라 전개되고 있을 때, 당시 군정부장인 하경지(何敬之, 何應欽) 장군이 직접 북경으로 와서 작전을 지휘한 적이 있었다. 그와 나는 휴전을 하여 시간을 벌기를 희망하였다. 나는 영국대사 램프

슨을 방문하여 그가 나서서 중재할 의향이 있는지를 타진했다.

그는 일본대사관의 스마(須磨)씨가 일찍이 그에게 일본도 휴전하기를 바란다는 암시를 한 적이 있다고 말했다. 램프슨 대사는 즉시 런던에 타전하여 지시를 요구했다. 런던은 그가 중재자의 역할을 맡는 것에 동의한다는 답전을 보내 왔다. 우리는 미국 주중대사 존슨(Johnson)씨를 통하여 이 일을 워싱턴에 통보하였다.

그러나 우리의 이 계획은 결국 무산되어 버렸는데, 그 이유는 당시 외교부장인 라균임(羅鈞任, 羅文干)이 남경에 있는 영국대사관측에 자기 본인 외에는 누구도 외국과 교섭할 권한이 없다고 말했기 때문이었다. 머지않아 일본군은 국군이 장성을 따라 구축한 방어선을 돌파하고, 점차 북경으로 바싹 다가왔으며, 북경의 군민들은 이미 철수할 준비를 하기 시작했다.

나는 당시 맹장수술을 한 후 협화의원에 누워 있었기 때문에 밖의 사정에 매우 어두웠다. 어느 날 이른 아침, 나는 일본 비행기가 머리 위에서 빙빙 도는 소리를 듣고서, 직관적으로 정세가 심상치 않음을 알았다. 나는 담당의사의 허가를 받아 고통을 참으며 걸어서 하경지 장군의 처소로 갔다.

그는 내가 아직도 북경시내에 있는 것을 보고 너무 뜻밖이라고 여겼다. 그는 내게 일본군이 곧 공격을 개시할 것이니 빨리 북경을 떠나라고 하여, 나는 다음날 북경을 떠날 준비를 하였다. 다음날 새벽, 전화벨이 울렸는데 하경지 장군이 걸어온 전화였다. 그는 "우리가 이미 휴전협상을 했으니, 떠나실 필요가 없습니다."라고 말했다.

나는 곧 전화를 걸어서 이 소식을 호적지에게 전하였다. "정말? 일본 비행기가 아직도 우리 머리위에서 빙빙 돌고 있어." 하고 그가 말했다.

"하경지 장군이 방금 나에게 전화를 걸어 그렇게 말했어." 내가 대답할 수 있는 것은 겨우 이것뿐이었다. 후에 황응백(黃膺白, 黃郛) 장군이 중국을 대표하여 자정에 당고(塘沽)협정을 체결하였으며, 이 협정에 근거하여 일본군은 하북성 북부를 점령한 후 잠시 진격을 중단할 것이라는 것을 알게 되었다.

일본군은 상술한 지역을 점령한 후, 곧 그곳에 '자치정부'를 수립하고, 하북성에 남아 있는 국군사령관에게 그들과 협력하여 북경에도 '자치정부'를 설립할 것을 촉구하였다. 북경시내에는 하북성 경내의 사령관인 송철원(宋哲元) 장군이 곧 일본인에게 항복할 것이라는 유언비어가 가득했다.

북경대학 교수들은 이 긴급한 시기에 화북의 소위 '자치운동'을 결사반대한다는 성명서를 발표하였다. 사실상, 송철원 장군도 일본의 요구를 승낙하지 않았다.

한두 달이 지난 어느 날 오후, 한 일본헌병이 북경대로 나를 찾아왔다. "동교민항(東交民巷)에 있는 일본 주둔군은 총장께서 한번 오셔서 일본 주둔군이 알고 싶어하는 일과 또한 총장께서 설명해 주셔야 할 일들에 관해 이야기해 주시길 부탁합니다."라고 그는 이와 같이 말했다. 나는 한 시간 안에 가기로 약속하고 이 일본 군인도 작별인사를 하고 돌아갔다.

나는 이 일을 집안의 몇몇 친구에게 알린 후 해가 지기 전, 혼자 동교민항의 일본군 병영으로 갔다. 내가 가와베(河邊) 장군의 사무실로 들어간 뒤, 찰칵하면서 문이 잠기는 소리를 들었고, 분명 문이 잠겨 버렸다. 한 일본군 대좌(대령)가 일어서서 나에게 "앉으십시오."라고 말했다. 내가 앉을 때 옆을 한번 훑어보니, 장교 한 명이 권총을 빼들고 문

앞에 서 있었다.

"우리 사령관께서 총장님께서 이곳에 오시도록 한 것은 총장께서 어째서 대규모의 반일선전을 하는지 알고 싶어 하셔서 입니다." 하고 말하면서 담배를 하나 건네주었다. "뭐라고요? 내가 반일선전을 한다고요? 절대 그런 일 없습니다!"라고 나는 대답하면서 그가 주는 담배를 받았다. "그럼 총장께서는 자치운동 반대 선언에 서명한 일이 있습니까?" "맞습니다. 나는 서명했습니다. 하지만 그건 우리의 내정문제이지 반일운동과는 전혀 관계가 없습니다."

"총장께서는 일본을 비난하는 책을 썼습니다." "그 책을 가져와서 나에게 보여주시오." "그럼 당신은 일본의 친구입니까?" "반드시 그렇지는 않습니다. 나는 일본 국민의 친구이지만 일본 군국주의의 적입니다. 그건 마치 내가 중국의 군국주의의 적인 것과 같지요." "허, 총장께서도 아시겠지만 관동군은 이 문제에 대해 약간 오해가 있습니다. 총장께서 대련으로 가셔서 이타가끼(板垣) 장군과 이야기해 보시겠습니까?"

이때 전화벨 소리가 울렸는데, 대좌는 전화를 받은 후 몸을 돌려 나에게 말했다. "당신을 위해 전용차를 준비했습니다. 오늘 저녁에 대련으로 가시겠습니까?" "안 가겠습니다." "겁먹지 마십시오. 일본 헌병이 수행하면서 당신을 보호할 겁니다." "난 두렵지 않소. 만일 진짜로 두려웠다면 혼자 여기까지 오지도 않았을 겁니다. 만일 당신들이 나를 강제로 가게 하려거든 마음대로 하시오. 난 이미 당신들 수중에 있으니. 그러나 나는 당신들이 나에게 강요하지 않기를 권하오. 만일 동경을 포함한 전 세계의 인사들이 일본군이 북경대학교 총장을 납치했다는 사실을 안다면 당신들은 아마 웃음거리가 될 거요."

그의 안색이 변했는데 마치 내가 돌연 까다로운 문제가 된 것 같았다. "두려워할 필요 없습니다!" 하고 그는 아무렇지도 않은 듯이 말했다. "두렵다고요? 아니오, 아니오. 중국 성인께서 말씀하시기를, 곤경에 처했을 때 일시적인 모면만을 꾀해서는 안 된다고 하셨습니다. 당신도 이 말을 알거라 믿습니다. 당신은 무사도를 믿지요. 무사도는 절대 힘없는 사람에게 위해를 가할 리가 없습니다." 하고 나는 담배를 피우면서 조용히 그에게 말했다.

전화가 또 울리더니 그는 다시 몸을 돌려 나에게 "좋습니다. 장 총장님, 사령관께서는 총장님의 이번 방문에 대해 저더러 감사를 표하라고 하셨습니다. 총장님께서 혹시 후일 대련에 가시고자 한다면 언제든지 원하실 때 가시면 됩니다. 감사합니다. 안녕히 가십시오." 하고 말했다. 문 자물쇠가 또 찰칵 소리를 내었다.

대좌는 내가 외투 입는 것을 도와주었고 차타는 곳까지 동행했으며 나에게 차 문을 열어주었다. 이때 이미 어둠이 주위를 둘러싸고 있었다. 나 혼자 일본 병영으로 간 것에 대해 어떤 친구는 내가 가서는 안 되었으며 일본인이 와서 날 잡아가도록 하는게 나았다고 말했는데 그들이 감히 그렇게 했을까?

다음날 오후 송철원 장군이 소장(少將) 한 사람을 보내와 내게 북경을 떠날 것을 권했는데, 왜냐하면 그는 자기가 나를 보호할 수 없을까 두려웠기 때문이었다. 나는 그가 보내 온 사람에게 감사를 표했지만 그에게 나는 계속 북경에 머물면서 책임을 질 것이라고 말했다. 오래지 않아 장 위원장은 진성(陳誠) 장군이 북상하는 편에 그를 대신하여 나를 위문하게 하였다.

나는 계속 북경에 머물렀는데 의외로 아무 일 없이 평안하였다. 어쩌다가 일부 조선낭인(朝鮮浪人)들이 북경대에 와서 트집을 잡아 행패를 부렸는데, 이 일은 이미 일일이 나에게 보고되어 알고 있었지만 나는 그다지 대수롭게 여기지 않았다. 얼마 안 가서 일본인의 전략이 바뀌기 시작했다. 마쓰무로다까요시(松室孝良) 장군이 북경에 와서 일본군 특별대표를 맡게 되었다.

그는 나와 친구로서의 교분을 맺어 자주 우리 집에 왔다. 그는 그 일본 장군이 동교민항의 병영에서 나를 괴롭힌 것은 옳지 않았다고 격렬하게 비난했다. 약 반년 정도 우리는 개인적으로 줄곧 매우 좋은 관계를 유지했다. 임기가 만료되었을 때, 그는 완전무장을 하고 와서 나에게 작별인사를 했다.

그는 나에게 이미 명령을 받아 만주와 시베리아 접경지역에 있는 하이라알로 가서 기병사단을 지휘하게 되었다고 했다. 그가 말하기를 전운이 갈수록 짙게 감도는데 만약 중국과 일본 사이에 정말로 충돌이 발생한다면 그것은 매우 불행한 일이라고 했다. 그는 "전쟁이 일단 발생하면, 일본군은 반드시 한구로 깊숙이 침투할 겁니다."라고 말했다.

나는 "맞소. 장군, 나도 당신 견해에 동의합니다. 양국 간에 불행히도 공개적인 충돌이 발생하면 국제 분쟁이 일어날 가능성이 크고 그때는 일본 함대가 전부 해저에 수장될 것이고, 일본 제국은 움츠러들어서 태평양 지도상에 몇 개의 작은 점으로 축소될 것입니다."라고 말했다. 그는 한숨을 한번 쉬더니 "그것도 물론 가능하오. 그러나 일본은 여전히 독립 국가이지만 중국은 서방 열강에 의해 소멸되는 것을 면하지 못할 것이오."라고 말했다.

"그럴 수도 있겠지요. 다음에 만나면 우리가 어리석은 짓으로 인해 머리를 감싸고 통곡할 필요가 없기를 바랍니다. 장차 무슨 일이 발생하든 장군, 우리는 영원히 친구이기를 바랍니다." 우리는 이처럼 무거운 마음으로 작별했다. 전쟁이 끝나고 몇 년이 지난 후에 나는 아내인 도증곡과 함께 동경을 경유하는 길에 그를 방문하였으며 마주 앉아 지난 일을 이야기하며 감개를 금할 수 없었다.

그의 후임은 이마이(今井) 장군이었다. 그는 나를 내방했고, 나도 역시 그를 답방했다. 우리는 매우 솔직하게 이야기를 나누었는데, 나와 마쓰무로다까요시(松室孝良)가 이야기하던 상황과 대체로 비슷했다. 한번은 일본 귀족원의 의원 두 명이 방문했는데, 그중 한 명은 전직 대만총독이었다. 주위에 아무도 없자, 그는 낮은 소리로 나에게 동교민항의 일본군 병영에 나를 구금한 사람이 누구냐고 물었다. 나는 그가 다카하시(高橋)라고 알려주었다. 그는 고개를 저으며 "어찌 그럴 수가 있습니까!"라고 말했다.

이때 일본인은 이미 북경대가 즉시 반일운동을 시작할 마음이 결코 없다는 것을 알고는 북경대의 주요 교수들과 우의를 맺어, 북경대를 일본 쪽으로 끌어들일 수 있기를 희망하였다. 쌍방 간의 내왕은 매우 신중했으며, 북경대와 일본군 사이의 긴장된 형세는 이때에 이르러 이미 점차 완화되었다.

후에 다요(田代) 장군이 천진에 와서 천진 주둔군 사령관을 맡게 되었다. 일본 및 기타 열강은 조약에 군대를 천진에 주둔시킬 권리가 있다고 규정했기 때문에, 다요장군은 특별히 북경으로 달려와 중일 쌍방의 문무요원을 초대하여 주연을 베풀었다.

다요는 연회 석상에서 연설을 하여 중일경제협력을 고취하였고, 중국 관원 중 하나가 이어서 발언했지만 사용한 어휘가 상당히 모호했다. 나는 식사할 때 간혹 담소하는 것을 제외하고는 경제협력 문제에 관해서는 시종 한마디도 하지 않았다. 며칠 후 홀연 남경에서 비밀전보가 왔는데 내게 일본대사관이 이미 외교부에 암시하길 북경대학 총장이 중일협력을 지지한다는 말을 했다고 알려주었다.

이것이 일본인이 중국에 대응하는 수단이다. 순서는 대강 이러한데, 즉 먼저 감언이설로 꾀고 이어서 이간질과 음모를 꾸미고 그런 후에는 위협과 협박을 가하고, 이어서 또다시 감언이설로 유혹하고, 최후에는 전격적인 공격을 가한다. 앞뒤 순서는 약간 바뀔 수 있지만 지금껏 중국 정복의 기본 방침에서 벗어난 적이 없었다. 일본인이 진주만 사변 이전에 미국에 대응한 것도, 이런 방식이었다.

제27장 항일전쟁 초기

북평으로 개명하기 이전의 북경은 문화 활동과 학생운동의 중심지였지만, 명칭이 바뀐 이후에는 중일 충돌의 중심지로 변하였다. 민국 26년(1937년) 초, 북경 부근에서 분쟁이 자주 일어났고, 전쟁은 이미 당겨진 시위 위에 놓인 활처럼 피할 수 없게 되었다. 7월 7일 저녁, 결국 노구교 사변이 발생했다. 일본군이 야음을 틈타 공격을 개시하여, 노구교의 저편 끝으로부터 북경 근교로 진격하자, 성내에 주둔하고 있던 군대는 즉시 반격을 가하였다.

전쟁의 신이 북경에 찾아왔을 때. 나는 려산(廬山)에 있었다. 당시 장 위원장은 이 화중(華中)의 피서지에서 일단의 지식인들과 군사와 국정에 관한 대사를 논의하고 있었다. 어느 날 오후 드넓은 하늘은 구름 한 점 없이 맑았으며 나무 그림자는 드문드문 푸르른 풀밭을 수놓고 있었다.

장위원장은 손님들을 위해 간단하면서도 깔끔한 방을 많이 마련해 주었는데, 나는 점심을 먹고 그 건물과 독립된 단칸으로 된 기숙사에서 휴식을 취하면서, 한편으로는 창밖에 있는 가지와 잎이 무성한 큰 나무 하나를 바라보면서, 한편으로는 매미가 나뭇가지 위에 앉아 노래하는 소리를 귀 기울여 듣고 있었다. 그때 갑자기 중앙일보 사장인 정창파(程滄波)씨가 문을 두드렸다. 그는 전날 밤 일본군이 노구교에 대해 공격을 개시한 소식을 내게 알려주었다. 나는 침대에서 벌떡 일어나 자세한 상황을 캐물었지만 그가 알고 있는 것 역시 매우 제한적이었다.

우리는 가능한 상황전개에 대해 논의했다. 나는 북경에서 온지 얼마 안 되었기 때문에, 그는 내게 내가 알고 있는 북경의 정황에 근거하여 시국에 대해 어떤 견해를 가지고 있는지 물었다. 나는 그에게 현지 일본군사령관에 대한 인상과 그들의 보수적인 견해로 판단해 볼 때, 이번 사건은 여전히 국지적 성격을 띤 사건인 것 같다고 말했다. 또 일본의 계획은 아직도 중국을 잠식하는 것이고, 아마도 전부를 삼켜 버릴 준비는 아직 되어 있지 않은 것 같다고 말했다.

그러나 잠식하고 나면 일본은 수년 내에 화북을 점거하여 조금도 흔들리지 않을 정도로 완전히 뿌리를 내리게 될 가능성이 크며 그때가 되면, 장강유역도 매우 위험해질 것이며 일본은 이미 점진적인 방식으로 만주를 병탄하고 나아가 화북을 엿보고 있으며, 장래에 화북의 화중과 화남에 대한 형세도 또 이와 같을 것인데, 방법도 같고, 과정도 같을 것이며 이것이 바로 일본이 중국에 대응하는 정책인 것 같다고 했다.

전투는 단속적으로 여러 날 동안 서로 버티는 형세로 지속되었다. 12일 후에도 북경 시외에서의 산발적인 전투가 여전히 벌어지고 있었는데 장위원장은 고령(牯岭)에서 려산 훈련단에서 훈련을 받고 있는 수천 명의 장성들에게 연설을 통해, 일본이 곧 중국에 대해 전면적인 공격을 개시할 것이니, 어떠한 대가를 치루더라도 국가를 보위할 각오를 해 달라고 호소했다.

그는 "전면 전쟁이 일단 시작되면, 우리들은 반드시 언제든지 희생할 준비를 해야 한다. 이번 전쟁은 반드시 오랫동안 끌 것이며, 시간을 길게 끌면 끌수록 우리들의 희생도 더욱 클 것이다."라고 말했다.

이번 연설에서 나는 처음으로 장위원장이 중국을 침입한 일본을 왜구라고 부르는 것을 들었는데 일본문제에 대한 단호한 주장을 표시한 것이었다. 왜구라는 이 명칭에 대해, 일반 청중들은 그다지 크게 주의하지 않을는지 모르지만 명 왕조 시대에 오랫동안 왜구에게 유린을 당한 적이 있는 영파인들과 소흥인들은 이 호칭을 듣자, 사태가 매우 심각함을 느끼게 되었다.

당시 이 연설을 들은 사람들 중에는 진성(陳誠) 장군과 호종남(胡宗南) 장군 및 그밖에 나중에 각 지역에서 수훈을 세운 수많은 장군들이 있었다. 이 연설 후 얼마 지나지 않아, 장위원장은 남경으로 되돌아가고 각 장군들은 각자 자신의 주둔지로 돌아갔다. 나와 몇 명의 친구는 남경으로 와서 북경으로 빨리 돌아가기를 희망했지만 북상 기차는 이미 운행이 전부 중단되었다.

이후 2주내에 전쟁은 마치 홍수가 범람하듯이 북경 부근까지 이르렀다. 송철원 장군은 용감히 분전했지만, 부하들의 사상(死傷)이 막심했다. 일본군 사령관 다요의 중국 문제에 대한 견해는 줄곧 매우 보수적이라는 사실을 나는 아주 분명히 알고 있었는데 불행하게도 다요가 갑자기 병으로 쓰러지면서 사상이 급진적인 소장파 장교들이 결국 일본군 군대를 장악했다.

수일 후 다요는 세상을 떠났다. 도대체 병사했는지 자살했는지 또는 피살되었는지 소문은 무성했지만 어느 누구도 그 내막을 몰랐다. 송철원 장군은 변함없이 이 사건을 국지화시키기를 희망하여 서둘러 북상하고 있는 중앙정부군대에게 잠시 보정(保定)에서 진군을 멈추기를 요구했다. 결국 중앙정부군은 보정에 머물게 되었다.

그러나 당시 소장파 군인들이 지휘하는 일본 군대는 결코 전진을 멈추지 않아, 송철원 장군 부대는 사면팔방에서 공격을 받았다. 한 고위 장성이 작전 중 전사하였다. 송장군은 부득이 북경에서 철수하였으며, 일본 군대는 저항을 받지 않고 이 고도로 진입했다.

일본군이 이미 북경을 완전히 장악했으니, 화북은 심양이 함락된 뒤의 만주와 같은 운명을 맞이할 것인가? 일본이 화북에서 잠시 멈추고 화북에서 몇 년을 기다린 후, 이곳을 남방을 공격하는 기지로 삼을 것인가? 일본은 기다리지 못하고 일거에 남방을 공격하여 점령함으로써 한번 고생으로 그들의 목표를 달성하려는 것인가?

두 가지 가능성이 다 있을 듯 했다. 일본의 점진정책은 중국에게 더욱 위험한 듯 했다. 남경의 고급관원 및 각성의 군사 지도자들은 모두 침략에 전면적으로 저항하는 것에 찬성했다. 드디어 정부관원, 군사 지도자와 백성들이 포함된 전 국민 상하가 일치된 마음으로 분기하여 유례가 없었던 이 국난에 대응하게 되었다.

이때, 일본은 군대를 파견하여 해로로 상해에 이르렀다. 중국도 동시에 군대를 파견하여 양자강을 따라 동쪽으로 내려가서 오송강(吳松

江)에 이르렀다. 이 작은 지역에서 이미 수만 명의 군대가 집결하여 대치하고 있어, 전쟁은 일촉즉발의 형세에 놓여 있었다. 세심하지 못한 사병이 자기도 모르는 사이에 오발을 하든 혹은 대권을 장악하고 있는 자의 결정이든 간에 결국 어느 편이 먼저 총을 쏘든 상관이 없었다.

일본 장병들은 모두 심양사변의 조작 책임을 맡은 장성, 예를 들면 혼죠시게루(本庄繁)와 도이하라(土肥原) 등과 같은 장성들이 모두 그 공으로 최고의 훈장을 받은 것을 알고 있었다. 혼자 노구교사건을 조작한 사람 역시 똑같은 훈장을 받게 될 것이 분명했다. 바다를 건너서 상해로 온 일본군 장성이 자기능력을 크게 발휘하고자 하는 것을 누가 또 비난할 수 있겠는가?

남경에 있는 우리들은 모두 전국 상공에 짙게 깔려 있는 검은 구름이 장차 분출되어 폭풍우가 될 것이라는 것을 알고 있었다. 나는 남경을 떠나 국도를 따라 항주에 도착해서 호수 가에 있는 한 친구의 별장에서 며칠 묵었는데, 우리는 송호(淞滬)에서 대치하고 있는 중일군대가 충돌을 하게 될까봐 하루도 걱정을 하지 않는 날이 없었다.

나의 친구인 왕문백(王文伯)은 자주 상해에 전화를 해서 사정을 물었다. 8월 12일 상해 쪽에서의 대답은 매우 짧았다. "소식이 없어, 내일 열시, 열시, 안녕!" 그리고 전화는 그냥 끊어졌다.

다음날 아침 열시, 역사적 시간이 드디어 다가왔다. 짙은 연기가 하늘로 솟아올랐고, 쌍방의 폭격기가 서로 적측의 진지를 폭격함으로써, 전면전이 개시되었다. 이후 국지성을 띤 사건은 더 이상 없었으며 잠식의 기회도 더 이상 없었다. 일본은 단번에 중국을 삼켜 버리든지 또는 완전히 포기하든지 해야 했다. 그런데 삼키는 것 역시 쉽지 않은 일이다. 그러면 포기한단 말인가? 일본 입장에서는 또 포기하기가 아까운 것이다. 이런 상태는 운명적으로 장기적인 전쟁을 예고하였다.

이틀 후, 검은 구름이 짙게 깔린 오후, 버드나무 그늘 아래에 앉아서 호수가 얕은 물에서 물고기가 노니는 것을 보고 있는데 도시의 이편에서 간간이 우레 소리가 들려왔다. 어떤 사람이 나에게 전화를 걸어서 "여보세요! 소리 들으셨습니까?" 하고 물었다. 이어서 또 우레 소리가 들려왔다. "그래요. 우레가 치고 있습니다." "우레가 아니라, 적이 우리 공항을 폭격하고 있어요!"라고 했다.

전투기의 엄호를 받지 않은 기사라스 부대(木更津隊) 소속의 일곱 대의 폭격기가 대만의 송산(松山) 공항에서 항주까지 날아왔다. 견교(筧橋)에 주둔하고 있던 중국 전투기가 이륙하여 요격을 가하여 즉석에서 그중 다섯 대를 격추시켰다. 나머지 두 대는 황급히 도망갔지만, 항주에서 멀지 않은 곳에 착륙하지 않을 수 없게 되었고, 조종사는 포로가 되었다. 나는 소흥 관공서에 가서 포로 한 명을 만났는데, 그의 말에 의하면, 대만에 있는 그들의 지휘관은 그들에게 중국에는 전투기가 전혀 없다고 했다고 한다.

다음날, 일본군은 남경을 폭격하기 시작했는데, 전쟁이 막 시작되었을 때, 일본인은 한곳에 폭탄을 하나씩만 떨어뜨려서 그들의 폭탄은 모두 분산되었다. 이런 폭격방식이 야기시킨 피해는 집중적인 폭격보다 훨씬 작았다. 일 년 후, 일본군은 만주괴뢰국과 시베리아와의 접경인 장고봉(張高峰)에서 소련군과 충돌했는데, 일본인은 그제서야 비로소 소련으로부터 집중 폭격의 전술을 배우게 되었다.

나의 친구 왕문백은 절강성 정부위원과 건설청 청장을 겸하고 있었다. 전쟁이 시작된 이후, 그의 일도 따라서 자연히 매우 바빠지게 되었다. 그는 국도(國道)를 다니는 수백 대의 차량을 소집하여 무기들을 전방으로 운송했다. 한번은 대략 20여 대의 차량이 대오를 지어 전방으로 가고 있었는데 결국 이 차량 대오는 길을 잘못 들어 적의 후방으로 들어가서 적의 포위 공격을 받게 되었다.

그중 한 기사는 차에서 뛰어내려 들판에 숨었다가 후에 야음을 틈타 적의 진지에서 기어 나와 항주로 돌아왔다. 며칠 후, 그는 다른 트럭을 구하여 또다시 전방으로 가서 운송 업무를 맡았다.

난민들은 상해로부터 마치 조수처럼 항주로 쏟아져 들어왔다. 사당 안은 부녀자와 아이들 그리고 노인들로 넘쳐났다. 산간지대의 작은 초가집도 유행에 맞는 옷을 입은 모던한 아가씨들의 임시 거처가 되었다. 그녀들은 아직까지 이전과 다름없이 웃고 떠들었는데, 마치 어떠한 변고도 일어나지 않은 것 같았다. 우리 중국인들은 이런 능력을 가지고 있었는데, 즉 어떠한 위험과 재난에 직접 부딪히더라도 항상 태연할 수 있다는 것이다.

나의 한 친구는 원래 상해의 면사 업계의 거두였다. '8. 13' 전투 발생 후, 그는 자녀들을 데리고 항주로 도망쳐 와서 잠시 산중의 한 사당에 거주했다. 그는 나에게 그는 그의 가족에게 집을 한 채 지어 줄 예정이라고 말했다. "왜?" 하고 내가 그에게 물었다. "상해에서 전쟁하는 기간 동안 나는 항주에서 거주할 생각이야."라고 그가 대답했다.

나는 그가 이 번 전쟁에 대해 이런 생각을 가지고 있을 것이라고는 생각지도 못했다. 나는 그에게 전쟁이 반드시 항주로부터 모든 연해 도시들까지 만연할 것이고, 심지어 멀리 화중의 한구까지 확대될 수 있기 때문에, 내륙지역으로 옮기는 것이 상책이라 말했다. 그는 이 말을 듣고 믿지 못하는 것 같았다. 5년 후, 나는 중경에서 우연히 그와 마주쳤는데, 나에게 그의 가족은 전쟁이 항주로 확대되기 전에 서호를 떠났다고 말했다.

북방의 3개 대학과 관련이 있는 인사들은 남경에서 학교를 오지로 이전할 계획을 상의하고 있었다. 모두들 북경의 북경대학, 청화대학 및 천진의 남개대학을 북방으로부터 철수시켜 장사에 연합대학을 설립하려고 했다. 호적이 남경에서 전화를 걸어, 나보고 남경으로 돌아와 이 계획을 실행할 방법을 상의하자고 했다. 나는 고려 끝에 마지못해 이 계획에 동의했다.

나는 전쟁이 끝나기 전에는 나의 부친과 고향을 아마도 다시는 볼 수 없을 것이라는 사실을 알고 있었다. 뿐만 아니라 전황이 앞으로 어떻게 전개될 것인지 예측하기가 매우 어려웠으므로 친구에게 비크(BUICK)형 승용차를 한 대 빌려 급히 고향으로 돌아갔다. 이때 아버지는 연세가 매우 높으셨고, 내가 돌아온 것을 보시고는 자연히 얼굴에 웃음을 가득 띠셨다. 나는 집을 떠나 남경으로 되돌아갈 때, 아버지께 중국은 화광이 충천한 피바다 속에서 새로운 생명을 얻을 것이라고 말했다.

"너 그게 무슨 말이냐?" 하시며 아버지는 눈도 깜빡하지 않은 채 나를 바라보고 계셨는데, 두 눈에 번쩍번쩍 빛이 나고 있었다. "사정이 이렇습니다. 즉 이 전쟁은 장기전이 될 것입니다. 수많은 가옥이 잿더미로 변할 것이고, 수많은 백성들이 비명횡사할 것입니다. 이것이 바로 제가 말한 화광이 충천한 피바다이며 결국에는 중국이 승리할 것입니다."

아버지와 헤어질 때, 마음속에 이후 다시는 경애하는 아버지를 다시 볼 기회가 없을 것 같은 느낌이 들었다. 아버지는 정말로 나에게 너무나 많은 것을 베풀어 주셨다. 그러나 내가 그분께 한 보답은 이처럼 작은 것이었다.

후에 나의 고향이 폭격 당했을 때, 그는 거처를 산속으로 옮겨서 꽃을 심고 새를 기르며 스스로 즐거운 나날을 보내셨다. 전쟁이 발발한 지 2년이 지난 어느 날 아침, 그분은 평소 때와 마찬가지로 일찍 일어났는데 별안간 머리에 약간 어지러움을 느껴서 침실로 돌아오신 뒤에 바로 세상을 떠나셨다. 향년 80세였다. 그러나 그분은 전쟁의 간접적인 피해자 중 한 사람에 불과했다. 전쟁은 노인들에게 있어서는 정말로 매우 큰 고난이었다.

나는 남경으로 돌아와서 며칠 머문 후 배를 타고 강을 거슬러 올라가 한구(漢口)에 이르렀다. 부두 근처의 강가에는 대량의 나무상자가 쌓여있었는데, 그 속에는 정부의 공문서와 중앙대학 도서관의 서적, 고궁박물관의 유물들이 담겨 있었다(현재 臺中에 있는 유물이다.). 남경에서 한구로 오는 도중 우리는 강의 흐름을 따라 동쪽으로 내려가 상해를 지원하러 가는 군인을 가득 실은 선박들을 만났다.

나는 한구에서 월한철로(粵漢鐵路)로 장사(長沙)로 가다가, 연도에서 뚜껑이 없는 차에 빽빽이 들어차 있는 수많은 군인들을 만났는데 이들은 광동과 광서에서 북상하여 한구로 가고 있었다. 이번 전쟁은 확실히 더 이상 과거와 같은 국지전쟁이 아니라 전국적인 전쟁이었다. 병사들의 투지는 매우 격앙되어 있었고 내가 그들에게 어디로 가느냐고 묻자 "일본 놈들을 타도하러 갑니다."라고 이구동성으로 대답했다.

제28장 전시의 장사

장사(長沙)는 내륙 도시이다. 장사에 거주한 기간은 내가 난생 처음으로 바다와 멀리 떨어져서 산 시기이다. 미국에 있을 때에도 줄곧 연안지역에 살았는데 처음에는 캘리포니아에서 4년을 살았고, 후에는 뉴욕에서 5년을 살았다. 비록 장사의 기후는 매우 습할 뿐 아니라 동정호와도 그리 멀리 떨어져 있지 않았지만, 내륙도시에서 사는 것은 나에게 무미건조하다는 느낌을 갖게 해 주었다.

내 마음 속에 가장 이상적인 거처는 대평원 근처의 산간지역이나 산간지역 근처의 평원이지만 모두 바다와 너무 멀리 떨어져 있으면 안 된다. 바다와 지나치게 멀리 떨어져 있으면 내 가슴속의 빈 공간이 마치 단단한 땅으로 채워져 있는 것 같아 몸과 마음이 모두 불편한 느낌이다.

내가 장사에 도착했을 때 청화대학의 매이기(梅貽琦) 총장이 이미 먼저 그곳에 도착해 있었다. 동란의 시기에 한 대학을 주관하는 것은 골치 아픈 일이며, 전시에 대학업무를 주관하는 것은 자연히 더욱 힘든 일이었다. 특히 개성과 역사가 다른 세 개의 대학이 공동생활을 할 뿐 아니라 세 학교에는 각각 사상이 다른 교수들이 있었고 각자가 자신들만의 의견을 지니고 있었다.

나는 한편으로는 전세를 걱정하였고 또 한편으로는 전쟁이 일어나고 있는 지역이나 혹은 적에게 점령된 지역에 머무르고 있는 친척과 친구들을 걱정하느라고 나의 몸은 버텨내기 약간 힘들었다. '두통'은 비유적인 표현에 불과할 뿐, 정말 위장병은 나의 정신과 체력에 큰 영향을 미쳤다. 비록 위장병은 때때로 발병하지만 나는 변함없이 억지로 원기를 내어 매 총장과 함께 책임을 지려고 노력했는데 다행히도 동료들이 합심하여 도와준 덕택에 우리는 비로소 이 어리벙벙한 선원들이 조종하는 위태로운 배를 가지고 거칠고 사나운 파도를 극복해 내었다.

연합대학이 장사(長沙)에 세워진 후 북경대, 청화대, 남개대 이 세 학교의 학생들이 끊임없이 장사로 몰려들었다. 어떤 학생은 천진에서 영국 증기선을 타고 먼저 홍콩에 도착한 후에 다시 비행기를 타거나 월한(광주-한구)철도의 기차를 타고 장사로 왔고 또 다른 학생은 북경에서 평한(북경-한구)철도의 기차를 타고 먼저 한구에 도착한 후에 다시 월한철도의 기차로 갈아타고 장사로 왔다.

수 주 내에 이백 명의 교수와 천여 명의 학생들이 장사의 성서학교로 몰려들었다. 연합대학은 성서학교를 세내어 임시교사로 삼았다. 서적과 실험기구들은 홍콩에서 구입하여 운반해 왔으며 두 달도 채 지나지 않아 연합대학은 초보적 규모를 갖추게 되었다.

장사 시내에서는 마땅한 장소를 찾을 수가 없어서 우리는 문과 대학을 불교 성지인 남악(南岳)인 형산(衡山)으로 옮겼다. 나는 남악에 두 번 갔었는데 잊을 수 없는 추억을 많이 쌓았다. 그중 한번은 나와 몇몇의 친구들이 첩첩히 이어진 깊은 산속으로 들어가 사흘간 유람을 한 적이 있었는데 도중에 산길을 지나간 적이 있었다. 그런데 이 산길은 명조말년 한 망명황제(永歷帝)가 삼백년 전 청병의 추격을 피하기 위해 지나간 길이었다.

현재 길 옆에는 기념비 하나가 세워져 있는데 기념비에는 이때 청병의 추격을 피해 달아나는 황제를 따라 나선 신하들의 이름이 새겨져 있었다. 우리가 지나온 절에서 소나무 한 그루를 보았는데 노승의 말에 따르면 영력제가 손수 심은 것이라고 한다. 기이하게도 이 소나무는 곱사등이 노인과 같이 생겼으며 마치 고생스럽게 먼 길을 걸어와서 그곳에서 쉬고 있는 것처럼 보였다.

우리는 연이어 같은 길을 걸어 왔으며 게다가 같은 절에서 잠시 머물렀다. 그 이유는 모두 북에서 온 이민족의 침입 때문이었다. 천여 년 동안 중국은 시종 외래세력의 침략으로 수많은 고통을 겪었다.

첫날 밤 우리는 방광사(方廣寺)에서 묵었다. 명나라가 멸망한 후에, 한 유명한 유신(遺臣)이 방광사에서 남은 여생을 보냈다. 그날 저녁 밤 하늘은 아주 맑았고, 둥근 명월이 산 정상에서 천천히 움직이고 있었는데, 나는 여태까지 달이 이렇게 낮고 이렇게 가까이 떠 있는 것을 본 적이 없었다. 마치 손을 뻗으면 달의 웃는 얼굴을 만질 수 있을 것 같았다.

이튿날 밤 우리는 남악에서 가장 높은 봉우리 근처의 한 사원에서 묵었다. 산봉우리의 정상에는 맑디맑은 샘물이 콸콸 흘러나오고, 샘터 옆에는 화신묘(火神廟)[불의 신을 모신 사찰]가 있었다. 이 사찰은 중국의 통속적인 관념을 대표하기에 충분한 것으로, 우리는 옛부터 줄곧 물이 불을 이길 수 있기 때문에 불 옆에는 언제나 물을 준비해야 하는 것으로 생각했다.

이튿날 새벽, 우리는 화신묘 근처에서 일출의 기이한 광경을 보았다. 태양이 구름바다 속에서 천천히 떠올라, 처음에는 구름층을 뚫고 자색의 찬란한 빛을 내고, 잇따라 황금색, 분홍색과 남색의 광채를 내더니, 마지막에는 구름 속에서 떠오르는 것이, 마치 금빛 타조 알이 새하얀 벨벳방석에 드러누워 있는 것과 같았다. 별안간 그것은 네 개의 금빛 찬란한 귤로 분열되는데, 눈 깜짝할 사이에 다시 합쳐져서 하나의 큰 불덩어리가 되었다.

이어서 잠간 사이에 그것은 매 초마다 색깔이 바뀌는 것 같았으며, 마치 영화의 컬러렌즈가 회전하는 것과 같았다. 잠시 후에 그것은 또 잠깐 동안 정지하여 움직이지 않은 채 부드러운 금빛을 사방으로 발산하다가 결국에는 또다시 하나의 눈부신 큰 불덩어리로 변하여서 우리들은 시선을 돌리지 않을 수 없었다.

구름바다 속의 빙산은 보이지 않았고, 평온한 구름의 물결도 함께 사라지고, 단지 한 층의 엷은 안개만이 남아, 발아래의 산골짜기를 뒤덮고 있었다. 엷은 안개를 뚫고, 우리는 막 솟아오른 따사로운 태양빛 아래에서 밥 짓는 연기가 끊임없이 모락모락 피어오르는 것을 보았다. 남악(南岳)의 조산(朝山)에 와서 향을 사르고 참배하는 사람들의 발길이 끊이지 않았고, 어떤 참배자는 수 백리나 떨어진 곳에서 걸어서 왔다. 남녀노소, 빈부를 가리지 않고 모두 보살을 찾아 엎드려 정성껏 절을 하였다.

장사는 호남성의 성도로서, 호남성은 농산물과 수산물이 풍부한 고장으로, 여기에서 생산된 많은 쌀은 호남성의 전체 인구를 먹여 살릴 뿐 아니라 성 밖 수백만 명의 사람들에게도 공급되었다. 상강(湘江)에서 가장 많이 나는 것은 물고기, 새우, 드렁허리, 뱀장어와 자라이고, 호남성내에서 생산되는 귤과 감은 빛깔이 새빨갛고 곱고 아름답다. 빈자와 부자 모두에게 좋은 두부는 농축된 우유 같이 골고루 새하얗다. 장사의 유일한 단점은 습기가 너무 많고, 일 년 중에 비 내리는 날과 구름 낀 날이 맑은 날보다 훨씬 많다는 것이다.

나는 매번 비행기를 타고 장사에서 이륙할 때마다, 항상 해룡왕의 수정궁을 생각하였다. 나의 머리 위에는 하얀 구름이 많이 떠 있고, 발아래는 얇고 가벼운 천과 같은 엷은 안개가 온 도시를 뒤덮고 있는 것이, 마치 계란의 흰자위가 노른자를 둘러싸고 있는 것과 같았다. 더 위쪽으로 오르면 한 층의 구름이 햇빛을 가린다. 장사 하늘에서의 비행은 결국 층층이 덮인 구름을 피할 수 없다.

호남성 사람은 몸이 건장하고, 성격이 강직하며 게다가 갖은 힘든 일을 잘 견뎌 내며, 무(武)를 숭상하고 싸우기를 좋아한다. 한마디만 어긋나면 서로 욕을 해대고, 심지어는 주먹을 휘두르기까지 한다. 이 때문에 도로의 정거장에서 "욕을 하지 말고 사람을 때리지 맙시다."라는 표어를 자주 보게 된다. 인력거꾼은 길에서 산책하는 것처럼 느릿느릿하고, 절대로 걸음을 재촉하여 나는 듯이 달리려고 하지 않는다.

만약 여러분이 인력거꾼에게 좀 더 빨리 달리라고 요구하면, 인력거꾼이 여러분에게 이렇게 말할 것이다. "귀하께서 내려서 직접 끌어보시지. 나는 귀하께서 어떻게 달리는지 한번 보고 싶소." 호남성 사람들은 성질은 물론 급하지만, 행동이 성격과 일치하지 않아서, 이로부터 급하고 느긋한 성격과 빠르고 느린 행동이 결코 일치하지 않는다는 것을 알 수 있으며 호남인이 끄는 인력거가 바로 하나의 사례이다.

호남인은 매우 솔직 담백하고, 진지하지만 성격이 고집스럽고 타인의 의견의 영향을 쉽게 받지 않는다. 호남인은 당신에게 친구 아니면 적으로, 절충할 여지가 없다. 그들은 매우 뛰어난 군인이다. 그래서 "호남성이 없으면 군대를 편성할 수 없다."라는 말이 있다.

증국번이 청대의 동치 3년(1864년) 태평군을 물리칠 수 있었던 것은 그의 상군(湘軍) 덕분이었다. 현재의 군대에는 거의 각 단위마다 호남성 사람이 있으며, 호남성은 중국의 스파르타였다. 항전 기간에, 일본군이 세 차례나 장사를 침범했지만 세 차례 내리 참패를 당했다. 백성들은 총탄이 비 오듯 쏟아지는 속에서도 국군과 협력하여 적에 대항하여, 사상자가 막심하였다.

장사에서 우리는 끊임없이 상해의 전쟁 관련 소식을 들을 수 있었다. 국군은 피로 얼룩진 몸으로 일본군의 맹렬한 포화와 빗발치듯 쏟아지는 총알을 막아내어, 적들은 삼 개월 동안 국군의 방어선을 넘을 수 없었다. 후에 국군은 무의미한 희생이 계속되는 걸 피하기 위해 마침내 상해에서 철수하였다.

적군이 이어서 남경을 포위하자, 수도의 인민들은 전면적인 철수를 시작하였다. 수천수만의 사람들이 도로를 따라 장사로 몰려들었다. 트럭과 승용차들이 무리지어 장사로 피난을 와 장사는 갑자기 난민으로 가득 찼다. 남경에서 철수한 정부 부서 중 어떤 것은 장사로 옮기고, 어떤 것은 한구로 옮겨졌다.

일본군은 머지않아 남경으로 진입해 들어왔는데, 사병들의 야만성이 크게 발작하여, 수많은 부녀자들이 강간 당한 후 살해되었고, 무고한 백성들은 피난 길에서 일본군의 무차별 기총소사를 받았다. 일본군이 남경에서 저지른 폭행은, 인류 역사상 영원히 지울 수 없는 오점으로 남을 것이다.

새해에, 일본군은 강을 거슬러 남창으로 접근했다. 중국 군대가 한구부근에 병력을 집결하자, 일본군은 장사의 정황을 살피는 것 같았다. 호남성은 수시로 적의 공격을 받을 위험이 있었다. 나는 한구로 날아가서 정부가 연합대학을 계속 내륙으로 옮기는 것에 대한 의견이 어떠한지 알아보려 했다.

나는 먼저 교육부의 진립부(陳立夫) 장관을 찾아갔는데 그는 가장 좋은 방법은 총사령관 본인을 직접 만나는 것이라고 건의하였다. 그래서 나는 곧바로 위원장을 만났다. 위원장은 연합대학을 다시 서쪽으로 옮기는데 찬성하였으며 나는 곤명으로 옮길 것을 건의했는데, 곤명은 전월(滇越 -운남성과 베트남)철도와 바다가 연결되었기 때문이었다. 그는 바로 동의했을 뿐 아니라 먼저 곤명에 사람을 파견하여 학교 부지를 물색하자고 제의했다.

민국 27년(1938년) 정월은, 학교를 옮기는 준비를 하는 가운데 지나갔다. 서적과 과학실험 기구는 모두 상자에 담았고, 트럭과 휘발유도 샀다. 2월에 준비 작업이 대체로 완료되어 나는 장사에서 비행기를 타고 홍콩에 도착한 후 프랑스 여객선을 타고 베트남의 하이퐁에 도착했다. 나는 하이퐁에서 기차를 타고 프랑스의 속국인 베트남의 수도인 하노이에 도착하였으며 다시 하노이에서 전월철도의 기차를 타고, 높고 험준한 산과 고개를 넘어 곤명(昆明)에 도착했다.

제29장 일본군 침입 전야의 베트남과 버마

나는 장사에서 베트남을 거쳐 곤명으로 가는 도중, 베트남에도 수많은 고대중국의 풍속습관이 보존되어 있는 것을 발견했는데, 바로 20여 년 전 조선에서 발견했던 것과 같았다. 베트남인은 조선인과 마찬가지로, 명 왕조시대의 복장과 비슷한 옷을 입고 있었다. 그들은 한자를 읽을 때, 발음이 당대(唐代)의 언어와 비슷했다. 농촌, 도시, 행정구도 중국 지명을 채용하고 있었으며, 이 지명들의 발음은 당대(唐代)의 발음과 다소 비슷했다. 또한 광동어의 음과도 유사하다고 할 수 있다.

베트남어문은 중국어의 일종의 변형체로, 일반적인 용도에 있어서,

프랑스인들은 오히려 라틴화된 베트남어를 채택하였다. 이러한 라틴화된 문자는 일반인이 배우기에는 물론 훨씬 쉽지만, 이 문자로 수준 높고 심오한 사상을 표현하는 도구로 삼기에는 부족하다. 후에(Hue)에 있는 베트남 국왕 바오다이의 궁전은 과거 조선의 이왕(李王)의 궁실과 아주 비슷했다. 그러나 북경의 자금성과 비교하면, 규모는 마찬가지로 훨씬 작았다.

사실상, 베트남 황궁은 명 왕조 황궁이 남겨놓은 한 부분과 아주 비슷한데, 프랑스인은 베트남 황궁을 잘 보존하여 그것을 살아 있는 박물관으로 취급했지만, 일본인은 조선국왕을 일본으로 보내 일본인으로 개조하고 싶어 했다.

어떤 사람이 나에게, 베트남왕의 시조가 곤명의 어느 산 정상에 묻혀있는데, 왜냐하면 그는 본래 중국인이기 때문이라고 말해 주었다. 그 후 어느 날 오후, 나는 베트남 왕릉의 옛터를 찾으러 갔지만, 결국 찾지 못했다.

프랑스 식민지 정부의 소재지인 하노이는 이미 현대화된 프랑스의 도시로 발전했고, 도로는 넓고, 공공건물은 우뚝 솟아 있었다. 그러나 일반 농민이 사는 농촌은 더럽고 너무나도 낙후해 있었고, 하노이와 비교하자면, 하늘과 땅 차이였다. 자유, 평등, 박애가 원래 이런 것인가!

식민지 정부는 일종의 시대에 어긋난, 즉, 매우 시대에 역행하는 제도이고, 총독이 식민지에 오는 것은 단지 착취하고 수탈하기 위해서이며, 국민의 복지에 대해서는 전혀 관심이 없었는데, 이것은 현대의 정치원리와는 완전히 상반되는 것이다.

그러나 나는 여기에서 한마디 하고 싶은 말이 있는데 즉 필리핀의 식민지 정부는 예외로 해야 한다는 것이다. 미국인에게는 한 가지 이상이 있는데, 필리핀인들의 문화수준을 높이는 것으로서, 필리핀의 미국 식민정부는, 현지에 미국 학교와 필적할 만한 일종의 학교제도를 만들었다.

나는 일찍이 민국20년(1931년)에 필리핀에 갔었는데, 가는 곳마다 학교에서는 모두 역사, 문학, 과학과 민주사상을 가르치고 있었다. 미국은 자신들의 모델에 따라, 필리핀을 민주공화국으로 건설하기 위하여 애쓰고 있었다. 필리핀은 구미인의 식민지 제도 아래에서, 두 가지 큰 혜택을 얻었다. 하나는 스페인인이 남긴 천주교이다. 둘째는 미국인이 남긴 민주제도와 언론의 자유이다.

영국의 생존은 식민지에 의존했고, 프랑스도 식민지의 자원으로 생존을 유지해야 했다. 만약 영국과 프랑스가 식민지 사람들의 복지를 아직 완전히 경시하지 않았다면, 그것은 또한 단지 암탉을 키워 그것으로 하여금 달걀을 더욱 많이 생산하게 위해서일 뿐이다.

영국인이 닭을 키워서 알을 낳게 하는 방법은 더욱 이루 말 할 수 없을 정도로 절묘했는데, 그들은 주요 공업을 장악하고, 현지 사람들로 하여금 남겨진 업종에서 그들 스스로 살길을 찾도록 했다. 닭으로 하여금 들판에서 스스로 낟알과 작은 벌레를 찾아 배를 채우게 했다. 낟알과 작은 벌레를 찾을 수 있으면 닭은 매우 만족스럽게 생각했고, 양계를 하는 사람은 반짝반짝 빛이 나는 달걀을 주워 들고는 만면에 활짝 웃음을 지었다.

영국인은 줄곧 식민지 사람들의 풍습과 미신 사상을 간섭한 적이 없었으며, 공공위생에 영향을 주는 일 이외에, 현지 사람들은 자유로운 생활을 하면서 방해를 받지 않았다. 왜냐하면 공공위생은 피치자와 연관이 있을 뿐 아니라, 통치자와도 마찬가지로 연관이 있는 것으로, 전염병이나 역병은 피부색과 인종을 가리지 않기 때문이다.

도로는 넓고 평탄하게 만들어졌고, 또한 정비도 매우 잘 되었는데 그 이유는 치안과 상업은 양호한 도로에 의해서 유지되기 때문이었다. 방어력은 단지 현지 반란을 충분히 진압할 정도까지만 구축했고, 다른 강국의 공격을 방어하는 것은 대영제국의 위엄과 명망에 의존하였다. 이러한 위엄과 명망이 쇠퇴할 때쯤, 식민지는 강대한 이웃 나라의 먹이가 되는 것을 면할 수 없었다.

홍콩과 버마가 한차례 점령당한 것은 바로 이러한 이유 때문이고, 영국이 이와 같이 그들의 위엄과 명망, 특히 극동에서의 위엄과 명망을 소중히 여긴 것도, 바로 이 때문이었다.

버마는 운남성의 서남쪽 모퉁이와 접경하고 있다. '진주만사건'이 발생하기 전 해에 나는 명령을 받고 우호 방문단을 조직해서 버마를 방문한 적이 있다. 나는 정유공장, 제재소와 정미소를 참관했는데, 이것들은 모두 버마의 주요 공업으로서 모두 영국이 장악하고 있었다. 나머지 업종들은 모두 버마인들이 경영하게 하고 있었다.

신성시되고 있는 소는 양곤의 길거리를 돌아다니고 있었는데 경찰은 죽 한 번도 간섭한 적이 없었다. 도처가 사원이고, 사원 내에는 도금된 보탑이 우뚝 솟아 있고, 통치자와 피치자로부터 널리 존경받는 승려들이 살고 있었다. 버마 사람들이 영국의 통치하에서 자유롭게 생활하는 것은 마치 한 무리의 배불리 먹은 암탉이 유유히 거닐며, 스스로 만족하는 것과 같았는데, 적어도 나는 한 치의 불만스러운 감정도 발견하지 못했으며, 닭 키우는 사람(영국인)은 매우 만족스럽게 그들의 달걀을 챙겼다.

그러나 총독들은 조국에서 비추어 나오는 밝은 빛이 식민지에서 완전히 차단되게 할 수는 없었다. 인도에서, 간디의 활동(독립운동)은 지금껏 간섭을 받지 않았으며, 심각한 위험에 처했을 때만 감금당했다. 간디와 같은 이런 행위는 일부 유럽국가의 식민지에서라면 악랄한 처벌을 당했을지도 모른다.

그러나 대영제국은 결국 자유국가이다. 자유의 찬란한 빛은 식민지 상공의 구름층을 뚫고 그곳 사람들에게 혜택을 미치기 마련이다. 각종 조짐을 보면 영국은 식민지에 대해 비교적 진보적인 정책을 취하고 있었다. 나는 이러한 해외 식민지까지 비치는 약한 빛이 강한 자유의 횃불로 확대되어 식민지의 사람들을 광명의 길로 이끌어 매진하게 되기를 바란다.

문화형태에 대해 말하자면 베트남왕국은 중국 형이고 미얀마는 인도 형이다. 옛날 버마 국왕이 살고 있던 '만다라이' 궁전도 바로 인도식의 건축물이다. 도시와 읍의 지명 역시 중국과 조금이라도 관계가 있음을 발견할 수 없었다.

베트남 사람들은 중국인과 같이 밥을 먹을 때, 젓가락을 사용한다. 버마 사람들은 인도 사람처럼 손가락으로 밥을 집어 먹는다. 베트남과 버마는 과거에 한동안 중국의 종주권을 존중해 왔었는데, 중국의 이 두 나라에 대한 종주권 상실이 바로 중국을 각성하게 한 원인 중 하나이다.

버마가 영국인의 수중으로 넘어간 후에 버마 왕실은 운남으로 도망가서 운남성 정부가 줄곧 생활비를 제공해 주었지만, 버마 왕의 칭호는 이미 유명무실하게 되었다. 그 후 버마 왕의 자손들은 후에 중국 학교에 진학했고, 결국 중국인으로 귀화하였다. 하지만 운남성 텅충(騰

冲) 일대의 사람들은 이 버마 왕국 후손의 선조가 일찍이 만달라이 황궁에서 공작새가 그려진 병풍이 쳐져 있는 옥좌에 앉아 도금된 탑과 황포를 입은 승려들이 있는 왕국을 지배했었다는 사실을 여전히 알고 있다.

제30장 대학의 피난

중일전쟁이 발발한 이후, 원래 연해 성에 집중되어 있던 대학들이 잇달아 내륙으로 옮겨지게 되었다. 내가 앞에서 언급한 북경대, 청화대, 남개대의 3대학들 이외에도, 전투지역과 인접한 곳 및 전쟁의 영향을 받을 가능성이 높은 고등학부들은 모두 점차 내륙으로 옮겨지게 되었으며, 항일 전쟁이 거의 끝났을 때 쯤, 내륙에서 재건된 대학과 독립 단과대학은 그 수효가 당시 20개 정도로, 학생의 총수는 약 만 6천 명이었다.

이 학부들은 내륙의 각성으로 분산되었다. 어떤 학부는 불당이나 사당을 빌렸고, 어떤 학교는 현지 학교의 일부분 교사를 빌려 수업을 했다. 공공 건축물을 찾을 수 없을 때, 어떤 학교는 개인 저택을 세내어서 사용하였고, 어떤 학교는 임시로 천막집이나 흙집을 지어서 사용하기도 했다. 모든 학교는 이미 가능한 한 일부분의 도서와 기구들을 가지고 나왔지만 수량은 물론 상당히 적었다. 하지만 이러한 약간의 빈약한 시설도 수시로 적기(敵機)의 고의적이고 무자비한 폭격을 받게 되었다.

수많은 학생들이 적에게 함락된 지역에서 왔기 때문에, 부모가 그들에게 생활비를 보내는 일이 자연히 단절되었으며 어떤 학생들은 심지어 전쟁 지역에 있는 집과 완전히 소식이 끊겼다. 피 점령지의 어떤 학부형들은 비록 자식이 내륙에서 공부하고 있다는 사실을 알았지만 괴뢰정권의 요원이 조사할 때, 무의미한 귀찮은 일이 초래되는 것을 피하기 위해서 차라리 아들이 죽었다고 신고하였다. 후에 정부는 거액의 경비를 마련하여 이런 의지할 곳이 없는 학생들을 돌보았다.

일본의 침략은 화북에서부터 시작되었기 때문에 제일 먼저 영향을 받은 대학은 자연히 북경과 천진 지역의 학교였다. 북경과 천진지역이 적에게 함락된 이후, 수많은 교원들과 학생들은 침략자의 총검 아래 정신적 자유의 희망이 전혀 없다는 것을 알고, 결국 잇달아 그들의 학교를 따라 남쪽 혹은 다른 지방으로 옮겨가게 되었다.

당시에 정부는 아직 남경에 있었는데, 이러한 상황을 지켜보고는 후방 지역에 2개의 연합대학을 건립하도록 하는 명령을 내렸는데, 한곳은 장사였고, 다른 한곳은 서북에 있는 서안이었다. 서북 연합대학은 과거의 두 개의 국립대학과 두 개의 독립 단과대학이 연합하여 이루어졌다. 서북연합대학은 후에 서안에서 한중으로 이전했으며, 교사의 분산으로 인해, 결국 원래 각 단위가 지녔던 전통을 또 다소 회복하게 되었다.

전쟁이 다른 지역으로 널리 확대된 후, 원래의 장소에서 수업하던 대학도 우리가 하던 방식대로 내지로 옮기게 되었다. 그 결과 국립중앙대학은 남경에서 전시수도인 중경으로, 절강대학은 항주에서 귀주로, 중산대학은 항주에서 운남으로 옮기게 되었다.

나는 장사 임시대학이 어떻게 연합되었으며, 후에 또 어떻게 장사에서 곤명으로 옮겨졌는지에 대한 장사 임시대학의 상황을 상세히 설명하고자 한다. 이 이야기는 아마 일반대학이 유랑하게 된 상황을 설명할 수 있을 것이다. 내가 앞에서 이미 언급한 바와 같이, 장사 임시대학은 원래 북경과 천진에 있는 3개 대학이 교육부의 명령을 받아 연합되어 이루어진 것이다.

이 세 대학은 국립 북경대학, 국립 청화대학과 사립 남개대학이다. 3개 대학의 총장들은 교무위원회를 조직하였고, 교직원 모두는 임시대학으로 옮겨지게 되었다. 민국 26년(1937년) 11월 1일에 장사에서 다시 수업을 재개하였고, 등록한 학생들은 원래 3개 대학에서 온 약 1250명의 학생들과, 다른 대학에서 오게 된 220명의 편입생들이었다.

비록 시설은 빈약했지만 학교는 그런대로 괜찮았다. 교원과 학생들의 정신은 매우 훌륭하였고, 도서관의 책은 비록 많지는 않았지만, 열람실에는 항상 빈자리가 없었다. 그러나 민국 27년 초 남경이 함락된 이후 상황이 달라졌다. 일본 비행기가 장사를 폭격 목표로 삼은 것이다. 장사에서 오래 머무는 것은 아주 위험했다. 결국 임시대학의 첫 학기가 끝난 후 정부의 심사비준을 거쳐 민국 27년 2월 말에 서남의 곤명으로 옮겨갔다.

장사에서 서부의 곤명으로의 이사는 두 그룹으로 나누어서 이루어졌다. 한 그룹은 300명 정도의 남학생과 소수의 교수들로 구성되었으며 그들은 도보 여행단을 조직하여 호남성의 장사에서 산이 많은 귀주 성을 지나서 도보로 운남성의 곤명에 이르렀다. 전체 여정은 3500km이고 환산하면 1160마일이다. 걸린 시간은 두 달하고도 십일이었다.

다른 한 그룹은 약 800명의 인원으로 구성되었는데 장사에서 폭격을 당해 만신창이가 된 월한 철로(광주-한구) 기차를 타고 광주에 이르렀으며, 광주에서 배를 타고 홍콩으로 가서 다시 홍콩에서 하이퐁에 이른 후 또 하이퐁에서 전월(운남-베트남) 철도를 타고 곤명에 도착했다. 그들은 기차에서 증기선으로 바꾸어 타고 다시 증기선에서 기차로 바꾸어 탔다. 전체 여정은 대략 10일 내지 14일이 걸렸는데 차를 기다리고 배를 기다리는 시간의 길이에 따라 달랐다. 다른 350명 이상의 학생들은 장사에서 머물면서 바로 각종 전시 조직에 참가했다.

곤명으로 옮긴 후 '장사 임시대학'은 곧 '국립 서남연합대학'으로 명칭을 바꾸었고, 약칭 '연대(聯大)'라고 하였다. 곤명에서는 즉시 이 많은 새로운 손님들을 수용할 수 있는 적합한 교사를 찾을 수 없었기 때문에, 연대 당국은 문과대학과 법과, 상과 대학을 운남의 제 2도시인 몽자(蒙自)에 설립했다. 민국 27년 5월 초 연대가 수업을 시작했을 때 4개 단과대학의 학생 수효는 대략 1300명 정도였다.

같은 해 9월에는 문과대학과 법상과 대학을 몽자에서 다시 곤명으로 옮겼다. 왜냐하면 그 지방의 각 중학교가 모두 시골로 옮겨가 원래 있던 교사를 세를 놓을 수 있게 되어, 교사 문제는 이전보다 그렇게 심각하지 않았기 때문이다. 이때 마침 연대가 교육부의 지시에 따라 사범대학을 설립했다. 정말로 경사가 겹친 것이다. 5개 단과대학, 26개 학과의 학생 수는 2000명으로 증가했다.

28년 9월 중에, 연합대학의 규모는 다시 확장되어 학생 수는 3000명에 이르렀다. 연합대학이 지난 10개월 동안 새로 지은 100동의 초가집은 때마침 새로 늘어난 학생들을 수용하기에 딱 알맞았다. 항일 전쟁이 끝났을 때, 우리의 인원은 교수, 조교, 직원 500여 명과 학생 3000명이었다.

대다수의 학생들은 피 점령지에서 왔다. 그들은 전선을 지나야 비로소 자유지역에 도달할 수 있었을 뿐 아니라, 도중에 이루 말할 수 없는 곤란과 위험을 겪었는데, 어떤 학생들은 심지어 후방에 이르기 전에 목숨을 잃었다. 나의 아들은 원래 상해교통대학에서 공부했는데, 전쟁이 발발한 후 그도 급히 곤명으로 와서 나와 함께 살게 되었다.

그는 도중에 몇 차례 뜻밖의 일을 만났다. 한번은 그와 일단의 친구들이 작은 배를 타고 한밤중에 몰래 적이 지키고 있는 다리를 건너려다가 결국 적에게 발견되어 사격을 당했다. 또 한 번은 그들 앞에 걸어가고 있던 한 무리의 학생들이 적에게 들켜 그 중 한 명이 붙잡혔는데, 일본인이 그의 목을 잘라 나무에 매달아 사람들에게 전시했다는 것이다.

내 친구의 아들은 북경에서 곤명으로 도피해 왔는데 화북에서 수차례 적진과 전장(戰場)을 넘다가, 여러 번 적에게 사격을 받았다. 그는 자주 온종일 음식을 전혀 먹지 못했으며, 밤에는 야음을 틈타 서둘러 몇 리나 되는 길을 걸었다. 그는 그의 형제와 함께 북경을 떠났지만 그의 형제는 정류소에 있는 일본 위병에게 붙잡혀서 강제 수용소로 끌려갔다. 왜냐하면 그의 몸을 수색한 결과 학생증이 나왔기 때문이다.

그들은 상점의 도제로 가장하고 나왔지만 진짜 신분이 들통난 이후, 엄중한 처벌을 받을 운명에 처하게 되었다. 들리는 바에 의하면 북대 문과대학의 지하실은 진즉 공포의 지하 감옥으로 변했다고 한다. 내가 이러한 소문을 실제로 증명할 방법은 없지만, 후에 한 나이든 학생을 만났는데, 그는 방도를 강구하여 북경을 탈출했는데 먼 후방에 이르기 전 체포되어 2년 동안 감옥살이를 했다고 한다. 그의 말에 의하면 그는 '초대'를 받아 북경대 문과대학의 지하실로 끌려갔다고 한다.

그곳은 그야말로 생지옥이었다고 한다. 적은 그의 코 안에 냉수를 부어 넣었고 그는 끝내 의식을 잃게 되었다고 한다. 그가 의식을 되찾았을 때, 일본 헌병 우에무라(上村)는 그에게 북경대는 일본에게 큰 손해를 끼치게 한 이번 전쟁에 대한 책임이 있기 때문에 그는 마땅히 이러한 고통을 맛보아야 한다고 했다는 것이다.

우에무라는 몹시 화를 내며 말하기를 "어떤 체면도 고려하지 않는다. 죄를 지었으면 마땅히 그 죄에 상응하는 벌을 받아야 한다!"고 했다는 것이다. 그는 계속해서 3번 이러한 '초청'을 받았는데 매번 물고문으로 죽을 뻔 했으며 또 그 지하 감옥에서 다른 가혹한 형벌을 본 적이 있는데 잔혹한 정도는 정말이지 차마 말로 표현할 수 없을 정도였다고 한다. 여자의 비명소리와 남자의 신음소리로 인해 중국 역사상 가장 오래된 학부를 사탄이 통치하는지옥으로 변하게 했다는 것이다.

북경에 남아 있던 학생들은 적의 가혹한 형벌 속에서 신음하며, 큰 소리로 울부짖었으며, 곤명에서 수업을 하는 연대(聯大)는 적기의 무자비한 폭격을 받았다. 폭격 행위는 명백히 고의적이었는데 그 이유는 연대의 학교 소재지가 시외에 있었고 부근에는 군사목적물이 전혀 없었기 때문이다.

학교 내의 많은 건축물은 폭격으로 파괴되었는데 그 중에는 주요 도서관 서고와 몇몇 과학 실험실도 포함되어 있었다. 연대 학교 기숙사의 약 1/3이 폭격으로 파괴되어서 되도록 빨리 재건해야만 했다. 하지만 적기의 폭격은 학생들의 학문을 탐구하고자 하는 정신에는 영향을 주지 못했다. 그들은 모두 힘들고 어려운 환경 속에서 고생을 참아내며 공부에 힘썼다. 음식물의 상태는 나빴고, 생활환경도 매우 초라했다.

학술기구는 연해로부터 내륙으로 이전하여, 중국 내륙의 미래발전에 대해 크나 큰 영향을 끼쳤다. 수많은 지식분자들이 내륙의 각 도시에 온 이후 내륙 인민의 관념·사상에 대해 은연중에 영향을 주는 효과를 낳았다.

다른 한편으로는 줄곧 연해에서 생활하던 교사와 학생들의 국가에 대한 이해는 원래는 단지 거주 지역에만 국한되었었는데, 이제는 내륙의 실제 상황을 직접 접촉해 볼 기회를 갖게 됨으로써 그들은 영토가 넓은 국가 전체의 형편에 대해 비교적 분명하게 이해할 수 있게 되었다.

대학은 내륙으로 옮겨졌고, 그것에 더하여 공·민영 공업과 숙련공, 기사, 전문가와 경리인원들의 내륙으로의 이동은 확실히 새로운 시대를 여는 의의를 지녔다. 전후 한동안, 줄곧 서방의 영향이 내륙의 성에 도달할 방법이 없었던 내지의 성들이 이번 민족 대이동을 거치면서, 미래개발의 기회가 이전보다 훨씬 좋아졌다.

제31장 전시의 곤명

북경대 등 학교가 내륙으로 옮겨진 이후, 나도 따라서 운남과 버마를 잇는 철도의 종점인 곤명으로 거처를 옮겼다. 진주만 사변이 발발하기 전에, 나는 버마에 한차례, 그리고 프랑스령 인도차이나와 홍콩에 몇 차례 다녀온 적이 있다. 당시 이상의 몇몇 지역과 곤명 간에는 모두 내왕할 수 있는 비행기가 있었다. 프랑스가 독일에 투항한 이후, 일본은 싸우지 않고 프랑스령 인도차이나를 점령하였기 때문에 우리들은 곧 운남과 버마를 잇는 철로를 건설하여, 양곤(버마의 수도)과 연결했다.

진주만 사변 이후, 버마 역시 적의 손에 넘어가면서 우리나라는 프랑스령 인도차이나 반도의 하이퐁 및 버마의 양곤과의 육상 교통이 완전히 두절되었고, 곤명도 역시 고립된 상태에 빠졌다. 무기대여법에 따라 중국으로 운반되는 무기는 단지 공수로 중·인 양국을 막고 있는 히말라야 산의 '험프'[15]를 날아서 넘어야만 비로소 운반될 수 있었다.

항일 전쟁 기간에, 나는 일찍이 비행기로 중경을 수차례 갔는데, 한번은 사천성 성도인 성도(成都)에 간 적이 있었다. 중경은 전시의 수도로서 가릉강(嘉陵江)과 장강이 만나는 지점에 위치해 있다. 가릉강이 북쪽에 있고, 남쪽에는 장강이 있기 때문에 중경은 두 강이 둘러싸고 있는 협소하고 긴 산지 위에 건설되어 있어서 외관상으로 보면 마치 하나의 반도처럼 보인다. 가옥은 대부분 높고 낮은 산의 형세에 따라 지어졌으며 동시에 가옥 뒤나 가옥 밑에 있는 화강암 산지를 이용하여 방공호를 파서 적의 공습을 피했다.

일본 비행기는 오랜 기간 동안, 불철주야로 이 아무런 저항할 힘이 없는 산간도시를 계속해서 폭격했으나 중경은 시종 별 탈없이 우뚝 솟아 있었다. 수천수만의 가옥이 불타 없어졌다가 다시 세워졌지만 인명 피해가 그다지 큰 편은 아니었다.

적들은 폭격으로 압박하여 전시정부가 중경에서 옮겨 가기를 도모했지만 이 임시수도는 마치 피라미드처럼 시종일관 양자강 기슭에 웅거하였고, 그것은 수천 수백 년의 단련과 시련을 견디었기에 자연히 다시 수천 수백 년의 시련을 넘길 수 있을 것이다. 중경은 중국이 일본 침략에 저항하는 견인불발의 정신을 충분히 대표한다고 할 수 있다.

---

15) 駝峰(hump): 2차 세계 대전 중 연합국 공군이 히말라야 산맥을 지칭한 말이다.

중경에서 항로로 서쪽으로 약 30분 거리에 있는 곳이 평탄한 성도시이다. 성도는 북경과 거의 같을 정도로 면적이 넓으며, 도로의 폭이 넓고 전체적인 분위기도 고도인 북경과 비슷하다. 성도 서북쪽의 관현(灌縣)엔 2000년 전에 건설된 수리시설이 있어 오늘날에 까지 성도 평원의 100만 묘 이상의 비옥한 토지에 물을 대고 있다.

지금까지 심각한 수재나 한재가 거의 한 번도 발생할 적이 없었다. 이 광대하고 풍요로운 평원은 사천성으로 하여금 '토지가 비옥하고 천연자원이 풍부한 지역'이 되게 하였고, 중경 시민 및 성지역과 인근 지역을 방위하기 위해 주둔하고 있는 군대의 양식공급에 아무런 부족함이 없게 했다.

학교가 처음 곤명으로 옮겨 갔을 때, 우리는 원래 프랑스령 인도차이나를 거쳐 유럽과 아메리카로부터 서적과 과학 측정 기구를 수입할 수 있을 줄 알았으나, 광주(廣州)가 일본군에게 함락된 이후엔, 군수품을 공급하는 간선이 끊겨서 군수품도 운남과 베트남을 연결하는 노선(전월선)으로 바뀌어 수송되어 들어왔다. 전월 철로로 군수품이 빈번히 운송되었는데 군용품이 아닌 것들은 근본적으로 기차에 실을 수 없었다. 우리들이 베트남으로 수송한 서적과 기구는 단지 극소수의 일부만이 운남성으로 들여올 수 있는 허가를 받았을 뿐이다.

이때, 장강연안 도시는 잇달아 적의 수중에 떨어졌으며, 일본 군대는 강을 거슬러 올라가 의창(宜昌)에 이르렀는데, 장강 3협과는 지척의 거리에 놓여 있었다. 결국 3협의 천연 요새지도 적의 거센 침략을 저지할 방법이 없어서 적의 정예 부대에게 짓밟히게 되었다. 매번 전세가 악화될 때마다, 곤명도 필히 동시에 재앙을 당하였다. 백성들의 일상생활에 가장 크게 영향을 준 것 중에서 물가의 끊임없는 상승보다 더한 것은 없었다. 항일 전쟁 이듬해 우리가 처음 곤명에 도착했을 때, 쌀 한 가마니(대략 80킬로그램)는 법정 화폐(1935년 이후 국민당 정부가 발행한 지폐) 6원이면 살 수 있었다.

후에 80킬로그램 쌀 한 가마니는 점차 40원까지 가격이 올랐는데, 당시 우리의 경제학 교수 한 분은 수개월 내에 틀림없이 70원까지 오를 것이라고 예언했다. 모두들 그가 터무니없는 말을 한다고 비웃었지만 후에 80킬로그램 쌀 한 가마니는 정말로 70원까지 가격이 올랐다. 프랑스령 베트남의 항복과 버마의 함락은 모두 물가에 심각한 영향을 주었다.

물가가 처음에는 현저하게 오르다가, 적의 비행기가 최초로 곤명을 폭격한 이후, 농촌 사람들이 감히 도시로 들어오지 못하게 되면서, 채소시장의 야채와 생선, 고기도 이에 따라 감소하였다, 상점 주인들은 재고품의 안전을 걱정했다. 그래서 가격을 끌어 올려 가능한 한 손실을 메우려 하였다. 약간의 외래품 수입을 금지한 것도 동종 상품 및 그와 연관된 국산품의 가격에 영향을 주었다.

석유수입을 금지한 이후에 유채기름의 가격도 따라 올랐다. 유채기름의 값이 오르자, 돼지기름도 따라서 가격이 올랐다. 돼지기름이 오르자 곧 돼지고기도 그 뒤를 따라 바로 가격이 올랐다. 한 종류의 물건 가격이 오르면 다른 물건 가격도 이어서 올랐다. 물가가 끊임없이 오르자 자연히 매점매석하는 상인들이 많이 생겨났다. 사재기의 결과로, 물가 문제는 더욱 심각해졌다. 시계추가 한쪽으로 높게 움직일수록 운동량으로 인해 다른 한쪽도 더욱 올라가게 된다.

물가 단속은 본래 전쟁이 막 시작되었을 때부터 해야 하며 물가가 고삐 풀린 말이 될 때까지 기다린 이후에 다시 단속하면 너무 늦어 버린다. 한 영국 친구는 나에게 영국 농민은 제1차 세계 대전 때 큰 돈을 벌었지만, 그러나 제2차 세계대전이 시작되자 농산물은 바로 통제를 받았다고 알려주었다. 이번 전쟁이 중국에서는 첫 번째 대규모 현대 전쟁이어서 중국은 이런 종류의 문제에 대해 거울로 삼을 만한 경험이 아직 없었다.

곤명의 기후는 매우 이상적이었다. 곤명은 반 열대에 위치하고 있으며, 해발은 약 6000피트이고, 도시 전체가 약간 피서지 같다. 그러나 곤명은 면적이 넓기 때문에 주민들은 결코 곤명이 피서지라고 여기지 않는다. 곤명은 사계절이 마치 봄과 같고, 여름에는 비가 많이 내리며, 소나기는 여름의 무더위를 쫓아 없애버리기에 알맞다. 다른 계절은 대부분 따뜻한 햇빛이 농작물이 빽빽이 들어차 있는 무성한 들판을 눈부시게 비추고 있다.

이러한 기후 아래, 자연히 곳곳이 화초이고 밭에는 과일이 가득하다. 참외, 가지, 시트론 등이 모두 유난히 크다. 백성들은 그다지 부지런하게 일하지 않아도 생계를 유지하고 입에 풀칠을 할 수 있기 때문에 그들의 생활은 아주 유유자적하다. 처음으로 연해의 성에서 온 사람들은 자주 현지 주민들의 꾸물거리는 모습에 화를 내지만 이 낯선 손님들은 오래지 않아 곧 유유자적한 풍조에 동화되어 버린다.

곤명사람들은 연해의 성에서 밀려들어온 수많은 난민들 때문에 상당히 골치가 아팠다. 많은 사람들이 거액의 돈을 가지고 와서는 돈을 물 쓰듯이 써서, 이 고장 사람들은 물가는 모두 이 사람들이 올려놓은 것이라고 말했으며 곤명 시내 곳곳에는 연해에서 온 신식 여성과 유행하는 옷과 장신구로 치장한 신사숙녀들이 있었다.

밤이 되면 그들은 곤명 거리에서 이 고장 사람들과 함께 끊임없이 어깨를 스치면서 사람들이 붐비는 거리를 오갔다. 집세는 급속하게 뛰었고, 여관은 곳곳마다 만원이었으며, 새로운 건물이 마치 우후죽순처럼 생겨났다. 비행기의 폭격으로 파괴된 오래된 집은 신속하게 복구되었지만 새로 지은 집들은 여전히 인구 증가의 속도를 따라잡을 수 없었다.

8년간에 걸친 항일 전쟁동안에, 곤명은 옛 모습을 찾아볼 수 없을 정도로 많이 변했다. 예전의 평온했던 곤명의 거리에는 지금 트럭 운전기사, 국난을 이용해 재산을 많이 늘린 상인 및 건축업자, 기술자와 제조업자로 넘쳐났다. 교외에서는 무기를 실은 트럭이 빈번하게 왕래했다.

자연 환경과 명승고적은 여전히 예전처럼 변함이 없었다. 곤명호의 호수는 여전히 과거와 같이 거울처럼 매끄러웠으며 예전처럼 조용히 장강으로 유입되어, 강물을 따라 2천 마일을 세차게 달려 황해로 들어갔다. 물고기, 거위와 오리류는 여전히 이전처럼 호수에서 노닐고 있었다. 고목에 둘러싸인 오래된 절은 산의 정상에 웅거하면서 잔물결이 넘실거리는 광활한 호수의 수면을 내려다보고 있고, 스님은 여전히 수백 년 전의 승려와 같이 불경을 독송하고 있었다.

하늘 끝과 바다 끝을 바라보며 나는 만일 편지 한통을 병에 넣고 밀봉하여 호수에 던지면, 그것은 강물을 따라 장강에 유입되어 물결을 따라 중경, 의창, 한구, 구강, 안경, 남경을 지나 오송강 입구까지 떠내려 갈 수 있지 않을까? 하는 터무니 없는 생각을 하곤 했다. 어쩌면 어떤 어부가 우편물이 든 병을 주워서 나의 고향인 절강에 전해줄 수도 있지 않겠는가! 물론 이것은 단지 멀리 타향으로 가 고향을 그리워하는 나그네의 일종의 꿈에 불과할 뿐이었다.

가로 세로로 뻗어 있는 도랑이 호수의 물을 근처의 들판으로 이끌어다가, 천만 묘(畝)의 비옥한 토지에 관개를 하고 있다. 도랑의 양쪽은 나란히 놓여 있는 제방인데, 그 넓이는 말이 온힘을 다해 질주할 수 있을 정도이다. 우리들은 유유하게 말을 방목하고 마음껏 뛰어놀 수 있으며 긴 제방을 따라 송진 향기가 코를 찌르는 수풀로 뛰어 들어가 초록빛이 뚝뚝 떨어질 것 같은 들판을 지나갈 수 있다.

성안에 석비가 하나 있는데, 비석이 서 있는 곳은 전해지는 말에 의하면 명조의 마지막 망명황제가 목이 매달려 죽임을 당한 옛 터라고 한다. 석비는 산비탈에 서 있는데, 마치 한없이 슬프고 원망스러운 표정으로 길을 지나는 행인을 응시하고 있는 것 같다. 이 가련한 황제는 일찍이 버마로 도망쳤지만, 결국 배반을 한 장군인 오삼계(吳三桂)에게 납치되어 중국으로 다시 압송되었다.

오삼계는 원래 조정의 명을 받고 만리장성을 지키면서 청군을 방어하고 있었으나, 전해지는 말에 의하면 그는 틈왕 이자성의 수중으로부터 진원원(陳圓圓)을 구하기 위해 결국 명나라를 배반하고 청나라에 항복하였다고 한다. 그는 서남의 저항을 진압하기 위해 운남성으로 파견되었으며 이미 그의 포로가 된 영력(永歷)황제는 그의 면전에 끌려와서 심문을 받았다.

"당신은 아직 무슨 할 말이 있소?" 하고 오삼계가 이렇게 물었다고 전해진다. 이에 명대의 마지막 황제는 "없다. 내가 유일하게 알고 싶은 것은 너는 왜 나의 조상을 배반했냐는 것이다. 네가 명 왕실로부터 받은 은혜와 혜택이 깊고 두텁지 않았더냐?"라고 대답했다는 것이다. 오삼계는 이 말을 듣고, 정말로 매우 두려워져서 즉시 이 황제를 교살할 것을 명하였다고 한다. 후세 사람들이 이곳에 기념비를 세우고, 비석에다가 '명나라 영력(永歷) 황제가 순국한 곳' 이라고 새겼다는 것이다.

성에서 약 10Km정도 떨어진 곳에 흑룡담이 있다. 봄에는, 맑고 투명한 못 물이 연못 바닥으로부터 천천히 솟아 나와, 작은 시내와 얕은 계곡으로 흘러들어간다. 흑룡담의 주변에는 또 오래된 수많은 사찰과 온통 이끼가 낀 큰 나무들이 있다. 명조 말년에 한 학자와 그의 가족들이 이곳에 거주했다.

주유검(崇禎) 황제의 순국과 명조의 멸망 소식이 전해진 이후, 그는 곧 못에 몸을 던져 자살하였다. 그의 가족과 하인들도 모두 따라서 못에 뛰어들었다. 집안 사람들이 모두 몸을 던져 순국하였으며, 후에 흑룡담 기슭 옆에 함께 매장되었다.

서양인은 이러한 일을 이해하기 매우 어렵겠지만 중국의 철학에 의하면, 만일 나라를 구원할 다른 방법이 없다면, 양심의 비난과 규탄을 모면할 유일한 방법은 바로 죽음으로서 순국하는 것이다. 항일전쟁 기간 중, 중국 군인은 죽음을 두려워하지 않고 육탄으로 침략군의 빗발치듯 쏟아지는 총알과 맹렬한 포화에 저항하였는데 그들이 한 정신무장은 바로 이런 종류의 인생철학이다.

대체로 연대순으로 기술한 이 이야기는 여기에서 잠시 일단락 짓기로 하겠다. 이후의 몇 장은 과거와, 현재와, 미래를 포함한 중국문화상의 약간의 문제를 논하고, 동시에 우리들은 몇 가지 시종 해결하지 못한 전국적인 문제를 논하고자 한다. 이 문제들은 미래에도 역시 계속 존재할 것이다.

1842년 홍콩할양부터 1941년 진주만 사변까지는, 정확히 1세기의 시간이 경과했다. 《西潮》에서 말한 모든 이야기는, 주로 이 기간 내의 일이다. 영국인은 대포를 사용하여 중국 남방의 문호를 개방하고 중국에 아편과 서양물품을 들여오기 시작하였지만, 동시에 서양의 사상과 과학의 종자를 가져와서 결국 중국인의 인생과 우주에 대한 견해를 바꾸어 놓았다.

중국은 일찍이 저항하고, 힘써 버티려고 발버둥쳤으나, 결국 서양문화를 받아들였는데, 일천 수백 년 전에 인도문화를 받아들인 과정과 똑같았다. 영국은 운명의 신의 도구로서, 중국을 데리고 국제사회로 들어간 것이다.

중국이 걸어온 길은 구불구불한 장강처럼 상당히 우회적인 것이었지만, 중국이 나아가는 방향은 시종 변하지 않았는데, 마치 동쪽으로 세차게 흐르는 장강이 비록 도중에 우여곡절을 거치면서도 결국 2천 마일 이상을 지나 황해로 유입되는 것과 같았다. 그것은 밤낮 없이 오랜 세월동안 동쪽으로 세차게 흘러, 미래의 끝없는 세월 속에서도 마찬가지로 앞으로 내달릴 것이다. 불요불굴의 장강은 바로 중국의 생활과 문화의 상징인 것이다.

제7부

현대 세계 속의 중국

제32장 중국과 일본 — 적과 우리의 단점과 장점을 논함

일본은 페리대장이 일본에 오기 전에는 오직 중국대륙문화의 한 지류일 뿐 아니라 아주 단순한 하나의 지류에 불과했다. 이 해군대장이 온 이후 일본은 중서문화의 혼합체로 변해 버렸다. 중국과 서양을 동시에 이해하지 못하면 일본을 이해할 수 없다.

그러나 단지 일본의 중서 두 종류의 문화의 내원을 이해하는 것만으로는 부족하다. 분파는 그들의 주체와 비슷할 수는 있지만 결코 완전히 같지는 않다. 비슷한 것을 완전히 같은 것으로 간주하여 성급히 단언을 내린다면, 털끝만큼의 차이가 큰 차이가 될 가능성이 매우 높아지게 된다. 동시에 두 종류의 문화의 혼합은 또 원래문화의 본질을 변질시킬 가능성이 있다. 중국대륙문화의 일본에서의 지류는 당 왕조(唐王朝)(619-907)에서 발원한다. 당대문화 중 수많은 귀중한 성분들, 그 중에는 서역에서 수입된 인도 문화와 이란민족으로부터 간접적으로 수입된 그리스 문화가 포함되어 있는데, 이들은 중국에서는 1000여 년 동안 이민족의 침략을 거치면서 점점 쇠락하였지만 일본에서는 보존되어 왔다.

당대의 무용, 음악, 미술, 습속, 어음(語音)과 상무정신은 모두 아직도 일본에 남아있다. 당대문화를 조금 이해하려고 한다면 그래도 일본에 한번 가보는 것이 최상책이다. 일본은 당대문화를 기초로 하였는데 그 중에는 유가사상과 당 왕조가 흡수한 불교문화 및 기타 외래문화가 포함되어 있다.

또 남송시대(일본의 가마꾸라시대[鎌倉時代])에는 송나라의 유학자인 주자의 학문을 수입하였는데, 그것은 선승(禪僧)을 따라 함께 들어온 것이다. 그래서 일본에서는 유불일치(儒佛一致) 사상이 형성되어 있다. 이어서 명 말에 이르러, 본래부터 선승을 보호하고 유학을 연구하겠다는 도꾸가와(德川)씨의 소망에 따라 에도(江戶 : 동경의 옛 이름)에 막부를 열면서 유학자들을 널리 불러 모아 강의를 하게 하고 서적을 인쇄하게 하는 일이 한동안 극성을 이루었다.

그리고 신 정권의 위력으로 유가의 학문을 향후 일본을 부흥시키는 방안으로 삼았으며, 일본을 위해 도덕, 정치, 경제, 사학, 수학을 발전시켜서 민간교육에 유입시켰다. 일본은 진(晉) 왕조 초기에 조선인인 왕인(王仁)을 통해 《논어》와 《천자문》을 전해 받았으며, 명 말에는 또 양명학을 받아들였으나, 경세학(經世學)의 중심은 주자의 학문이었다.

함풍과 동치 연간에 이르러 메이지 유신(明治維新)이 있은 후, 경세의 학문인 유가와 서양의 근세 사회과학 및 자연과학을 접목시켜 수십 년이라는 짧은 기간 동안 역사상 유례를 찾아볼 수 없는 동·서양의 두 문화를 크게 결합시켜 일본을 강성하게 하였다. 그리고 문화의 조국인 중국에게 엄청난 격려와 흥분을 불러일으켜 주었다.

내가 어렸을 적에는 우리 세대의 청년들은 모두 일본을 스승으로 받들었으며 일본이 문화의 어미 새의 은덕에 보답하는 방식으로 중국의 부흥을 도와주기를 희망했다. 그런데 안타깝게도 일본의 국정을 장악한 군벌은 자기 나라에 충성을 다하는 것만 알고 타인을 어진 마음으로 대할 줄 몰랐으며, 의(義)는 알았지만 인(仁)은 몰랐고, 작은 것은 보았지만 큰 것은 보지 못했으며, 가까운 곳은 알았으나 먼 곳은 알지 못했다. 그리하여 중국의 최근 60년 역사로 하여금 중일관계의 비통한 역사가 되게 하고, 결국 중일간의 전쟁으로 다른 세력이 어부지리를 얻게 한 것은 정말로 역사상의 일대 비극이라고 할 수 있다.

우리는 이후 중국문화를 널리 대륙문화로 지칭하여, 중국, 일본, 한국, 베트남이 공유하는 문화로 삼아야 한다. 이는 마치 그리스-로마문화가 구미 각국의 공동문화가 된 것과 같다. 만일 문화면에서 좁은 의미의 국가주의를 품는다면 도리어 문화의 가치를 떨어뜨릴 것이다.

실제로 말하면 당대 문화가 내포한 외래적인 요소들은 광범위하고 많아서 당시에 이미 국제문화가 되었으며 이들이 매우 점진적으로 들어왔기 때문에 중국인들은 자각하지 못했을 뿐이다. 일본이 당대 문화를 흡수할 때, 또한 부지불식간에 당시의 국제문화를 흡수하게 되었는데, 이것은 또한 일본에게 있어서는 큰 행운이었다.

일본은 남의 것을 모방하는데 매우 뛰어나다. 일본은 당송문화를 배워서 국가의 기초를 확립하였고 영국을 모방하여 해군을 창설했으며 독일을 모방하여 육군을 창설했고 미국을 모방하여 공업을 발전시켰다. 일본이 19세기의 서양을 모방하여 건립한 식민제국은 유감스럽게도 한발자국 뒤 처진 것이다. 일본이 독일의 전격전술을 배워서 진주만 습격을 감행한 것은 유감스럽게도 너무나 거리가 먼 것이었다.

나는 일본의 뛰어난 모방 기술에 대해 매우 탄복했다. 이것은 중국이 해낼 수 없는 것으로 그 이유는 이러한 면에서 중국은 약간 둔한 것 같기 때문이다. 그러나 중국의 창조력이 이 불충분한 점을 보충해 주고 있는데, 중국은 당 왕조가 쇠망할 때까지 계속해서 창조하고 또 창조했다. 이후 1000여 년 동안 이민족의 침략과 기근과 질병 등의 재난을 겪으면서 결국 기진맥진하게 되었다.

미국의 상황은 일본과 아주 유사한데, 미국문화는 구미문화의 한 지류로서, 다른 점은 영국에서 온 초기의 이민자들이 자유를 애호하는 종자를 지니고 왔다는 것이다. 그래서 미국은 창조하고 또 창조하여 세계에서 가장 공업화된 국가가 되었으며 동시에 이상과 인도(人道)를 가장 중시하는 국가가 되었다. 미국의 위대함은 이 두 종류의 모순된 요소가 융합되어 하나가 된 것에 있다.

일본이 국제무대 상에서 거둔 유례없는 성과는 그 공로를 완전히 서양노선에 따라 행한 개혁으로 돌려야 할 것이다. 이 개혁들은 세습통치계급의 지도하에 완성되었다. 그들은 상무정신 속에서 성장하여 타국의 장점을 모방하여 본국에 적응시켰고 지도자와 조국에 대해서는 더욱 두 마음을 품지 않고 충성을 다했다.

그들 통치 하의 백성들이 가지고 있는 최대의 미덕은 지도자를 받들고 명령에 복종하는 것이었다. 그래서 메이지 초년부터 시작된 일본의 개혁운동은 시종 확고부동하게 고정된 목표를 향해 추진되었다.

우리 자신을 돌이켜 보자. 중국의 개혁은 반드시 기층으로부터 시작되어야 한다. 즉 아래에서 위로 이루어져야 한다. 우리에게는 세습적인 통치계층이 없고, 귀족에 상당하는 사대부계층 외에는 귀족계급이 없는데 이 광활한 면적을 지닌 국가의 인민들을 일치단결시키려면 민간의 학자 출신 지도자들의 지도와 편달을 받아야 한다.

그러므로 개혁의 과정이 필연적으로 아주 느릴 뿐 아니라 우여곡절을 겪게 된다. 손중산 선생 같은 정치지도자와 장태염(章太炎), 양계초, 채원배 선생들 같은 학자출신 지도자들은 모두 민간 출신의 학자들이다. 그들은 민간출신이고 또 그들이 근거로 할 수 있는 사회이상과 지식상의 원대한 식견을 지니고 민간으로 깊숙이 들어갔다.

현대일본은 통치계급이 건립한 것이며 현대중국은 일반 백성들이 창건하였다. 그러므로 일본에서 지도자가 된다는 것은 중국보다 훨씬 쉬우며 지도자는 마음대로 독재를 할 수 있어서 인민을 자기가 하고 싶은 대로 부릴 수 있지만, 중국에서 지도자가 된 사람은 반드시 인민을 교육시켜야 할 뿐 아니라 진정으로 인민을 영도해야 하며 이것은 일종의 비교적 어려운 재능으로서 반드시 초인적인 재능과 창조력을 구비해야 한다.

중국은 개혁조치를 취하는 면에 있어서는 매번 비교적 느리지만, 일단 개혁을 결심하면 비교적 철저하게 할 수 있기를 언제나 바라고 있다. 지난 100년 동안 중국은 포탄을 제조하는 것에서부터 시작하여, 나아가서는 정치개혁, 사회개혁 내지 서양 사상을 소개하는 일에 힘썼다. 중국은 옛 신앙을 버리고, 따로 새로운 신앙을 건립했는데 이 신앙이 그들의 생활 속에서 불가분의 일부분이 될 때까지 계속되었다.

중국은 학자요, 도덕철학가요, 또한 예술가이다. 중국의 문화는 중국의 생활 속에서 발전되어 왔기 때문에 중국이 이 관념들을 철저히 동화시켜 자기의 생활 속에 받아들이지 않는다면 중국은 서양의 사상 관념에 쉽사리 만족할 수 없다. 그러므로 일본과 비교하면 중국의 사상은 현대화되었으나 중국의 사회와 공업건설은 여전히 일본보다 낙후되어 있다. 이것은 이 철학자겸 몽상가의 천성 때문에 그렇게 된 것이다.

중국인은 도량이 넓고, 생활이 민주적이며, 그뿐 아니라 스스로의 힘으로 창조할 수 있으나, 조직과 규율과 상무정신이 부족하다. 중국은 학자의 나라이기에 가장 존경받는 것은 학문이고, 가장 귀한 대접을 받는 것은 문화이다. 그러나 국토를 보위하는 무력이 건립되어야 한다. 중국의 장점이 바로 그녀의 약점인 것이다.

일본의 상황에도 우열이 동시에 존재하는데, 일본 사람은 투사요, 또한 매우 유능하고 노련한 행정요원이다. 일본이 받아들인 서양문명은 단지 군사방면의 상부구조로서 결코 일반 백성들의 비교적 깊은 생활과 사상을 접촉한 적이 없었으므로 일본의 상부구조는 물론 현대화되었지만, 일본의 정신과 관념은 여전히 중세기적이었다.

이러한 상황에 대하여 독자들은 물론 이상하게 여기지 않을 것인데, 그 이유는 봉건제도가 폐지된 기간이 매우 짧았으므로 봉건정신이 메이지(明治) 시대에 여전히 존재했기 때문이며, 중국은 서력기원 이전에 이미 폐지되었기 때문이다.

일본의 중국문화와 서양문화에 대한 동화는 다만 부분적으로만 성공을 거두었다. 예를 들면 일본은 충(忠)과 서(恕)라는 이 두 개의 중요한 도덕관념 중에서 충성(忠誠)만을 배웠고, 서(恕)는 이해하지 못했다. 이것은 어쩌면 정치와 지리환경의 영향을 받아 그렇게 된 것일지도 모르지만 그러나 일본인들이 어진 마음으로 사람을 대하지 못하는 것은 사실이다.

충과 서는 중국인의 생활에서 두 개의 큰 지도 원칙으로서, 충은 봉건국가 혹은 무력을 남용하는 국가에서는 필수불가결한 덕목이고, 서는 학자의 미덕이다. 일본은 줄곧 자기 견해를 고집했고, 타인의 관점을 고려하려고 하지 않았다. 일본인들은 마음이 편협하여, 그들 스스로도 모두 이것을 자각하고 있는데, 이러한 편협한 마음으로 인해서 그들은 대륙 간의 식민제국을 건립하는데 필요한 지도능력을 갖출 수가 없었다.

그들은 야심과 무력은 있으나 정치가로서의 풍격은 부족하다. 그래서 그들이 무력으로 건립한 '동아공영권(東亞共榮圈)'은 마치 공중누각처럼, 순식간에 사라져 버렸다. 충과 서는 중국에서는 손에 손을 잡고 함께 가는 것이다. 그것은 충성스럽고 의로울 뿐 아니라 모든 면에서 타인을 배려하는 것이다.

중국은 결코 자기의 사상관념에 충성하는 것이 타인의 관점을 배척해야 하는 것이라고 생각하지 않는다. 중국은 항상 다른 사람과 입장을 바꾸어 다른 사람의 관점을 고려하는데, 이것이 바로 이른바 서(恕)라는 것이다. 일본 사람들은 서(恕)에 대한 관념이 매우 박약하여 중국을 이해하지 못하고 있다.

일본의 행위는 마치 신체가 건장한 개구쟁이와 같다. 그가 숫양의 두 뿔을 움켜잡고 움직이지 못하게 하면, 숫양은 성급해져서 마구 소리를 지르고 날뛰며 뿔로 그를 받아버리는데 결국 그(일본)는 어쩔 수 없어 손을 놓은 것이 아니라 뿔에 받혀서 바닥에 쓰러지게 된 것이다. 그는 이 숫양이 왜 이처럼 말을 듣지 않는지 납득하지 못한다. 불쌍한 아이인 것이다. 그는 만약 어떤 사람이 자기의 두 귀를 움켜쥔다면 그의 반응 또한 어떠할지 마땅히 생각해 봐야 한다. 그는 입장을 바꾸어 한번 생각해 봐야만 하고, 이렇게 하면 그는 곧 중국을 이해할 수 있게 된다.

일본이 전쟁을 좋아하는 민족으로 변하게 된 다른 하나의 중요한 요소는 그들의 잘못된 관념으로 그들은 일본이 신성한 국가이고, 신이 창조하였으며, 게다가 신의 의지대로 따라야만 하고, 또한 세계를 정복해야 한다고 생각하고 있다. 이러한 심리는 군벌과 어용 역사가들이 역사적 사실을 왜곡함으로써 생겨난 것이다.

서양인이나 중국인으로서는 이해하기 쉽지 않지만 일본 사람들은 분명히 믿어 의심치 않는다. 중국인들도 신불(神佛)을 믿지만 그들은 신불을 도덕의 감호자로 여기고 있지, 전쟁의 비호자로 생각하지 않는다. 그런데 일본사람들은 일본이 패권을 장악하는 것을 신의 의지라고 생각하고 있다.

아주 오랜 옛날부터 지금까지 일본의 통치계급은 줄곧 신불이 전쟁 시에 늘 대일본의 편에 서있다고 믿어 왔다. 원 왕조가 일본을 정복하지 못하자 그들은 곧 그것은 신불이 무한한 법력으로 일본을 보호한 것이라고 여겼다. 그들은 쿠빌라이 칸의 몽고함대를 훼멸시킨 태풍이 바로 신불의 의지라고 생각했다.

내가 이 책의 원고를 수정한 것은, 이미 전쟁이 끝난 후 10여 년이 지나서인데, 그때 일본의 하꼬네(箱根)에서 늙은 비구니 한분을 만났다. 그녀는 사람들은 부처님을 믿어야만 하며, 일본이 몽고인을 물리친 것은 바로 부처님의 법력에 의한 것이라고 말했다. 일본 사람들은 줄곧 역대 천왕들이 모두 신의 직계자손이라고 믿어 왔다. 전쟁이 끝나고 일본 역사가들이 언론의 자유를 얻게 되고서야 비로소 과학적 방법으로 교과서 속에 응결되어 있는 그 신화들을 단숨에 날려 보냈다.

동경제국대학의 졸업생인 중국의 모 대학 교수는 사람들로 하여금 깊은 생각을 하게끔 하는 한 가지 역사연구를 하여 이러한 종교적인 성격을 띤 애국의 열광이 어떻게 일본의 제국주의로 발전했는지를 밝혔다. 이러한 종교적인 성격을 띤 애국적인 열광이 군인들의 일상생활 속에서 모습을 드러내는 경우를 더욱 흔히 볼 수 있다.

중일 전쟁 기간에 거의 모든 일본 사병들은 몸에 불교 또는 신도(神道)의 부적을 지니고 있었다. 나는 일찍이 중국 사병들이 전장에서 주워 온 수많은 부적들을 본 적이 있다. 중국 사병들은 많이 보았기 때문에 바로 이러한 부적을 적의 장비 속에 꼭 갖춰야만 하는 일부분으로 간주했고, 어쩌다 그것들을 가지고 농담을 하는 것 외에 결코 대수롭지 않게 여겼다.

그 다음 미국 공군과 침략한 일본 비행기와의 공중전이 발생한 이후, 나는 일찍이 임시로 길 안내자가 되어 한 무리의 미국 장교와 사병들을 인솔하고, 지프차를 타고 몇 리의 험난한 산길을 지나 격추되어 부서진 일본 폭격기의 잔해를 보러 갔다.

우리는 비행기 조종사의 시신과 호주머니에서 항상 보던 불교와 신도의 부적을 발견했는데, 부적은 온통 핏자국이었고, 이미 총알 구멍이 뚫려 있었다. 한 미국인 대위가 일본 비행기 조종사의 시체에서 한 조각의 부적을 주워들고서는 나에게 그것이 무엇인지 물었다. 나는 그에게 부적이라고 말해 주었다.

"그것은 어디에 사용하는 것입니까?" 하고 대위가 물었다. "신불에게 보우해 달라고 비는 것입니다. 그러나 부처가 그를 전혀 보호하지 않은 것 같습니다." 하고 나는 대답하였다. 그는 부적을 뒤집으며 위쪽에 있는 식별할 수 없는 부호가 도대체 무엇을 말하는 것인지 알아보려 하다가 "정말 이해하지 못하겠군."이라고 한마디 하고는, 이어서 부적을 바닥에 던져 버리고 곧바로 그것을 잊어 버렸다.

중국인들도 이 미국 장교와 마찬가지로 칼과 총이 들어오지 않는다는 징표에 대해서 시종일관 웃어 넘겼다. 세계 각지의 인사들도 이와 마찬가지였다. 그 공중전을 할 당시 나는 이미 7대의 적군 비행기가 흰 연기를 내뿜으며 선회하다 추락하는 것을 보았다. 다른 수색 팀들도 적군의 비행기 잔해에서 수많은 유사한 부적 및 탄약, 지도와 과학 도표 등을 주워 돌아왔다.

이것은 중세기 미신과 현대과학의 이상한 혼합이지만 일본 사람들은 절대 그것이 미신이라고 여기지 않았으며 어두컴컴한 속에 존재하는 일종의 신성한 힘이 그들이 국가를 위해 분투하도록 지휘하고, 신불은 언제 어디서나 그들을 보호하고 있으며, 부적은 다만 그러한 종류의 신성한 힘의 상징일 뿐이라고 생각했다.

홍콩이 함락된 후 내가 잘 아는 홍콩에 거주하고 있던 황씨 부부는 일본인의 심리를 잘 알고 있었으므로 한 일본 사병이 그들의 집에 들어와 조사를 할 때, 그에게 불상을 하나 선물했다. 이 사병이 홍콩에서 구룡으로 가던 중 타고 가던 작은 배가 불의에 뒤집혔는데 그를 제외한 배에 탄 승객 전부가 물에 빠져 죽었다.

그는 후에 돌아와서 황씨 부부에게 사의를 표했는데 그 이유는 그 불상이 그의 생명을 구해 주었다고 믿었기 때문이다. 그러나 중국인의 견해에 의하면 그가 익사하지 않은 것은 운이 좋았던 것에 불과할 뿐인 것이다. 전 세계의 인사들은 전시의 일본인의 종교적 열광에 대해 아는 바가 많지 않은데 그 이유는 일본인 자신이 그들의 선전 속에서 그것에 대해 거의 언급하지 않았기 때문이다.

중국에서는 현대과학이 이미 구 신앙을 약화시켰을 뿐 아니라 구 신앙을 해체시키는 요소가 되었지만 일본에서는 현대과학이 도리어 신의 일종의 강력한 무기가 되어 일본이 침략전쟁에서 일치단결하도록 하였다. 강렬한 종교적인 애국심에 의해서 형성된 이러한 심리 배경은 결국 일본 군벌을 막무가내로 만들었고 일본군대를 통제하기 어렵게 하여 일본 스스로가 전 세계를 위협하는 존재가 되게 했다. 이것이 바로 종교적 열광과 현대과학이 결합한 결과이다.

어떠한 국가든지 이러한 미치광이 같은 이웃이 있게 되면 골치가 아파진다. 과거 60년간에 걸친 동란의 세월 동안 일본이 또 어찌 우리나라의 두통거리로만 그쳤겠는가! 이야기가 이 대목에 이르니 우리는 메이지 이후 전쟁이 끝난 이 시기에 이르기까지의 일본 역사학자들을 질책하지 않을 수 없는데, 그들은 옛날 역사가들이 가지고 있던 풍모는 전혀 없이 군벌들의 비위만 맞추었다. 그들 중에는 군벌의 노여움을 무릅쓸만한 용기를 지닌 역사가들이 간혹 몇 명 있었지만 그러나 환경의 핍박 아래 중과부적으로 일본 역사는 결국 신권미신과 군권숭배의 호신부가 되어 버렸다.

내가 바로 그 늙은 비구니를 만난 그날, 나는 하꼬네에 있는 한 이발관에서 이발을 하고 있었다. 이발관 주인 스스로 자기 조부인 와까찌찌(若父)가 일찍이 봉건시대에 장군과 무사들을 위해 머리를 묶어주고 얼굴 미용을 해 주었다고 말했다. 그는 어렸을 적에 사람들로부터 천황의 조상은 중국인이며 중국에서 왔다는 말을 들었는데, 이 말은 지금은 모두가 감히 할 수 있지만 예전에는 감히 아무도 그런 말을 할 수 없었으며 그런 말을 하면 목이 잘렸다고 했다.

이것으로부터 천황이 신이 아니라는 설이 일찍이 무사계급과 민간에 퍼져 있었다는 것을 알 수 있다. 그 이외에 그는 몇 마디 재미있는 이야기를 했는데 여기에서 에피소드로 이야기 할 수 있을 것이다. 그는 옛날 돈을 모으는 것을 좋아하여 그의 작은 수집품 속에는 송, 금, 명, 청 4왕조 때 사용되던 동전과 이 4왕조 시대에 상당하는 시대에 주조된 일본 돈이 있었다.

그의 말에 의하면 일본 돈은 일본의 구리로 중국에서 주조된 것이라고 한다. 가장 재미있는 것은 다이쇼오(大正)와 쇼오와(昭和) 두 시대의 동전을 배열하여 줄을 이루어 놓은 것이다. 중일 전쟁이 개시된 후 동전은 점차 작아졌으며, 전쟁이 길어질수록 더욱 작아졌고 마지막 1, 2년 동안에는 거의 거위의 눈알과 같은 크기로 작아졌다. 그는 아주 유머러스하게 이 동전들을 가리키면서 이것이 동아공영권을 대표하는 것이라고 말했다.

민간에 유포되어 있는 천황의 원류에 관한 이야기를 보면 일본 역사는 비록 군벌의 억압을 받았지만 민간에서는 그의 조상인 와까무네(若宗)가 대대로 구술로 전한 역사를 여전히 보존하고 있기 때문에 군벌에 의해서 말살되지 않았음을 미루어 짐작할 수 있다. 종전 후 사상과 언론의 자유로 인해 근년에 새로이 출판된 일본사는 우리들이 한번 읽어 볼만한 가치가 있다.

옛적에 한선자(韓宣子)가 노나라에 와서 역상(易象)과 노나라의 춘추를 보고 주례(周禮)가 모두 노나라에 있다고 하였다. 최근 일본에서 출판된 일본 역사와 각종 학술서적을 읽으면 나도 거의 한선자와 같은 감탄을 하게 된다. 6~70년 동안 우리나라와 일본은 부국강병책을 썼다.

일본이 걸어 온 노선은 자본주의와 군국주의이며 자본주의를 통해서 얻은 재부로 병력을 양성함으로써 군벌과 재벌이 연합하여 군정대권을 조종하였다. 그들의 권력은 모든 당파와 학파를 초월하였다. 군국주의와 자본주의의 일본은 첫 번째로 중국과 싸워서 승리를 거두었고, 다시 제정러시아와 싸워서 승리를 거두었으며 세 번째 전쟁에서는 좌충우돌하다가 진주만까지 폭격하였다.

우리나라는 왜 국가를 부유하게 하려고 했는데 부유하지 못하게 되고, 강한 군대를 양성하려고 했는데 강하지 못하게 되었는가?

첫 번째는 내정문제이다. 일본은 막부를 무너뜨리고 천황을 받들음으로써 정권을 통일한 지 이미 수십 년이 되었다. 반면에 우리나라는 처음에 황권보호와 혁명을 했지만 국시가 정해지지 못했다. 이어서 군벌이 할거하면서 전국이 혼란에 빠졌다. 국민혁명군이 전국을 통일했을 때, 대내적으로는 전란이 빈발하였고 대외적으로는 일본이 침략하여 내우외환이 잇따라 발생했으니 어떻게 부국강병을 논할 수 있었겠는가?

두 번째는 경제사상문제이다. 우리나라 유가의 "적은 것을 걱정하지 말고 고르지 못한 것을 걱정하라[16]"는 경제사상은 선천적으로 자본주의를 찬성하지 않는 색채가 있었으며 수십 년 동안 일반 사대부들은 또 왕안석의 통제 경제를 떠받드는 경향이 매우 짙었기 때문에 서양 자본주의를 반드시 반대한 것은 아니지만 열렬히 지지하지도 않았다. 이 사실은 누구도 부정할 수 없는 것이다. 단지 이것만 가지고 논해도 자본주의 사회를 건설하는 것이 얼마나 어려운지를 알 수 있다.

세 번째는 문호개방문제이다. 중국의 명·청 두 왕조는 모두 쇄국정책을 취했다. 일본도 도꾸가와 시대(德川時代)에는 쇄국주의를 취했다. 19세기의 자본주의가 강압적으로 양국의 문호를 개방시켰다. 중국에서는 통상이라 불렀고, 일본은 개국(開國)이라 불렀다. 그러나 일본의 개국은 통일된 정부 하에서 이루어졌기 때문에 전국이 일치단결함으로써 실효를 거두었다. 그런데 중국은 이쪽이 개방하면 저쪽이 폐쇄하고 앞사람이 받아들이면 뒷사람이 거부함으로써 보조가 일치하지 않았다. 그래서 개국의 실효는 드러나지 않고 분할이라는 재앙의 조짐만이 나타났다.

이상에서의 중국과 일본에 대한 비교에서, 일본에 대한 비평은 대부분이 항일전쟁 기간 중 내가 중경에서 생각난 것을 기술해 놓은 것이

---

16) 不患寡而患不均 : 적은 것을 걱정하지 말고 고르지 못한 것을 걱정하라. 이 말은 『논어(論語)』 〈계시편〉(季氏篇)에 나오며 공자가 한 말로서 국가의 경제정책은 균부(均富)를 바탕으로 한다는 뜻이다. 훗날 중국 역대 왕조의 경제정책은 공자가 주장한 이 균부(均富)를 핵심으로 하였다.

다. 전국이 일본군에게 유린되어 수많은 인민들이 일본군의 철 발굽아래 생명과 재산을 희생당하던 시기에 나의 이 기록은 아마도 상당히 객관적이며 공평할 것이다. 이것은 유가의 충서(忠恕)라는 조화된 전통관념에서 나온 것으로 일본에게는 서(恕)라는 것이 결핍되어 있다.

대일 강화조약에서 우리나라는 일본 황실의 유지를 주장하고, 배상금 요구를 포기했으며 포로를 전부 송환하여 귀국하게 했는데 무릇 이러한 각종 조치는 정치적인 원대한 식견에서 나온 것이지만 근본적인 관념은 서도(恕道)에서 나온 것이다. 우리나라 사람들은 "구악을 생각하지 않는 것(不念旧惡)"이 평화를 유지하는 길이라는 것을 알았기 때문에 이러한 강화조약은 전국 인민들의 지지를 받았다.

휴전 이후 나는 수많은 포로수용소(湘西, 漢口, 南京 등지)들을 시찰했는데 현지의 민중이 일본 포로에 대해서 조소하거나 모욕을 가하는 행동을 본 일이 없으며, 이는 나로 하여금 중국 인민들의 도량이 크다는 것을 느끼게 했다.

일본이 전쟁에서 패배한 후 10여 년 동안, 일본의 국내사상은 변동이 매우 컸는데, 어떤 것은 우리가 전쟁 전에 본 것과 전쟁 시에 논한 것이 상당히 달랐는데, 예를 들면 민주주의의 대두, 사상과 언론의 충분한 자유, 신도(神道) 미신의 점차적인 쇠퇴, 역사에 있어서 사실(史實)을 중시하고 전통적 거짓을 포기한 것, 공업화의 가속화와 제품의 진보, 학술연구의 가속적인 발달 등으로 이 모든 것들은 일본 자신의 장래와 동아시아의 정세에 미칠 영향이 반드시 매우 클 것이다.

유럽의 서독과 극동의 일본은 이미 냉전 속에서 중요한 지위를 차지하고 있다. 서독은 서방 민주전선 편에 서서 그 중요한 일환이 되었고, 일본은 표면적으로는 서방을 지향하는 것 같지만 내심으로는 여전히 세 갈래 길에 서서 어찌할 바를 몰라 망설이고 있다. 친 서방정책을 취할 것인가? 중립적인 태도를 취할 것인가? 그렇지 않으면 공산주의 진영을 따를 것인가? 현재 일본의 각종 상이한 정견을 귀납해 보면 다름 아닌 이 세 가지 점이다. 이것은 일본 내부의 번뇌이고, 또한 일본 자체의 과제이며 또한 서방 민주진영의 과제이다.

제33장 적기의 폭격 속에서 중국 문화를 이야기하다

동양과 서양이 다른 것은 그들의 문화가 다르기 때문이다. 그러나 여러분은 여전히 동서 문화 간의 비슷한 점을 찾아 낼 수 있다. 두 종류의 문화가 아무리 비슷하다고 할지라도, 완전히 같을 수는 없으며 한 문화의 특징에는 반드시 다른 문화와는 다른 점이 있다. 서양에 대해 논하자면, 상이한 문화상의 특징으로 인해 독일인은 영국인과 다르며, 동시에 프랑스인도 네덜란드인과 다르다.

그러나 그들 사이에는 여전히 공통된 특징이 있는데, 이 특징들로 인해 서양 국가들은 문화적인 면에서 하나로 결합하였으며 이를 통칭하여 '서양문화'라고 부르게 되었다. 이 특징들은 또한 그들이 동양 각국과 다르다는 것을 드러낸다. 그리하여 문화상의 같은 점과 다른 점은 표면상의 유사성을 가지고 판단해서는 안 되고, 각각의 기본 특징을 보고 논해야 한다.

이 장에서 우리는 세 방면에서 중국문화의 특징을 논할 것이다 :

(1) 중국문화의 흡수력 (2) 도덕과 이상 (3) 중국인의 인정

(1) 중국문화의 흡수력

대략 50년 전, 내가 아직 학교에서 공부하고 있을 때, 외국인들과 진보적인 중국인들은 모두 중국은 마치 흡수 능력이 아주 적고, 심지어 흡수 능력이 조금도 없는 암석과 같다고 자주 말하였다. 그것은 바로 중국 문화가 이미 정체되어 화석이 되어 버렸기 때문에 구제불능일 정도로 보수적으로 되었다는 말이다. 중국은 줄곧 타인이 뭐라고 하던 평소 자신의 방법대로 해 와서 누구도 이 '중국인(支那人)'을 조금도 변화시킬 수 없다는 것이다.

이러한 견해는 표면상으로는 이치에 부합하는 것 같지만, 결과적으로 완전히 잘못된 것으로 증명되었다. 다섯 개 항구를 통상항으로 개방했을 때부터 시작하여, 1894년 청일전쟁까지, 중국은 계속 서양의 영향에 항거해 왔던 것 같다. 그러나 그 이전의 수백 년 동안, 중국은 일찍이 잇따라 중국의 생활 속으로 침입한 수많은 외래의 것들을 흡수하였다.

음악 면에서, 현재 이른바 '국악'은 사실 대부분 외국에서 유래한 악기를 이용하여 연주하고 있다. 호금(胡琴), 피리, 칠현금은 모두 수 백 년 전에 투르키스탄에서 전래된 것이다. 우리는 지금 여전히 중국의 호금을 보존하고 있지만, 단지 극소수의 사람들만이 감상을 할 수 있고, 호금을 연주할 수 있는 사람은 더욱 소수이다.

외국에서 중국에 소개된 식품은 더욱 셀 수 없을 정도인데 참외, 오이, 포도, 후추는 여러 백 년 전에 중국에 전해져 들어 왔고, 고구마, 땅콩, 옥수수는 최근 수백 년 사이에 들어왔으며 최근 수십 년 동안에 감자, 토마토, 부르콜리, 배추, 제비꽃이 중국에 들어 왔다.

작은 덩어리로 썰어서 간장으로 기름과 설탕을 넣어 만든 서양의 비프스테이크도 중국음식 중의 하나가 되었다. 누룽지탕 속에 껍질을 벗긴 새우와 토마토 주스를 첨가한 것은 더욱 새로운 종류의 음식이다. 중국요리 연회석에서는 어떤 때에는 아이스크림, 커피, 금산오렌지가 나온다.

감귤은 원래 중국의 토산품인데 후에 미국으로 넘어갔고, 캘리포니아에서 원예실험가인 포붕극(褒朋克)의 개량을 거친 후에 새로운 명칭을 가지고 다시 본 고향으로 돌아왔는데, 중국 유학생들이 미국대학에서 학업을 끝내고 석사와 박사의 명칭을 가지고 귀국한 상황과 비슷하다. 중국의 감귤은 아주 오래전에 독일에 전래되었으며 뜻밖에도 감귤이 독일로 간 후 사과로 변했는데, 그 이유는 독일인들이 감귤을 '중국 사과'라고 불렀기 때문이다.

무릇 흡수할 만한 정신적인 양식이나 지식양분이 어디에서 왔던 간에 중국은 항상 언제나 환영할 준비가 되어 있었다. 명 왕조 때에는 예수회의 선교사들이 천문학과 수학과 성경을 중국에 전해 왔다.

대학사인 서광계(徐光啓)는 그들로부터 천문의 산법을 배웠을 뿐만 아니라 게다가 또 천주를 믿게 되어, 상해의 서가회(徐家滙)에 있는 그의 주택은 천주교의 활동중심지가 되었다. 우리는 예수회의 선교사로부터 서양의 천문학을 배웠는데, 일부 사람들은 그로 인해 천주교도가 되었다. 다섯 개의 통상항을 개방한 후 서가회의 천문대는 줄곧 연해 항해의 지침이 되었다.

명 말 청초에 황려주(黃黎洲, 黃宗羲)라는 학자가 있었는데, 그는 예수회의 선교사가 전해 온 천문학에 대해 매우 탄복했다. 그는 일찍이 중국에는 수많은 학문이 있었지만 스스로 잘 보존하지 못하여 이미 외국으로 흘러간 것이 적지 않다고 말한 적이 있다. 그는 언젠가 한번 한 친구에게 "천문학으로 논해 보면, 우리는 서양과 비교했을 때, 정말로 대단히 유치하다."고 말했는데 이로부터 중국학자가 얼마나 겸허한지를 알 수 있다.

사실상, 중국은 바로 대단한 흡수 능력을 가지고 있기 때문에, 비로소 수천 년의 역사과정 속에서 온갖 세상일의 변천을 다 겪으면서도 끄떡없이 우뚝 솟아있을 수 있었다. 전 세계에서 수시로 외국의 요소를 흡수하지 않으면서도 무너지지 않고 지속되는 문화는 없다. 나는 이것은 역사학자의 증명이 필요하지 않다고 생각한다. 서양 각국 문화 사이의 상호 의존관계와 상호 영향은 사람들이 눈과 귀를 통하여 분명하게 보고 듣기에 논쟁할 필요가 없다. 그러나 동양문화와 서양문화 간의 상호작용은 비교적 그다지 뚜렷하지 않다.

케임브리지대학의 니덤(Needham) 교수가 일찍이 나에게 화약의 팽창성은 증기기관의 발명을 초래하였고, 유가의 성선학설은 프랑스의 계몽시대학파의 사상에 영향을 주었다고 말했다. 수많은 것들이 일찍이 소리 없이 조용히 동양에서 서양으로 흘러 들어갔다. 이런 것들이 도대체 무엇인가 하는 것에 대해 나는 서양인들 자신이 직접 우리에게 알려주어야 한다고 생각한다.

그러나 우리는 음악, 음식물과 같은 것 이외에는, 결코 서쪽과 북쪽의 육상 변방지대를 통하여 기타 다른 것들을 흡수하지 못했다. 이들 지역의 민족들이, 제공할 수 있는 정신적인 식량은 사실상 매우 적었기 때문에, 우리는 방향을 돌려서 인도에서 구했다. 예술 면에서, 우리나라의 그림과 건축은 모두 불교의 영향을 받았으며, 불교사상은 중국철학에서 더욱 중요한 자리를 차지하고 있으며, 불교경전은 심지어 중국 문학의 품격과 문사(文辭)에도 영향을 주었다.

예수회 선교사들이 중국에 오기 여러 수백 년 전에, 중국인은 이미 불교의 도덕관념을 받아들였지만, 불교의 초세철학(超世哲學)은 거들떠보지도 않았다. 불교가 중국으로 들어온 지 이미 천백 년의 역사를 지니고 있고 또 수많은 불교사원들이 도시와 산간지역의 제일 좋은 자리를 차지하고 있지만 불교의 기본 철학과 종교는 중국의 사상 속에서 여전히 낯설은 것이었다. 학자들은 불교에 대해 우호적이거나 용인하는 태도를 유지했으며, 일반 백성들은 불교를 중국의 많은 종교중의 하나로 여겨 숭배하였다.

그러나 불교는 결국 외국 것이다. 실용을 중시하는 중국인이 보기에 불교의 초지식주의(超知識主義)는 전혀 쓸모가 없었다. 초 지식주의가 중국에서 존재할 수 있었던 이유는, 그것이 도덕적 교훈을 함유하고 있었고, 동시에 고난을 만났을 때, 정신적인 대피소가 될 수 있었기 때문이다. 중국인들은 단지 외국 요소들을 받아들여, 자신의 사상체계를 충실히 하려고 했던 것이며 그들은 절대로 자신의 사상체계를 포기하고 완전히 외국에 투항할 수는 없었다.

중국인들은 용인(容忍)의 미덕을 통해서 받아들일 수 없는 어떠한 사상체계에 대해서도 모두 교묘한 대응 방법을 가지고 있었다. 그들은 먼저 일부분을 받아들이고, 나머지 부분은 본국의 산물과 평화공존하게 하였다. 그래서 무수한 인구 중의 일부분은 외국의 사상과 문화를 받아들여서 불교도, 이슬람교도, 또는 기독교도가 되어 모두가 화목하게 지냈고, 서로 방해하지 않았다.

중국 역사상 가장 재미있는 두 가지 일이 있는데, 하나는 도가사상에 관한 것이다. 우리는 그것을 반으로 나누었는데. 그중 절반은 노장

철학으로서, 그것으로서 입신하면 자연에 맡기어 무위하고, 이것으로서 나라를 다스리면 무위정치를 하게 된다. 또 다른 절반은 도교로서 동한(東漢)의 장도릉(張道陵)의 오두미도(五斗米道)이다. 이 오두미도는 특수 사회로 흘러들어가서 민간의 비밀결사가 되었는데 지난 이천년 동안, 반기를 들어 왕조를 교체한 것은 모두 비밀결사와 관련이 있다.

통속적인 사회로 흘러 들어간 것은 도교가 되었다. 신을 모시기도 하고, 부처님을 모시기도 하였는데, 대만의 '바이바이(拜拜)'가 바로 이것이다. 민간에서 맹신하는 염라대왕은 본래 인도 브라만교 명부(冥府)의 감옥 담당 관리로서 불교를 통해 무의식중에 중국에 전래되어 도교 속으로 들어왔다. 윤회설도 도교 속으로 들어와서는 또 자기의 뿌리를 잊어 버렸다.

두 번째 일은 불교를 반으로 갈라놓은 것이다. 그중 종교 부분은 도교로 들어갔고, 철학 부분은 도가와 합쳐진 후 유가로 들어갔다. 노자의 무위주의가 불가의 무위주의와 합쳐짐으로써 불학은 중국 사상체계 속에서 뿌리를 내리게 되었다. 그래서 송 대의 유학자들은 노불(老佛)을 합쳐서 불렀다. 송 대 이후의 유가는 도가철학 및 불학과 관련을 맺지 않은 것이 없다고 말할 수 있다. 유가의 대범한 사상은, 사실 그러한 영향을 받아서 이루어진 것이다.

중국의 학자들은 유가의 방법으로 입신을 하고, 도가의 방법으로 처세했으며, 근년에 이르러서는 과학으로 처세하는 항목이 추가되었다. 미국의 금년 6월 호《행복》잡지는 유머러스한 어투로 대만의 어떤 사람이 미국인에게 말하기를 대만의 건설은 3자에 의해서 이루어지고 있는데 첫째는 공자, 둘째는 노자, 셋째는 귀자(鬼子)라고 했다. 귀자가 뭐냐고 물으니, 웃으면서 양귀자(洋鬼子[서양 놈])라고 했다고 언급하고 있다.

지금 우리들은 다시 고개를 돌려 지난 오십 년간 서양문화가 중국에 전래된 상황을 보도록 합시다. 지난 삼십 년간 서구화 추세가 가장 뚜렷했던 것은 의복이었다. 나사 중절모와 밀짚모자는 이미 구식의 모자와 두건을 대체했고, 옛날 영화에서 자주 볼 수 있었던 변발은 이미 사라져 종적을 감추었다. 여성들은 모두 파마를 하였고, 미니스커트, 명주양말과 나일론 양말은 중국 여성들에게 그들의 하얀 다리를 뽐낼 수 있는 기회를 주었다.

여자들의 다리는 한차례의 중대한 혁명을 겪었고, 서양식 신발은 그녀들에게 수천 년 동안의 전족의 악습을 버리게 하여, 그 결과, 그녀들의 건강이 크게 개선되었다. 건강한 모친에게서 건강한 자녀들이 태어났고, 전족을 하지 않은 자연 그대로의 발을 지니자는 운동이 다음 세대에 미친 영향은 지극히 뚜렷하다. 현대의 아동들은 예전의 아동들보다 건강할 뿐 아니라, 훨씬 활발하며, 행동이 비교적 민첩할 뿐 아니라, 지혜도 훨씬 예리해졌다.

사교면에서는 남녀가 자유롭게 교제를 할 수 있으므로, 남자와 여자는 접촉하면 안 된다는 과거의 습속과 선명한 대조를 이루고 있다. 민법에서는 혼인은 더 이상 부모가 안배할 필요가 없고, 청년 남녀는 성년이 된 후 스스로 자신의 배우자를 선택할 권리가 있다고 규정하고 있다. 남녀 공학은 이미 관례가 되었고, 남녀 학교의 분리는 오히려 예외가 되었다.

주거면에서는 줄곧 좌우의 집터를 선택하던 풍수 미신은 점차 현대의 건축이론으로 대체되었다. 몇몇 실제 사례 속에 고대의 예술풍격은 본래 그것의 화려함과 웅장함으로 인해 보존되어 왔지만, 그러나 모든 사람이 먼저 고려한 것은 햇빛, 공기, 편리, 쾌적, 위생 등의 요건이었다. 현대의 가옥은 이미 수세식 변기, 에나멜 욕조, 난방시설을 설치하였다. 딱딱한 등받이 의자와 딱딱한 침상은 이미 점점 소파와 스프링 매트리스로 대체되었다.

중국요리는 종류가 매우 많은데, 그 이유는 중국 사람들은 수시로 외국의 성분을 흡수하길 바라기 때문이다. 양식이 비교적 간단한 주된 원인은 외국 재료를 사용하는 것을 그다지 원하지 않기 때문이라고 나는 생각한다. 맞다. 차는 여러 세기 전에 중국에서 유럽으로 전래되었다. 향료도 동양에서 건너간 것이다.

콜럼버스는 바로 인도로 가는 통상 지름길을 찾으려다가 뜻하지 않게 신대륙을 발견하였다. 어떤 사람이 나에게 알려주길, 우스터소스도 중국 간장에서 발전해 온 것이라고 했다. 그러나 이것 이외에 양식은 시종 동양의 영향을 아주 적게 받았다. 미국의 '분쇄육'상점의 수는 비록 수만 개에 이르며, 게다가 미국인도 '분쇄육'을 매우 좋아하지만, 이것을 제외하곤 그들은 다른 중국 음식을 거의 알지 못한다.

그러나 중국은 계속해서 외국 것을 흡수하였고, 어느 때는 세밀하고 신중하게 선택하였으며, 어떤 때는 무조건 마구 배웠다. 식품 면에서만 이러한 것이 아니라, 옷, 건물, 사상, 풍속 습관 등등도 이러했다. 흡수하는 과정은 대부분이 자각하지 못한 상태였으며, 마치 한 그루의 나무가 나무 뿌리를 통해 토양에서 양분을 흡수하는 것과 같았다. 양분을 흡수하는 것은 성장 중인 나무의 본능이며, 만약 그렇지 않으면 나무는 다시는 성장할 수 없다.

중국은 신강성을 통해 외국문화를 수입하였는데, 흡수한 과정은 매우 느렸으며, 지난 천여 년 동안 아주 조금씩 소량의 외국 것들이 전해져 들어왔다. 그래서 중국은 점차적으로 이런 것들을 받아들였으며, 시간이 있으면 천천히 소화시켰다. 대체로 이것은 일종의 자각하지 못한 상태에서 이루어진 과정이었으므로, 결코 중국 문화의 주류를 변화시키지는 못했는데, 마치 자석이 철가루를 끌어당기는 것과 같았다. 철가루는 자석에 모여들었지만, 자석의 위치는 결코 바뀌지 않았다.

그러나 화동(華東)의 연해를 통해서 수입된 서양문화는 조수처럼 갑자기 세차게 몰려들어 그 위풍과 기세로 사람들을 두렵게 했으며, 이러한 물결은 50년이라는 짧은 기간 내에 밀어닥쳤다. 서양문화는 프랑스 혁명과 산업혁명 후에 한동안 매우 극성을 이루었는데 이러한 문화를 흡수하려는 것은 정말로 마치 여러 날에 걸쳐 먹어야하는 음식을 한 끼 식사에서 다 먹어 치워 버리는 것과 같았다.

중국은 아직 위가 견디기 어려울 정도로 아프게 팽창될 정도에 이르지는 않았다고 하더라도, 최소한 이미 약간의 불편함을 느끼고 있었다. 그리하여 중국은 한동안 서양문화를 매우 싫어하였고, 그것을 두려워하였으며, 그것을 저주하였고, 심지어는 밥상을 발길로 걷어차서 엎어 버리고 몹시 실망하여 그 자리를 떠나 버렸으나 결국 밥과 반찬이 여전히 사방팔방에서 중국을 향하여 와서는 위속으로 밀어 넣으려고 한다는 것을 알았다. 중국의 서양문화에 대한 반감은 마치 한사람이 과식하여 위통을 앓은 후에 생긴 음식에 대한 반감과 같았다.

1898년의 강유위, 양계초의 유신운동은 단지 지나치게 많이 먹어 생긴 병이었다. 1900년의 '의화단의 난'은 심각하고 복잡한 소화불량증으로서, 그 결과 중국은 강제적으로 수술대에 끌어올려져, 서양의사에 의해 수술을 받았는데, 이 서양의사들이 바로 8국 연합군이다. 이번의 의료비용은 상당히 엄청나서 합계 은자 4억 5천만 냥이었으며, 게다가 중국은 수술 중에 거의 생명을 잃을 뻔했다.

장지동(張之洞)의 "중국의 학문을 모체로 하고, 서양의 학문을 응용하자(中學爲體, 西學爲用)"는 주장은 사실상 건강한 위가 위가 받아들이는 음식보다 건강에 더 중요하다고 말한 것에 불과하다. 그리하여 중국은 안정적으로 앞으로 나가기를 매우 희망하였지, 감히 힘차게 앞으로 내달리려고 하지 않았다. 하지만 서양문화의 조류는 중국을 기다려주려고 하지 않았다.

서양문화의 조류는 중국의 동해안에 충격을 가하여, 인구가 많고 물자가 풍부한 주강유역과 장강유역에 범람했다. 뿐만 아니라 매우 빠르게 황하유역까지 넘쳐흘렀다. 비록 중국은 최근 심한 위장병을 앓았지만, 약간의 비교적 중요한 음식을 다시 먹지 않을 수 없었다.

1902년이 되자, 식욕이 가장 좋은 학생들은 이미 시대정신에 감염되어 혁명은 새로운 세대가 입버릇처럼 하는 말이 되었다. 그들의 혁명 대상은 교육상, 정책상, 도덕상 그리고 지식상의 각종 전통 관념과 제도였으며, 이들 청년들이 보기에 과거로부터 전해 내려오는 모든 것들은 구문화의 잔재에 불과했으며 조금도 미련을 둘 만한 가치가 없는 것이었다. 그들은 서양의 관념을 절실하게 추구함으로써 전통의 각종 영향을 소멸시키고자 하였다.

5개 통상항구가 개항되고 얼마 되지 않아 중국은 곧 병기공장, 부두, 기계공장 및 외국어 학교를 건립하였고 기본과학 서적을 번역하였으며, 미국으로 유학생을 파견하기도 하였다. 중국은 서양열강에 저항하는 보위전쟁에서 여러 차례 패배했기 때문에 우선 해군을 창설하기로 결정하였다. 작은 규모의 해군부대가 실제로 창설되었지만, 결국 1894년 일본에 의하여 섬멸당했다. 일본은 중국이 해군을 보유하는 것을 용인할 수 없었다.

해군이 창설되지 못하게 되자 중국은 정치, 육군 그리고 교육상의 개혁에 박차를 가했다. 북경의 청나라 정부는 서양의 입헌정치제도를 채택할 준비에 착수하였다. 정부는 새로운 교육제도를 건립하고, 현대화된 군대와 경찰을 조직하였을 뿐 아니라 또한 많은 학생들을 외국으로 파견하여 유학시켰다. 이는 유사이래 중국문화가 처음으로 자각하여 대규모로 외국문명을 받아들인 것이라고 할 수 있으며 그 결과 이후의 국민생활에 매우 심대한 영향을 끼쳤다.

가장 중요한 것은 교육상의 개혁으로 이 개혁의 계획들은 가장 완벽하였고 안목이 매우 원대했으며 또한 신흥 세대를 염두에 두었기 때문에 이들 젊은이들에게 미친 전통 관념의 영향은 극히 작았다. 후에 이들 연령이 같은 학생들이 점차 성장하여 정부에서 대권을 장악하였고 그들은 또 더욱 많은 서양의 방식을 취함으로써 비교적 젊은 세대들로 하여금 새로운 관념과 사상을 흡수할 수 있는 더욱 좋은 기회를 가지게 하였다.

이 젊은 세대가 연이어 권력을 잡은 이후 그들은 한 걸음 더 나아가 서구화작업에 종사함으로써 더 많은 새로운 시책들이 이에 따라 정부, 군인 및 학교 등의 부문에 소개되었다. 이로 인해 모든 신흥세대는 이전 세대들 보다 더욱 현대화되었다.

민국 8년(1919년), 북경의 학생운동과 북경대 교수들이 강조한 과학과 현대 민주관념 및 호적교수가 제창한 문학혁명은 단지 자각적으로 서양사상을 받아들이는 데 힘쓰기 시작한 것이며 이러한 노력은 과거에는 공업과 정치 분야에만 한정되었었다.

이 당시의 자각적인 노력은 비교적 중국문화의 중심에 더욱 근접하였으며 동시에 중국문화사도 따라서 새로운 페이지로 들어갔다. 왜냐하면 중국은 이를 계기로 세계조류를 따라가고 싶었기 때문이었다. 중국문화는 나침반을 서방을 향하게 한 후 서양문화의 주류에 적응하기 위해 점차 항로를 조정했다. 앞으로 50년 동안 중국문화는 그 자신의 특색을 유지하는 동시에 또한 세계미래문화의 공통항로로 들어가 전진할 것이다.

지금까지 중국은 이미 서구화 운동을 통해서 많은 이익을 얻었다. 여성과 남성은 동등한 사회적 지위를 누리고 있으며 결혼과 재혼의 자유를 누리고, 또한 전족에서 해방되었는데 이는 서양의 여성 존중의 영향을 받아서 생긴 것이다. 서양의약은 또 창궐하는 역병을 저지하였다. 마취약의 응용으로 천만 명의 환자들이 수술을 할 때 고통을 면하게 되었다.

기계와 발명은 생산기술을 개선하여 사람들의 생활에 중대한 공헌을 하였다. 현대식 전투 무기는 살상능력이 높아짐으로써 수많은 생명의 손실을 초래하였다. 현대과학은 이미 지식의 범위를 확장시켰으며 중국의 역사와 철학과 문학의 연구 작업은 이미 과학적 방법을 채용하고 있다. 모두가 지금까지 의심 없이 믿고 있던 미신은 또한 과학진리의 계시로 인해서 점점 그 세력을 잃어가고 있다.

우리들의 서양사상에 대한 흡수 능력이 강해질수록 우리나라의 문화도 또한 갈수록 풍부해질 것이다. 중국의 현대화 공정이 광범위하고 철저해질수록 중국의 국민 생활과 떼어놓을 수 없는 빈곤과 질병이라는 두 가지 큰 재앙이 따라서 점차 소멸될 것이다. 이 면에서 나는 현대화운동과 서구화운동이 비록 완전히 같지는 않지만 또한 불가분의 관계라고 생각한다. 왜냐하면 현대화운동은 서구화운동에서 시작되었을 뿐 아니라 조금도 멈추지 않고 앞을 향해 매진하고 있기 때문이다. 중국은 이쪽을 취하고 저쪽을 포기할 수는 없다.

서양이 강요에 의해 현대화된 것은 중국이 외부 강요에 의해 서구화된 것과 어느 정도 비슷하다. 현대 발명의 물결이 지나간 곳에서는 즉시 생산방식이 바뀌어 분배와 통제의 문제를 일으켰고 나아가서는 기타 새로운 문제를 불러 일으켰다. 인류는 나날이 새로워지는 환경에 적응해야 하며 진보는 바로 환경의 끊임없는 개선과 인류가 새로운 환경에 적응하는 가운데서 생겨나는 것이다.

프랑스 혁명이후 유럽의 형세를 살펴보면 여러분은 아마도 로마제국 이후 유럽 대륙이 표면적으로 그다지 변화를 겪지 않았다는 사실을 발견할 것이다. 하지만 산업혁명 이후 50년간 유럽대륙의 형세를 자세히 살펴본다면, 여러분은 분명히 수많은 현저한 변화를 발견할 것이다. 다시 50년이 지난 후 여러분은 또 유럽대륙과 미국에 이미 철도망이 도처에 분포되어 있으며, 열차 하나하나는 마치 수천만 마리의 지네가 철도 위를 기어가는 것과 같다는 것을 발견하게 될 것이다.

굴뚝이 구름 속으로 들어갈 정도로 높이 솟아있는 공장들은 마치 벌집과 같이 대 공업도시에 모여 있다. 공업제품들을 적재한 기선은 항구를 빈번히 드나들면서 공장제품을 전 세계 구석구석까지 운송할 준비를 하고 있다. 반세기 전에는 이 기선들이 일찍이 성냥, 시계, 석유등, 완구 그리고 기타 실용적이면서도 정교하게 만들어진 외국물품을 가지고 중국에 왔다. 나는 유년 시절에 평온한 시골에서 일찍이 이런 서양물품들을 가지고 놀았었다.

우리는 순진하여 이 새로운 것들을 받아들이는데 전혀 두려움이 없었는데 실제로 이것이 바로 한차례 대전환의 시작이었다. 이 전환의 결과로 중국은 현대화의 길로 들어서게 되었고 동시에 이에 수반하여 생겨난 새로운 고난과 소란스러움, 위험 그리고 구 중국의 평안하고 고요한 생활이 신속하게 사라지는 것을 경험하게 되었다.

중국이 이 이전에 받아들인 외국문물들은 자각적이었든 혹은 아니었든 간에 모두 국민의 생활을 훨씬 충실하고 풍부하게 하였을 뿐 아니라 결코 어떤 혼란도 야기한 적이 없었다. 하지만 서양의 공산품과 사상 및 제도가 유입된 이후부터 골치 아픈 일들이 생겨나기 시작했다. 예를 들어 현대의 술파민이라는 약품은 물론 병을 치료할 수 있지만, 때로는 심각한 부작용을 일으켜서 심지어는 사람을 죽음에 이르게 하였다.

중국이 직면한 문제는 어떻게 하면 심각한 부작용을 피하고 서양문화를 받아들일 수 있느냐는 것이다. 이 일은 실험과 과학 연구에 달려 있는데, 그 이유는 실험과 과학연구는 심리, 사회, 공업 등 각 부문의 건설을 추진하는 기본 도구이기 때문이다. 그러나 이 도구들은 여전히 서양의 산물이다.

(2) 도덕과 이지

내가 캘리포니아 대학의 윤리학 교실에서 처음으로 그리스 철학자의 저작을 읽었을 때, 나는 중국의 고대 사상가들은 항상 도덕의 범주 안에만 국한되어 있는데 반해 그리스 철학자들은 날카로운 이성을 지니고 있다는 생각이 들기 시작했다.

후에 훨씬 더 많은 그리스의 생활과 문화에 관련된 서적을 읽은 뒤, 나는 더욱 고대 중국 사상과 고대 그리스 사상 간에 그런 선명한 차이가 분명하게 존재하고 있음을 굳게 믿게 됨과 동시에 이것이 바로 동서문화가 지향점을 달리하게 된 중요한 원인이라고 확신하게 되었다. 이런 견해는 지나치게 독단적일는지 모르지만 나의 이후의 경험에 따르면, 수정의 필요성을 결코 발견하지 못했을 뿐 아니라 지금까지도 여전히 이와 같이 믿어 의심치 않는다.

나는 미국 유학에서 돌아온 이후 끊임없이 국민들에게 이지 발전의 중요성을 이해시키도록 노력하였으며, 수업을 하거나 글을 쓸 때 항상 소크라테스와 플라톤, 아리스토텔레스 등의 이름을 언급하여, 상해의 일부 타블로이드지에서는 "하는 말이라고는 모두 플라톤과 아리스토텔레스" 뿐이라고 조롱하기도 했다.

나는 나의 이러한 견해를 들어주는 사람이 몇 사람 안 된다는 사실을 발견하고 결국 어쩔 수 없이 실패를 자인하고 이 일을 포기할 수밖에 없었으며, 동시에 전략을 바꾸어 자연과학 연구를 고취하였다. 사실상 이는 일종의 전후를 도치시킨 방법으로, 나는 모든 사람에게 더 이상 발원지를 보도록 고집하지 않고, 오히려 대중이 물의 흐름을 보도록 이끌었다. 물의 흐름을 보고 난 후에는, 그들은 응당 물의 근원을 탐구하게 된다.

어떤 사람이 한 유명한 중국의 과학자에게 왜 중국이 일찍이 자연과학을 발전시키지 못했는지 물어보았다. 그는 네 가지 이유를 들었다. 첫째, 중국의 학자들은 음양이란 우주 안에서 서로 보완하고 협력하여 일을 완성하는 양대 원칙이라고 믿는다. 둘째, 그들은 금, 목, 수, 화, 토의 오행(五行)이 우주를 구성하는 5대 요소라고 믿으며 이러한 물질세계에 대한 분석을 인류의 생활과 의약 방면에 응용한다.

셋째, 중국인은 세심하지 못하고 대충 대충하며, 깊이 파고들지 않는다. 이는 정확한 계산의 큰 적이다.

넷째, 중국의 학자들은 손을 쓰려고 하지 않고, 육체노동을 경멸한다.

이것들은 자연과학발전의 장애일 가능성이 매우 높지만 설사 이러한 장애들이 없다고 하더라도 나는 자연과학이 발전할 수 있을 거라고 믿지 않는데, 그 이유는 우리는 근본적으로 이러한 방면의 일에 주의를 기울이지 않기 때문이다.

우리 중국인이 가장 흥미를 느끼는 것은 실용적인 것이다. 미국에 있을 때, 만약 어떤 이가 물건을 들고 와서 미국인에게 보여주면, 그들 대부분은 "이거 흥미로운데!"라고 말하는 것을 나는 자주 보았다. 똑같은 상황에 처했을 때, 중국인들의 반응은 대부분 "이걸 어디에 쓰지?"라고 한다. 이는 실로 중국 속담에서 말하듯이 지자(智者)는 오로지 지혜로운 것을 보고, 인자(仁者)는 오로지 어진 것만을 본다는 것이다(智者見智, 仁者見仁).

심리상태가 다르니 나타내는 흥미 역시 다른 것이다. 우리 중국은 물건 자체보다 한 종류의 물건이 가진 용도에 대해서 더욱 흥미를 느낀다.

중국사상의 모든 사물에 대한 관찰은 모두 이들 사물과 사람과의 관계를 기초로 하여 그것들의 도덕상의 응용가치의 유무와 예술 가치의 유무, 시적 정취가 풍부한지 여부, 그리고 실제로 사용하기에 적합한지의 여부를 본다. 고대그리스 과학사상은 이집트와 바빌로니아에 그 근원을 두고 있다.

바빌로니아의 천문학과 이집트의 기하학은 중국의 천문과 수학처럼 모두 실제적인 응용을 목적으로 하고 있다. 하지만 그리스 학자들은 이지(理智)를 중시하는 특징을 지니고 있어서 그들은 각종 과학의 원칙들을 개괄하고 간략화하여 이것을 통해서 이들 과학의 일반적인 이치들을 추구해 내고자 하였다. 이런 일반적인 이치를 추구하는 과정은 자연의 법칙을 발견하기 위한 길을 닦아 놓았다.

그리스인에 의하면, 두개의 세계, 즉 감각세계와 이성세계가 있다. 감각은 때로 연막을 치기 때문에 철학자들은 그들의 감각적인 인상을 신뢰하지 못하므로 그들의 이성을 반드시 발전시켜야만 한다는 것이다. 플라톤이 기하학 연구를 강력히 주장한 것은 결코 기하학의 실제적인 용도 때문이 아니라, 사고의 추상력을 발전시키고, 마음의 지혜를 훈련시켜서 정확하고 활발하게 사고할 수 있도록 하기 위해서였다.

플라톤은 사고의 추상력과 정확한 사고능력을 윤리와 정치에 응용하여 마침내 서양사회철학의 기초를 닦아 놓았고 아리스토텔레스는 그것들을 구체적인 사물의 진실성을 연구하는데 응용하여 마침내 물질과학의 기초를 다지게 하였다.

아리스토텔레스는 감성을 통해 얻은 지식의 진실성을 믿었다. 그는 놀라운 분석의 이지력을 지니고 있었다. 그의 이런 이지력은 거의 모든 학문에 흔적을 남겨 놓았다. 그는 정확한 지식은 반드시 이성을 정확하게 사용해야 할 뿐 아니라, 동시에 감각의 정확한 사용과도 관계가 있다고 주장했다. 과학의 진보는 동시에 추리능력과 관찰능력의 발전에 의지한다고 생각했다.

아리스토텔레스는 수학응용을 통해 약간의 일반적인 법칙을 연역해냈고, 이 원칙들을 탐구하는 것을 일종의 지혜의 단련으로 여겨, 그는 이것을 통해서 일종의 강력하고 깊은 이지력을 창출했다. 평소에 많은 훈련을 통해 만들어 낸 이지력과 감각의 정확한 활용에 의해서 그는 현대 과학의 기초가 된 지식체계를 창조하였다. 서양 사상을 체계화시킨 논리와 지식이론도 똑같이 이러한 이지단련의 산물이었다.

중국사상은 윤리관계의 발전에 집중되어 있다. 우리가 자연의 법칙에 대해 흥미를 갖게 되는 것은 단지 그것들이 어떤 경우에는 행위의 준칙이 될 수 있기 때문이다. 《사서(四書)》 중의 하나인 《대학(大學)》은 일찍이 하나의 지식체계를 제시하여, 우리에게 먼저 격물(格物)에서 시작해야 하며 그런 후에 치지(致知)에 이를 수 있다고 알려주었다. 지식은 지혜를 발전시키는 원동력인 것이다.

지금까지 우리가 언급한 것은 여전히 지식 방면의 것들이다. 토론이 한 걸음 더 나아간 이후 도덕의 의미는 강화된다. 심성의 발전은 수신(修身)의 일부분이며, 수신은 제가(齊家 : 집안을 다스리는 것)의 기초이다. 제가한 후에 비로소 치국(治國 : 나라를 다스림)할 수 있고, 치국한 후에 비로소 평천하(平天下 : 천하를 평정하는 것)할 수 있는 것이다. 격물치지에서 평천하까지 하나의 완벽하고 매우 실제적이면서 도덕적인 이상체계를 형성하였다.

중국인이 보기에, 세계평화는 절대 꿈이 아니고, 실제적 도덕체계이다. 그 이유는 국가의 안정은 반드시 국제평화와 밀접한 관계가 있기 때문이다. 이 목표에서 벗어난 모든 지식은 부차적인 것이거나 별로 중요하지 않은 것이다. 이러한 학문태도 하에서는, 지구가 도대체 태양 주위를 도는 것인지, 혹은 태양이 지구를 도는 것인지에 대한 질문은 원래 별로 중요한 것이 아니다.

게다가 우리가 무엇 때문에 끓는 물의 팽창 때문에 골머리를 앓아야 하는가? 와트는 정말로 너무 멍청하다! 우리 중국인들은 오히려 쩔쩔 끓는 물소리에 대해 더욱 흥미를 가지는데, 그 이유는 이러한 소리는 우리로 하여금 차를 끓여 손님을 대접하는 분위기에 젖게 하기 때문이다. 이 얼마나 시적 정취가 풍부한가!

사과가 땅에 떨어지는 것은 자연의 이치로 중국인은 이 일에서 도덕적 의의를 찾을 수 있다. 그들은 하나의 사물이 성숙해지면 자연히 아래로 떨어진다고 말할 것이다. 그래서 만약에 여러분이 한 가지 일을 잘 해 내면, 자연히 그것에 합당한 결과를 얻을 수 있으므로, 이런 일로 골치를 썩는 것은 아무런 이익이 없다는 것이다.

만약 여러분의 집 화원 안에 있는 사과가 땅으로 떨어지지 않고, 하늘로 날라 간다면, 중국인들은 아마 불안에 떨며, 일반백성들은 곧 재난을 만날 것이라고 생각할 것이다. 혜성이 나타나거나 기타 흔히 보이는 상황이 비정상적인 모습으로 변했을 때, 중국인들은 바로 이런 식으로 설명하는 것이다. 단지 뉴턴 같은 이런 사람만이 사과가 땅으로 떨어지는 것에서 지구의 인력을 생각해 내는 것이다.

나는 한때 이지의 발전을 고취했지만, 결과는 헛수고였는데, 원인은 말하지 않아도 알 것이다. 고대 그리스 인물과 그들의 학설이 중국에 무슨 쓸모가 있는가? 중국인의 관점에서 보면, 자연과학의 가치는 오직 그것들이 실제적인 용도를 창출해 낼 수 있기 때문이다. 그리스 철학자는 현대자연과학과 거리가 너무 멀리 떨어져 있으니, 그들에게 무슨 실제적인 용도가 있겠는가?

우리 중국인들은 과학의 용도는 좋아하지만, 과학을 위한 과학의 관념에 대해서는 배우기를 원하지 않는다. 중국학자의 좌우명은 바로 "배운 것을 실제로 활용하는 것(學以致用)"이다. 이런 심리상태 아래서 중국에서 순수과학이 발전하지 못한 것은 전혀 이상한 일이 아닌데, 그 이유는 순수과학은 지식에 대한 흥미의 표현이지 실제 응용의 산물이 아니기 때문이다.

우리는 일찍이 만리장성과 운하를 건설했고, 또 위대한 수리 공사를 이룩했으며, 우리나라의 건설양식의 웅장하고 화려함으로 인해, 우리들의 궁전과 사원은 모두 전 세계인의 격찬을 받았다. 이 공정들은 족히 전 세계적으로 가장 위대한 공정들이 이룩한 성과와 어깨를 나란히 할 수 있다.

그러나 그것들은 결코 순수과학의 기초 위에서 발전해 온 것이 아니다. 그래서 그것들이 아무리 위대하다고 하더라도 더 이상 발전할 가능성이 없었으며, 현대 공정기술이 수입된 이후에야 비로소 전기(轉機)를 마련하게 되었다. 만약 순수과학이 없었다면, 현대 공정과학은 절대로 목표의 최고봉에 도달하지 못했을 것이다.

중국인이 발명한 나침반과 화약으로 인해 전 세계가 널리 그 혜택을 보았지만 화약폭발의 팽창원리를 발견하여 이 원리를 끓는 물에 응용하고, 그리고 더 나아가 증기기관을 발명한 것은 결국 서양인이다. 중국에서는 발명이 통상적으로 직접적이고 실제적인 용도에만 그쳤다. 우리는 그리스 사람들처럼 그렇게 원리원칙 위에서 탐구하려고 하지 않았으며 또한 현대유럽 사람들처럼 방법을 강구하여 개별적인 발견 속에서 보편적인 법칙을 귀납해 내려고도 하지 않았다.

현대 유럽인들의 이런 습성은 고대 그리스 사람들을 계승한 것이며 그러나 그리스 시대보다 더욱 진보했을 뿐이다. 중국인은 일단 새로운 발명의 실용목적을 달성하면, 즉시 발걸음을 멈추고 앞으로 나가지 않았기 때문에 중국과학의 발전은 고립되어 있었고, 또한 이를 이끌어 줄 등대가 될 만한 과학사상이 없었다. 과학발전은 중국에서는 정체되어 앞으로 나가지 못했는데 이는 실제적인 것을 너무 중시하였기 때문이다.

나는 결코 중국인들이 논리적으로 사고하지 못한다고 하는 것이 아니라, 그들의 사상이 정밀한 시스템을 통한 훈련을 받지 못했다고 말하는 것이다. 이 결점은 이미 중국의 철학, 정치조직, 사회조직, 그리고 일상생활 속에 그대로 반영되었다. 세계 각지의 인민들이 보편적으로 현대과학의 광명과 공업사회의 복지를 누린 이후, 이러한 결점들은 중국에서 이미 더욱 뚜렷하게 나타났다.

실제적인 것을 중시하는 것 이외에, 우리 중국인들은 강력한 도덕관념으로 충만되어 있다. 말하자면 우리는 도덕을 중요시했기 때문에, 실제적인 것을 중시하게 된 것이다. 도덕은 행위를 가리켜 말하는 것이고, 행위는 반드시 실제 결과에 의하여 판단하기 때문이라고 말할 수 있다. 그리스인들은 물리학과 형이상학 면에서 색다른 환상과 추측을 하였지만, 우리는 행위에 대해서 동일한 환상과 추측을 할 수 없었다.

어떤 때에는 우리 역시 실제와 도덕을 중시하는 사상적 관행을 벗어날 수도 있었지만 우리가 일단 윤리 범위에서 너무 멀리 나갔다고 생각되면, 우리는 즉시 예지의 촉각을 거두어들였다. 일찍이 송 대의 주자는 한차례 도덕의 범주를 초월한 적이 있었다. 그는 산 정상에서 발견한 조개껍질을 보고 산맥이 이루어진 원인을 판단해냈다.

그는 산세의 기복은 천만 년 전의 산맥이 반드시 일종의 유동체였음을 보여주고 있으며, 산 정상의 조개껍질은 현재의 산봉우리가 한 번은 심연의 밑바닥이었음을 설명할 수 있다고 생각했다. 이러한 유동체가 언제 산맥으로 응결되었고, 또 어떻게 산맥으로 응결되었으며, 그리고 해저가 어떻게 수면 위로 돌출되어 높은 봉우리들을 이루게 되었는지 등등의 문제에 대해서 그는 답을 내릴 수 없었다.

그의 추측도 여기에서 멈추었는데, 위험을 무릅쓰고 앞으로 나아가면 곤두박질 쳐질까봐 두려웠기 때문이다. 주자 이전이나 주자 이후에도 똑같은 자연관찰의 사례가 있었지만, 중국 사상가들의 이론 방면에서의 탐구는 줄곧 신중하였으며, 윤리관계의 범위를 멀리 벗어날까봐 두려워했다.

중국인은 물론 이지가 부족한 민족은 아니지만 그들의 이지활동은 실제적인 도덕 범위에 국한되어 있었다. 그들은 누에와 같이 제 손으로 자기를 옭아 매어 스스로 지식활동의 한계를 세워놓았다. 그들은 그들의 도덕이라는 고치를 깊이 사랑했을 뿐 아니라, 또 그 속에서 평안하게 살면서 나오려고 하지 않았다. 중국인의 생활은 바로 일종의 하늘의 뜻에 순응하여 자기의 처지를 만족해 하는 생활이었다. 중국철학의 목표는 안정이다.

진보를 추구한다고? 그만 둡시다. 진보는 현상에 대한 불만을 초래할 것이며, 현상에 불만을 품으면 안정을 파괴할 것이므로 중국인은 현실 세계에 매우 만족하여 지금까지 대자연을 깊이 탐구하려고 하지 않았다. 중국이 자연과학을 발전시키지 못한 것은 아예 그렇게 할 의도가 없었기 때문이다.

그러나 그리스인들의 경우는 크게 다르다. 아리스토텔레스의 사상은 너무나 광범위하여 다루지 않은 것이 없다. 온 우주가 모두 그리스인들의 이지활동의 범위에 속했다. 그리스인들은 이지의 활용 그 자체가 일종의 즐거운 일이라고 생각했다. 그들은 그것이 실제와 부합한 것인지 아닌지, 또 도덕윤리와 관계가 있는지 없는지를 따지지 않았다. 들리는 말에 의하면 고대 그리스 학자인 유클리드의 한 제자가 언젠가 그에게 이렇게 물었다고 한다. "제가 이런 것들을 배우고 있는데 이것을 통해 얻는 것이 무엇입니까?"

유클리드는 그의 하인에게 "저 사람이 배우는 것을 통해서 무언가를 얻으려고 하는 모양이니 저 사람에게 동전 6개를 주어서 보내라." 라고 분부하였다. 그리스인들은 심지어 도덕에 대해서도 윤리학이라는 학문을 발전시켜서 이지적인 연구를 통하여 도덕의 정확성을 검토하였다. 소크라테스는 바로 이 때문에 성가신 일을 초래하였으며, 위험한 연구로 청년들의 정신을 해친다고 고발당했다.

자연과학이 현재의 단계까지 발전할 수 있게 된 것은 먼저 그 공로를 그리스인들의 대자연에 대한 관념과 체계적인 지력 훈련에 대한 애호로 돌려야 할 것이다. 그리고 중간에 문예부흥과 종교혁명, 프랑스혁명을 거쳐서 후에 산업혁명의 큰 자극을 받은데 기인한다.

산업혁명으로 인해 작업도구와 기술이 차츰차츰 개선되었다. 서유럽은 자연과학의 후기 발전 과정 중 과학의 실제 용도를 소홀히 한 적이 없다. 끊임없는 발전과 발명은 과학연구를 더 한층 자극시켰다. 이론과학과 응용과학은 어깨를 나란히 하고 나아가면서 상호 보완작용을 했다.

5개 항구를 개항한 이후, 현대과학이 조금씩 중국에 전래되기 시작했을 때, 중국학자들의 관심을 불러일으킨 것은 여전히 과학의 사용가치였다. 그들은 병기공장과 증기선 부두를 건설하였다. 그들은 부수적으로 기본 과학의 서적을 번역하였다. 대관절 태양이 지구의 주위를 도는지, 아니면 지구가 태양의 주위를 도는지에 대해서 그들은 여전히 흥미를 느끼지 못했다. 그들이 보기에 그것은 별로 중요하지 않았는데, 그 이유는 누가 누구의 주위를 돌든 간에 사람에게는 실제적 영향이 미치지 않기 때문이었다.

3백여 년 전 예수회 선교사들이 천문학과 수학을 중국에 전래했을 때, 학자들은 즉시 흥미를 보였는데, 그 이유는 이 과학이 당시 중국 달력의 많은 오류를 바로잡아 줄 수 있다고 생각했기 때문이었다. 뿐만 아니라 날짜, 달수, 년도 계산상 태양력은 없어서는 안 되는 것이었으며 농작물을 파종하고 수확하는 것에 있어서도 태양력은 필수불가결한 것이었다.

20세기 초에 진화론이 중국에 전래되었다. 우리나라 학자들은 즉시 그것의 실용적 도덕 가치를 발견했다. '생존경쟁과 자연도태, 적자생존'이라는 이 자연의 법칙을 응용하여 그들은 하나의 결론에 도달했는데, 그것은 세계 각국은 생존하기 위해서 서로 경쟁하고 있으며, 생존경쟁을 거친 후에는 오직 적자(適者)만이 생존할 수 있다는 것을 알게 된 것이다. 중국은 적자일 수 있는가? 중국은 생존할 수 있는가?

중국은 반드시 경쟁을 해야 하고 생존을 위한 경쟁을 해야 한다. 진화론의 증거가 필요하다면 길거리에서 큰 개와 작은 개가 싸워서 작은 개가 큰 개에게 물려 죽고, 작은 곤충이 큰 곤충을 만나면 큰 곤충에게 먹혀 버리는 사실을 보기만 하면 된다. 속담에 이르기를 "큰 곤충은 작은 곤충을 먹고, 작은 곤충은 더 작은 곤충을 먹는다."고 한다.

이것이 이미 '생존경쟁, 적자생존'의 정확성을 충분히 증명해 주고 있는데 다윈에게 또 증거를 대라고 요구할 필요가 있겠는가? 그들은 바로 이렇게 간단하게 다윈의 과학연구에 도덕이라는 외투를 걸치게 했다. 아래의 것이 바로 그들이 도덕화한 결과로 그들은 '약육강식'이라고 말한다. 중국이 약국(弱國)인 이상, 약국이 된 바에야 호시탐탐 노리는 열강에게 먹히지 않도록 조심해야 된다는 것이다.

진화론의 또 다른 면은 역사에 응용되었는데 과거 중국학자들의 역사관에 따르면 세상의 운수는 순환한다는 것이었다. 다윈학설의 영향을 받은 이후, 그들은 세상의 운수는 직선으로 진행되는 것이며, 나아가지 못하면 물러서거나 또는 정지하여 움직이지 못한다고 믿었다. 이러한 역사관의 전환은, 중국학자들의 진보라는 관념에 대해 중대한 영향을 미쳤다.

음양과 오행 등의 관념은 분명히 대자연을 직접 관찰하여 얻은 것인데, 이 관념들을 가지고 우주의 변환과 인류의 행위를 이성화하기에 충분하다. 우리는 세밀한 계산을 할 필요가 없고 더 이상 손을 댈 필요가 없다. 내가 추측하건데 만약 중국학자들이 육체노동을 하는 것에 관심이 있었다면 그들은 차라리 실용적인 물건이나 아름다운 예술품을 만들고 싶어 했을 것이며, 과학 실험실에서 실험하는 것을 원하지 않았을 것이다. 모든 사람은 변함없이 오직 자신의 흥미에 따라 생각하고 행동한다. 자침(磁針)은 언제나 자극(磁極)을 지향한다.

이러한 심리상태는 물론 순수과학의 세계가 아니다. 그러나 중국은 이미 천천히 끊임없이 자기의 태도를 바꾸고 있다. 중국은 이미 응용과학에서 더 나아가 순수과학을 연구하고 순수과학에서 더 나아가 새로운 사상방법을 접촉하고 나서 드디어 자기의 심리상태를 적절히 수정하였다. 우리들은 이미 도덕세계의 벽 위에 창문을 내어서 창문을 통해 과학과 발명의 성과가 그득한 이지의 세계를 조망할 수 있게 되었다.

이러한 심리상태의 변화로 인해 대자연은 새로운 가치를 지니게 되었다. 이후부터 대자연은 더 이상 단지 도덕가 또는 시인 마음 속의 대자연이 아니고 순수 과학자 마음속의 대자연이다. 현대 중국인의 입장에서 말하면 우주는 우리나라 선현(先賢)과 성인들 마음속의 도덕 우주일 뿐 아니라 옛 그리스인들 마음속의 이지의 우주이다.

도덕가가 대자연을 관찰한 목적은 윤리도덕에 유리한 자연법칙을 발견하는데 있다. 과학자가 대자연을 관찰하는 것은 자연법칙을 발견하고, 지식상의 흥미를 만족시키기 위해서, 즉 지식을 위해서 지식을 추구하는 것이다.

중국이 받아들인 현대과학은 이미 중국 자신의 그러한 도덕우주의 범위를 초월했다. 현대 중국학자들은 마침 각 분야로 깊이 들어가 진리를 탐구하고 있다. 그들의 사상은 갈수록 대담해졌는데 마치 하나의 작은 배가 광대한 해양에서 돛을 올려 나아가면서 아무도 모르게 숨겨져 있는 보물을 찾는 것과 같다.

이러한 지식상의 해방으로 인해 젊은 세대는 이미 일부 전통 관념들에 대하여 비평적인 태도를 가지게 되어, 도덕과 정치와 사회풍속을 호되게 비판했는데 그 영향이 지극히 심대했다. 나이가 비교적 많은 세대는 평온한 도덕의 낙원이 소멸되어 버릴까 봐 걱정하고, 태평성세가 점점 과거로 되어 버리는 것을 한탄했지만, 하지만 젊은 세대는 새로운 지식궁전을 세우기 위해서 온종일 바빴다.

나는 이것이 바로 서양이 중국에 끼친 제일 큰 공헌이라고 생각한다. 이와는 반대로 중국의 학문을 정리하고 연구하면 현대과학세계에 대하여 중대한 공헌을 할 수 있으니, 그리스인들이 바빌론과 이집트과학을 연구한 결과가 바로 이와 같다. 근년에 와서 중국의 건축, 의학과 실용 식물학에 대한 초보적인 과학연구는 이미 만족스러운 성과를 거두고 있다. 세계 각국의 문화는 다른 우주관에 기초를 두고 있는 것이다.

중국인들이 생각한 것은 도덕의 우주이고 이것을 기초로 하여 그들의 문화를 발전시켰다. 그리스인들이 생각한 것은 이지의 우주이며 이것을 기초로 하여 그들의 문화를 발전시켰다. 오늘날 유럽인들의 도덕관념은 기독교의 교의로부터 생겨났다. 즉 하나님이 계시하신 도덕의 우주이다. 그러나 중국인의 도덕우주는 자연법칙이 계시한 것이다.

기독교신자는 지구상에 천국을 세우려고 노력하고, 중국인은 오직 하나의 평화롭고 안정된 왕국을 세우기를 원한다. 중국의 도덕관념은 자연을 근본으로 하고 기독교의 도덕관념은 신권을 근본으로 하며, 중국인이 보기에 신은 단지 대자연의 일부분일 뿐이지만 기독교도들이 보기에 대자연은 하나님이 창조한 것이다.

이것을 통해서 기독교의 교조와 과학 사이의 모순은 필연적으로 매우 심각하다는 것을 알 수 있으며, 서양 역사는 이미 수차례 그러함을 증명했다. 과학과 중국 도덕관념 사이의 모순은 비교적 느슨한 데 그 이유는 양자의 출발점이 모두 대자연이며, 다른 것은 단지 발전의 방향뿐이기 때문이다. 어떤 이는 기독교의 사상은 천국(天國)이나 신국(神國)의 것이고, 중국의 사상은 인간세상의 것이며, 그리스 사상은 인간세상의 것이 아닌 바꿔 말하면 인간세상을 초월한 것이라고 했다.

인류가 자연법칙을 발견하도록 이끈 것은 바로 이 인간 세상을 초월한 사상이다. 자연법칙은 현대과학의 기초이다. 현대과학이 있은 후에 비로소 현대적 발명이 있었다. 이런 인간세상을 위한 것이 아닌 사상을 과학에 응용한 결과, 아직 세계에 평화와 안정을 가져 오지는 않았지만 적어도 세계에 이미 번영을 가져왔다고 말할 수 있을 것이다.

내 개인적인 견해에 따르면 유럽문화의 발전과정은 기독교의 도덕우주와 그리스의 이지우주 사이의 투쟁사이다. 르네상스, 종교개혁과 프랑스 혁명은 모두 오랫동안 도덕우주 속에 묻혀온 이지우주의 재현일 뿐, 이 운동들은 사실상 오직 동일한 흐름 속의 다른 단계에 불과할 뿐이다.

마지막에 산업혁명이 터지면서 이지의 우주는 수백 년 동안 끊임없는 발전을 거친 후 결국 수면 위로 솟아나와 끓어 넘치면서 전 세계를 쓸어 버렸다. 산업혁명의 세찬 물결의 선봉은 나의 어린 시절을 전후하여 갑자기 중국으로 돌진해 왔다. 그것은 우리의 도덕우주를 타파하고 우리의 안정된 생활을 파괴하였는데 《서조》가 언급한 것이 바로 이런 이야기들이다.

도덕우주는 이지세계의 열매를 맺을 수 없고, 이지우주도 도덕우주의 열매를 맺을 수 없다. 과학의 열매는 단지 이지의 농원에서만 성장할 수 있고, 기독교의 교조나 중국의 도덕관념 아래서는 어떠한 과학도 탄생할 수 없다.

그렇다, 우리는 고대의 묵자도 과학 사상을 가지고 있었다는 것을 발견했지만, 그것은 단지 그의 철학세계 중 별로 중요하지 않은 부분이며 이 과학 사상들은 단지 행성의 위성일 뿐 묵자의 철학세계는 기본적으로 도덕적인 면에 속해 있었던 것이다.

과학의 발전은 사람들의 전력투구에 달려 있으며, 인간세상을 초월한 진리를 꿈에서도 추구하고자 하는 열정이 있어야 하며 게다가 불요불굴의 멈추지 않는 사유(思惟)와 치우치지 않는 정신으로 진리를 탐색하는데 달려있다. 심신의 피로를 모두 마다하지 않아야 하고, 실패할수록 더욱 분발해야 한다.

바꾸어 말하면 과학은 인간의 영혼 전체가 지식활동을 한 결과이다. 단지 취미삼아 하거나 또는 어쩌다가 대자연의 신비함을 탐구하거나 혹은 의지가 굳건하지 못하여 깊이 파고들지 않는다면 절대로 인류는 영예로운 과학의 월계관을 쓸 수 없다.

현대과학의 영향 아래서 중국은 하나의 새로운 도덕체계를 세우기 시작하고 있다. 미신과 대자연에 대한 사이비적 추정들을 버리고 이지 탐구의 시련을 거치고 사회과학의 결론의 지지를 받았는데 , 이 결론들은 사회에 대한 실지조사에 근거하여 얻은 것이다.

다른 한편으로 우리는 중국의 구 도덕체계를 절대로 잊어서는 안 된다. 이 구 체계는 수천 수백 년 간의 경험과 역대의 부단한 노력으로 세워진 것이며 세워지는 과정 속에서 활용한 방법이나 수단에는 사서오경, 일반문학, 조각, 음악, 가정, 연극, 신불, 사당, 심지어는 장난감까지 포함됐는데 이 도덕체계는 중국인을 성실하고 믿음직하게 만들었으며 중국사회를 안정되고 평온하게 하였으며 아울러 중국문화를 시간이 경과해도 쇠퇴하지 않게 하였다.

충, 효, 인, 의, 성, 신, 중용, 겸손, 성실 등과 같은 도덕관념은 모두 이미 중국인의 마음과 개성에 중대한 공헌을 하였다. 현대과학이 가져온 지식상의 충실한 태도는 물론 장차 수천 년 동안 도덕 교훈이 낳은 이 미덕들을 한층 더 빛나게 할 것이다.

새로운 지식분야는 새로운 도덕관념과 동시에 세워지기 시작하여 신 중국에 창조력이 풍부한 발전을 가져올 것이다. 우리는 장차 유가 지식체계의 본줄기 위에 서양의 과학지식을 접목할 것이다.

유가의 지식체계는 사물이나 대자연에 대한 탐구에서 출발하여 사람과 사람 사이의 관계를 귀착점으로 여긴다. 서양의 과학지식체계 역시 사물이나 대자연에 대한 깊은 연구에서 출발하는 것은 같지만 사물 자체 사이의 상호관계로 돌아가기 때문에 그 발전 방향은 조금 다르다. 도덕우주와 이지우주는 서양과 마찬가지로 중국에서도 나란히 병존하면서 하나는 안정을 유지하고 하나는 진보를 촉진할 것이다. 문제는 우리가 중용의 도를 찾을 수 있느냐 없느냐에 달려있다.

(3) 중국인의 인정(人情)

우리는 '배운 것을 실제로 활용한다(學以致用)'고 말하는데, 그러면 '用'이란 또 무엇인가? 여기에는 두 개의 큰 원칙이 있다. 첫 번째는 세상의 도의와 사람의 마음에 유익해야 하는 것이고, 두 번째는 국가경제와 국민 생활에 유익해야 하는 것이다. 이것은 세상 사람들이 숙지하고 있는 것으로, 즉『좌전(左傳)』에서 말하는 "바른 도덕을 기초로 쓰임을 이롭게 하여 삶을 윤택하게 하다.(正德　用厚生)"라는 것이다.

이 두 개의 대 원칙은 수천 년 간 성현들의 가르침의 총화로서 그들이 말한 바와 논한 것은 결국 언제나 이 두 가지로 귀결되었다. 학자들은 전대의 현인들로부터 이 원칙들을 배운 후에 또 배운 것을 백성들에게 널리 전파했다. 백성들은 이런 영향 아래서 점차 자기도 모르는 사이에 상식을 중시하고 인정을 중시하는 심리를 형성하게 되었다. 그들은 위에서 말한 이 두 개의 대원칙에 근거하여 수시로 이런 것은 어떤 용도가 있고 저런 것은 어떠한 용도가 있는지 묻게 되었다.

증기선과 기차가 중국에 전래되었을 때, 모두들 탑승하기를 희망하였는데, 그 이유는 그것들이 비교적 빨리 달리기 때문이었다. 그들은 수입 석유등을 사용하였는데, 그 이유는 수입석유등이 비교적 밝았기 때문이다. 전화와 전보는 소식 전달을 더욱 편리하게 했을 뿐 아니라 우송하거나 전문 배달원을 보내는 것처럼 느리지 않았다. 시계가 있게 된 후 태양을 볼 필요 없이 정확한 시간을 알 수 있었다. 모두가 서양 물품을 구입하였는데 그 이유는 그것들이 일상생활상의 실제적인 필요를 충분히 만족시켜 줄 수 있었기 때문이다.

선교사들은 중국에 온 이후, 도처에 학교와 병원을 설립하였다. 중국인들은 이구동성으로 "이 사람들은 정말로 훌륭하다. 그들은 병자들을 진료해 주고 또 가난한 아이들이 교육을 받을 수 있게 해 준다." 고 말했다. 중국인들은 예배당에 가서 복음을 들을 때 수많은 사람들의 눈은 병원과 학교 쪽을 보고 있었다.

그들의 손에는 비록 《성경》이 들려 있었지만, 눈은 목사가 서양의 고향에서 가져온 물건들을 훔쳐보고 있었다. 나의 부친은 현지의 한 목사와 친구가 되셨는데 그 이유는 그 목사가 우리 집의 양수기를 수리해 주고, 우리에게 기침약과 금계랍을 주었기 때문이다. 그는 매우 성실했으며 또한 이웃에게 매우 친절했다. 마지막 것이 매우 중요한데 그 이유는 중국인들은 매우 실제적일 뿐만 아니라 또한 도덕을 가장 중시하기 때문이다.

그렇다면 그들이 포교하는 종교는 어떠한가? 아, 그것은 좋은 종교로서, 그것은 사람들에게 선행을 권한다. 그렇다면 그들의 하나님은? 아, 당연히 좋고말고…… 당신은 그들의 하나님에 대해 물었나? 그분은 훌륭한 하나님이시다. 그래서 우리는 그를 다른 기타 훌륭한 신불들과 함께 불당에 모시고는 공양할 것이다.

우리는 물론 그를 숭배하고, 그의 앞에서 향을 피울 것이다. 그러나 그는 당신들의 우상과 함께 사당에 모셔지려고 하지 않으니 또 어떻게 하지? 그러면 그의 우상을 만들어 주면 어떤가? 안 된다. 그것이 가능한가? 하나님은 전능하시고 어디에나 계시다. 하나님은 당신의 몸에 깃들어 있고, 우상에는 계시지 않는다.

아, 그렇군 그래! 만약 그분이 나의 몸에 없을 때는 어쩌면 우상에다 몸을 의탁하시는 것을 좋아할지도 모른다. 아니다. 그는 천당에 살고 계시다. 그래 그래. 나는 알고 있다. 기타 신불도 모두 천상에 살고 계시지 않는가? 그러나 그분도 하계에 내려 와 놀고 싶으시면 사원을 여관으로 삼아 잠시 머무실 테니 그때 우리는 사원에서 그에게 제사를 지낼 수 있다.

그건 안 되지. 그분은 유일무이한 신이다. 당신이 그분을 숭배하면 기타 신불을 숭배할 수 없다. 이것이 중국인을 굉장히 주저하게 만든다. 결국에 가서 그들은 "좋다, 당신들은 당신들의 하나님을 믿어라. 우리는 여전히 우리의 신불을 믿는 것으로 합시다."라고 말할 것이다. "신자(信者)는 있고, 불신자(不信者)는 없다." 중국이 종교를 모두 포용하고 있는 이유가 바로 여기에 있는 것이다.

서양인들이 알고 있는 현대 법률관념은 중국에서는 아직 충분히 발전하지 못했다. 중국인들은 소송을 걸지 않는 것이 가장 좋다고 생각한다. 법률에 호소할 필요 없이 분쟁을 해결할 수 있다면 매우 좋지 아니한가? 타협으로 끝내자. 차나 한잔 마시면서 친구를 불러 시비를 가리면 일이 바로 끝나지 않겠는가?

이렇게 하면 많은 돈을 지불할 필요도 없고 번거로울 필요도 없으며 또한 훨씬 공평하기까지 하다. 소송을 한들 무슨 소용이 있는가? 여러분은 현청 소재지 근처의 큰 길 옆에 있는 석비들을 흔히 볼 수 있을 것이다. 석비에는 "莫打官司(소송을 하지 맙시다)"라는 네 개의 큰 글자가 새겨져 있다. 이것이 어쩌면 중국인들이 법률을 중시하지 않는 원인일 것이다.

그러나 현대 상공업이 발달한 이후, 사회도 따라서 복잡해져서 복잡한 사회관계를 처리하는 법률이 꼭 필요하게 되었으며, 법률이 필요하게 될 때, 인정에 밝은 중국인들은 스스로 법률관념을 발달시킬 방도를 찾을 것이다. 그러나 만약 차 한 잔 마시는 것에 의해 분규를 해결할 수 있다면 법원의 부담도 줄일 수 있지 않겠는가?

"자기가 하기 싫어하는 것은 남에게 권하지 마라(己所不欲, 勿施於人)." 비평가는 이것은 소극적이며, "자기가 하고자 하는 것을 남에게 권하라."고 해야 적극적인 것이라고 말한다. 물론 이 표현은 매우 정확하다. 그러나 중국인들은 실제적인 것을 고려하여, 여전히 소극적인 태도를 취하려고 한다. 여러분이 마늘을 좋아하기에 다른 사람에게도 강요해서 마늘을 먹으라고 한다면 그것은 적극적인 방법이다.

나는 마늘이 맛있다고 여길지 모르지만 다른 사람도 반드시 똑같은 느낌을 갖는 것은 아니며 그들은 마치 부인과 아가씨들이 쥐를 무서워하는 것처럼 마늘을 무서워할는지도 모른다. 만일 여러분이 악취가 하늘을 찌르는 마늘을 좋아하지 않는데, 다른 사람이 억지로 여러분의 입에 넣어 먹인다면 기뻐하겠는가? 아니다. 물론 아니다. 그렇다면 여러분은 또 구태여 다른 사람에게 강요할 필요가 있겠는가? 이것은 소극적인 방법이지만 매우 총명한 방법이다. 왜냐하면 적극적인 방법을 고집하면 성가신 일을 불러일으킬 가능성이 높지만, 소극적인 태도는 성가신 일을 피할 수 있기 때문이다.

"정의로서 원한을 갚고, 덕으로서 덕을 갚는다(以直報怨, 以德報德)." 물론 더욱 높은 이상은 적을 자기처럼 사랑해야 하는 것이다. 그러나 역사상 도대체 얼마나 많은 사람들이 원수를 자기처럼 사랑할 수 있었겠는가? 이것은 마치 당신의 마차를 아득히 먼 별로 달려가도록 요구하는 것과 같다. 사실상 그곳은 도달할 수 없는 곳이다. 정의로서 원한을 갚는다는 것은 비교적 실제적인 생각이다. 그래서 중국인들은 차라리 이상을 버리고 실제적인 것을 추구하려고 하는 것이다.

음악은 쓸모가 있는 것인가? 물론 매우 유용하다. 음악은 성정(性情)을 도야시킬 수 있고 풍속 습관을 고칠 수 있다. 예술은 인민의 고상한 정서를 배양할 수 있으므로 세상의 도의와 인심에 유익하다. 화초와 초목, 궁전세계, 산수명화, 시가사부(詩詞歌賦), 도자종정(陶瓷鐘鼎), 조소전각(雕塑篆刻) 등등은 사람들의 고상한 정서를 계발시키기에 충분하다.

사람은 왜 성실해야 하는가? 그 이유는 여러분이 만일 성실하지 않고, 믿음직스럽지 않으면, 사람들이 여러분을 믿지 않아서, 여러분은 사업과 사교 상에서 실패할 것이기 때문이고, 성실하지 않으면 손해를 보기 때문이다. 성실한 것은 미덕일 뿐 아니라 그 실제 효과는 사람과 사람 사이의 관계에서도 매우 큰 가치를 지닌다.

중국인들은 유머를 좋아한다. 왜 그럴까? 그 이유는 유머러스한 말은 남의 기분을 상하게 하지 않을 뿐 아니라 여러분은 유머를 통해서 무한한 즐거움을 찾아낼 수 있기 때문이다. 여러분이 만일 괜찮으면서도 흥미 있는 건의를 자주 하면 여러분은 반드시 모든 사람과 더욱 잘 지낼 수 있다. 유머는 친구들과의 만남을 더욱 화기애애하게 하며 인생으로 하여금 더욱 즐거움이 넘치도록 한다. 끈기는 성공의 기본이다. 끈기가 있기만 하면 어떠한 일도 해낼 수 있다.

어느 여름날 오후 듀이 교수, 호적 교수와 나 세 명이 북경 서산에서 한 마리의 쇠똥구리가 조그마한 진흙덩이를 밀고 산언덕으로 올라가고 있는 것을 보았다. 쇠똥구리는 먼저 앞다리로 밀고, 그 다음에 뒷다리로 밀고 이어서 발을 바꿔가면서 계속했다. 진흙덩어리는 조금씩 조금씩 위로 굴러 올라갔는데, 후에 어찌 된 일인지 진흙덩어리가 갑자기 원래 자리로 굴러 내려왔는데 쇠똥구리는 진흙덩어리 위에 꽉 달라붙어서는 언덕 아래로 데굴데굴 굴러 내려갔다.

쇠똥구리는 또 처음부터 시작하여, 다시 진흙덩이를 밀고서 언덕위로 올라갔지만 결국 여전히 같은 좌절을 겪었다. 쇠똥구리는 계속해서 시도했지만 계속해서 실패하였다. 호적선생과 나는 쇠똥구리의 끈기와 굳센 의지는 참으로 감복할 만하다고 말했다. 그러나 듀이 교수는 그의 굳센 의지는 갸륵하지만, 그의 어리석음은 참으로 불쌍하다고 말했다.

이것은 참으로 지혜로운 사람은 지혜에 근거해서 보고, 어진 사람은 어진 것에 근거해서 본 것이다. 동일한 것이지만 다른 두 가지 면이 있는 것이다. 이 뛰어난 철학자는 순수한 서양 출신이지만, 그의 두 제자는 순수한 동양 출신이다. 서양은 쇠똥구리의 지혜의 부족을 탄식했고, 동양은 쇠똥구리의 굳센 의지를 높이 평가했다.

중국인은 대부분 천명에 순응하여 자기의 처지에 만족해 한다. 중국인은 변변찮은 음식이라도 충분히 먹을 수 있고, 허술한 집이라도 쉬기에 충분하며, 추위를 막을 수 있는 충분한 옷이 있기만 하면 매우 만족해 한다. 이러한 검소한 생활에 만족하는 태도는 수많은 중국 인민들을 만족시키고 즐겁게 해 주었지만 중국의 진보를 가로막았다. 중국이 공업화를 이룰 수 없으면 중국은 인민들로 하여금 고도의 물질적인 번영에 이르르게 할 수 없다. 어쩌면 앞으로 오랜 기간 동안 수많은 중국 인민은 종전처럼 가난 속에서 편안한 마음을 지니고 살아야 할 것이다.

중국인은 대자연을 깊이 사랑하는데, 이것은 자연법칙을 탐구하는 면에서의 노력을 가리키는 것이 아니라, 자연애호자의 시적 정취, 미의식이나 도덕의식을 배양하는 것을 가리킨다. 달빛 아래서 배회하고, 소나무 아래 한가롭게 앉아서, 시냇물이 속삭이는 소리를 가만히 들으면 사람의 마음이 편안해진다. 봄꽃이 만발한 것을 보면서 우주가 활기찬 정신으로 충만되어 있음을 느끼고, 낙엽이 우수수 떨어지는 것을 보면서 쇠락하는 풍경의 처량함을 느낀다.

중국인은 대자연을 통해서 인성의 숭고함을 깨달았다. 북경에는 천단(天壇)이 있는데, 백색의 대리석으로 지어졌고, 이 천단은 옛날 황제가 제사를 지내던 곳이다. 어느 가을 밤, 구름 한 점 없는 드넓은 하늘에 밝은 달이 떠 있었는데 은색의 달빛이 대리석의 돌계단에 쏟아져 내리면서 동시에 내 주위의 광대한 공간에 가득 찼다. 천단의 중앙에 서니 갑자기 내 자신이 이미 천지와 합쳐져 하나가 된 느낌이 들었다.

이 갑자기 승화된 경험이 나로 하여금 중국인이 왜 하늘과 땅과 사람을 분리할 수 없는 일체로 여겼는지 이해하게 했다. 그들은 천, 지, 인의 삼위일체를 믿었기 때문에 일상생활 속에서 아주 보잘 것 없는 사람을 장엄하고 숭고한 정신 세계로 들어가게 했다.

끝없이 망망한 공간, 찬란한 태양, 맑고 밝은 달빛, 무수히 많은 별들, 짙푸른 나무들, 계절의 바뀜, 오곡을 촉촉하게 적시는 단비, 경작지를 관개하는 하천과 시내, 세차게 밀려오는 바다의 물결과 강의 조수, 하늘을 찌를 듯이 높이 솟은 첩첩 이어진 산봉우리, 이 모든 것들은 하나하나 인간의 숭고한 정신을 배양한다. 사람은 자연에서 태어나고 또한 자연 속에서 성장하며, 인간은 대자연을 통해서 사람이 되기 위한 도덕을 배운다. 자연과 사람은 둘이면서 하나이다.

대자연은 이렇게 선량하고, 인자하고, 성실하고 의기로운데, 사람이 대자연과 분리될 수 없는 대자연의 일부분인 이상, 사람의 본성은 필연적으로 선량하고, 인자하고, 성실하고 의기롭다. 중국인의 성선에 대한 신념은 바로 여기에서 유래한다. 사악함은 선량한 본성이 타락한 결과이다. 중국의 위대한 교육가와 정치가들이 한결 같이 사람의 선량한 본성을 믿은 것은 바로 이런 이유에서이다.

손중산 선생과 같은 위대한 정치가와, 채혈민(蔡元培) 선생과 같은 위대한 교육가는 어떤 사람이든 사악한 인간임이 증명되지 않은 이상, 누구든지 선량한 사람으로 보았다. 그들은 언제든지 다른 사람의 잘못을 용서하고, 다른 사람의 죄과를 잊어 버릴 준비가 되어 있었다. 그들의 위대함과 진보적인 면은 바로 여기에 있다. 그래서 우리나라 속어에 "재상의 뱃속에서는 배도 저을 수 있다(宰相腹內可撑船)"라는 말이 있으며 또 "겸허한 마음이 산골짜기만큼 깊다(虛懷若谷)."라는 말로 학자의 도량을 나타낸다.

대자연은 중국의 사표(師表)이다. 중국의 도덕관념과 중국의 모든 문물은 대자연 위에 구축되어 있다. 중국문화는 자연을 제어하기 부족하기에 오직 자연을 추종할 수밖에 없다. 중국과 서양의 다른 점이 바로 여기에 있다. 도덕가와 시인의 책임은 자연을 따르는 것이지만 과학자의 책임은 자연을 제어하는 것이다.

중국의 젊은 세대는 서양문명의 영향 하에 이미 변하기 시작했다. 즉 시정(詩情)이 깃든 도덕적 자연감상에서 과학적인 자연연구로 전환한 것이다. 중국은 이후 감각과 상식적 관찰에 의해 자연을 이해하는데 그치지 않고, 이지적인 탐구와 과학적인 탐구로 자연을 이해하려고 한다. 중국은 더욱 뚜렷하게 자연을 인식할 것이고, 더욱 효과적으로 자연을 제어함으로써 나라를 부강하게 하고 국민들의 생활을 개선할 것이다.

어떤 사람은 과학이 자연에 대한 미적 느낌(美感)을 파괴할 수 있다고 생각하는데, 사실 반드시 그렇지는 않다. 나는 지금 한편으로는 펜을 잡고 글을 쓰면서 또 다른 한편으로는 고개를 들어 창밖을 멀리 바라보면서, 비가 온 후 특별히 맑고 깨끗하게 보이는 화원속의 소나무와 대나무 숲을 감상하고 있다. 대나무 숲 밖에서 장강이 여전히 고요히 중경(重慶) 산성 옆을 흘러가는 것을 볼 수 있다.

대자연에 대한 미적 느낌은 나의 마음을 탁 트이게 하고 기분을 유쾌하게 한다. 그런데 내가 만약 식물학의 관점으로 나무를 관찰한다면 나는 나무들의 세포 성장과 나무 수액의 순환을 생각하겠지만, 이런 생각은 나의 미적 느낌을 파괴하지 못한다. 만약 내가 지리학의 관점으로 장강을 관찰하면 아마도 진흙투성이의 강물 밑바닥을 생각할 텐데, 억만 년 전에 이 강바닥은 어쩌면 건조한 육지였을는지도 모르고 또 깊은 바다의 밑이었을 가능성도 있다.

이런 생각들이 머릿속을 스쳐 지나가고 있었지만 장강의 아름다움은 항상 나의 마음속에 계속 남아 있으며 심지어 나로 하여금 더 풍부한 연상을 하게끔 한다. 세포작용에 대한 지식이 소나무나 대나무 숲에 대한 미감을 파괴시키기에 충분하다고 말한다면, 그것은 상상할 수 없는 일인 것이다. 나는 과학적 이해가 대자연을 더 신기하고 더 아름답게 할 수 있다고 생각한다.

중국인은 대자연의 아름다움을 열렬히 사랑하고 동시에 대자연의 힘에는 저항할 수 없다고 생각해 왔기 때문에 마음속에 서서히 하나의 강렬한 숙명론을 형성하였다. 인류가 아무리 노력하더라도 대자연은 자신의 경로를 변경하지 않을 것이라는 것이다. 그래서 홍수와 가뭄으로 생기는 재난은 모두 인간의 힘으로는 제압할 수 없기 때문에 사람은 반드시 운명의 지배에 순종하지 않을 수 없다는 것이다.

운명적으로 이렇게 정해진 이상, 그냥 그것을 가벼운 마음으로 보아도 괜찮을 것이다. 하늘의 뜻은 어길 수 없는데, 스스로 문제를 일으킬 필요는 없지 않은가? 이런 이유 때문에 중국의 수많은 쿨리들도 만면에 웃음을 띠고 있는 것을 우리는 볼 수 있다. 고난은 운명적으로 정해진 것이니 그대로 참고 견디어내야 하지 않겠는가?

항일 전쟁기간 동안 중국인들은 곤란과 고통을 견디어내는데 있어서 어느 누구도 따라올 수 없는 뛰어난 능력을 발휘했는데 그 비밀이 바로 여기에 있다. 최선을 다하고 나머지는 하늘의 뜻에 맡기면 된다. 여러분은 하늘의 뜻에 순응하여 자신의 처지에 만족하는 것이 상책이다. 가을의 밝은 달, 6월의 미풍, 봄의 꽃, 겨울의 눈 등 수 많은 것들이 빈부에 관계없이 당신이 감상하기를 기다리고 있다.

제34장 2차 대전 기간 중의 현대문화

현대 문화는 유럽에서 시작되었다. 미국문화는 유럽문화의 한 지류일 뿐이다. 중국문화는 중화민족 자신이 발전시킨 것으로, 역사가 유구할 뿐 아니라 수준도 매우 높다. 현대사조가 유럽과 미국으로부터 갑자기 한꺼번에 들이닥친 후에야, 중국의 현대화가 비로소 시작되었다.

과거 50년 동안 중국은 점차 변화하여 시대의 흐름을 따라잡았고,

변화 과정 중에 피할 수 없는 수많은 고난을 겪었다. 중국은 이미 자기도 모르게 서양의 물결에 의해 현대 세계 속으로 휩쓸려 들어갔다.

'현대문화'는 의미가 분명치 않은 애매모호한 명사이다. 그것은 사람들에게 많은 다른 인상을 줄 수 있다. 그것은 모두 다 죽을 때까지 인류를 서로 학살하게 하는 더 우수하고 더 많은 전쟁무기를 가리킬 수 있다. 그것은 또한 더 많은 사람들이 편안하고 쾌적하며 화려한 생활을 누릴 수 있고, 더 높은 생활수준에 이르게 할 수 있는 더 우월한 생산방법을 가리킬 수도 있다.

현대 문화는 또한 현대 전쟁과 높은 생활수준을 동시에 촉진시키는 과학과 발명을 가리킬 수 있다. 그것은 인류를 대표하여 객관적인 진리를 추구하고, 자연적 욕망을 억제할 수 있으며 또한 천연자원과 재부를 동원하는 교통건설과 조직제도를 가리킬 수 있다. 민주국가의 입장에서 보면, 그것은 민주정치를 대표할 수 있고, 독재국가의 입장에서 보면, 그것은 또 독재정치를 대표할 수 있다.

이 모든 것, 혹은 그 중의 어떤 한 가지라도, 모두 현대문화라 부를 수 있다. 도대체 무엇이 가장 중요하고, 혹은 무엇이 가장 표준적인지에 대해서는 어떤 사람이든지 간에 의견이 완전히 서로 일치한 적이 없다. 그러면 재난이 많았던 과거 50년 동안, 중국은 도대체 무엇을 했는가? 중국은 줄곧 암흑 속에서 방법을 찾았으며 어떤 때에는 중국은 벌꿀에 유혹 당해 멸망의 길로 접어든 한 마리 파리처럼 함정에 빠진 것 같았다.

또 어떤 때에, 중국은 또 마치 한 무리의 무장 강도 집단에게 포위되어 핍박을 받아 굴복하지 않으면 안 되는 것 같았다. 중국은 물론 굴복하려고 하지 않았다. 그래서 스스로 방법을 강구하여 무기를 마련하여 스스로를 지키기로 하였다. 요컨대 중국은 줄곧 발버둥치며 어둠 속에서 방법을 찾다가, 마침내 '서양문화'라는 밝은 빛을 발견했는데 이 빛 속에는 선도 악도 있으며, 화도 복도 있었다.

어느 것이 중국이 마땅히 받아들이도록 힘써야 하는 좋은 요소이고, 어느 것이 또 중국이 반드시 배제해야 하는 화근인가? 이 문제에 대해서는 아마 일치된 결론이 없는 것 같으며, 개인과 단체사이에도 모두 이와 같다. 중국이 당한 재난이 후에 가서 그것이 결국 행복임이 증명될 수도 있다. 아편은 열강이 총포로 중국에게 억지로 가한 재난이다. 그러나 중국은 이 때문에 현대과학의 종자를 얻을 수 있었다.

다른 측면에서 보면 중국이 받아들인 행복은 후에 또한 예기치 않은 재해를 가져다 줄 가능성이 있다. 예를 들면 우리가 지나치게 제도와 조직을 믿기 때문에, 결국 인격과 책임감의 중요성을 잊어 버리게 되는 것이다. 이처럼 인품과 덕성에 대한 강조가 부족했기 때문에 새로운 제도와 새로운 조직이 효과를 거두지 못한 사례는 흔히 볼 수 있다.

타인을 착취하면서 살아가는 소수의 사람들은, 생활수준이 확실히 향상되었다. 차가 수입되고 있지만, 그들은 지금까지 스스로 자동차를 제조할 방법을 찾아본 적이 없다. 사실상 천명의 농부가 각자 수백 석의 곡식을 생산해야만, 비로소 수입차 한 대에 해당하는 외화를 벌 수 있다. 현대도시의 전등, 라디오, 수세식 변기 등 현대 물질을 누리려면 또한 반드시 수많은 농부들의 피와 땀으로 결제해야 하는 것이다.

우리가 수입 초과로 생활수준을 향상시킨 결과 국가는 갈수록 빈곤해졌다. 그러나 생활수준은 반드시 향상되어야 하며, 이로 인해서 생긴 재난은 오직 생산증가로 보완하는 수밖에 없다. 생산을 증가하기 위하여, 우리는 반드시 과학적인 경작과 파종, 그리고 농업기계와 수리체계를 이용해야 한다.

이러한 일은 반드시 장차 기타 새로운 문제를 가져올 것이다. 우리는 현대문화의 고통을 충분히 맛보았다. 그러나 우리는 또 반드시 더욱 많은 현대 문화를 받아들여야 한다. 우리가 만약 한 번에 너무 많이 먹는다면, 결국 전부 토해 낼 것이다.

1900년의 의화단의 반란이 하나의 사례이다. 만약 우리가 너무 적게 먹으면, 또 영양이 부족해진다. 현대문화가 중국에 끼친 영향은 바로 이와 같은 것이다. 여하튼, 중국은 세계 각국과 함께 모색하면서 전진하지 않을 수 없다.

서양은 과거 백 년 동안, 하나의 발명이 있으면 언제나 또 다른 발명이 있었고, 하나의 사상은 반드시 다른 사상을 야기했으며, 한차례의 진보가 있은 후에는 이어서 반드시 또 다른 한차례의 진보가 있었으며, 한차례의 번영은 반드시 또 다른 한차례의 번영을 가져왔으며 한차례 전쟁이 있은 후에는 반드시 또 다른 한차례의 전쟁이 있었다.

오직 평화만이 평화를 가져오지 못했고, 평화에 이어서 온 것은 전쟁이었다. 이것이 바로 이 세계가 현대문화 속에서 전진하는 상황인 것이다. 중국은 응당 세계의 기타 각국들을 뒤쫓아 맹목적으로 따라가야 하는 것인가?

모든 사람은 모두 제3차 세계대전이 일어날까 걱정하고 있다. 만약 또 한차례의 큰 전쟁이 정말로 발생한다면, 제1차 대전처럼 동유럽과 중부유럽에서 발발할 가능성이 매우 높으며, 또한 제 2차 대전처럼 중국의 동북 삼성에서 발발할 가능성이 있다. 중부유럽의 사람들은 다른 곳에서 생존공간을 찾고자 할 것이고 중국의 동북지역의 경우는 다른 나라 사람들이 그곳에서 생존공간을 찾고자 할 것이다.

중부유럽은 인구가 조밀한 지역으로서, 그 지역 내의 혼란은 매우 쉽게 기타 지역으로 만연될 것이고, 동북삼성은 광활한 진공지대이어서, 외부로부터 혼란이 야기되기 쉽다. 이 두 지역은 모두 전쟁의 도화선이 될 가능성이 있고, 만약 전쟁이 정말로 발생한다면, 반드시 재차 전 세계로 파급되어, 미래에 일어날 큰 재앙은 정말로 상상조차 할 수 없을 정도로 엄청날 것이다.

동방의 도화선에 불이 붙지 않도록 하는 책임은 자연스럽게 중국의 어깨에 떨어지게 되었다. 그러므로 이후 2, 30년 동안 중국의 정치, 사회, 경제와 공업 각 방면의 발전은 자연히 세계평화에 결정적인 영향을 미칠 것이다. 강성하고 번창한 중국과 서양열강의 협력 하에 비록 전쟁의 위기를 완전히 없앨 수는 없지만 최소한 전쟁의 위기를 크게 줄일 수는 있을 것이다.

서양열강이 중국과 협력할 수 있다면 동맹국 모두 혜택을 입을 뿐 아니라 전 세계의 평화에도 커다란 도움이 될 것이다. 서방국가는 앞으로 5, 60년 안에 적어도 중국이 천연자원을 개발하도록 도와야 하고, 앞으로 20년 동안 특히 중국이 진행하고 있는 경제회복과 사회재건 사업을 도와야 한다. 서양의 물결이 중국에 침입해 들어오기 전, 수백 년 동안의 재앙은 전부 만주와 몽고에서 생겨났다고 말할 수 있다. 갑오중일전쟁(청일전쟁) 후 일본은 일약 세계강국이 되었고, 제정러시아와의 만주 지배권쟁탈은 마침내 러일전쟁을 촉발시켰다.

일본은 치밀한 계획을 세워, 동북삼성을 중국을 정복하는 발판으로 이용하려고 하였는데, 그 결과 9.18사변(만주사변)이 일어났다. 당나라 멸망 이후의 역사 발전이 우리에게 주는 교훈은 만일 중국이 강대하고 부유한 국가가 되어 만주의 진공상태를 채워주지 못한다면, 동북삼성은 이후에도 여전히 중국의 전란 발생의 근원이 될 것임을 믿을 수밖에 없는 충분한 이유가 있다.

민주정치와 공업을 건립하는 사업에 있어, 중국은 시험을 해 봐야 할 시간과 유리한 조건이 필요하다. 이 조건들은 바로 평화와 안전이다. 국내의 평화는 국가의 통일에 달려 있다. 국가의 안전은 국제간의 이해에 달려 있다. 오직 만주가 평화의 중심지가 될 때, 중국은 비로소 안전하다고 할 수 있다. 우리는 처음부터 광대한 만주영토를 전쟁의 혼란 속에서 평화의 요충지로 바꾸는 방법을 강구해야 한다.

이 막중한 일에 있어서 나는 전 세계 특히 미국, 영국, 소련이 중국과 협력할 수 있기를 바란다. 만약 그들이 협력하려고 하면 이 일은 자연스레 성공할 것이고 이 성공은 중국의 행복일 뿐만 아니라 전 세계의 행복이기도 하다.

민국 십년(1921년) 나는 상해 시 상회와 각 교육단체의 추천을 받고, 또 광주의 중산선생이 영도하는 국민당 정부의 지지를 받아 비공식적인 옵서버의 신분으로 워싱턴회의에 참석했다. 다음해 나는 또 현대문화의 발상지인 유럽을 방문하였다.

그때는 세계 1차 대전이 끝난 지 그리 오래 되지 않은 시기였는데 유럽의 각국은 전후 복구에 바빴고 주요 전승국들은 영원한 평화를 확보하기에 여념이 없었다. 그러나 당시 전승국들이 사실상 다음에 일어날 큰 전쟁의 씨앗을 뿌리는 것을 돕고 있다는 사실을 알아차린 국가는 하나도 없는 것 같았다.

프랑스는 이미 기진맥진하여 영원한 평화를 갈망하고 있었다. 프랑스는 라인강 언덕을 주의 깊게 감시했는데, 왜냐하면 프랑스의 생존을 위협하는 위기가 그곳에서 왔기 때문이었다. 프랑스의 방어심리는 후에 마지노 방어선에서 나타났는데 프랑스는 이 방어선이 있으면 다시는 독일의 공격을 받지 않고 안심할 수 있으리라 생각했다.

진시황(기원전 246~207년)이 북방민족의 침입을 막기 위해 만리장성을 건설했듯이 프랑스도 독일의 침략을 막기 위해 마지노선을 구축하였다. 그러나 중국의 재앙이 결국 만리장성 밖에서 온 것이 아니라 만리장성 안에서 생겨났듯이 프랑스의 난공불락의 방어선의 운명도 또한 이와 같았다.

영국은 유럽의 경제부흥에 바빴고 유럽대륙의 세력균형을 유지할 대책을 강구하고 있었다. 전쟁에 패배한 독일은 휴식을 취하며 예기를 기르고 있었다. 제정러시아는 이미 멸망하였다. 일종의 새로운 정치실험이 땅이 넓고 인구가 많은 소련에서 진행되고 있었다. 이것이 바로 1차 세계대전 후 유럽의 정치정세이다.

미국은 유럽혼란의 소용돌이에 말려들기를 원하지 않았기에 다사다난한 유럽대륙에서 철수하여 워싱턴회의를 개최하였으며 9개국 조약이 회의에서 체결되었다. 이 조약은 영일동맹을 대신하였고 이른 바 산동문제는 회의 밖에서의 협의를 거쳐 해결되어, 일본의 중국에 대한 21개조 요구는 조용히 무덤 속으로 들어가 버렸다. 파리강화회의는 청도를 일본에 넘겨주기로 결정하여, 이른바 산동문제는 이로 인해 야기된 것이다.

중국 인민들은 파리강화회의에 대해 분개하여 결국 학생운동을 일으켜 중일관계에 지대한 영향을 미쳤고 동시에 이후 20년 동안 중국의 정치와 문화의 발전에도 막대한 영향을 끼쳤다. 파리강화회의의 결정은 중국을 지지하는 미국의 정계인사들에게 골머리를 앓게 하였고 마침내 아주 까다로운 정치문제로 발전하기에 이르렀다.

공화당과 민주당은 모두 약자를 돕는다는 생각으로 나섰고 중국이 베르사이유조약으로 인해서 받은 억울함을 씻는 것을 승낙하였다. 그리하여 미국은 유럽에서는 벗어났지만 또다시 태평양의 소용돌이에 휘말렸다. 20년 후의 진주만 사변은 바로 이것이 원인이 되어서 발생한 것이다.

미국은 비록 국제연맹의 창립자이지만, 끝내 국제연맹의 실제 활동에 참가한 적이 없었으며 프랑스의 유일한 희망은 분쟁을 피하는 것이어서, 방어적 심리가 전국에 널리 퍼져 있었으며, 영국의 주의력은 유럽 대륙의 세력균형을 유지하는데 집중되어 있어서 결국 국제연맹은 유명무실하게 되었다. 국제연맹은 단지 거칠고 사납게 미친 듯이 짖을 줄만 알았지 사람을 물지는 못했다. 그러나 회원 자신들은 해결할 수 없는 문제들을 여전히 국제연맹으로 미루었으며, 그 결과 국제연맹은 국제적 난제의 쓰레기 더미가 되어 버렸다.

중국이 만주문제에 대응할 방법이 없어 어려움을 겪을 때, 이 난제들을 국제연맹에 넘겼는데, 그 이유는 일본이 국제연맹의 회원국이었기 때문이다. 프랑스는 심양사변에 대해 전혀 관심이 없었고, 영국이 관심을 갖고 있는 것은 오직 유럽대륙의 세력균형이었으며, 극동의 분쟁에 휩쓸릴까 두려워했을 뿐이었다. 그러므로 국제연맹은 일본에게 큰소리 칠 용기조차 없었다. 결국 단지 마지 못해 몇 번 하품만 했으며, 만약 그것이 기정사실을 묵인하는 것이라고 한다면, 그렇지 않다고 할 수가 없었다.

국제연맹은 비록 아무 일도 성사시키지 못했지만. 한 가지 매우 가치 있는 교훈을 주었다. 세계의 인사들은 국제연맹의 실패를 통해서 어떻게 미래의 평화를 계획할 것인지를 배우게 되었다. 국제연맹은 미국의 이상 속에서 탄생되었는데, 결국 회원국 간의 이익충돌과 열강 사이의 야심 때문에 중도에서 실패하였다.

베르사이유강화조약이 체결된 후 약 20년 동안의 세계정세의 변천은 대체로 이러하였다. 베르사이유강화조약이 뿌려놓은 전쟁의 씨앗은 세계의 방방곡곡에서 마치 야생초처럼 무럭무럭 성장하였으며, 이 야생초에 마침내 불이 붙어 타오르게 되면서, 불기운이 전 세계에 널리 퍼졌다.

그러나 정치는 결국 금방 사라져 버려, 눈 깜짝할 사이에 곧 역사의 유적이 된다. 영구히 존재하는 근본적인 문제는 문화이다. 우리들은 유럽이 이미 현대과학과 민주제도를 발전시켜서, 인류에게 많은 행복을 가져다 주었다는 것을 부인할 수 없다. 내가 보기에, 독일은 곳곳에 망원경, 현미경 그리고 시험관이 있는 국가이다.

독일의 발명은 나날이 급속도로 비약적인 발전을 하고 있다. 상해사람들은 심지어 고급 수입품을 모두 '독일제품(MADE IN GERMANY)'이라고 했다. 독일 사람은 물질의 발명에 있어서는 확실히 고수라고 할 만하지만 인사 관계에서는 특별한 능력이 없다. 내 생각에는 이것이 어쩌면 그들이 다른 국가와 화목하게 지내지 못하는 이유일 것이다.

그들은 망원경 혹은 현미경을 통해 사람들을 보는데, 눈빛의 초점이 너무 멀지 않으면 너무 가깝기 때문에 인류의 행위와 감정을 이해할 수 없다. 국제관계나 인류의 감정을 시험관 속에 놓고 그것들의 반응을 관찰할 수는 없는 것이다.

인류활동의 광범위한 영역 속에서, 독일 사람은 늘 인성의 요점이나 결점을 파악하지 못했다. 그들은 기타 민족들이 도저히 따라 잡을 수 없는 특별한 재능과 지혜를 발전시켰지만, 상식이 부족하다. 그들의 장점은 그들로 하여금 과학 면에서 끝까지 파고들게 하여, 세계에 특별한 공헌을 많이 하였다. 그러나 그들의 상식 면에서의 결핍은 독일과 기타 국가들이 함께 해를 입게 만들었다.

영국인은 독일인과 정반대이다. 그들은 상식이 풍부한 민족이고, 또한 인사 관계에 대처하는 데 명수이다. 그들은 국제문제에 대한 견해와 이와 관련된 정책에 대해서 탄력성과 적응성이 뛰어나다. 그들은 지금까지 밧줄을 힘껏 당겨 끊어질 정도에 이르게 하지는 않았다.

만약 밧줄을 당기는 중에 다른 한쪽 끝의 힘이 비교적 강해지면, 영국인은 곧 밧줄이 끊어지지 않도록 약간 느슨하게 할 줄 안다. 만약 당기는 중에 다른 한쪽의 힘이 비교적 약해지면, 영국인은 욕심을 마음껏 부려 상대방이 손을 뗄 때까지 힘껏 밧줄을 잡아당긴다. 그러나 그들은 절대 자신이 쥐고 있는 이 줄을 절대로 포기하지 않는다. 즉 그들은 결과를 고려하지 않고 끝까지 견지한다. 국제관계와 식민정책에 있어서, 영국인의 이러한 특성은 어디서나 볼 수 있다.

영국인의 특성 중에는 탄력성과 적응성 이외에 동시에 용서, 중용, 양해, 공평함 그리고 타협하는 정신이 있다. 그들의 견해는 지금까지 극단으로 치우치지 않았을 뿐 아니라 언제나 다른 사람의 관점을 이해하고자 노력하면서, 그로 인해 다른 사람에게 양보하거나 혹은 다른 사람이 그들의 관점을 받아들이기를 바란다. 그들은 언론자유와 사상자유를 애호하고, 다른 상황에 적응할 수 없는 융통성 없는 규율을 증오한다.

영국의 지나친 신중함은 거의 냉혹한 정도인데, 이것은 다른 민족이 가장 싫어하는 영국인의 특성이며 늘 이 때문에 의심과 오해를 불러일으킨다. 이러한 특성은 영국인들로 하여금 많은 친구를 잃게 한다. 그러나 여러분이 그들을 비교적 깊이 알게 될 때나, 혹은 그들이 여러분을 비교적 깊이 이해할 때, 여러분은 그들과 친구로 사귀기를 원할 것이다.

이 많은 특성들이 한데 합쳐질 때, 영국의 민주정치는 비로소 가능해진다. 왜냐하면 민주는 추상적인 것이 아니며, 또한 하늘에서 떨어지는 것도 아니며, 민주정치는 민주선진국가의 모든 장점을 포함하고 있기 때문이다. 영국의 헌정역사를 펼쳐 보면, 여러분은 그 속에 편집, 박해, 부패와 잔혹한 사실이 가득 차 있는 것을 발견하게 될 것이다. 한 명의 군주를 포함하여 수많은 생명들이 일찍이 민주를 위해 희생하였다. 영국이 민주를 실행한 경험은 우리들에게 확실히 잘 연구해 볼 만한 가치가 있다.

그러나 우리는 한 가지 사실을 반드시 기억해야 한다. 즉 영국의 민주정치는 연합왕국이 통일을 이룬 이후에 비로소 급속히 발달하였고, 미국의 민주정치도 남북전쟁 후에 비로소 비약적으로 발전하였다는 것이다. 역사는 우리에게 오직 통일과 안전이 동시에 진행될 때야, 비로소 조직적인 민주정치의 실현이 가능하다는 사실을 알려주고 있다. 영국은 다행히 작은 섬으로 구성된 왕국이며, 사면이 해양의 보호를 받는 국가이다.

고대에는 외국이 영국을 침입하기가 쉽지 않았으며 그 때문에 영국인은 영구히 안전할 수 있었고, 충분한 시간을 가지고 민주의 실험을 할 수 있었다. 민주의 배태와 실험 기간 중에 영국은 시종 외래침략의 위협을 받지 않았다. 미국의 정황도 매우 비슷하다. 북미대륙 그 자체가 하나의 큰 섬이고, 주변의 해양으로 인해 외래의 침략을 받지 않았다.

영국에서 온 초기 이민자들이 자유를 애호하는 종자를 가지고 왔으며 이 종자들이 성장하여 결국 자유의 큰 나무가 되었으며, 해양이 이 큰 나무들을 보호함으로써 외래 침략자의 도끼날을 피할 수 있었다. 약 백여 년 동안 무럭무럭 성장하면서 미국의 민주는 이미 뿌리를 깊이 내렸으며, 인사적인 면은 보편적으로 실험이 진행되고 있을 뿐 아니라 물질적인 면에서도 또한 이와 같다. 바꾸어 말하면, 과학연구의 풍조는 이미 아메리카 대륙의 방방곡곡까지 널리 퍼져 있다.

미국의 민주는 물론 영국 모델에서 발전해 온 것이지만, 미국의 과학은 오히려 독일로부터 혜택을 입은 바가 적지 않다. 미국의 고등교육 제도는 영국 대학과 독일 대학의 혼합체이다. 즉 비유하자면, 미국의 학술복장은 영국의 긴 옷과 독일의 모자가 합쳐져서 이루어진 것이다.

미국대학에서 남녀 학생들의 우호적 교류와 교제의 자유는 자유연구의 기초를 세워 놓았다. 지식은 엄격한 통제를 받지 않고 사람들 사이의 관계는 학생단체의 자유로운 접촉을 통해서 이루어지며, 젊은 세대의 시야는 결코 망원경, 현미경 혹은 시험관의 제한을 받지 않는 등 흥미를 지닌 사람들은 모두 일종의 보편적인 문화의 도야를 받을 수 있다. 학부와 대학원에서 미국 학생들은 보편적으로 연구방법의 훈련을 받는다. 독일학자의 철저한 정신은 보편적으로 찬사와 제창을 받았지만, 이러한 철저한 정신은 내가 대학에 들어간 시대에 와서야 비로소 충분히 발휘되었다.

제1차 세계대전기간 중 중국의 옛 국기 안의 빨강, 노랑, 파랑, 흰색, 흑색의 다섯 가지 색은 한 때 흑색과 백색 두 가지 색만이 남았었다. 이유는 독일 물감이 전쟁으로 인해 중국에 더 이상 수입될 수 없었기 때문이다. 뉴욕의 한 미국 화학자가 나에게 말하길, 독일에서는 일반적으로 많은 전문가들이 공동으로 한 종류의 물감을 연구하지만, 미국에서는 한 화학자가 동시에 여러 종류의 물감을 연구한다고 했다.

이것은 20여 년 전의 일이고, 현재의 상황은 이미 달라졌는데, 왜냐하면 과거 2, 30년간 미국인은 이미 독일의 철저한 정신의 비결을 깊이 터득했기 때문이다. 미국의 민주와 독일의 정신은 미국에서 서로 협력하여 함께 나아가면서, 상승작용을 하여 상당한 성과를 거두었다. 미국은 풍부한 천연자원과, 강대한 조직능력 및 대규모 건설에 대한 열성으로 이미 일약 민주국가의 최고 위치에 오르게 되었다.

어느 날, 중경의 미국 대사관에서 거행된 리셉션에서 한 영국 외교관이 나에게 "영국은 미국화 되었다. 러시아는 미국화 되었다. 중국도 미국화 되었다."라고 말했다. "영국은 어느 면에서 미국화가 되었죠?" 내가 물었다. "할리우드 영화가 바로 하나의 사례이죠." 하고 그가 대답했다. "그럼 러시아는요? 혹시 대공업을 가리키는 건가요?" "맞아요."

이것은 나로 하여금 중국의 정치제도, 교육제도, 사회개혁과 산업발전 등 모든 것이 농후한 미국색채를 띠고 있다는 사실을 깨닫게 해 주었다. 그러나 나는 중국도 이미 자기의 해안에 충격을 가하고 있는 망망대해에 중국 자신의 색채가 물들여져 있음을 결코 잊지 않고 있다.

이 영국 외교관은 손가락으로 48개의 별이 장식된 미국국기를 가리키며, 좀 유머러스하게 몸을 돌려 그의 곁에 있는 한 미국 고급 장성에게 "이 위는 여섯 줄의 별이고, 매 줄은 8개인데, 만약 당신들이 새로운 주를 하나 더 늘리게 된다면, 당신들은 어떻게 배치할 것입니까?"라고 물었다.

"음. 나는 그것들을 일곱 줄로 배열하고, 매 줄이 일곱 개가 되면 된다고 생각합니다. 그런데 그걸 물어서 뭐 하시려고요? 당신 마음속에 생각하는 그 새로운 주는 어디인가요?" "잉글랜드" 하고 이 영국외교관이 대답했다. 우리는 모두 웃었다. 이것은 물론 단지 우스갯소리에 불과하지만, 여기에서 우리는 시대의 조류를 볼 수 있다.

옛날 서양이 동양에서 식민지를 쟁취할 때, 서구열강은 미국을 제외하고 누가 먼저라 할 것도 없이 중국을 침략했다. 심지어 포르투갈 조차도 광동성의 작은 땅인 마카오를 물어갔다. 미국이 중국으로부터 얻은 유일한 것은 치외법권이지만, 미국이 중국에게 준 것은 사실상 그가 얻은 것보다 훨씬 많았다. 사람들이 모두 알고 있는 이 사실들은, 내가 붓과 먹을 낭비해서 서술할 필요가 없다.

현재 미국과 영국은 모두 이미 중국에서의 치외법권을 포기했고, 영국은 비록 여전히 홍콩을 유지하고 있지만, 이미 모든 조계를 반환했다. 전 세계는 비록 여러 차례 전쟁의 참화를 겪었지만, 국제적인 먹구름 속에서 한 줄기의 서광이 비치고 있다. 이 한줄기의 서광이 세계대전 승리 후에, 점차 확대되어 비가 갠 하늘에서 눈부시게 빛나는 밝은 해가 되기를 희망한다.

미국은 미래의 국제평화조직에 참가하기로 결심하고, 용감하게 전투에 참가하여 영원한 평화를 위해 싸우고 있다. 역사상의 한 새로운 시대가 형성되고 있다. 중국, 미국, 영국, 소련이 만약 힘을 합쳐서 평화를 모색하고 다시 하나의 효율적인 세계조직으로 평화를 수호할 수 있다면, 영원한 평화는 결코 불가능하지 않다.

중국에 대해 말하자면, 앞으로 20년 혹은 30년 동안, 중국은 특히 노력을 배가하여 건설과 부흥에 힘써야 한다. 앞으로 20~30년은 중국에 있어 성쇠의 관건이 될 것이다. 우리의 노력이 성공할 수 있을지 여부는, 우리에게 원대한 안목이 있는지, 영도할 인재가 있는지, 그리고 동맹국과 우리의 협력 정도에 따라 결정될 것이다.

동맹국과의 우리의 협력정도는 또 우리가 국내 정치발전 및 국제 투자에 대해 취하는 정책에 따라 결정될 것이다. 전쟁으로 인한 파괴, 적의 유린은 우리의 부흥 사업을 배로 힘들게 할 것이다. 다른 한편으로 중국은 이중 과업을 달성해야 한다.

첫 번째는 중국자신을 부강하게 만들어야 한다. 두 번째는 세계평화를 확고히 하는데 협력해야 된다. 유가의 정치철학에서 세계평화는 최종적인 목적이다. 손중산 선생은 유가철학에 근거하여 세계평화를 그의 삼민주의의 목표로 정했다.

만약 우리가 이 20~30년 사이에 난관을 극복할 수 있으면, 자연히 모든 일이 순조롭게 이루어질 것이며 계속해서 더욱 원대한 개혁과 건설을 추진함으로써 중국을 위한 찬란한 미래를 창조하게 될 것이다. 그때가 되면, 중국은 당연히 세계가 영구적인 평화를 확보하는 데 있어 협조할 수 있는 자격을 가지게 된다.

상당히 많은 부문에서, 중국은 여전히 서양을 배워야 한다. 당 왕조가 멸망한 이후부터, 중국은 일찍이 여러 차례 주변 아시아 지역 이민족들에 의해 정복을 당했다. 당 멸망이후 중국문화의 쇠퇴는 바로 주변의 이민족들이 끊임없이 중국을 유린한 결과이다.

이민족들의 수차례에 걸친 중원침략과 거기에 기근과 질병 그리고 내란이 더해져 중국은 결국 원기가 쇠약해졌으며, 인민의 창조능력은 크게 약화되었다. 서양의 영향력이 중국에 침투해 들어오기 시작했을 때는, 바로 중국문화가 가장 저조한 상태에 빠진 시기였다. 현재 중국인들은 당나라 문화만 언급했다 하면 자기도 모르게 의기양양하여 그 때를 동경하며 과거의 영광을 회복시킬 수 있기를 몹시 바라고 있다.

당나라 문화는 이후 송나라 때의 금욕주의 문화에 비해 훨씬 더 인간미가 느껴진다. 만약 우리가 당나라 때의 문화에서 영감과 격려를 얻을 수 있다면 더할 나위 없이 좋은 일일 것이다. 우리는 당나라 시대의 그림에서 그들의 건장한 체격을 보고는 찬탄을 금치 못한다. 당나라 때의 음악, 무용, 시가, 그림, 그리고 서예는 모두 최고 수준에 이르렀기에 이들의 뒤를 따라갈 후손들은 극히 적을 것이다.

중국이 다시 역사상의 이 휘황찬란한 시대로 되돌아가려고 한다면 그것은 불가능하다. 오랜 세월 동안 우리는 줄곧 과거의 영광을 되찾으려고 노력해 왔지만 우리의 문화는 시종 내리막길을 걷고 있다. 그 이유는 환경이 이미 바뀌었기 때문이다.

당대 문화 성장에 기반이 된 비옥한 토양은 역대의 변란과 재난의 물결에 의해 거의 완전히 씻겨 내려갔다. 만약 우리가 당나라 멸망의 전철을 다시 밟는 것을 피하고, 방향을 돌려서 예술, 과학, 군사, 정치, 위생, 경제 등 모든 분야에서 고도의 업적을 이룩한 미국 등과 같은 현대 문명국가를 벤치마킹한다면, 우리는 아마도 당나라 시대의 영광이 우리에게 재림할 날이 있으리라는 것을 발견할 수 있을지도 모른다.

평화를 수호하는 일에 있어서 중국의 소임은 상당히 중대할 것이다. 중국 역사상 많은 전쟁이 있었는데, 이 전쟁들은 대부분 국내 혁명에 속하는 성질을 띄고 있었다. 대외전쟁은 비교적 적었으며 국내전쟁은 대부분 압박을 받는 농민과 고난을 겪고 있는 인민들이 부패한 정부에 항거하여 일어난 것이었다.

대외전쟁에 대해 말하면, 성격상 방어가 공격보다 많았다. 중국이 외국의 침략을 받은 적은 많지만, 중국이 외국을 침략한 일은 적었는데, 만리장성을 세운 진시황 때부터 중국은 줄곧 문호를 닫고 외부와 왕래를 하지 않기를 희망하였으니, 만리장성은 본래 방어심리의 상징인 것이다.

공자가 주장하는 충효, 인애, 신의, 평화의 교훈과 맹자의 민주의식은 모두 중국으로 하여금 다른 민족을 괴롭히기 싫어하는 현대 민주국가가 되기에 적합하도록 했다. 전쟁이 끝난 후에 중국이 반드시 강조해야 할 것은 현대과학과 민주정치인데, 과학적인 면은 생산방법에 대한 응용을 중시하고, 민주적인 면은 국가의 통일을 강조해야 한다. 과학과 민주는 현대선진국가의 쌍둥이 도구이며 또한 강성과 번영과 항구적인 평화를 이룩하는 관건이다.

중국인민은 인정(人情)을 깊이 통찰하고 있으며, 특히 사람을 응대하고 일을 처리하는 태도인 수양을 중시하고 생활사상은 민주적인 것에 익숙해 있다. 이 모든 요소들이 중국으로 하여금 현대 민주국가의 튼튼한 기초를 갖추도록 하고 있다. 앞서 언급한 바와 같이 중국의 민주사회 조직은 상당히 느슨하다. 중국인의 개인 자유에 대한 강렬한 사랑은 현대적인 사회의식과 함께 나아가지 못하고 있다.

강력한 가족 의식은 개인이 광대한 단체로 결합되는 과정을 가로막았다. 그러나 이런 편협한 관념은 현재 빠른 속도로 쇠퇴하고 있으며, 현대적인 단체들이 이미 대도시에서 잇달아 등장하고 있다. 가일층의 산업화가 이루어진 후에는 가족관계는 자연히 점점 더 느슨해지고 개인의 사회화의 정도도 날이 갈수록 심화될 것이다.

지식 면에서 중국인민의 사물에 대한 태도는 중국인으로 하여금 인정에 대한 통찰력을 갖게 했지만 다른 한편으로는 개괄과 추상의 중요성을 소홀하게 했다. 중국인은 시인, 예술가 그리고 도덕가의 심정으로 자연을 열렬히 사랑하기 때문에 도량이 넓고 마음이 평온하고 태도가 온화하다. 하지만 이러한 자연에 대한 사랑은 아직 자연법칙에 대한 연구로까지 발전되지 못했다. 인간이 자연을 통제하려면 반드시 이 법칙들의 무기에 의존해야 한다.

중국문화는 동화력이 강력하기 때문에 중국은 반드시 점차적으로 서양의 과학상의 공헌을 흡수할 수 있고, 또 천연자원이 풍부하고 인민의 지혜가 높기 때문에 과학의 발전을 통해 중국의 앞날은 무한히 밝을 것이다. 물질문명이 발달한 후, 중국의 도덕과 예술은 더욱 발전할 것이고, 중국의 문학과 철학도 현대의 논리적 방법과 과학사상의 영향으로 더욱 두드러지고, 체계적인 모습을 갖추게 될 것이다.

이러한 초보적인 평화와 번영의 새로운 기초 위에서, 중국은 새로운 방어능력을 구축하여 평화를 수호할 수 있다. 오직 같이 싸워온 전우만이 평화의 시대에 동반자가 될 자격이 있다. 중국의 8년 항전이 세계평화에 대해서 한 공헌으로 인하여 전 세계 사람들은 눈을 크게 뜨고 중국을 바라보고 있다.

현대과학, 특히 발명과 공업상의 성과는 장차 중국의 예술상의 보고(寶庫)와 완전무결한 윤리사상과 융합될 것이다. 일종의 새로운 문화가 형성되고 있으며, 이러한 새로운 문화는 반드시 세계발전에 중대한 공헌을 하게 될 것이다.

서정희(徐貞姬)

1953년 서울 출생. 한국외국어대학교 중국어과를 졸업한 뒤 중화민국 국립대만대학교 중문연구소에서 문학박사 학위를 취득했다.
현재 부산대학교 중어중문학과 교수이다.
주요저서로『西遊記的八十一難研究』,『兩種三遂平妖傳比較研究』와 번역서『근현대중국사 상·하』외에 다수의 논문이 있다.

조윤수(趙倫秀)

1944년 서울 출생. 중화민국 국립대만대학교 정치학 연구소에서 박사학위를 취득했다.
주요저서로『太平天國軍事制度之研究』,『先秦儒家尙賢思想的研究』, 논문으로「공자의 무위사상연구」,「노자의 무위정치이론연구」,「연변조선족자치주 조선족 대학생들의 정치태도연구」(공동집필) 및 번역서로『근현대중국사 상·하』가 있다.

중국 사회와 서양의 물결

초판 1쇄 발행 _ 2016년 8월 30일

공역자 · 서정희 · 조윤수
발행인 · 정 현 걸
발　행 · 신 아 사
인　쇄 · 예지인쇄
주　소 · 서울특별시 은평구 통일로 59길 4 (2층)
전　화 · (02) 382-6411 팩 스 · (02) 382-6401
홈페이지 · www. shinasa.co.kr
E-mail · shinasa@daum.net
출판등록 · 1956년 1월 5일(제9-52호)

ISBN: 978-89-8396-942-2(03820)

정가 *15,000* 원